THÉATRE

DE

COLLIN D'HARLEVILLE

PRÉCÉDÉ

D'UNE NOTICE BIOGRAPHIQUE

Par M. Édouard THIERRY

ADMINISTRATEUR-CONSERVATEUR DE LA BIBLIOTHÈQUE DE L'ARSENAL

ET ILLUSTRÉE DE QUATRE GRAVURES COLORIÉES

PAR MM. GEOFFROY ET HENRI ALLOUARD

PARIS

LAPLACE, SANCHEZ ET Cie, ÉDITEURS

3, RUE SÉGUIER, 3

THÉATRE

DE

COLLIN D'HARLEVILLE

CORBEIL. — TYP. ET STÉR. CRÉTÉ.

J. F. COLLIN D'HARLEVILLE.

Né à Maintenon, en 1755, — mort en 1806.

THÉATRE

DE

COLLIN D'HARLEVILLE

PRÉCÉDÉ

D'UNE NOTICE BIOGRAPHIQUE

Par M. Édouard THIERRY

ADMINISTRATEUR-CONSERVATEUR DE LA BIBLIOTHÈQUE DE L'ARSENAL

ET ILLUSTRÉ DE QUATRE GRAVURES COLORIÉES

PAR MM. GEFFROY ET HENRI ALLOUARD

PARIS

LAPLACE, SANCHEZ ET Cie, ÉDITEURS

3, RUE SÉGUIER, 3

—

1882

NOTICE

SUR COLLIN D'HARLEVILLE

D'Harleville, non pas Harleville sans la particule, comme l'a mis Andrieux au devant de l'édition qu'il donnait, en 1828, des œuvres de son ami, et comme l'écrivent, d'après Andrieux, les plus récents biographes de l'auteur du *Vieux Célibataire*.

L'amitié peut quelquefois être mal inspirée ; elle se trompe, par exemple, lorsque vis-à-vis d'un nom, qui est une gloire, elle se croit en droit d'y changer quelque chose, sous prétexte d'une information plus exacte, et corrige la célébrité.

Si encore l'exactitude était bien réelle ; mais ici elle n'est qu'apparente. Oui, sans doute, Collin d'Harleville a souvent signé Collin Harleville, il a même fini par ne plus signer autrement ; mais il avait commencé par signer avec la particule, ou plutôt il avait commencé par signer Collin tout court, du nom de son père, et c'est ainsi qu'il s'est nommé sur le titre de sa première pièce : *L'Inconstant*, comédie en cinq actes, en vers, par M. Collin, Paris, Prault, 1786, in-8.

Sur la brochure de *l'Optimiste*, le nom patronymique que portaient ensemble trois Collin, se trouve distingué des deux autres par le nom d'un petit bien de campagne appartenant au père : *L'Optimiste ou l'homme content de tout, comédie en cinq actes, en vers, représentée pour la première fois sur le Théâtre-Français, le 22 février 1788, et devant Leurs Majestés, le 25 du même mois, par Collin d'Harleville.*

La particule n'avait rien de nobiliaire, elle était le seul lien grammatical qui unisse le nom de la propriété à celui du propriétaire ; mais lorsque le *de* devint suspect et dangereux, Collin d'Harleville le supprima, comme fit la noblesse. L'ayant une fois supprimé, il ne le reprit pas dans sa correspondance ordinaire; toutefois il ne publia rien qui ne portât la même signature que l'*Optimiste*, et l'édition de son *Théâtre*, donnée par lui-même au public en 1805, est signée Collin d'Harleville.

Collin d'Harleville est donc son vrai nom d'écrivain, celui qu'a consacré le succès, celui qui de deux noms rapprochés n'en fait plus qu'un, léger, coulant, prononcé d'un seul trait, grâce à la particule. Avoir retranché la particule, si ce n'est pas l'avoir tout à fait défiguré, ce nom bien connu, c'est toujours l'avoir alourdi et déshonoré, comme un vers faux, par un malheureux hiatus : mauvais procédé vis-à-vis d'un versificateur aimable.

Mais, avant d'arriver à notre Collin d'Harleville, nous en sommes tout simplement au petit Collin.

Collin — Jean-François de ses noms de baptême — naquit à Mévoisins, près de Maintenon, dans le département d'Eure-et-Loir, le 30 mai 1755.

Son père, Martin Collin, avait fait ses études de droit, il avait même exercé la profession d'avocat au bailliage de Chartres ; mais il se lassa vite des dossiers et du barreau. L'herbe est si haute et si verte dans les grandes prairies de la Beauce ! les champs l'attiraient, il se fit cultivateur, architecte et jardinier; il acheta de la terre à droite et à gauche, douze arpents à Mévoisins, où il construisit la maison de famille, quelques arpents encore à Harleville et ailleurs. C'était un patriarche. Il avait aussi sa petite tribu : onze enfants, dont trois ne firent que se montrer à la vie ; les huit autres, deux garçons et six filles, atteignirent l'âge mûr. Collin était le huitième des onze. Pour distinguer celui-ci des autres Collin, le père, suivant l'usage du temps, lui fit un surnom du nom d'une de ses propriétés, la terre d'Harleville; quant à lui, Martin Collin, comme il n'était pas un cultivateur de l'ordre commun, qu'il avait la connaissance et la pratique des affaires, qu'il était un arbitre naturel et un conciliateur écouté dans le pays, on l'appelait toujours avec respect M. l'avocat.

Le maréchal duc de Noailles, possesseur du beau château de Maintenon, faisait un cas particulier de Martin Collin. Il le recevait cordialement, lorsque celui-ci venait au château; il ne dédaignait pas de lui rendre visite, et lui avait donné droit de chasse sur ses terres. La table, à Mévoisins, était donc toujours fournie de gibier, et la maison, pleine d'enfants, était toujours pleine de joie.

Mais enfin, tout passe, à commencer par l'heureuse enfance. Si peu que l'on doive apprendre d'abord, le moment de l'étude arrive, et c'est bien vite. M. Collin le père se souvenait trop bien d'avoir porté la robe pour ne pas vouloir que Jean-François se fît inscrire à son tour sur le tableau de l'ordre. Il s'agissait donc de débuter par l'école ; mais y avait-il seulement une école au hameau de Mévoisins ? On peut en douter, quand on voit la grand'mère du petit Collin, madame Artérier, qui demeurait à Chartres, prendre chez elle l'enfant de cinq ou six ans, et le placer dans une école tenue par des Frères de la doctrine chrétienne.

Dire que le petit Collin adorait sa grand'mère, ce n'est pas seulement dire qu'il était reconnaissant, c'est dire aussi que sa grand'mère était bien bonne pour lui. Dire qu'il garda toujours à ses maîtres le plus affectueux souvenir, et que durant toute sa vie il ne rencontrait pas un Frère de leur ordre sans lui ôter respectueusement son chapeau, ce n'est pas seulement dire qu'ils avaient été doux à son enfance, c'est dire aussi qu'il avait été un bon écolier. On n'aime guère à se rappeler l'école que quand on s'y est attaché par les premiers contentements du succès.

Le petit Collin était courageux. L'hiver, quand le matin est encore de la nuit, il partait de chez sa grand'mère la lanterne à la main, et se piquait d'arriver avant tout le monde à la porte de la classe. Il sut bientôt lire comme les enfants précoces qui devinent les mots sans les épeler. Il apprit à écrire de cette bonne écriture, bien nette et bien lisible, dont il devait un jour se faire une ressource et recopier si lestement ses ouvrages. En attendant, ses heureuses dispositions, son aptitude au travail lui étaient déjà comptées, et il obtenait une bourse, grâce à laquelle, quittant Chartres pour la grande ville, il arrivait ici faire ses études au collège de Lisieux.

Quoiqu'on soit généralement assez prévenu contre les succès scolaires et que, pour certains élèves en effet, la suite de la vie confirme la parole évangélique : les premiers seront les derniers, les derniers seront les premiers ; il est plus sûr néanmoins de débuter par le premier rang, et le nombre est plus considérable de ceux qui s'y maintiennent que de ceux qui y remontent. Collin était de ceux qui prennent naturellement leur place au-dessus des autres. Telle qu'il avait eu la sienne à la petite école de Chartres, telle il la retrouva à Paris ; mais bientôt un malheureux et presque tragique accident vint arrêter ses études. Un jour que c'était à lui de faire la lecture pendant le dîner, le dîner fini, — pour les autres — comme il descendait rapidement de la chaire, il fit une chute si terrible qu'on le crut d'abord tué du coup. On le releva dans un état désespéré. Il y eut consultation de médecins. L'arrêt prononcé ne lui laissait que cette triste alternative : la mort ou la folie ; il en appela toutefois, et après six mois de séjour dans sa famille, il rentrait guéri à son collège.

Longtemps plus tard, dans une lettre où il rappelait l'aventure à un ancien camarade de classes : « Cruelle chute, » écrivait-il gaiement :

> Cruelle chute, hélas! présage malheureux
> Pour un auteur de comédie !
> Une bien longue maladie
> M'attira des docteurs un arrêt rigoureux.
> Je n'aurais, dirent-ils, ma guérison complète
> Qu'en perdant la raison. Je vais faire un aveu :
> Ils se trompèrent de bien peu ;
> Car je suis demeuré poète.

Le cas de poésie ne se déclara pas sitôt. A compter les six années de première enfance, les quatre années de Chartres, un ou deux ans du collège de Lisieux, Collin n'avait pas plus de douze ans alors. De retour à Lisieux, il regagna le temps perdu, et se retrouva un *remporteur de prix*, disons le mot puisque c'est pour lui qu'on l'a conservé.

En ce temps-là le Concours général existait comme aujourd'hui, presque dans la même forme. Sur la fin de l'année scolaire, les dix collèges de plein exercice envoyaient leurs meilleurs élèves de toutes les classes et de toutes les facultés, se disputer en champ clos le prix de la version ou du thème, de la dissertation latine ou de la dissertation française. Le champ clos était le même à peu près qu'il est encore. Les Jacobins de la rue Saint-Jacques prêtaient une de leurs salles aux classes supérieures, les Mathurins aux classes inférieures. On séparait les élèves de chaque collège en les entremêlant avec ceux des collèges rivaux, pour les empêcher de se venir en aide par esprit de corps ; ce fut aux Mathurins que Collin et Andrieux se rencontrèrent pour la première fois, l'un élève du collège de Lisieux, l'autre de celui du Cardinal-Lemoine. Depuis ce moment une mutuelle sympathie les attira l'un vers l'autre, et ils ne cessèrent de vivre dans la plus étroite intimité que lorsque Collin disparut de la terre.

Collin termina le premier ses études, qui s'arrêtèrent à la rhétorique ; Andrieux poussa plus loin les siennes et fit encore ses deux années de philosophie ; mais l'habitude de se voir était prise entre les deux jeunes gens ; ils savaient où se retrouver et se retrouvèrent naturellement, tous deux étant destinés au barreau, pendant les quatre ou cinq ans que Collin passa, clerc de procureur et clerc sans vocation, d'abord dans l'étude de M⁰ Laurent, un des amis de son père, puis, à la mort de M⁰ Laurent, chez M⁰ Petit de Beauverger, un procureur assez homme d'esprit pour le reconnaître chicaneur indigne, et pour ne lui en savoir pas mauvais gré.

Peut-être Mᵉ Petit avait-il découvert sous le garde-main du plumitif, pris en flagrant délit de temps perdu, un bout de papier couvert de dix-huit petites lignes égales et monorimes, avec le titre d'*Une bonne journée :*

> Un pauvre clerc du parlement,
> Arraché du lit brusquement,
> Comme il dormait profondément,
> Gagne l'Etude tristement,
> Y griffonne un appointement,
> Qu'il ose interrompre un moment
> Pour déjeuner sommairement ;
> En revanche écrit longuement ;
> Dîne à trois heures sobrement,
> Sort au dessert discrètement,
> Reprend la plume promptement
> Jusqu'à dix heures seulement ;
> Lors va souper légèrement ;
> Puis un sixième lestement
> Grimpe, et se couche froidement
> Dans un lit fait, Dieu sait comment !
> Dort, et n'est heureux qu'un moment...
> Ah ! pauvre clerc du parlement !

Le pauvre clerc était poète ! je ne dis pas poète lyrique et dans le sens où nous l'entendons de nos jours, après Victor Hugo, après les *Orientales* et les *Quatre vents de l'esprit*, mais comme on l'était au siècle dernier avec un petit jeu d'assonnances faciles, un rythme aisé et un léger badinage. Mᵉ Petit de Beauverger trouva tout de suite que l'auteur d'*Une bonne journée* pouvait faire autre chose que de grossoyer à contre-cœur l'horrible grimoire contre lequel se révolte Philaminte. C'était bien aussi l'avis de Collin ; mais le moyen d'y rallier son père, surtout après un mécontentement qui avait déjà éclaté ? Ce fut M. Petit de Beauverger qui se chargea d'amener la réconciliation. Elle eut lieu. Notre Collin quitta l'étude et se vit autorisé — à quoi ? Qui le sait ? Car c'est toujours là le souci des familles — à devenir, sous prétexte de l'amour des lettres, un jeune homme sans profession, à faire, en vue d'un avenir douteux et avec un dernier sacrifice de sa famille, le stage de la vie littéraire.

Si le sacrifice était grand, le subside était mince ; mais les pensions à bon marché, et même les hôtesses de bon cœur, ne manquaient pas dans le quartier latin. Il y avait, Petite rue des Anglais, sous le nom d'hôtel Notre-Dame, une modeste maison garnie, tenue par madame Raclot. Madame Raclot était la providence des oiseaux tombés du nid, des fils de famille trop tôt sortis de tutelle et plus ou moins rentrés en grâce avec leurs pères.

« La vie n'y était pas chère, dit Andrieux ; car on y dînait pour quatorze sous et l'on y soupait pour dix ; encore pouvait-on économiser trois sous sur chaque repas, en ne prenant pas de vin. »

Dix-huit sous par jour au minimum ; pour primeurs l'appétit de la jeunesse, et l'espérance pour dessert, c'était bien l'affaire de Collin. Andrieux ne demeurait pas chez madame Raclot ; mais il passait souvent ses soirées avec son ami à l'hôtel Notre-Dame, dans une heureuse société de camarades du même âge, étudiants en droit, étudiants en médecine, tous un peu poètes, plusieurs un peu musiciens. Avec cela, on lisait, on récitait des vers, on chantait, mademoiselle Raclot chantait aussi et tenait le clavecin. Ajoutez à la louange de cette jeunesse gaie, spirituelle, honnête, que mademoiselle Raclot était au milieu d'eux comme s'ils eussent été ses frères, que sa présence dans leurs réunions y apportait un agrément sans trouble, et que La Fontaine n'aurait pas trouvé là le joli début de la fable des *Deux Coqs :*

. . . .
Et voilà la guerre allumée.

A défaut de plus hautes protections, Collin avait autour de lui des amitiés dont l'actif dévouement n'était pas moins efficace. Quand il eut écrit l'*Inconstant*, sans autre prétention que de faire un petit acte en prose destiné à l'Ambigu-Comique — le répertoire de l'Ambigu-Comique répondait alors au nom du lieu — ce fut Desalles, un des pensionnaires de madame Raclot, qui s'avisa de porter le manuscrit à Préville, et l'aimable Desalles, comme on l'appelait à l'hôtel Notre-Dame, sut intéresser le grand comédien au point d'en obtenir pour la pièce, deux fois rare bonne fortune ! une prompte lecture d'abord, une prompte réponse ensuite.

Quand Préville, après avoir fait mettre la pièce en trois actes, demanda un nouvel effort à Collin, celui de mettre les trois actes en vers, ce fut un autre pensionnaire de l'hôtel Notre-Dame, ce fut Pons (Pons de Verdun ?) qui, pour remonter le courage de son ami, offrit d'entreprendre le travail, et, à titre d'échantillon, versifia tout de suite un grand monologue.

Collin n'accepta pas le monologue de Pons ; mais, ce qui valait mieux, il accepta le défi, rima lui-même ses trois actes, et, présentée par Préville, la pièce fut reçue à la Comédie-Française.

Reçue, c'était un point de gagné ; mais ce n'était qu'un point sur la partie, et le pauvre Collin allait être obligé de quitter le jeu. La sollicitude paternelle lui coupait les vivres. Endetté vis-à-vis de madame Raclot, qui se gardait bien de le lui rappeler, la digne femme, il n'en avait que plus à cœur de s'acquitter envers elle. Le seul moyen d'obtenir quelque argent de son père était de quitter Paris sur-le-champ et de rentrer au giron de la famille. Il se soumit ; il dit adieu à la Petite rue des Anglais ; mais il ne retourna pas à Mévoisins, il revint à Chartres, chez la bonne maman Artérier qui l'y accueillit encore avec joie.

Quant au reste des siens, au lieu de tuer le veau gras pour le retour de l'enfant prodigue, les bonnes gens s'apprêtaient à lui faire manger, comme on dit, de la vache enragée. Malgré la robe d'avocat qu'il avait prise, — et qu'il portait assez mal, de son propre aveu, — le plus honnêtement qu'on en usât avec lui entre parents, c'était de le traiter de fou, de mauvais sujet et de fléau de la famille. Le pauvre poète, doux et résigné, ne l'était pourtant pas si bien qu'il ne méditât une vengeance secrète, c'était une comédie satirique, intitulée *Un Poète en province*. Il l'avait faite. On peut juger qu'il avait étudié ses personnages sur le vif. Le sot le plus caractérisé de la pièce était un de ses cousins qui lui disait : Tu fais donc des vers, toi, Harleville ? Des vers ce sont des *guillots* (les vers du fruit, langue rustique).

N'avait-il pas également mis en scène sa vieille bonne d'enfant, cruelle aussi, mais par bonté, la pauvre Monique qui le conjurait de renoncer à la comédie, et de brûler son manuscrit de *l'Inconstant*, pour le salut de son âme ?

Collin ne brûla pas *l'Inconstant*, encore qu'il eût été tenté plus d'une fois de faire ce plaisir à Monique ; mais il brûla *le Poète en province*, afin de n'affliger ni Monique ni personne.

Cependant Desalles tenait toujours le jeu de son ami et s'obstinait à forcer la chance en sa faveur. Avec cette bonne grâce qu'il avait à se présenter, il était partout le bienvenu, et ne s'ouvrait toutes les portes que pour introduire Collin à sa suite. Collin venait quelquefois à Paris, Desalles profitait de ces petits voyages pour le conduire, soit chez Molé qui devait finir par accepter le rôle de Florimond, bien que le personnage n'eût rien d'un persiffleur et d'un petit-maître, — soit chez Dalembert, le secrétaire perpétuel de l'Académie française, lequel s'excusa sur ses nombreuses occupations de ne pouvoir lire la pièce, — soit chez Diderot qui avait toujours le loisir d'être bon et qui dit affectueusement à l'auteur après avoir lu sa pièce : « Il y a là dedans du talent, il y en a beaucoup. Les vers sont faciles, bien tournés ; style comique ; mais une action faible ; cela n'a point de corps, point de soutien ; c'est *une pelure d'ognon brodée en paillettes d'or et d'argent.* »

Du reste, ajoute Andrieux qui cite les paroles de Diderot, il fut d'avis que la pièce devait être représentée, et qu'elle aurait du succès.

A la condition d'être représentée, hélas! mais, pour arriver là, il ne fallait pas moins que l'intervention des dieux propices. Les

dieux y mirent la main. Madame Campan d'un côté, le duc de
Duras de l'autre, on obtint de la reine qu'elle demandât *l'Inconstant*, pour les spectacles de la cour, et *l'Inconstant* fut joué,
au mois de mars 1784, sur le petit théâtre de Versailles.

L'enfant prodigue, convaincu d'impénitence avec éclat, n'eut
pas le courage de sa rechute, et n'osa pas assister à la représentation de sa comédie.

En fin de compte, Collin était auteur déclaré ; sa pièce avait été
représentée devant le roi et la reine, ce qui n'était pas un mé-
diocre prestige, il fallait en prendre son parti. Collin jeta la robe
aux buissons et revint à Paris pour retoucher le troisième acte de
l'Inconstant ; cette fois néanmoins ce ne fut pas chez madame
Raclot qu'il descendit. Il alla demeurer, à frais communs, avec
son ami Lefèvre, l'helléniste ; et, comme son père l'abandonnait à
son mauvais génie, en attendant que le théâtre lui servît d'autres
revenus, il gagnait, plus ou moins, ses quarante sous par jour à
faire des copies. Triste façon de vivre de sa plume.

Entre la représentation de *l'Inconstant*, à Versailles, et la première représentation de la pièce, à Paris, il ne s'écoula pas moins
de deux ans. Pendant ce temps-là l'ouvrage s'était encore ac-
cru de deux actes. Pendant ce temps-là aussi M. Collin, le père,
était mort. Il ne vit pas le succès de son fils, succès qu'il lui
avait pardonné d'avance ; et ce fut un grand regret pour Collin ;
aussi, lorsque, deux ans plus tard, il remporta sa belle victoire
de *l'Optimiste*, il voulut que sa famille entière partageât son
bonheur avec lui. Sœurs et cousines, — il en avait beaucoup, — il
les fit toutes venir deux à deux, en les défrayant du voyage, et, à
Paris, ce fut le spectacle dans tous les théâtres, des parties de
campagne dans tous les environs, des cadeaux, des dîners com-
mandés en bon lieu ; presque tout le bénéfice de *l'Optimiste* y passa.
Du reste il avait déjà en perspective les *Châteaux en Espagne ;*
c'était le moins qu'il eût lui-même sa petite vision à la façon de
d'Orlange ou de Perrette et qu'il escomptât aussi le produit du
fameux pot au lait : d'autant plus que sa chimère s'appuyait sur
de bonnes réalités, son talent, plus deux véritables succès ga-
rantissant le troisième.

Il y eut pourtant d'abord un caillou sur le chemin. Les quatre
premiers actes des *Châteaux en Espagne* furent trouvés charmants. Franchise et limpidité du vers, gaieté, verve amusante et
ce lumineux de l'esprit qui rappelait alors la flamme de Regnard,
tout avait mis le feu au parterre ; mais le cinquième acte avait
un peu pâli, et le public s'était refroidi dans la même mesure.
Collin d'Harleville se l'avouait — je dis Collin d'Harleville, le
nom était tout à fait adopté et la particule, en passant par la cour,
devenue presque nobiliaire —, Collin d'Harleville avait bien senti

fléchir le dernier acte, et c'était sur l'effet de ce dernier acte qu'il interrogeait tous ses amis, après la pièce. Tous les amis s'empressaient de répondre par des éloges. Desalles eut le courage de lui dire franchement que le dernier acte était manqué; mais aussi, du même temps, il lui donna l'idée d'un plan nouveau que Collin d'Harleville accepta sans fausse honte, comme il avait accepté d'Andrieux une première scène pour le second acte de l'*Optimiste*. Molé consentit à effacer de sa mémoire le cinquième acte originaire pour le remplacer par un autre. La seconde représentation fut ajournée. Treize jours plus tard, le rideau se relevait, le cinquième acte était entièrement remanié, les rôles étaient sus et le succès allait jusqu'au bout sans faiblir.

Cependant la fatigue, un excès de travail, les combats de la vie littéraire, les émotions même du succès altéraient depuis quelque temps sa santé. Quand vint l'été de 1789, il fit une maladie sérieuse dont le tirèrent les soins dévoués de sa sœur Julie et le docteur Doublet, de Chartres, inflexible à lui prescrire l'abstinence de travail la plus sévère. Malgré tout, la convalescence traînait en longueur; le malade — il était toujours alité — restait taciturne. A ses meilleurs amis qui venaient pour le voir, il répondait par monosyllabes, et leur présence semblait lui être importune. Un jour enfin, il retrouva la parole; ce fut pour confesser à Andrieux qu'il avait péché par désobéissance, et, prenant la main de son ami, il lui fit toucher sous le drap une quantité de feuilles de papier de toute grandeur, les brouillons d'une comédie en cinq actes. La comédie achevée, Collin se leva guéri, et l'œuvre coupable qui avait opéré cette cure merveilleuse était précisément son chef-d'œuvre, *le Vieux Célibataire*.

Le Vieux Célibataire n'attendit pas moins de trois ans avant d'arriver à la rampe. Dans l'intervalle, Collin d'Harleville, heureux de renaître, de jouir de la vie et d'en jouir à l'air pur des champs, y jeta d'abord tout seul son joyeux éclat de rire: *Monsieur de Crac* — qui devint en 1791 le fou rire de Paris; — puis d'autres soins le détournèrent de ses doux loisirs. En 1790, comme la France républicaine se constituait en armée civique, la commune de Mévoisins, si petite qu'elle fût, voulut avoir sa garde nationale aussi bien que les grandes villes. Collin Harleville (Harleville cette fois) en fut élu commandant. Il se fit faire un brillant uniforme, le plus remarqué, à ce qu'il paraît, de tous ceux qui parurent dans la solennité de la Fédération; mais tout en souriant lui-même de l'étonnement flatteur que causait son costume, le citoyen-commandant d'un humble village de cent feux ne remplissait pas moins sérieusement ses fonctions. Les campagnes étaient inquiètes. On parlait de bandes de brigands qui les parcouraient, Collin organisait des patrouilles et marchait à leur tête. Grâce à sa fermeté et à son bon esprit, Mévoisins eut le bonheur de ne connaître que par un écho affaibli le tumulte des mauvais jours de la Révolution.

Enfin *le Vieux Célibataire* fut représenté ; avec quel succès ! pour s'en rendre bien compte, il faut ajouter aux éloges des contemporains la vivacité de la discussion et des controverses jalouses. Il n'y avait pas à contester la fortune de l'ouvrage : la force impérieuse des applaudissements s'imposait à la critique ; mais il s'agissait d'établir que l'auteur en devait à d'autres la meilleure part. On lui cherchait des devanciers. On tirait de l'oubli une ancienne pièce de la comédie Italienne, *la Gouvernante* d'Avisse, un peu étonnée de cet honneur posthume. On retrouvait encore des origines plus récentes : *le Vieux Garçon* de Dubuisson, et même le *Célibataire* de Dorat, qui n'était pas un vieillard. Tracasseries et contestations inutiles. Je me trompe, il n'y a rien d'inutile dans le succès. Toutes les agitations, toutes les voix s'y confondent et forment en commun l'acclamation universelle *Le Vieux Célibataire* était ce qu'on appelle aujourd'hui l'événement littéraire du moment. Molé, dans le rôle de Dubriage, mademoiselle Contat, dans celui de madame Evrard, se surpassaient eux-mêmes par l'effet d'une ardente émulation. L'intérêt de la pièce était tout puissant. Que Collin d'Harleville se fût joué jusque-là, comme Regnard, avec la comédie plaisante et d'action légère, c'était possible ; mais ici, il marchait sur la trace de Molière, il mettait la main sur le cœur de l'homme, il sondait des reins et des caractères, il créait des figures vivantes et arrivait, par la vérité, à rencontrer sous le rire les tristesses de la vie humaine. *Le Vieux Célibataire* était son *Tartuffe*.

Après le *Vieux Célibataire*, son talent ne pouvait plus grandir Il donna sa comédie des *Artistes* qui ne réussit qu'à moitié ; le public n'avait pas encore appris que des artistes pouvaient être autre chose que de jeunes fous ; mais François-André Vincent, le peintre du *Président Molé arrêté par les factieux*, fit à la pièce un honneur qui valait tout autre succès, ce fut lui qui peignit, pour les accessoires de la mise en scène, un *Tobie*, avec la gravure du même *Tobie* imitée en dessin, plus un grand tableau de la *Mélancolie*.

En 1795, à la création de l'Institut national, Collin d'Harleville était désigné par ses succès pour y être admis. Il laissa faire l'opinion qui l'y porta sans qu'il se fût présenté ; mais, à peine admis, il prit la parole pour proposer avec chaleur la réception d'Andrieux, et ne goûta la satisfaction d'être académicien que quand il put annoncer à son ami : Vous êtes mon confrère.

Cependant, quelque espoir qu'eût donné sa guérison, Collin d'Harleville ne s'était jamais entièrement rétabli : ses forces ne lui étaient pas rendues ; le mouvement de Paris le fatiguait. Ce cercle de la vie, qui revient à son point de départ, le ramenait vers la maison des champs devenue son héritage. Il passait sept ou huit mois à Mévoisins ; quelquefois même il s'y confinait tout un hiver. Sans son ami Picard qui prit la direction du Théâtre de Louvois, et que ni lui, ni Andrieux ne pouvaient abandonner, il n'eût pas composé *le Vieillard et les Jeunes Gens*, ni *Malice pour malice*. Il éprouvait de profonds découragements, il regrettait d'avoir voulu écrire, malgré les justes remontrances de son père ; il regrettait de n'avoir pas eu la sagesse de son frère qui s'était marié, et vivait d'un travail tranquille. A force d'être bon, il était prodigue. A force d'être désintéressé, il prenait le parti des comédiens contre lui-même, et refusait de prétendre avec la nouvelle coalition des auteurs à une rémunération moins avare (1).

Sa générosité le ruinait. Pour avoir toujours eu les mains ouvertes avec les pauvres gens de Mévoisins, il était obligé de vendre l'héritage paternel. Il le vendit en effet ; heureusement ce fut à une digne parente qui ne l'acheta que pour le lui conserver jusqu'à la fin de ses jours. La fin, hélas ! cette fin était proche. Le coup était porté. En réalité, sa maison n'était plus assez à lui, et peut-être il s'en était détaché, depuis qu'il l'avait vendue. Quoi qu'il en soit, il ne l'habita plus guère. Il eut cette inquiétude, j'entends cette agitation des mourants, ce besoin d'être où ils ne sont pas, cet obscur dessein de faire perdre leur trace à la mort qui les cherche. Il s'en allait de Paris à Chartres, il revenait de Chartres à Paris : ce fut à Paris qu'il acheva de vivre. Il s'y éteignit dans un petit entresol de la rue Taranne, le 24 février 1806, le jour anniversaire, dit Andrieux, de la première représentation du *Vieux Célibataire*.

---

(1) En voici la preuve dans un billet inédit qui témoigne à la fois de son désintéressement et de sa loyauté.

« Je ne crains point d'écrire ce que je dis, ce que je sens. J'ai déclaré à
« la Comédie-Française que je ne croyais plus avoir aucun droit sur mes
« pièces de *l'Inconstant*, de *l'Optimiste*, de *Monsieur de Crac*. Je le répète
« encore, je ne blâme point autrui ; je ne prétends point que ma conduite
« serve de règle. Ma retraite à la campagne prouve même que je sais, que
« je veux concilier mes égards pour les auteurs avec mon attachement pour
« la Comédie, mais ici c'est une affaire de délicatesse et de conscience in-
« time. Ce que je sentais irrévocable en 1788 ne peut avoir changé depuis,
« relativement à moi ; voilà ma profession de foi, libre, volontaire, précise
« et invariable. »

« A Paris, ce 24 août 1790. Collin Harleville. »

On entrevoit une assemblée des auteurs convoquée par Beaumarchais pour revendiquer un droit sur les pièces tombées dans les règles antérieurement aux nouvelles conditions acceptées par la Comédie ; Collin d'Harleville partit pour la campagne afin de ne pas assister à la réunion. Beaumarchais et lui ne pouvaient pas entendre de la même manière le respect des conventions.

Quelques jours après cette triste date, *le Vieux Célibataire* était sur l'affiche. A la représentation, Mlle Contat porta des rubans noirs en signe de deuil, et la religieuse émotion dont se sentit pénétrée toute la salle fut un hommage public rendu à un auteur de la noble élite qui était en même temps un grand homme de bien.

A peine Collin d'Harleville avait-il fermé les yeux, qu'Andrieux courait chez Houdon, pour le prier de venir mouler cette chère tête. L'illustre sculpteur se rendit à son désir ; ils espéraient tous deux que le gouvernement commanderait la statue en marbre du premier des auteurs comiques de son temps. Le deuil et l'amitié ont leurs pieuses chimères. Comment Collin d'Harleville aurait-il eu sa statue de marbre, à une époque où on était encore loin de songer que Molière pût en avoir une, fût-ce avec la circonstance atténuante d'un socle-fontaine ? Houdon n'exécuta pas même le buste de son ami. Le moulage seul ou quelque chose de semblable, un plâtre mal complété, restait à la comédie-Française. Ce fut d'après ce plâtre que M. Chenillion exécuta de nos jours le buste de Collin d'Harleville.

C'était en 1866. Il y avait vingt-huit ans que Paris s'était décidé à décerner à son Molière une statue assise. Sur la proposition du docteur Lamy, qui était alors maire de Maintenon, — loué soit cet excellent administrateur pour son heureuse initiative ! — le conseil municipal de Maintenon vota l'exécution d'un buste en marbre de Collin d'Harleville, avec la place désignée du buste sur la façade de la mairie.

L'inauguration eut lieu le 27 mai, dans une cérémonie simple et charmante, qui était tout ce qu'elle devait être, une fête de campagne, relevée par la présence des délégués de l'Académie Française, du Théâtre-Français et de la Société des auteurs dramatiques. Fidèle à la tradition de sa famille, M. le duc de Noailles était là, revendiquant, sur cette journée commémorative du poète de Mévoisins, son droit de généreux patronage, et offrant à tous les invités de la fête l'hospitalité de ce glorieux château où l'ombre de madame de Maintenon converse sous les grandes allées avec celle de Racine. Samson, l'illustre comédien, faisait une conférence dans l'Orangerie, et lisait, avec son art merveilleux, les plus brillants passages des *Châteaux en Espagne*, de *Monsieur de Crac*, du *Vieux Célibataire*. M. Camille Doucet avait parlé, je n'ai pas besoin de dire avec quel esprit; puis le Théâtre-Français, puis M. Ferdinand Dugué, digne de représenter la commission des auteurs dramatiques. Tout était bien ainsi. Le souhait d'Andrieux était suffisamment réalisé.

Une statue, pour prouver « qu'on sait honorer en France les talents et la vertu », à quoi bon ?

« Un buste en dit autant, » concluait un des discours (1) prononcés sous la sympathique image, et ce sera aussi la conclusion de cette Notice : « La modestie du poète se serait étonnée
« d'un plus grand honneur. Un buste lui va bien. C'est la mesure
« qui lui sied : un buste qui sourit et qui pense, un buste
« qui montre le beau front de l'homme et qui découvre sa poitrine
« loyale.

« La tête et le cœur, Collin d'Harleville est là tout entier. »

EDOUARD THIERRY.

---

(1) Celui de l'Administrateur général du Théâtre-Français, l'Auteur même de cette Notice.   (*Note des Editeurs.*)

L'INCONSTANT

COMÉDIE EN TROIS ACTES ET EN VERS,

REPRÉSENTÉE POUR LA PREMIÈRE FOIS PAR LES COMÉDIENS
FRANÇAIS LE 13 JUIN 1786.

« Il tourne au premier vent, il tombe au moindre choc,
« Aujourd'hui dans un casque, et demain dans un froc. »
BOILEAU. Satire, VIII.

PERSONNAGES

FLORIMOND, l'Inconstant.
ÉLIANTE, jeune veuve anglaise.
M. DOLBAN, oncle de Florimond.
LISETTE, suivante d'Éliante.
CRISPIN, valet de chambre de Florimond.
M. PADRIGE, l'hôte.

LA SCENE EST A PARIS, DANS UN HOTEL GARNI, APPELÉ L'HOTEL DE BREST.

L'INCONSTANT

COMÉDIE.

ACTE PREMIER

Le théâtre, pendant toute la pièce, représente un salon.

SCENE PREMIÈRE

FLORIMOND, en uniforme; CRISPIN.

FLORIMOND.
Je te revois enfin, superbe capitale !
Que d'objets enchanteurs à mes yeux elle étale !
De l'absence, Crispin, admirable pouvoir !
Pour la première fois il me semble la voir.
CRISPIN.
Je le crois. Mais, monsieur, quelle affaire soudaine
De Brest, comme un éclair, à Paris vous amène ?
FLORIMOND.
D'honneur, jamais Paris ne me parut si beau.
Quelle variété ! C'est un mouvant tableau.
L'œil ravi, promené de spectacle en spectacle,
De l'art à chaque pas voit un nouveau miracle.
CRISPIN.
Il est vrai. Mais ne puis-je apprendre la raison
Qui vous a fait ainsi laisser la garnison ?
FLORIMOND.
La garnison, Crispin ? Je quitte le service.
CRISPIN.
Vous quittez...? Quoi! monsieur, par un nouveau ca-[price...?
FLORIMOND.
Je suis vraiment surpris d'avoir, un mois entier,

Pu supporter l'ennui d'un si triste métier.
　　　　　　　　CRISPIN.
Mais j'admire, en effet, votre persévérance :
Un mois dans un état ! quelle rare constance !
Depuis quand cet ennui ?
　　　　　　　FLORIMOND.
　　　　　　　　　Depuis le premier jour.
J'eus d'abord du dégoût pour ce morne séjour.
Dans une garnison, toujours mêmes usages,
Mêmes soins, mêmes jeux, toujours mêmes visages
Rien de nouveau jamais à dire, à faire, à voir :
Le matin on s'ennuie, et l'on bâille le soir.
Mais ce qui m'a surtout dégoûté du service,
C'est, il faut l'avouer, ce maudit exercice.
Je ne pouvais jamais regarder sans dépit
Mille soldats de front, vêtus du même habit,
Qui, semblables de taille, ainsi que de coiffure,
Etaient aussi, je crois, semblables de figure.
Un seul mot, à la fois, fait hausser mille bras ;
Un autre mot les fait retomber tous en bas :
Le même mouvement vous fait, à gauche, à droite,
Tourner tous ces gens-là comme une girouette.
　　　　　　　　CRISPIN.
Cependant...
　　　　　　　FLORIMOND.
　　　　　Je pourrai changer d'habillement,
Et ne te mettrai plus...
　　　　　　　　CRISPIN.
　　　　　　„ Je vous plaignais, vraiment.
　　　(Touchant l'habit de son maître.)
Pauvre disgracié ! va dans la garde-robe
Rejoindre de ce pas la soutane et la robe.
Que d'états ! je m'en vais les compter par mes doigts.
D'abord...
　　　　　　　FLORIMOND.
　　　Oh ! tu feras ce compte une autre fois.
　　　　　　　　CRISPIN.
Soit. Sommes-nous ici pour longtemps ?
　　　　　　　FLORIMOND.
　　　　　　　　　　　　Pour la vie.
　　　　　　　　CRISPIN.
Quoi ! Brest...
　　　　　　　FLORIMOND.
　　　　D'y retourner, va, je n'ai nulle envie.

CRISPIN.
Et votre mariage?
FLORIMOND.
Eh bien! il reste là.
CRISPIN.
Mais Léonor?
FLORIMOND.
Ma foi, l'épouse qui voudra.
CRISPIN.
J'ignore, en vérité, si je dors, si je veille :
Vous la quittez, monsieur, le contrat fait, la veille !
FLORIMOND.
Fallait-il par hasard attendre au lendemain?
CRISPIN.
Là.... sérieusement, vous refusez sa main ?
FLORIMOND.
Pour le persuader, il faudra que je jure !
CRISPIN.
Ah! pouvez-vous lui faire une pareille injure?
Car que lui manque-t-il? Elle est jeune, d'abord.
FLORIMOND.
Trop jeune.
CRISPIN.
Bon, monsieur!
FLORIMOND.
C'est une enfant.
CRISPIN.
D'accord ;
Mais une aimable enfant : elle est belle, bien faite..
FLORIMOND.
Je sais fort bien qu'elle est d'une beauté parfaite ;
Mais cette beauté-là n'est point ce qu'il me faut :
J'aime sur un visage à voir quelque défaut.
CRISPIN.
C'est différent. J'aimais cette humeur enjouée
Qui ne la quittait pas de toute la journée.
FLORIMOND.
Je veux qu'on boude aussi parfois.
CRISPIN.
Sans contredit.
FLORIMOND.
Trop de gaîté, vois-tu, me lasse et m'étourdit ;
Qui rit à tous propos ne peut que me déplaire.
CRISPIN.
Sans doute. Léonor n'était point votre affaire.

Une enfant de seize ans, riche, ayant mille attraits,
Qui n'a pas un défaut, qui ne boude jamais !
Bon ! vous en seriez las au bout d'une semaine.
Mais que dira de vous monsieur le capitaine ?
FLORIMOND.
Qu'il en dise, parbleu ! tout ce qu'il lui plaira :
Mais pour gendre jamais Kerbanton ne m'aura.
Qui ? moi ? bon Dieu ! j'aurais le courage de vivre
Auprès d'un vieux marin qui chaque jour s'enivre,
Qui fume à chaque instant, et, tous les soirs d'hiver,
Voudrait m'entretenir de ses combats de mer ?....
Laissons là pour jamais et le père et la fille.
CRISPIN.
Parlons donc de Justine. Est-elle assez gentille ?
Des défauts, elle en a ; mais elle a mille appas :
Elle est gaie et folâtre, et je ne m'en plains pas :
Voilà ce qu'il me faut, à moi qui ne ris guère.
Enfin elle n'a point de vieux marin pour père.
Pauvre Justine ! hélas ! je lui donnai ma foi ;
Que va-t-elle à présent dire et penser de moi ?
FLORIMOND.
Elle est déjà peut-être amoureuse d'un autre.
CRISPIN.
Nos deux cœurs sont, monsieur, bien différents du vôtre.
D'avoir perdu Crispin jamais cette enfant-là,
C'est moi qui vous le dis, ne se consolera.
FLORIMOND.
Va, va, dans sa douleur le sexe est raisonnable,
Et je n'ai jamais vu de femme inconsolable.
Laissons cela.
CRISPIN.
    Fort bien ; mais au moins dites-moi
Pourquoi vous descendez dans un hôtel ?
FLORIMOND.
                           Pourquoi ?
CRISPIN.
Oui, monsieur ; vous avez un oncle qui vous aime,
Dieu sait !
FLORIMOND.
       De mon côté, je le chéris de même ;
Mais je ne logerai pourtant jamais chez lui.
Je crus bien, l'an passé, que j'en mourrais d'ennui.
C'est un ordre, une règle en toute sa conduite !
Une assemblée hier, demain une visite ;
Ce qu'il fait aujourd'hui, toujours il le fera :

Il ne manque jamais un seul jour d'opéra.
La routine est pour moi si triste, si maussade !
Et puis sa politique, et sa double ambassade !
Car tu sais que mon oncle était ambassadeur.
J'essuyais des récits... mais d'une pesanteur !
Tu vois que tout cela n'est pas fort agréable.
D'ailleurs je me suis fait un plaisir délectable
De venir habiter dans un hôtel garni.
Tout cérémonial de ces lieux est banni :
Je vais, je viens, je rentre, et sors quand bon me semble ;
Entière liberté. Le soir on se rassemble :
L'hôtel forme lui seul une société ;
Et, si je n'ai le choix, j'ai la variété.
     CRISPIN.
On vient : de cet hôtel c'est sans doute le maître.

SCÈNE II

FLORIMOND, CRISPIN, M. PADRIGE.

    M. PADRIGE, avec force révérences.
Ma visite, monsieur, vous dérange peut-être ;
Mais je n'ai pu moi-même ici vous recevoir :
J'étais absent alors : j'ai cru de mon devoir
De venir humblement vous rendre mon hommage.
    FLORIMOND.
Fort bien.
    M. PADRIGE.
  Je sais à quoi notre état nous engage.
  CRISPIN, lui rendant ses révérences.
Monsieur !
    M. PADRIGE à Florimond.
  De mon hôtel êtes-vous satisfait ?
    FLORIMOND.
Très fort.
    M. PADRIGE.
  Vous le trouvez honnête ?
    FLORIMOND.
      Tout à fait.
    M. PADRIGE.
Et votre appartement commode ?
    FLORIMOND.
      Oui, mon cher hôte,
Très commode.

CRISPIN.
Pourtant, ma chambre est un peu haute.
FLORIMOND.
Je me trouve fort bien.
M. PADRIGE.
Je vous suis obligé.
Il le faut avouer, je n'ai rien négligé
Pour réunir ici l'utile et l'agréable ;
Et vous voyez...
CRISPIN.
Au fait : avez-vous bonne table ?
M. PADRIGE à Florimond.
Sans vanité, monsieur, je puis dire, entre nous,
Que je n'ai guère ici que des gens tels que vous.
CRISPIN, s'inclinant.
Ah !...
M. PADRIGE.
Des Bretons surtout. C'est Brest qui m'a vu naître ;
Et, Dieu merci, Padrige a l'honneur d'y connaître
Assez de monde : aussi l'on s'y fait une loi,
Quand on vient à Paris, de descendre chez moi ;
Et c'est du nom de Brest que mon hôtel se nomme.
CRISPIN.
Ce bon monsieur Padrige a l'air d'un galant homme.
M. PADRIGE.
Monsieur... vient donc de Brest ?
FLORIMOND.
Oui.
M. PADRIGE.
J'ai, dans ce moment,
Une dame qui vient de Brest aussi.
FLORIMOND.
Comment ?...
M. PADRIGE.
Une Anglaise.
FLORIMOND.
Une Anglaise ?
M. PADRIGE.
Oui, monsieur, très jolie,
Pour tout dire, en un mot, une dame accomplie,
Femme de qualité, qui voyage par goût,
Veuve depuis trois ans : Lisette m'a dit tout.
CRISPIN.
Lisette ! Cette Anglaise a donc une suivante ?

ACTE I, SCÈNE III.

M. PADRIGE.
Eh ! oui ; je l'ai donnée à madame...
CRISPIN.
Et charmante,
Sans doute ?
M. PADRIGE.
On ne peut plus.
CRISPIN.
Je vois ce qui m'attend :
Cette Lisette-là va me rendre inconstant.
FLORIMOND.
Eh ! mais... à tous ces traits je crois la reconnaître ;
Car... Depuis quinze jours elle est ici peut-être ?
M. PADRIGE.
Oui, monsieur.
FLORIMOND.
M'y voilà ; c'est elle assurément,
C'est Éliante même.
M. PADRIGE.
Eh ! monsieur, justement.
FLORIMOND.
Éliante en ces lieux ! Rencontre inespérée !
Conduisez-moi chez elle.
M. PADRIGE.
Elle n'est pas rentrée ;
Mais bientôt...
FLORIMOND.
Ah ! bon Dieu ! laissez-nous : il suffit :
Je l'attends.

(M. Padrige sort.)

SCÈNE III

FLORIMOND, CRISPIN.

FLORIMOND.
J'ose à peine en croire son récit.
Rencontrer en ces lieux l'adorable Éliante !
Mais ne trouves-tu pas l'aventure charmante ?
CRISPIN.
Pardon : de vos transports je suis un peu surpris.
Il est bien vrai qu'à Brest vous étiez fort épris
D'une dame Éliante ; et je sais que la dame
N'était pas insensible à votre tendre flamme :

Mais enfin quinze jours au moins sont révolus
Depuis que j'ai cru voir que vous ne l'aimiez plus.
FLORIMOND.
Il est trop vrai, l'amour, surtout dans sa naissance,
Ne tient guère, chez moi, contre une longue absence.
Une affaire l'appelle à Paris : elle part.
Je tiens bon... quatre jours ; mais enfin le hasard
M'offre au marin : bientôt il m'aime à la folie,
Me veut pour gendre : au fond, Léonor est jolie....
Que te dirai-je, moi ? je la vis, je lui plus ;
Éliante était loin, et je n'y songeai plus....
Je la retrouve enfin, grâce au sort qui me guide.
CRISPIN.
Votre cœur n'aime pas à rester longtemps vide.
FLORIMOND.
Ni moi longtemps en place : elle est sortie ; alors
Je ne l'attendrai point.
CRISPIN.
    Je le crois bien.
FLORIMOND.
            Je sors.
Je vais courir un peu : demeure, toi.
CRISPIN, seul.
          Quel maître !
Le vif-argent n'est pas... Mais que vois-je paraître ?
Serait-ce... ?

SCENE IV

CRISPIN, LISETTE.

CRISPIN, à part.
  Elle a vraiment un fort joli minois.
La peste !
LISETTE, de loin, à part aussi.
  Ce garçon m'observe en tapinois.
Au fait, il n'est pas mal.
CRISPIN, haut.
    De l'aimable Éliante
Ai-je l'honneur de voir l'adorable suivante ?
LISETTE.
Elle-même, monsieur.
CRISPIN, à part.
    Justine n'est pas mieux.

LISETTE.
Monsieur.... cet officier qui descend en ces lieux
Serait-il votre maître?
CRISPIN.
Oui, beauté sans pareille :
Mais le mot de *monsieur* a blessé mon oreille :
Appelez-moi Crispin ; car je suis sans façon.
On vous nomme Lisette?
LISETTE..
Oui.
CRISPIN.
Dieu ! le joli nom !
(A part.)
Justine n'avait pas cette friponne mine.
LISETTE.
Vous marmottez souvent certain nom de Justine.
CRISPIN, embarrassé.
Oh! rien... C'est une enfant que je connus jadis...
La maîtresse de l'un de mes meilleurs amis...
Et qui vous ressemblait. Justine était jolie...
Aussi ce drôle-là l'aimait à la folie.
Mais, de grâce, laissons Justine de côté,
Parlons de vous.
LISETTE.
Eh bien?
CRISPIN.
Lisette, en vérité,
J'ai couru le pays, j'ai vu bien des soubrettes
Gentilles à ravir, et surtout les Lisettes ;
Mais je n'ai point encor rencontré de minois
Qui me plussent autant que celui que je vois.
LISETTE.
Fort bien.
CRISPIN.
Vraiment, j'admire une telle rencontre,
Que le premier objet que le hasard me montre...
Soit un objet... ma foi, je rends grâce au hasard.
(A part.)
Justine, en vérité, je suis un grand pendard.
LISETTE.
Monsieur plaisante?
CRISPIN.
Point. C'est la vérité même :
Moi, j'y vais rondement; en trois mots, je vous aime.
Vous riez, c'est bon signe : oh ! j'ai jugé d'abord

Que Lisette et Crispin seraient bientôt d'accord.
LISETTE.
Mais je ne conçois pas cette flamme subite :
Je n'aurais jamais cru qu'on pût aimer si vite.
CRISPIN.
Moi, j'en suis peu surpris ; car enfin, sans orgueil,
Aux filles j'ai toujours plu du premier coup d'œil.
LISETTE.
Peste !
CRISPIN.
J'entends mon maître.

SCÈNE V

CRISPIN, LISETTE, FLORIMOND.

FLORIMOND.
Ah ! Madame Éliante
Est-elle de retour ?
CRISPIN.
Non : voici sa suivante
Qui me disait...
LISETTE.
Madame avant peu va rentrer,
Je le suppose.
FLORIMOND.
O Dieu ! Mais quand puis-je espérer... ?
LISETTE.
Avant une heure au plus.
FLORIMOND.
Eh ! n'est-ce rien qu'une heure ?
Une heure sans la voir ! il faudra que j'en meure.
En vérité, je suis d'un malheur achevé.
J'ai passé chez mon oncle et ne l'ai point trouvé.
J'ai vite écrit deux mots et laissé mon adresse ;
Puis je suis accouru pour revoir ta maîtresse :
Eh bien ! il faut une heure attendre son retour.
LISETTE.
En attendant, monsieur, songez à votre amour.
(Elle le salue, sourit à Crispin, et sort.)

SCÈNE VI
FLORIMOND, CRISPIN.

FLORIMOND.
Peste des importuns! ce chevalier d'Arlière
Me force à l'écouter, la tête à la portière.
A quatre pas de là, c'est un autre embarras,
Et deux cochers mutins, avec leurs longs débats,
M'arrêtent un quart d'heure, au détour d'une rue.
Oh! quel fracas! bon Dieu! quelle affreuse cohue!
Comment peut-on se plaire en ce maudit Paris?
C'est un enfer.
CRISPIN.
Tantôt c'était un paradis.
« L'œil ravi, promené de spectacle en spectacle,
De l'art, à chaque pas, voit un nouveau miracle. »
C'étaient vos termes.
FLORIMOND.
Oui, d'abord cela séduit,
J'en conviens ; mais, au fond, de la foule et du bruit,
Voilà Paris. Ses jeux et ses vaines délices
N'offrent qu'illusions et que beautés factices :
Ses plaisirs sont amers, son éclat emprunté,
Et, sous l'extérieur de la variété,
Il cache tout l'ennui d'une vie uniforme.
CRISPIN.
Uniforme, monsieur? ah! quel blasphème énorme!
Un jour est-il ici semblable à l'autre jour?
Ce sont nouveaux plaisirs qui règnent tour à tour.
FLORIMOND.
Je le veux ; mais, au fond, ils composent à peine
Une semaine au plus : eh bien ! chaque semaine
De celles qui suivront est le parfait tableau ;
De semaine en semaine il n'est rien de nouveau ;
Alternativement, bal, concert, tragédie,
Wauxhall, Italiens, Opéra, Comédie...
Ce cercle de plaisirs peut bien plaire d'abord ;
Mais la seconde fois il ennuie à la mort.
CRISPIN.
C'est dommage. J'entends ; de journée en journée
Vous voudriez du neuf pendant toute une année.
Eh! que la vie ici soit uniforme ou non,

Qu'importe? il ne faut pas disputer sur le nom.
Si l'uniformité de plaisirs est semée,
Cette uniformité mérite d'être aimée.
On dort, on boit, on mange; on mange, on boit, on dort:
De ce régime, moi, je m'accommode fort.

FLORIMOND.

Tais-toi; qu'attends-tu là?

CRISPIN.

Vos ordres.

FLORIMOND.

Je t'ordonne,
De n'être pas toujours auprès de ma personne.

CRISPIN.

C'est différent.

SCÈNE VII

FLORIMOND, seul.

Toujours un valet près de soi,
Qui semble dire : « Allons, monsieur, commandez-moi. »
Du matin jusqu'au soir... quelle pénible tâche !
Il faut, quoi qu'on en ait, commander sans relâche.
Quand j'y songe, morbleu ! je ne puis sans courroux
Voir que ces coquins-là soient plus heureux que nous.
(Il s'assied et rêve.)
Ce Crispin me déplaît. Monsieur fait le capable.
Vos ordres !... Il commence à m'être insupportable.
Depuis un mois pourtant ce visage est chez moi;
Je n'en gardai jamais aussi longtemps;... ma foi
Il est bien temps qu'enfin de lui je me défasse.
(Il se lève et rappelle.)
Crispin !... Oh! le sot nom !

SCÈNE VIII

FLORIMOND, CRISPIN.

CRISPIN.

Monsieur?

FLORIMOND, à part.

La sotte face!

(Haut.)

De tes gages, Crispin, dis-moi ce qui t'est dû.
CRISPIN.
Ah! monsieur...
FLORIMOND.
Parle donc.
CRISPIN.
Monsieur!...
FLORIMOND.
Parleras-tu?
CRISPIN.
(A part.) (Haut.)
Ne faisons pas l'enfant. Ce n'est qu'une pistole.
FLORIMOND, le payant.
Tiens. Veux-tu bien sortir?
CRISPIN.
Dites un mot, je vole.
FLORIMOND.
Eh bien!
CRISPIN.
Encore un coup, vous n'avez qu'à parler.
FLORIMOND.
J'ai parlé ; sors.
CRISPIN.
Fort bien ; mais où faut-il aller?
FLORIMOND.
Où tu voudras.
CRISPIN.
Eh! mais... expliquez-vous, de grâce...
FLORIMOND.
Quoi! tu ne comprends pas, maraud, que je te chasse?
CRISPIN.
Plaît-il? vous me chassez? qui? moi, monsieur?
FLORIMOND.
Oui, toi.
CRISPIN.
Moi?
FLORIMOND.
Toi-même.
CRISPIN.
Allons donc! vous vous moquez de moi.
FLORIMOND.
Point du tout.
CRISPIN.
La raison? elle est un peu subite.

FLORIMOND.
La raison, c'est qu'il faut t'en aller au plus vite :
Je le veux.
CRISPIN,
Mais enfin pourquoi le voulez-vous ?
FLORIMOND.
Parce que je le veux.
CRISPIN.
Mon cher maître, entre nous,
Ce n'est pas raisonner que parler de la sorte.
Je le comprends fort bien, vous voulez que je sorte ;
Mais je ne comprends pas pourquoi vous le voulez :
Si j'ai failli, du moins dites-le-moi, parlez.
FLORIMOND.
Avec ses questions ce bavard-là m'excède :
Tu... tu m'as...
CRISPIN.
Voulez-vous, monsieur, que je vous aide ?
FLORIMOND.
Puisque monsieur Crispin demande des raisons...
CRISPIN.
Oui, monsieur, une seule.
FLORIMOND.
Eh bien ! nous le chassons.
Afin de ne plus voir sa maussade figure.
CRISPIN.
Maussade ! le reproche est nouveau, je vous jure :
Ma figure jamais n'effaroucha les gens ;
Même elle m'a valu des propos obligeants.
FLORIMOND.
Elle ne me déplaît que pour l'avoir trop vue.
CRISPIN.
Depuis un mois à peine elle vous est connue.
FLORIMOND.
C'est beaucoup trop ; je veux un visage nouveau.
CRISPIN.
Mais, qu'il soit vieux ou neuf, qu'il soit maussade ou beau,
Qu'importe, enfin, pourvu qu'un valet soit fidèle,
Et qu'il serve son maître avec esprit et zèle ?
Sans me vanter, monsieur, je vous sers à ravir.
FLORIMOND.
Je n'aime point non plus ta façon de servir.
CRISPIN.
Qu'a-t-elle, s'il vous plaît... ?

FLORIMOND.
                    Elle est trop uniforme ;
J'aime qu'à mon humeur un valet se conforme ;
Toi, tu me sers toujours avec le même soin ;
Toujours auprès de moi je te trouve au besoin ;
Jamais...
(Pendant ce discours Crispin a pris une plume et du papier, et a l'air
                    d'écrire sur son genou.)
        Que fais-tu là ?
                CRISPIN.
            J'écris ce que vous dites ;
Vous me traitez, monsieur, par delà mes mérites,
Et je n'ai pas besoin d'autre certificat :
Signez.
                (Il lui présente la plume et le papier.)
                FLORIMOND.
        Oh ! c'en est trop. Sais-tu bien, maître fat,
Qu'à la fin... !
                CRISPIN.
    Serviteur.
                    (A part, en s'en allant.)
                Trouvons un stratagème,
Pour le servir encore en dépit de lui-même.

SCÈNE IX

FLORIMOND, seul.

On a bien de la peine à chasser un valet.
Ce maraud de Crispin, au fond, n'est point si laid.
Mais j'étais las de voir son grotesque uniforme,
Ses bottines, sa cape et sa ceinture énorme.
Elle ne revient point : allons, je vais courir,
Voir mes amis. Valmont le premier vient s'offrir ;
Oui...

SCÈNE X

FLORIMOND, M. DOLBAN.

                M. DOLBAN.
    Te voilà !...
                FLORIMOND.
            Mon oncle !... Ah ! permettez, de grâce...

Cher oncle ! après un mois c'est donc vous que j'embrasse !
M. DOLBAN.
Je devrais, avant tout, te quereller bien fort,
Et n'ai pu m'empêcher de t'embrasser d'abord ;
Mais je ne laisse pas d'être fort en colère.
FLORIMOND.
En quoi, par quel hasard ai-je pu vous déplaire ?
M. DOLBAN.
En quoi ? belle demande ! Avoir un oncle ici,
Et descendre plutôt dans un hôtel garni !
A cette indifférence aurais-je dû m'attendre ?
FLORIMOND.
Je vous suis obligé d'un reproche si tendre.
Mais cela ne doit pas du tout vous chagriner.
Mon cher oncle, entre nous, j'ai craint de vous gêner ;
Et puis, je ne suis pas loin de votre demeure,
Et je pourrai vous voir chaque jour, à toute heure.
M. DOLBAN.
Tu sais toujours donner aux choses un bon tour.
Car, dans ta lettre aussi, tu mets sous un beau jour,
Ton histoire de Brest et ton double caprice.
Jamais, au bout d'un mois, quitta-t-on le service ?
FLORIMOND.
Le service, en un mot, n'est point du tout mon fait.
M. DOLBAN.
Va, tu n'es fait pour rien, je te le dis tout net.
FLORIMOND.
En quoi voyez-vous donc... ?
M. DOLBAN.
En toute ta conduite,
En tes écarts passés, en ta dernière fuite ;
Et, pour trancher ici d'inutiles discours,
Tu n'es qu'un inconstant, tu le seras toujours.
FLORIMOND.
Inconstant ! Oh ! voilà votre mot ordinaire !
Et ! c'est pour ne pas être inconstant, au contraire,
Qu'on me voit sur mes pas revenir tout exprès :
J'aime bien mieux changer auparavant qu'après.
M. DOLBAN.
Cette précaution est tout à fait nouvelle !
En as-tu moins sans cesse erré de belle en belle ?
Depuis la robe enfin, que bientôt tu quittas,
T'en a-t-on moins vu prendre et rejeter d'états ?
Tour à tour la finance, et l'église, et l'épée...
Que sais-je ? La moitié m'en est même échappée :

Vingt états de la sorte ont été parcourus ;
Si bien qu'un an encore, et je ne t'en vois plus.
FLORIMOND.
C'est que je fus trompé, c'est qu'il faut souvent l'être,
C'est qu'il est maint état qu'on ne peut bien connaître
A moins que par soi-même on ne l'ait exercé :
Ce n'est qu'après l'essai qu'on est désabusé.
J'aurai pu me trouver dans cette circonstance,
Sans être pour cela coupable d'inconstance.
Je goûte d'un état : j'y suis mal, et j'en sors ;
Rien de plus naturel. Quoi ! faudrait-il alors
Végéter sans désirs, sans nulle inquiétude,
Et, stupide jouet de la sotte habitude,
Garder par indolence un état ennuyeux,
N'être heureux qu'à demi quand on peut être mieux ?
M. DOLBAN.
Tu crois donc rencontrer un bonheur sans mélange ?
Hélas !... le plus souvent que gagne-t-on au change ?
La triste expérience avant peu nous apprend
Que ce nouvel état n'est qu'un mal différent...
Que dis-je ? Au lieu du bien après quoi l'on soupire,
Souvent d'un moindre mal on tombe dans un pire...
Aussi, sans espérer d'en trouver de meilleurs,
Tu quittes un état, pourquoi ? pour être ailleurs.
FLORIMOND.
Vous mettez à ceci beaucoup trop d'importance.
M'allez-vous quereller pour un peu d'inconstance ?
A tout le genre humain dites-en donc autant.
A le bien prendre enfin tout homme est inconstant ;
Un peu plus, un peu moins, et j'en sais bien la cause :
C'est que l'esprit humain tient à si peu de chose !
Un rien le fait tourner d'un et d'autre côté :
On veut fixer en vain cette mobilité :
Vains efforts ; il échappe ; il faut qu'il se promène :
Ce défaut est celui de la nature humaine.
La constance n'est point la vertu d'un mortel ;
Et, pour être constant, il faut être éternel.
D'ailleurs, quand on y songe, il serait bien étrange,
Qu'il fût seul immobile ; autour de lui tout change :
La terre se dépouille, et bientôt reverdit ;
La lune tous les mois décroît et s'arrondit.
Que dis-je ? En moins d'un jour tour à tour on essuie
Et le froid et le chaud, et le vent et la pluie.
Tout passe, tout finit, tout s'efface ; en un mot,
Tout change : changeons donc, puisque c'est notre lot.

M. DOLBAN.
De la frivolité digne panégyriste !
FLORIMOND.
N'êtes-vous point vous-même un censeur un peu triste ?
M. DOLBAN.
D'un oncle, d'un ami, je remplis le devoir.
Tu te perds, Florimond, sans t'en apercevoir.
Espères-tu, dis-moi, t'avancer dans le monde,
Toi qu'on a toujours vu, d'une humeur vagabonde,
Effleurer chaque état, qui changes pour changer,
Qui n'es dans chacun d'eux qu'un simple passager ?
Digne emploi des talents qu'en toi le ciel fit naître !
Avec tant de moyens de te faire connaître,
Tu seras donc connu par ta légèreté !
Ah ! si tu ne fais rien pour la société,
A l'estime publique il ne faut plus prétendre.
Tremble, et vois à quel sort tu dois enfin t'attendre.
A force de courir, toujours plus loin du but,
Et bientôt de l'État méprisable rebut,
Désœuvré, las de tout, comme à tout inhabile,
De tes concitoyens spectateur inutile,
Tu sentiras l'ennui miner tes tristes jours,
Si l'affreux désespoir n'en abrège le cours.

FLORIMOND.
Courage, livrez-vous à vos sombres présages ;
Étalez à plaisir les plus noires images ;
Pourquoi ? parce qu'on est un tant soit peu léger.
(Après un moment de silence.)
Quoi qu'il en soit, je crois que je m'en vais changer.

M. DOLBAN.
Bon !

FLORIMOND.
Sérieusement, je ne suis plus le même.

M. DOLBAN.
Depuis combien de temps déjà ?

FLORIMOND.
Depuis que j'aime.

M. DOLBAN, en souriant.
Ah ! fort bien.

FLORIMOND.
N'allez pas prendre ici mes discours
Pour le frivole aveu de volages amours.
Il est passé, le temps des folles amourettes:
Un feu réel succède à ces vaines bluettes.
J'aime, vous dis-je, enfin pour la première fois.

M. DOLBAN.
Du ton dont tu le dis, en effet je le crois.
Quelle est donc la personne ?

FLORIMOND.
Elle a nom Éliante.
C'est une veuve anglaise, une femme charmante :
Je ne vous parle pas de sa rare beauté,
Encor moins de ses biens et de sa qualité,
Quoiqu'elle soit pourtant et noble, et riche, et belle.
Mais, je vous l'avoûrai, ce que j'admire en elle,
Ce sont des qualités d'un bien plus digne prix.
Pour les frivolités c'est ce noble mépris,
C'est ce rare talent, le grand art de se taire,
Sa fierté même ; enfin c'est tout son caractère.

M. DOLBAN.
Comment peux-tu si bien la connaître en un jour ?

FLORIMOND.
Mais elle a fait à Brest un assez long séjour.
Quelque temps, il est vrai, je la perdis de vue ;
Mais j'en fais en ce lieu la rencontre imprévue.
Et mon cœur, dégagé de cette Léonor,
La trouve ici plus belle et plus aimable encor.

M. DOLBAN.
Elle est riche ?

FLORIMOND.
Très-riche.

M. DOLBAN.
Et de haute naissance ?

FLORIMOND.
Oh ! très-haute.

M. DOLBAN.
En effet, une telle alliance
Me semble... Écoute : il faut ne rien faire à demi.
L'ambassadeur de Londre est mon meilleur ami :
Je vais le consulter : et si le témoignage
Qu'il rendra d'Éliante est à son avantage,
Je reviens à l'instant, et demande sa main.

FLORIMOND.
Oui, mon oncle, et plutôt aujourd'hui que demain.

M. DOLBAN.
Tu vas m'attendre ?

FLORIMOND.
Non : je vais rendre visite
A mon ami Valmont ; mais je reviens bien vite.

M. DOLBAN, d'un ton sentencieux.
Je l'avais toujours dit : son cœur se fixera.
Attendons ; tôt ou tard, son heure arrivera ;
Et s'il trouve une femme...
FLORIMOND, très vivement, et en reconduisant son oncle.
Allons, elle est trouvée,
Mon cher oncle ; et mon heure est enfin arrivée.
(M. Dolban sort.)

SCÈNE XI

FLORIMOND, seul.

En rencontre, aujourd'hui, je suis vraiment heureux,
Pas encor de retour !... Mais quel désert affreux !
Cet hôtel est peuplé de gens peu sédentaires,
Qui, du matin au soir, courent à leurs affaires.
Dans une garnison, sans sortir de chez moi,
J'avais à qui parler... Qu'est-ce que j'aperçois ?
Des livres !... Je n'ai plus besoin de compagnie :
Quand j'ai des livres, moi, jamais je ne m'ennuie.
Est-il rien, en effet, de si délicieux ?
Cela tient lieu d'amis, souvent cela vaut mieux.
Que je vais m'amuser !...
(Il prend un livre et regarde sur le dos.)
Ah ! ah ! c'est *La Bruyère*.
J'en fais beaucoup de cas : lisons un caractère.
(Il lit à l'ouverture du livre.)

« Un homme inégal n'est pas un seul homme ; ce sont plusieurs. Il se multiplie autant de fois qu'il a de nouveaux goûts et de manières différentes. Il est à chaque moment ce qu'il n'était point, et il va être bientôt ce qu'il n'a jamais été. Il se succède à lui-même. »

Où donc a-t-il trouvé ce caractère-là ?
Jeu d'esprit : tout le livre est fait comme cela.
On le vante pourtant. Voyons quelque autre chose ;
Aussi bien je suis las de lire de la prose :
Les vers, tout à la fois, charment l'œil et l'esprit ;
Par sa diversité la rime réjouit.
Voyons s'il est ici quelque poète à lire.
(Il prend un autre livre.)
Boileau !... Bon, celui-là ! J'aime fort la satire.
(Il lit de même à l'ouverture du livre.)
« Voilà l'homme en effet ; il va du blanc au noir,

Il condamne au matin ses sentiments du soir :
Importun à tout autre, à soi-même incommode,
Il change à tout moment d'esprit comme de mode ;
Il tourne au premier vent, il tombe au moindre choc,
Aujourd'hui dans un casque, et demain dans un froc. »
(Il jette le livre sur la table.)
L'insolent ! C'est assez ; et puis, dans un auteur,
La satire, à coup sûr, décèle un mauvais cœur :
J'eus toujours du dégoût pour ce genre d'escrime.
La peste soit des vers, de cette double rime,
Exacte au rendez-vous, qui de son double son
M'apporte, à point nommé, le mortel unisson !
Mais, d'un autre côté, la prose est insipide...
Il faut qu'entre les deux portant je me décide :
Car enfin, feuilletez tous les livres divers,
Vous trouverez partout de la prose ou des vers.
(Il s'assied tout accablé.)
Tout à la fois conspire à m'échauffer la bile...
Mais quelle solitude !... Aussi, dans cette ville,
Je n'avais qu'un valet pour me désennuyer,
Et je m'avise encor de le congédier !...
Mais j'entends... Oui...

SCÈNE XII

FLORIMOND, ÉLIANTE.

FLORIMOND, courant vers Éliante.

C'est vous, ô ma chère Éliante !
Pardonnez aux transports d'une âme impatiente,
Madame.
ÉLIANTE.
Est-il bien vrai ? Florimond en ces lieux !
A peine, en ce moment, j'ose en croire mes yeux,
Quoique l'hôte, en montant, m'ait d'abord prévenue.
De grâce, dites-moi quelle affaire imprévue...
FLORIMOND.
Aucune : ou, si l'amour doit ainsi se nommer,
Je n'en ai qu'une seule, et c'est de vous aimer.
ÉLIANTE.
Mais ma demeure, enfin, qui vous a pu l'apprendre ?
FLORIMOND.
Eh ! madame, mon cœur pouvait-il s'y méprendre ?
Le sort en cet hôtel ne m'eût pas amené,

Qu'avant la fin du jour je l'aurais deviné.
ÉLIANTE.
Avec mes questions, je vais être indiscrète ;
Mais encore une seule, et je suis satisfaite :
Comment avez-vous pu quitter la garnison ?
FLORIMOND.
En quittant le service.
ÉLIANTE.
Ah !... pour quelle raison ?
FLORIMOND.
Eh ! mais... c'est que d'abord le service m'ennuie.
Et puis, je ne veux plus de chaîne qui me lie...
Hors la vôtre : comblez mes souhaits les plus doux ;
Je suis tout à l'amour, madame, et tout à vous.
Oui, sous vos seules lois je fais gloire de vivre :
Vous voyagez, partout je suis prêt à vous suivre :
Vous retournez à Londre, et j'en suis citoyen.
Votre pays, madame, est désormais le mien.
ELIANTE.
Je ressens tout le prix d'un pareil sacrifice...
Pardon ; j'ai cru vous voir très content du service.
FLORIMOND.
Ah ! vous étiez à Brest alors, et je m'y plus ;
Mais l'ennui règne aux lieux que vous n'habitez plus.
ÉLIANTE.
Et moi, de cet ennui m'avez-vous crue exempte ?
Aurais-je été de Brest aussi longtemps absente,
Si l'affaire qui seule ici me fit venir
Quinze jours, malgré moi, n'eût su m'y retenir ?
Ils m'ont paru bien longs ! et, distraite, isolée,
Au milieu de Paris j'étais comme exilée.
FLORIMOND.
Qu'entends-je ! Vous m'auriez quelquefois regretté ?
Je ne méritais pas cet excès de bonté.
ÉLIANTE.
Mais vous faisiez de même ; au moins j'aime à le croire.
Je me disais : « Je suis présente à sa mémoire ;
Sans doute il songe à moi comme je songe à lui. »
Cette douce pensée allégeait mon ennui.
FLORIMOND, à part.
Chaque mot qu'elle dit ne sert qu'à me confondre.
(Haut, et avec beaucoup d'embarras.)
Ah ! quel monstre, en effet, pourrait ne pas répondre
A ces doux sentiments ? Oui, madame... en ce jour...
Je jure qu'à jamais le plus tendre retour...

ÉLIANTE.
Eh! que me font, monsieur, tous les serments du mon-
Sur de meilleurs garants ma tendresse se fonde. [de?
J'en crois votre âme franche, exempte de détours,
Qui toujours se peignit en vos moindres discours...
FLORIMOND, toujours avec embarras.
C'en est trop... Vous jugez de mon cœur par le vôtre...
Moi, je ne prétends pas être plus franc qu'un autre...
Mais jamais de tromper je ne me fis un jeu,
Madame ; et, quand ma bouche exprime un tendre aveu,
C'est que j'aime en effet, et de toute mon âme.
ÉLIANTE.
Ah! je vous crois sans peine.

SCÈNE XIII

FLORIMOND, ÉLIANTE, PADRIGE.

PADRIGE, une serviette à la main.
On a servi, madame.
ÉLIANTE à Florimond.
Vous dînez avec moi?
FLORIMOND.
Vous me faites honneur.
Oui, de vous rencontrer puisque j'ai le bonheur,
Je tiens quitte Paris des beautés qu'il rassemble,
Et vous me tenez lieu de tout Paris ensemble.
(Il donne la main à Éliante, et sort avec elle.)

FIN DU PREMIER ACTE.

ACTE DEUXIÈME

—

SCENE PREMIÈRE

LISETTE, seule.

Comme, depuis tantôt, son front s'est éclairci,
Et comme de sa voix le son s'est adouci !
J'avais cru jusqu'ici son chagrin incurable :
Mais monsieur Florimond est un homme admirable.
Hai... Son valet Crispin me revient fort aussi.
S'il pouvait deviner que je suis seule ici !
On vient... Ce n'est pas lui.
(Elle veut sortir.)

SCÈNE II

LISETTE, PADRIGE.

PADRIGE, la retenant.
Ma belle demoiselle,
Écoutez donc un peu : savez-vous la nouvelle ?
Crispin est renvoyé.
LISETTE.
Bon !
PADRIGE.
Oui, vraiment.
LISETTE.
Hé bien,
Voyez si dans la vie on peut compter sur rien !
Le trait est-il piquant ?
PADRIGE.
Rassurez-vous, de grâce ;
Crispin saura trouver sans peine une autre place.
LISETTE.
Mais moi, je le trouvais fort bien dans celle-ci.
Et savez-vous pourquoi monsieur le chasse ainsi ?

PADRIGE.

Ma foi, non.
LISETTE.
Ce sera pour quelque bagatelle ;
Car je répondrais bien que Crispin est fidèle.
Les maîtres, sans mentir, sont étrangement faits !
Ils sont pleins de défauts, et nous veulent parfaits.
PADRIGE.
Vous prenez bien à cœur...
LISETTE, avec dépit.
Non, c'est que de la sorte
Je n'aime pas qu'on mette un laquais à la porte.
Il cherchera longtemps un aussi bon valet.
PADRIGE.
Mais je le crois trouvé ! je connais un sujet
Qui vaudra le Crispin.
LISETTE.
Allons, je le désire.
PADRIGE.
J'aperçois Florimond.
LISETTE.
Et moi je me retire ;
Car je suis en colère, et je m'emporterais.
(Elle sort.)
PADRIGE.
(Seul.)
Adieu donc. Ce Crispin lui cause des regrets.
Mais bôn ! son successeur consolera la belle.

SCÈNE III

PADRIGE, FLORIMOND.

PADRIGE.
Monsieur, je viens vous faire une offre.
FLORIMOND.
Ah ! quelle est-elle ?
PADRIGE.
Vous êtes sans laquais ? m'a-t-on dit.
FLORIMOND.
Il est vrai.
Je m'en aperçois bien ; et j'ai fait un essai...
De m'habiller tout seul ; tant mieux ; car mon système
Est qu'on serait heureux de se servir soi-même.

Cependant vous venez...?

PADRIGE.
Dussé-je être importun,
Si monsieur désirait un laquais, j'en sais un...

FLORIMOND.
Importun? Au contraire, et votre offre m'oblige.
Donnez ; de votre main, mon cher monsieur Padrige,
Je le reçois d'avance.

PADRIGE.
Ah !... j'ai bien votre fait.

FLORIMOND.
Bon.

PADRIGE.
Un garçon docile, intelligent, discret,
Honnête homme surtout.

FLORIMOND.
Eh ! voilà mon affaire.

PADRIGE.
Je le crois. Si pourtant il n'eût pas su vous plaire,
J'en avais un autre.

FLORIMOND.
Ah ! Cet autre, quel est-il ?

PADRIGE.
C'est un laquais charmant, du plus joli babil.

FLORIMOND.
Fort bien.

PADRIGE.
De la toilette il connaît les finesses ;
Il n'a servi qu'abbés, que petites-maîtresses :
Il est élégant, souple, et prompt comme l'éclair.

FLORIMOND.
J'aime mieux celui-ci.

PADRIGE, à part.
Courage.

FLORIMOND.
Allez, mon cher.

PADRIGE.
J'aurais pu vous parler d'un autre domestique ;
Mais j'ai craint que monsieur n'aimât point la musique.

FLORIMOND.
Si fait. Cet autre donc est un musicien ?

PADRIGE.
Oui, fort habile ; il est un peu fou...

FLORIMOND.
Ce n'est rien.

PADRIGE.
Sans doute. Comme un maître, il pince la guitare,
Sait jouer de la flûte.
FLORIMOND.
Eh ! c'est un homme rare.
PADRIGE.
Ce n'est pas tout ; il a le plus joli gosier,
Sa voix aux instruments saura se marier.
FLORIMOND.
Bravo ! voilà mon homme : allons, vite, qu'il vienne.
PADRIGE.
Mais êtes-vous bien sûr, monsieur, qu'il vous convienne ?
Car le dernier toujours est celui qui vous plaît.
FLORIMOND.
Oh ! non, je m'y tiendrai.
PADRIGE, à part, voyant venir Crispin.
Diable ! un autre paraît.

SCÈNE IV

FLORIMOND, PADRIGE ; CRISPIN, en habit
de baigneur.

CRISPIN, à part, de loin.
Ferme, Crispin : monsieur te reprendra peut-être.
FLORIMOND.
Qu'est-ce ?
CRISPIN, avec l'accent gascon.
C'est moi, monseu.
FLORIMOND.
Que cherchez-vous ?
CRISPIN.
Un maître.
FLORIMOND.
(A part.)   (Haut.)
Ce garçon-là me plaît. Padrige, laissez-nous.
PADRIGE, bas à Crispin.
Monsieur aime à changer.
CRISPIN, bas aussi.
Jé lé sais mieux qué vous.
PADRIGE à Florimond.
Et ce laquais, faut-il...?
FLORIMOND.
Non, ce n'est pas la peine.

2.

PADRIGE, à part, en s'en allant.

Tant mieux : il n'aurait pas achevé la semaine.

SCÈNE V

FLORIMOND, CRISPIN.

FLORIMOND.

On te nomme...?

CRISPIN, toujours avec l'accent gascon.

La Flur, pour vous servir.

FLORIMOND.

La Fleur.

J'aime ce nom.

CRISPIN.

Monseu mé fait beaucoup d'honneur.

FLORIMOND.

D'où sors-tu donc?

CRISPIN.

Dé chez un ancien militaire.

FLORIMOND.

Quel homme ?

CRISPIN.

Eh mais, il est d'un fort bon caractère,
Parfois un peu bizarre, à né vous point mentir ;
Mais, tout coup vaille, encor jé voudrais lé servir.

FLORIMOND.

Pourquoi l'as-tu quitté ?

CRISPIN.

C'est bien lui qui mé quitte.

FLORIMOND.

Et pour quelle raison ?

CRISPIN.

Il né mé l'a pas dite,
Monseu.

FLORIMOND.

Ton air, je crois, ne m'est pas inconnu.

CRISPIN.

Mais... Quéque part aussi... jé crois vous avoir vu.

FLORIMOND.

Eh ! mais...

CRISPIN, à part.

Nous y voilà.

FLORIMOND.
N'est-ce pas toi ?
CRISPIN.
Peut-être.
FLORIMOND.
Mais oui, c'est toi, Crispin.
CRISPIN, reprenant sa voix naturelle.
Non pas, mon ancien maître ;
Ce n'est plus lui : Crispin n'était point votre fait ;
Il n'était plus le mien, et je m'en suis défait.
FLORIMOND.
Es-tu fou ?
CRISPIN.
Mais, monsieur, franchement, pour vous plaire,
J'ai d'un peu de folie orné mon caractère.
D'abord d'un autre nom j'ai trouvé le secret,
Et je me doutais bien que ce nom vous plairait.
J'ai, dépouillant ma cape, et mes gants, et ma veste,
Pris d'un valet de chambre et l'habit et le geste ;
J'ai mis bas la bottine, et chaussé l'escarpin :
Vous voyez bien, monsieur, que ce n'est plus Crispin.
FLORIMOND.
Le stratagème est neuf, et ne peut me déplaire.
CRISPIN.
Oh ! vous me reprendrez : car je suis votre affaire.
J'ai senti que j'avais mérité mon congé.
Mais je suis jeune encore : j'ai tout à coup changé
De manières, de ton, et presque de visage.
FLORIMOND.
Tant mieux.
CRISPIN.
Crispin, dit-on, s'avisait d'être sage.
Le faquin ! Oh, La Fleur est un franc libertin.
C'était un buveur d'eau que ce monsieur Crispin.
Le fat ! La Fleur boit sec. J'ai su que l'imbécile,
Valet officieux, souple, exact et docile,
Courait au moindre signe, et servait rondement.
Patience : La Fleur est un bon garnement
Qui vous fera par jour donner cent fois au diable.
Mais on m'a dit encore un trait plus pitoyable :
Il se donnait les airs d'être honnête homme ; fi !
FLORIMOND.
Oh ! j'entends que La Fleur le soit.
CRISPIN.
Cela suffit.

Hé bien ?
FLORIMOND.
Je te reprends. Mais si tu veux qu'on t'aime,
Plus de Crispin.
CRISPIN.
Parbleu ! n'en parlez plus vous-même.
Parlons plutôt ici, parlons de vos amours.
Éliante, monsieur, vous plaît-elle toujours ?
FLORIMOND.
Pourquoi me rappeler le nom de cette dame ?
Il m'afflige, et de plus m'accuse au fond de l'âme...
Elle était estimable, et j'en tombe d'accord...
Oh ! je ne change pas, et je l'estime encor...;
Et tu me fais songer que, dans ce moment même,
Mon oncle, qui toujours suppose que je l'aime,
Fait à ce sujet-là des démarches pour moi...
Mais enfin, à mon âge, est-on maître de soi ?
Que veux-tu ?... De mon cœur je suis la douce pente ;
J'aime, La Fleur, j'adore une fille charmante.
CRISPIN.
Bon !
FLORIMOND.
La sœur de Valmont, que je quitte à l'instant.
CRISPIN.
A tous vos traits, monsieur, jamais on ne s'attend.
FLORIMOND.
Je ne m'attendais pas à celui-ci, moi-même :
Nouveau César, je viens, je la vois, et je l'aime.
CRISPIN.
Et pourrait-on savoir... ?
FLORIMOND.
Le voici sans détour.
J'entretenais Valmont de mon nouvel amour.
Tandis qu'à ses transports mon âme s'abandonne,
On ouvre... J'aperçois une jeune personne...
Divine : son maintien, ses grâces, sa douceur,
Tout me ravit d'abord. Il l'appelle sa sœur :
Moi, j'ignorais qu'il eût une sœur aussi chère :
Elle était au couvent quand je connus son frère.
Elle parla fort peu, mais ce peu me suffit ;
Et je répondrais bien qu'elle a beaucoup d'esprit.
Le seul son de sa voix annonce une belle âme :
Que te dirai-je enfin de ma naissante flamme ?
Elle sortit bientôt, et je l'aimais déjà.

CRISPIN.
Quoi ! si vite ?
FLORIMOND.
Il est vrai qu'un coup d'œil m'engagea.
Mais, vois-tu, cette chaîne est la mieux assortie :
C'est là ce qu'on appelle amour de sympathie.
Souvent l'on est d'avance unis, sans le savoir,
Et l'on n'a, pour s'aimer, besoin que de se voir :
Voilà comment ici la chose est arrivée.
CRISPIN.
Oui, cette sympathie est assez bien trouvée.
FLORIMOND.
Ce n'est pas tout encore. Ils ont quelques instants
Parlé tout bas : j'admire et me tais : mais j'entends
Qu'ils projettent d'aller bientôt à la campagne :
« Ah ! dis-je, permettez que je vous accompagne. »
« Volontiers, dit Valmont ; mais pendant quinze jours
Pourras-tu te résoudre à quitter tes amours ? »
J'insiste, on y consent ; je suis de la partie.
CRISPIN.
Courage. Allons, monsieur, vive la sympathie !
FLORIMOND.
Ah ! La Fleur, quel plaisir je me promets d'avoir !
Pendant quinze grands jours je m'en vais donc la voir,
L'entendre, lui parler, enfin vivre auprès d'elle !
J'espère, je l'avoue, amant discret, fidèle,
Faire agréer mes soins, mon hommage, mes vœux,
Et peut-être obtenir quelques touchants aveux.
Je crois qu'à la campagne on est encor plus tendre,
Que d'aimer tôt ou tard on ne peut s'y défendre.
Bois, prés, fleurs, d'un ruisseau les aimables détours,
Et ce peuple d'oiseaux qui chantent leurs amours,
Tout, le charme puissant de la nature entière,
Pénètre, amollit l'âme, et l'âme la plus fière.
Quand on aime une fois, rien ne distrait d'aimer :
On est tout à l'objet qui nous a su charmer.
On ne se quitte plus, comme deux tourterelles...
(Car à chaque pas, là, vous trouvez des modèles.)
Promenades, travaux, plaisirs, tout est commun ;
Et tous deux... mais que dis-je ? alors on n'est plus qu'un.
CRISPIN.
Vous voilà tout rempli de votre amour champêtre !
Et quelque jour, monsieur, assis au pied d'un hêtre,
Je m'attends à vous voir, au milieu d'un troupeau,

Soupirer pour Philis, bergère du hameau.
FLORIMOND.
Tu ris, mais j'étais fait pour y passer ma vie.
Heureux cultivateur, que je te porte envie!
Ton air est toujours pur, ainsi que tes plaisirs ;
Mille jeux innocents partagent tes loisirs,
Tu vois mourir le jour et renaître l'aurore ;
Ton œil, à chaque pas, voit la nature éclore ;
Ta femme est belle, sage, et tes enfans nombreux...
Non, ce n'est plus qu'aux champs que l'on peut être heureux.
CRISPIN.
Au moins n'espérez pas que La Fleur vous imite :
Le diable était plus vieux quand il se fit ermite.
Et puis, vous connaissez le bon monsieur Dolban :
Donnera-t-il les mains à votre nouveau plan,
Lui, qui pour l'autre hymen (car c'est vous qui le dites)
S'occupe, en ce moment, à faire des visites?
FLORIMOND.
Eh! que m'importe? aussi pourquoi se presser tant?
Voyez, ne pouvait-il différer d'un instant ?
Voilà comme est mon oncle ; il prend tout à la lettre :
Jamais au lendemain on ne l'a vu remettre.
Et puis il aime fort ces commissions-là,
Négociation, demande, *et cætera* ;
Il croit en ce moment conduire une ambassade.
Mais il pourrait venir ; et, de peur d'incartade,
Je sors, moi... Mais on vient, et c'est peut-être lui.
CRISPIN.
C'est madame Éliante.
FLORIMOND.
Autre surcroît d'ennui.
(Il prête l'oreille.)
C'est elle-même. Dieu ! quel pénible martyre !
Comment l'aborderai-je, et que lui vais-je dire ?
Je lui vais dire, moi, la chose comme elle est ;
Que je ne l'aime plus, et qu'une autre me plaît :
Je crois qu'il est affreux de tromper une femme.
(A Crispin.)
Laisse-nous.

SCENE VI
FLORIMOND, ÉLIANTE.

ÉLIANTE, en voyant Florimond.
Ah! monsieur...
FLORIMOND, avec beaucoup d'embarras.
Pardon... Il faut, madame...
(A part.)
Je ne puis plus longtemps... Mais non. Un tel aveu
Serait trop dur : il faut le préparer un peu ;
(Haut.)
J'y vais songer. Madame... Excusez ma conduite...
De tout, dans un moment, vous allez être instruite.
(Il sort très précipitamment.)

SCÈNE VII
ÉLIANTE, seule.

Qu'entend-il par ces mots, et par ce brusque adieu
On dirait qu'il a peine à me faire un aveu...
Dieu! si cet embarras, cette fuite si prompte,
D'un fatal abandon cachait toute la honte !...
Si c'était... ! on le dit inconstant et léger...
Je n'aurais inspiré qu'un amour passager !
Serait-il vrai ?... Mais quoi ! peut-être je m'abuse :
Peut-être, sans sujet, d'avance je l'accuse.
Florimond, après tout, peut bien être distrait...
Que sais-je ? Il est très-vif, et j'ai vraiment regret
D'avoir formé trop vite un soupçon téméraire
Sur un cœur que je crois généreux et sincère.
Attendons jusqu'au bout ; ne précipitons rien :
S'il me trahit, hélas ! je le saurai trop bien.

SCÈNE VIII
ÉLIANTE, M. DOLBAN.

M. DOLBAN.
J'ai l'honneur de parler à madame Éliante ?

ÉLIANTE.

Oui, monsieur.

M. DOLBAN.

Librement à vous je me présente,
Madame... Mais je suis Dolban, ambassadeur
Deux fois, à Pétersbourg, à Madrid.

ÉLIANTE.

Ah ! monsieur !
Votre nom m'est connu.

M. DOLBAN.

J'ai cru que, sans scrupule,
Je pouvais supprimer tout fade préambule.
Je m'explique en deux mots. Florimond, mon neveu,
Brûle de voir l'hymen couronner son beau feu.
S'il est digne à vos yeux d'une faveur si grande,
J'ose en venir pour lui faire ici la demande.

ÉLIANTE.

(A part.) (Haut.)
Je respire : voilà tout son secret. Monsieur,
La demande pour moi n'a rien que de flatteur ;
Et, d'un début si franc bien loin d'être surprise,
Je m'en vais y répondre avec même franchise.
Monsieur votre neveu, dès que je le connus,
M'inspira de l'estime... et, s'il faut dire plus,
Il m'inspira bientôt un sentiment plus tendre.
C'est bien assez, je crois, monsieur, vous faire entendre
Quel prix j'attache aux soins qu'il me rend aujourd'hui.

M. DOLBAN.

Que de grâces je dois vous rendre ici pour lui !

ÉLIANTE.

Un peu trop librement peut-être je m'exprime.

M. DOLBAN.

Cela ne fait pour vous qu'augmenter mon estime,
Madame ; ce ton-là fut toujours de mon goût.

ÉLIANTE.

En ce cas, permettez que, franche jusqu'au bout,
D'une crainte que j'ai je vous fasse l'arbitre :
Estimable d'ailleurs, et même à plus d'un titre,
Généreux, plein d'honneur... monsieur votre neveu
Passe pour inconstant... et je le crains un peu.

M. DOLBAN.

Rassurez-vous, madame ; on peut bien, à cet âge,
Être vif et léger, et même un peu volage ;
Mais fût-il inconstant, c'est un léger défaut
Dont près de vous, sans doute, il guérirait bientôt :

Car votre ambassadeur, qu'en ce moment je quitte,
M'a peint en peu de mots votre rare mérite...
Pardon... daignerez-vous me marquer l'heureux jour
Où Florimond verra couronner son amour ?
ÉLIANTE.
Monsieur...
M. DOLBAN.
Mais c'est à lui de vous presser lui-même ;
Un tel soin le regarde : il est jeune : il vous aime,
Et sur son éloquence on peut se reposer.
ÉLIANTE.
A la vôtre, monsieur, que peut-on refuser ?
Mais souffrez qu'à présent chez moi je me retire ;
Ce que je vous ai dit, vous pouvez le lui dire.

SCÈNE IX

M. DOLBAN, seul.

Cette femme est aimable, oui, très aimable... Au fond,
Je porte, je l'avoue, envie à Florimond.
Allons voir les parents, avertir le notaire ;
En un mot, brusquement terminons cette affaire.
L'homme est vif, sémillant, difficile à saisir :
D'échapper, cette fois, qu'il n'ait pas le loisir.

SCÈNE X

M. DOLBAN, FLORIMOND.

M. DOLBAN, de loin, à part.
Mais le voici ; je vais faire un homme bien aise.
(Haut.)
Hé bien, l'ambassadeur connaît fort notre Anglaise.
FLORIMOND.
Vraiment ?
M. DOLBAN.
Il m'en a fait un éloge complet.
Moi-même je l'ai vue, et la trouve en effet
Telle que tous les deux vous me l'aviez dépeinte.
Je déclare tes feux, elle y répond sans feinte ;
Je demande sa main, et sa main est à toi :

Maintenant, Florimond, es-tu content de moi?
FLORIMOND, avec embarras.
Mon oncle... assurément... je ne saurais vous rendre...
Je suis confus des soins que vous voulez bien prendre.
M. DOLBAN.
Mon ami, je les prends avec un vrai plaisir ;
Je suis tout délassé quand j'ai pu réussir.
Je vais disposer tout pour la cérémonie,
Et veux que dans trois jours l'affaire soit finie.
FLORIMOND.
Dans trois jours ?
M. DOLBAN.
   Oui, mon cher : j'espère, dans trois jours,
Par un heureux hymen couronner tes amours.
FLORIMOND.
Mon oncle,... vous allez un peu vite, peut-être ;
A peine, en vérité, peut-on se reconnaître.
M. DOLBAN.
Comment ?... tu trouves donc que trois jours sont trop
FLORIMOND.   peu ?...
Je trouve que l'hymen n'est point du tout un jeu,
Et qu'on ne saurait trop y réfléchir d'avance.
M. DOLBAN.
Toi-même me pressais de faire diligence.
FLORIMOND.
Oui... c'est que, d'un peu loin, l'hymen a mille attraits,
Mais je tremble, mon oncle, en le voyant de près.
M. DOLBAN.
Tu trembles ?... il est temps quand j'ai fait la demande !
Et, dis-moi, d'où te vient une frayeur si grande ?
Eh quoi ! l'amant qui touche au moment désiré
D'être uni pour jamais à l'objet adoré
De joie et de plaisir tressaille, et tu frissonnes !
Quoi ! l'union des cœurs, bien plus que des personnes,
Union dont jamais n'approcha l'amitié,
Les doux embrassements d'une tendre moitié,
D'une épouse, à la fois modeste et caressante,
Ce riant avenir te glace et t'épouvante !
Insensible à l'espoir de renaître avant peu
Dans un enfant chéri, gage du plus beau feu,
D'embrasser de tes traits une image si chère,
Tu trembles en songeant au bonheur d'être père !
Ah ! si ce sont pour toi des maux à redouter,
Je crains pour les plaisirs que tu sauras goûter.

FLORIMOND.
Permettez : le portrait d'une épouse chérie
S'offre bien quelquefois à mon âme attendrie ;
Quelquefois je souris à ce groupe joyeux
De quatre ou cinq enfans qui croissent sous mes yeux,
Et je voudrais déjà d'un tableau qui m'enchante
Voir se réaliser l'image si touchante...
Mais je songe à l'instant qu'à tous ces chers objets
Je serai, par des nœuds, attaché pour jamais ;
Que ce qui fut d'abord un penchant volontaire
Bientôt va devenir un bonheur nécessaire :
Ce spectacle dès lors perd toute sa beauté ;
Dès lors je n'y vois plus que la nécessité ;
Et, puisque l'on ne peut, grâce à la loi sévère,
Sans cesser d'être libre, être époux, être père,
Mon cher oncle, à ce prix je ne suis point jaloux
D'acheter les beaux noms et de père et d'époux.
M. DOLBAN.
Ainsi l'on ne sent plus maintenant, on raisonne !
Par le raisonnement ainsi l'on empoisonne
La source du bonheur, des plaisirs les plus doux !
Hé bien, j'étais né, moi, pour être père, époux...
L'aspect d'un couple heureux m'a toujours fait envie.
Oui, l'hymen aurait fait le bonheur de ma vie ;
A mon amour pour toi je l'ai sacrifié,
Et sans toi, sans toi seul, je serais marié.
FLORIMOND.
Mon oncle, je le sais et je vous en rends grâce ;
Mais faudrait-il que, moi, je me sacrifiasse ?
Ce n'est pas seulement l'hymen en général
Que je redoute ici ; je crains de choisir mal.
Je le vois, Éliante est une philosophe
Qui de rien ne s'émeut, qui jamais ne s'échauffe,
Qui ne rit pas, je gage, une fois en un jour,
Et, quand il faut aimer, disserte sur l'amour.
Elle a beaucoup d'esprit, elle est sage, elle est belle ;
Mais j'ai peur, entre nous, de m'ennuyer près d'elle.
M. DOLBAN.
Voilà donc tes raisons ! elles me font pitié.
De mes soins c'est ainsi que je me vois payé !
Ainsi mal à propos j'ai fait une demande :
On m'a donné parole, il faut que je la rende ;
Et tu viens te dédire au moment du contrat !
Peux-tu donc à ce point me compromettre, ingrat ?

FLORIMOND.
Je suis mortifié de ces démarches vaines...
M. DOLBAN.
Tu pourrais d'un seul mot payer toutes mes peines :
Dis seulement, dis-moi que tu l'épouseras.
FLORIMOND.
Je ne puis, en honneur.
M. DOLBAN.
Tu ne le veux donc pas ?
FLORIMOND.
Mais quel acharnement, mon oncle, est donc le vôtre ?
Puis-je, aimant une femme, en épouser une autre ?
M. DOLBAN.
Comment ?
FLORIMOND.
Oui, pour trancher d'inutiles discours,
J'aime une autre, vous dis-je, et l'aimerai toujours.
M. DOLBAN.
Je ne m'attendais pas à ce trait, je l'avoue :
Aimer une autre ? Ainsi de son oncle on se joue !
Quoi ! pendant que je fais des démarches pour toi,
Tu cours aux pieds d'une autre, et lui promets ta foi !
Mais, à mon tour aussi, je m'en vais te confondre :
Pour la dernière fois, il s'agit de répondre :
Ne crois pas qu'à ton gré je consente à fléchir.
Je veux bien te donner du temps pour réfléchir ;
Florimond, dans une heure il faut me satisfaire ;
Ou... tu verras alors ce que je saurai faire.

SCÈNE XI

FLORIMOND, seul.

Eh mais ! de ce ton-là je suis un peu surpris.
Que me veut-il enfin ? je ne suis point son fils :
On se fait un devoir d'obéir à son père ;
On cède avec plaisir aux ordres d'une mère ;
Pour les oncles ! ma foi, l'on ne dépend pas d'eux.
(Il regarde à sa montre.)
Mais Valmont et sa sœur sont sortis tous les deux.
Qu'ai-je à faire ? Voyons : j'aime la vie active.
(Il rêve.)
Ah ! bon ! La Fleur !... La Fleur ! Mais voyez s'il arrive !

On ne saurait jouir de ce maudit valet.
La Fleur!... Il ne vient plus que quand cela lui plaît...
Il me l'avait bien dit... Ce coquin-là se forme...
Cela gêne pourtant. Je vais voir... pour la forme,
L'Opéra, les Français, et les Italiens :
Je ne fais qu'y paraître, et bientôt je reviens.

FIN DU SECOND ACTE.

ACTE TROISIÈME

—

SCÈNE PREMIÈRE
ÉLIANTE, LISETTE.

LISETTE.
Un si prompt changement a lieu de me surprendre,
Madame ; pardonnez... Mais ne pourrais-je apprendre
La cause du chagrin, du trouble où je vous voi ?
ÉLIANTE, une lettre à la main, très émue.
Je ne veux plus jamais croire à la bonne foi.
LISETTE.
Vous avez lu vingt fois et relu cette lettre
Qu'à l'instant en vos mains l'hôte vient de remettre :
C'est elle qui, sans doute, a causé tout le mal.
ÉLIANTE.
Il est trop vrai, Lisette ; et ce courrier fatal
M'apprend de Florimond l'action la plus noire.
A Brest, au premier jour, aurais-tu pu le croire ?
Il va se marier, et le contrat est fait.
LISETTE.
Qu'entends-je ? Un trait pareil est bien noir en effet.
ÉLIANTE.
Essuya-t-on jamais un plus sensible outrage ?
Oui, j'en pleure à la fois et de honte et de rage.
LISETTE.
Madame, trêve, en grâce, à ce trouble mortel.
ÉLIANTE.
Je ne puis un moment rester en cet hôtel.
Hélas ! moi, je croyais que cette impatience...
Eh ! qui n'eût, à ma place, eu même confiance ?
Qui n'aurait cru de même à cette vive ardeur,
A ces transports brûlants ?... Je vantais sa candeur !
LISETTE.
Madame, tout cela me paraît impossible.
ÉLIANTE.
Ce qui porte à mon cœur le coup le plus sensible,

Lisette, ce n'est pas son infidélité ;
C'est sa noirceur profonde, oui, c'est sa fausseté.
Il pouvait m'oublier, il en était le maître ;
Mais de m'en imposer qui le forçait?... le traître !
« Non, jamais de tromper je ne me fis un jeu,
Disait-il ; quand ma bouche exprime un tendre aveu,
C'est que j'aime en effet. »

LISETTE.

Nous avoir abusées ?
Voyez pourtant à quoi nous sommes exposées !
Mais c'est peut-être un bruit que l'on a répandu.
Pourquoi le condamner sans l'avoir entendu ?

ÉLIANTE.

Oui, tu m'y fais songer. J'ai tort ; hélas ! peut-être
C'est sur de faux rapports que je le crus un traître.
Attendons en effet. Justement le voici :
Laisse-nous. Avant peu j'aurai tout éclairci.

SCÈNE II

ÉLIANTE, FLORIMOND.

FLORIMOND, à part, de loin, en apercevant Éliante.

Encor !

ÉLIANTE.

Soulagez-moi d'une peine cruelle,
Monsieur.

FLORIMOND.

(A part.)

Qui ? moi, madame ? Ah ! bon Dieu ! saurait-elle
Que la sœur de Valmont... ?

ÉLIANTE.

A l'instant je reçoi
Un avis, mais auquel je n'ose ajouter foi.

FLORIMOND, à part.

Allons, elle sait tout.

ÉLIANTE.

Une action si noire
Est indigne de vous, je ne dois point y croire.
On dit, monsieur...

FLORIMOND.

Hé bien ! je le nîrais à tort,
Madame : on vous a fait un fidèle rapport.

ÉLIANTE.

Qu'entends-je !

FLORIMOND.

Il est trop vrai. Je confesse, à ma honte,
Une infidélité si coupable et si prompte.

ÉLIANTE.

Eh quoi ! monsieur... j'en crois à peine un tel aveu:
Quoi, vous...? c'est donc ainsi que l'on se fait un jeu...?

FLORIMOND.

Madame, j'avoûrai que je suis bien coupable.
Oui, je sens qu'à vos yeux je suis inexcusable ;
Aussi je suis bien loin de me justifier.
Un autre, dans ma place, aurait su tout nier :
Un autre eût fait mentir ses yeux et son visage ;
Mais je ne fis jamais ce vil apprentissage.
Je suis léger, volage, et j'ai bien des défauts ;
Mais du moins je n'ai pas un cœur perfide et faux.

ÉLIANTE.

Ce langage m'étonne, il faut que je le dise.
Il vous sied bien, monsieur, de jouer la franchise,
A vous, qui, me cachant un indigne secret...!

FLORIMOND.

Ah! si je me suis tu, ce n'était qu'à regret.
Vous dûtes voir combien une telle contrainte
Coûtait à ma franchise, et que la seule crainte
Retenait mon secret, tout près de m'échapper.
Mais se taire, après tout, ce n'était pas tromper.

ÉLIANTE.

Vous soutenez fort bien ce noble caractère :
Comme si vous n'aviez fait ici que vous taire !
De grâce, dites-moi, quel fut votre dessein,
Quand votre oncle pour vous vint demander ma main ?
Répondez...

FLORIMOND.

A cela je répondrai, madame,
Que mon oncle ignorait cette subite flamme.

ÉLIANTE.

Allons, fort bien. Mais vous, monsieur, vous le saviez,
Quand ici même, ici, vous sûtes à mes pieds
Prodiguer les serments d'une amour éternelle.

FLORIMOND.

Moi, madame? Depuis ma passion nouvelle,
Je ne vous ai pas dit un mot de mon amour.

ÉLIANTE.
J'admire un tel sang-froid. Quoi! monsieur, en ce jour,
Plus tendre que jamais, plein d'une ardeur extrême,
Vous n'êtes pas venu me dire : *Je vous aime?*
FLORIMOND.
Sans doute, je le dis, madame, j'en conviens,
Et, quand je le disais, mon cœur le sentait bien.
ÉLIANTE, à part.
O ciel! à sa franchise aurais-je fait injure?
Expliquons-nous ici, monsieur, je vous conjure.
M'aurait-on abusée en voulant m'informer
Des nœuds que votre main était près de former?
FLORIMOND.
Non, madame.
ÉLIANTE.
C'est donc vous qui m'avez trompée?
FLORIMOND.
Non, madame.
ÉLIANTE.
A présent me voilà retombée
Dans mon incertitude et mes premiers combats.
Eh quoi! monsieur, tantôt vous ne me trompiez pas?
FLORIMOND.
Non, je suis infidèle, et ne suis point un traître.
ÉLIANTE.
Point traître, dites-vous? Et n'est-ce donc pas l'être,
Que de venir ici m'engager votre foi,
Quand vous êtes, à Brest, près d'épouser?
FLORIMOND.
Qui? moi?
Je n'épouse personne à Brest, je vous le jure.
ÉLIANTE.
Monsieur, c'est trop longtemps soutenir l'imposture.
Il n'est pas vrai qu'à Brest vous êtes sur le point
D'épouser Léonor?...
FLORIMOND.
Je ne l'épouse point.
ÉLIANTE.
C'en est trop.
FLORIMOND.
Jusqu'au bout écoutez-moi, de grâce;
Il s'en est peu fallu que je ne l'épousasse.
Pardonnez... envers vous je ressens tous mes torts.
Mais enfin, revenu de mes premiers transports,

3.

J'ai couru jusqu'ici pour fuir ce mariage.
Je vous ai fait tantôt honneur de ce voyage,
Et je n'ai qu'en cela blessé la vérité :
Encore, pour le faire, il m'en a bien coûté.
Mais tout le reste est vrai : mon ardeur se réveille,
Dès qu'ici votre nom vient frapper mon oreille ;
Et c'est de bonne foi, madame, qu'en ce jour
Je jurais à vos pieds un éternel amour.

ÉLIANTE.
Ah ! je respire... Et moi, trop prompte, je l'accable !...
Ainsi de fausseté vous n'étiez point coupable ?

FLORIMOND.
Madame, sans cela, je le suis bien assez.

ÉLIANTE.
Ne parlons plus de torts ; ils sont tous effacés.
Tantôt à ce pardon j'aurais osé prétendre,
Mais...

ÉLIANTE.
Eh bien ?

FLORIMOND.
Maintenant...

ÉLIANTE.
Je ne puis vous entendre ;
Expliquez vous.

FLORIMOND.
Hélas ! si je m'explique mieux,
Madame, je m'en vais vous paraître odieux.

ÉLIANTE.
Votre aveu me dût-il porter un coup bien rude,
Je le préfère encore à cette incertitude.
Parlez, monsieur, parlez.

FLORIMOND.
Eh bien, puisqu'il le faut,
C'est qu'...en vous attendant chez mon ami... tantôt...
J'ai trouvé... Mais pourquoi vous perdais-je de vue?
D'une charmante sœur la visite imprévue...
Je ne saurais poursuivre... embarrassé, confus...

ÉLIANTE.
J'entends ; épargnez-moi ces discours superflus.

FLORIMOND.
Un tel aveu, sans doute, a droit de vous déplaire.

ÉLIANTE.
Il ne mérite pas seulement ma colère.
Adieu.   (Elle sort.)

SCÈNE III

FLORIMOND, seul.

Je m'attendais à ce parfait dédain...
Il ne lui sied pas mal, et ce dépit soudain
Donne un air plus piquant à toute sa personne ;
Elle paraît très fière... Et même je soupçonne...
Ah ! la sœur de Valmont vaut encor mieux pourtant :
Peut-on, quand on la voit, n'être pas inconstant ?
(Il voit M. Dolban.)
Allons la voir. Mon oncle ! Oh ! qu'il m'impatiente !

SCÈNE IV

FLORIMOND, M. DOLBAN.

M. DOLBAN.
L'heure est passée ; eh bien, sur l'hymen d'Éliante
As-tu changé d'avis ?

FLORIMOND, fièrement.
Je n'en change jamais.

M. DOLBAN.
Tu ne l'épouses point ?

FLORIMOND.
Non, je vous le promets.

M. DOLBAN.
Pour la troisième fois, pesez votre réponse :
Renoncez-vous enfin à sa main ?

FLORIMOND.
J'y renonce.

M. DOLBAN.
C'est votre dernier mot ?

FLORIMOND.
Oui, monsieur.

M. DOLBAN.
En ce cas,
Je vais prendre un parti que tu ne prévois pas.
Je n'ai que cinquante ans, je suis libre, je l'aime ;
Je me propose, moi.

FLORIMOND.
Vous, mon oncle ?
M. DOLBAN.
Moi-même.
Sottement, pour toi seul, j'étais resté garçon :
J'étais trop bon, vraiment !
FLORIMOND, reprenant un air détaché.
Oui, vous avez raison,
Mon oncle ; dans la vie, il faut se satisfaire.
M. DOLBAN.
Elle aura tout mon bien, je n'en fais point mystère.
FLORIMOND.
Chacun peut à son gré disposer de son bien :
Tout le vôtre est à vous, et je n'y prétends rien.
M. DOLBAN.
Nous verrons si cela toujours te fera rire !
Je n'ose encor la voir, mais je lui vais écrire.
(Il veut sortir.)
FLORIMOND.
Ne sortez point ; ici vous avez ce qu'il faut :
La lettre et la réponse arriveront plus tôt.
De grâce, asse_ ez-vous, mettez-vous à votre aise.
(Pendant que son oncle écrit, il se parle à lui-même.)
Qu'il se hâte, morbleu ! d'épouser son Anglaise,
Et me laisse en repos. Les moments sont si chers !
Voilà, je gage, au moins deux heures que je perds.
Je brûle de revoir la beauté que j'adore ;
Car je l'ai vue à peine, et ne sais pas encore
Comment elle se nomme ; en un mot, je ne sais
Rien, sinon que je l'aime, et qu'elle a mille attraits.
(Il se retourne vers son oncle et le regarde.)
(Haut.)
Il prend la chose au vif. En ce tendre langage
Vous n'aviez pas écrit depuis longtemps, je gage ?
M. DOLBAN, pliant sa lettre.
Pas tant que toi.
FLORIMOND.
Je crois que vous me peignez mal.
Il faut se défier toujours de son rival.
M. DOLBAN.
C'est fait.
FLORIMOND appelle.
Crispin !... La Fleur !

SCÈNE V

M. DOLBAN, FLORIMOND, CRISPIN.

CRISPIN.
Monsieur ?
FLORIMOND.
Prends cette lettre ;
A madame Éliante, allons, cours la remettre.
CRISPIN.
J'y vais, monsieur.
M. DOLBAN.
Reviens, et je t'attends ici.
(Crispin entre chez Éliante.)

SCÈNE VI

M. DOLBAN, FLORIMOND.

FLORIMOND.
Mon oncle jusqu'au bout soutiendra le défi.
M. DOLBAN.
Oh ! ne crois pas que moi sitôt je me démente.
Trop heureux d'obtenir une femme charmante,
De joindre à ce bonheur le plaisir non moins doux
De punir un ingrat, un...
FLORIMOND.
Calmez ce courroux.
On n'a plus rien à dire alors que l'on se venge.
Bien loin de m'en vouloir, parce qu'ici je change,
Sachez-m'en gré plutôt ; et convenez enfin
Que c'est à mon refus que vous devrez sa main.
M. DOLBAN.
Hai... Tel qui feint de rire enrage au fond de l'âme.
FLORIMOND.
Certes, ce n'est pas moi. Je n'aime plus la dame,
Vous l'adorez ; hé bien, tout s'arrange ici-bas :
Vous l'épousez, et moi, je ne l'épouse pas.

SCÈNE VII

M. DOLBAN, FLORIMOND ; CRISPIN,

une lettre à la main.

FLORIMOND à Crispin.

Déjà ?

CRISPIN.

Comme j'entrais, madame allait écrire.
(A M. Dolban, en lui remettant la lettre.)
Puis vous n'en aurez pas, je crois, beaucoup à lire.
(A Florimond.)
Eh mais, je ne sais pas ce que madame avait :
Je l'observais, monsieur, pendant qu'elle écrivait...

FLORIMOND.

Sors.

SCÈNE VIII

M. DOLBAN, FLORIMOND.

FLORIMOND à M. Dolban, qui lit.
Eh bien ? Quoi ! l'effet trompe-t-il votre attente ?
Elle ne veut pas même, hélas ! être ma tante !

M. DOLBAN.

Apprenez à quel point vous êtes odieux :
Le seul nom de votre oncle est un tort à ses yeux.
Mariez-vous ou non, il ne m'importe guères :
Je ne me mêle plus de toutes vos affaires.

(Il sort.)

SCÈNE IX

FLORIMOND, seul.

Tant mieux. Voyez un peu quel bruit ces oncles font !

SCÈNE X
FLORIMOND, CRISPIN.

FLORIMOND à Crispin, qui lui remet une lettre.
Ah! ah! de quelle part?
CRISPIN.
De chez monsieur Valmont.
FLORIMOND.
Donne, mon cher La Fleur. Ouvrons vite : sans doute,
Il me marque le jour où l'on se met en route.
Attends.
(Il lit tout haut.)
« Pardon, mon cher ami, si je ne vais pas te rendre ta visite. Je ne le puis aujourd'hui, ayant une affaire pressée à terminer avant mon départ. Car, toutes réflexions faites, nous partons demain matin, si tu le veux bien. Aie soin de te tenir tout prêt... »

Je le serai. La Fleur, va promptement
Préparer tout : allons, ne perds pas un moment.
CRISPIN.
Tout sera prêt, monsieur.
(Il sort.)

SCÈNE XI
FLORIMOND, seul.

Oh! la bonne nouvelle!
A demain ; c'est demain que je pars avec elle.
Poursuivons.
« Ma sœur est enchantée que tu sois du voyage : elle paraît t'estimer beaucoup... »

De nouveau lisons ces mots charmants :
« Ma sœur est enchantée que tu sois du voyage : elle paraît t'estimer beaucoup... »
Ah! j'espère inspirer de plus doux sentiments.
« J'ai même voulu te ménager un plaisir de plus, et j'ai engagé son mari à nous accompagner... »
Son mari !... que dit-il ?... sa sœur est mariée ?
Par nul engagement je ne la crus liée...

Relisons.

« Et j'ai engagé son mari à nous accompagner : c'est un homme charmant... »

Mon malheur n'est que trop assuré.
D'un chimérique espoir je me suis donc leurré !
(Il tombe accablé sur son fauteuil, et reste quelque temps ainsi.)
Je suis bien malheureux ! Il n'était qu'une femme
Que je pusse chérir... là... de toute mon âme ;
Elle seule, en dépit de tous mes préjugés,
M'eût fait aimer l'hymen : eh bien, morbleu, jugez
Si jamais infortune approcha de la mienne !
D'un mois peut-être il faut qu'un autre me prévienne !

SCENE XII

FLORIMOND, CRISPIN.

CRISPIN.
Monsieur, combien faut-il que je mette d'habits ?
FLORIMOND.
Aucun. Je ne pars plus.
CRISPIN.
Quoi ?
FLORIMOND.
J'ai changé d'avis :
Je reste.
CRISPIN.
Mais, monsieur, vous n'êtes point malade ?
FLORIMOND.
Non.
CRISPIN, à part.
C'est, je gage, encore ici quelque boutade.
(Haut.)
Comment, vous n'allez point visiter ce château ?
FLORIMOND.
Non.
CRISPIN.
C'est pourtant dommage : on dit qu'il est si beau !
FLORIMOND.
Quelque château bien vieux, avec un parc bien triste :
Veux-tu que j'aille là m'établir botaniste,
Et goûter le plaisir unique et sans pareil
D'assister, chaque jour, au lever du soleil ?

CRISPIN.
Vous faisiez cependant une belle peinture
Des touchantes beautés de la simple nature !
FLORIMOND.
Qui ? moi ?
CRISPIN.
Je m'en souviens. De plus, contre Paris
Dieu sait comme, tantôt, vous jetiez les hauts cris !
Si vous fuyez la ville, et craignez la campagne,
Où faut-il donc, monsieur, que je vous accompagne ?
FLORIMOND.
Je ne demande pas ton sentiment, bavard.
CRISPIN.
Mais il faut bien pourtant demeurer quelque part.
FLORIMOND.
Que t'importe ?
CRISPIN.
Du moins nous soupons ?
FLORIMOND.
Paix ! Je pense...
Il me vient un projet d'une grande importance,
Et qui me rit.
CRISPIN.
Quoi donc ?
FLORIMOND.
Je me fais voyageur.
CRISPIN.
Superbe état pour vous, mon cher maître !
FLORIMOND.
Ah ! La Fleur,
Quel plaisir, quel délice en voyageant l'on goûte !
Toujours nouveaux objets s'offrent sur votre route.
Chaque pas vous présente un spectacle inconnu.
On ne revoit jamais ce qu'on a déjà vu.
Une plaine aujourd'hui, demain une montagne ;
Le matin c'est la ville, et le soir la campagne.
Ajoute qu'on ne peut s'ennuyer nulle part :
Un lieu vous plaît, on reste ; il vous déplaît, on part.
CRISPIN.
Et l'amour !
FLORIMOND.
Plus d'amour, plus de brûlantes flammes.
CRISPIN.
Quoi ! tout de bon, monsieur, vous renoncez aux fem- [mes ?

FLORIMOND.

Dis que j'y renonçais quand mon cœur enchanté
Adorait constamment une seule beauté ;
Quand mes yeux, éblouis par un charme funeste,
Fixés sur une seule, oubliaient tout le reste :
Car je faisais alors injure au sexe entier.
Mais cette erreur, enfin, je prétends l'expier.
Je le déclare donc, je restitue aux belles
Un cœur qui trop longtemps fut aveugle pour elles,
Entre elles désormais je vais le partager,
Le donner, le reprendre, et jamais l'engager.
J'offensais cent beautés, quand je n'en aimais qu'une :
J'en veux adorer mille, et n'en aimer aucune...
Quel jour est-ce ?

CRISPIN.

Jeudi.

FLORIMOND.

Bon. Jour de bal ; j'y cours.
C'est là le rendez-vous des jeux et des amours :
C'est là que je vais voir, parés de tous leurs charmes,
Tant d'objets enchanteurs, de beautés sous les armes.
Je ne pouvais choisir plus belle occasion
Pour faire au sexe entier ma réparation.

FIN DE L'INCONSTANT.

L'OPTIMISTE

ou

L'HOMME TOUJOURS CONTENT,

COMÉDIE EN CINQ ACTES ET EN VERS,

REPRÉSENTÉE POUR LA PREMIÈRE FOIS PAR LES COMÉDIENS FRANÇAIS,
LE 22 FÉVRIER 1788.

PERSONNAGES

M. DE PLINVILLE, l'Optimiste.
MADAME DE PLINVILLE.
ANGÉLIQUE, leur fille.
MADAME DE ROSELLE, nièce de M. de Plinville.
M. DE MORINVAL.
M. DORMEUIL.
M. BELFORT, secrétaire de M. de Plinville.
ROSE, jeune suivante d'Angélique.
PICARD, vieux portier de M. de Plinville.
LÉPINE, laquais de M. de Plinville.
UN POSTILLON.

La scène est en Touraine, au château de Plinville.

L'OPTIMISTE

ou

L'HOMME TOUJOURS CONTENT

ACTE PREMIER

La scène représente un bosquet rempli d'arbres odoriférants.

SCÈNE PREMIÈRE

MADAME DE ROSELLE, un bouquet à la main, tire sa montre.

Est-il bien vrai ? qui ? moi, levée avant six heures ?
Moi ! dans ce vieux château, dans ces tristes demeures !
Chez mon oncle ?... heureux homme ! il prétend que
[chez lui
Tout va le mieux du monde ; et moi j'y meurs d'ennui.
Peut-être ai-je bien fait d'y venir... J'imagine
Que je puis être utile à ma jeune cousine.
Je crois... s'il était vrai ?... j'avoûrai qu'à ce prix
Je regretterais peu les plaisirs de Paris.
Près de se marier, cette pauvre Angélique
Paraît de plus en plus triste et mélancolique...
Ce jeune secrétaire, au maintien noble, aisé,
Serait-il, par hasard, un amant déguisé ?
C'est un point qu'il faudrait éclaircir ; je soupçonne
Qu'on va sacrifier cette jeune personne :
Tâchons de l'empêcher. Observons... Cependant
Le mariage peut se faire en attendant.
Comment le retarder ? Il faudra que j'y songe :

Un prétexte... ma sœur ;... bon ! le premier mensonge
Suffira...

SCENE II

MADAME DE ROSELLE, ROSE.

MADAME DE ROSELLE.
Bonjour, Rose. Où portez-vous vos pas ?
ROSE.
Ah ! madame, pardon ; je ne vous voyais pas.
J'ai poussé jusqu'au bout de la grande avenue ;
Et puis, sans y songer, je suis ici venue.
Je vais...
(Elle veut se retirer.)
MADAME DE ROSELLE.
Vous me fuyez ? causons.
ROSE.
Avec plaisir :
Car, moi, j'aime à causer ; d'ailleurs j'ai du loisir :
Mademoiselle écrit.
MADAME DE ROSELLE.
Elle est déjà levée !
ROSE.
Bon ! jamais le soleil au lit ne l'a trouvée :
Elle n'en dort pas mieux.
MADAME DE ROSELLE.
Elle a donc mal dormi ?
ROSE.
Très mal : je l'entendais ; elle a pleuré, gémi.
MADAME DE ROSELLE.
Elle a du chagrin.
ROSE soupire.
Oui.
MADAME DE ROSELLE.
Ma tante aussi la gronde !...
ROSE.
Elle est grondée ainsi depuis qu'elle est au monde.
MADAME DE ROSELLE.
Oui, ma tante souvent prend de l'humeur pour rien.
ROSE.
Tout en nous querellant, elle nous veut du bien :
Pour sa fille surtout sa tendresse est extrême.

MADAME DE ROSELLE.
Elle aime aussi mon oncle, et le gronde de même.
ROSE.
Tenez, je sais fort bien la cause de son mal :
C'est qu'elle n'aime point monsieur de Morinval ;
Car, lorsqu'elle le voit, ou dès qu'on le lui nomme...
MADAME DE ROSELLE.
Morinval cependant a l'air d'un galant homme.
ROSE.
Galant homme, d'accord ; mais boudeur et chagrin :
On ne lui voit jamais un air ouvert, serein.
Pour moi, son seul aspect m'inspire la tristesse :
Il se peint tout en noir, excepté sa maîtresse ;
Et puis il n'est point jeune, et ma maîtresse l'est.
MADAME DE ROSELLE.
Il n'est pas vieux non plus.
ROSE.
Ah ! pardon, s'il vous plaît.
Il a bien cinquante ans, elle n'en a que seize :
Comment voulez-vous donc qu'un tel époux lui plaise ?
Pour moi, je ne sais pas quand je me marirai ;
Mais je répondrais bien que je n'épouserai
Qu'un jeune homme : du moins, quand on est du même
[âge,
On fait jusques au bout ensemble le voyage.
MADAME DE ROSELLE.
Monsieur Belfort paraît aimable.
ROSE.
Oh ! oui.
MADAME DE ROSELLE.
Sait-on,
Dites-moi, ce que c'est que ce jeune homme ?
ROSE.
Non.
Car monsieur l'a reçu sur sa seule figure.
MADAME DE ROSELLE.
Par quel hasard ?
ROSE.
Un soir, la nuit était obscure,
Un jeune homme demande un asile : on l'admet...
C'était monsieur Belfort. Il entre ; l'on soupait :
On l'invite. Il paraît spirituel, honnête.
Le lendemain il veut repartir, on l'arrête.
Il pleuvait : cependant, comme il pleuvait toujours,

Monsieur, qui le retint ainsi pendant huit jours,
Goûtait de plus en plus son ton, son caractère.
Enfin, quoiqu'il n'eût pas besoin de secrétaire,
En cette qualité monsieur l'a retenu.
MADAME DE ROSELLE.
Bon ! et depuis ce temps n'est-il pas mieux connu ?
ROSE.
Ses bonnes qualités l'ont assez fait connaître.
MADAME DE ROSELLE.
Il a plus d'un emploi, car il tient lieu de maître
A ma cousine.
ROSE.
    Eh ! oui : comme il parlait un soir
D'anglais, mademoiselle a voulu le savoir.
Donnez-en des leçons, dit monsieur : il en donne.
MADAME DE ROSELLE.
Avec succès, dit-on.
ROSE.
    Il dit qu'elle l'étonne,
Madame ; elle savait sa grammaire en huit jours.
MADAME DE ROSELLE.
En huit jours ! Êtes-vous toujours là ?
ROSE.
      Moi ? toujours
MADAME DE ROSELLE.
Belfort paraît donner ces leçons avec zèle.
ROSE.
Tout à fait ; il chérit beaucoup mademoiselle.
MADAME DE ROSELLE.
A ce que je puis voir, elle-même en fait cas ?
ROSE.
Oh ! beaucoup : en effet, qui ne l'aimerait pas ?
Mademoiselle et moi, même esprit nous anime,
Et, comme elle, pour lui, moi, j'ai beaucoup d'estime.
Si vous saviez combien il est honnête, doux !...
MADAME DE ROSELLE.
Je l'ai jugé d'abord. Que dit-il, entre nous,
De l'air triste et rêveur de ma jeune cousine ?
ROSE.
Mais il est bien chagrin de la voir si chagrine.
On lit dans ses regards une tendre pitié :
Un frère pour sa sœur n'a pas plus d'amitié.
Le matin, de sa chambre il attend que je sorte,
Et me demande alors comment elle se porte.

Mais on rit; c'est monsieur.

SCÈNE III

MADAME DE ROSELLE, M. DE PLINVILLE, ROSE.

M. DE PLINVILLE.
Ah! ma nièce, c'est toi!
La rencontre vraiment est heureuse.
MADAME DE ROSELLE.
Pour moi.
Mon cher oncle est toujours au comble de la joie.
M. DE PLINVILLE.
Pour en avoir, madame, il suffit qu'on vous voie.
(A Rose.)
Bonjour, Rose.
ROSE.
Monsieur...
M. DE PLINVILLE.
Mais comme elle embellit
Du matin jusqu'au soir elle chante, elle rit.
ROSE.
Monsieur me dit toujours quelque chose d'honnête.
M. DE PLINVILLE.
Nous aurons du plaisir, j'espère, à notre fête.
J'ai dans l'idée... oh! oui : j'ai fait, ma chère enfant,
Un rêve! car je suis heureux même en dormant.
MADAME DE ROSELLE.
Oh! je le crois.
ROSE.
Monsieur, contez-nous donc, de grâce...
M. DE PLINVILLE.
Il n'en reste au réveil qu'une légère trace ;
Et j'aurais maintenant peine à le ressaisir :
Je me souviens du moins qu'il m'a fait grand plaisir,
Et cela me suffit ; car, lorsque je me lève,
Je suis heureux encor, mais ce n'est plus en rêve.
MADAME DE ROSELLE.
Vous rêvez bien encor, mais c'est tout éveillé.
M. DE PLINVILLE.
Il est vrai : que de fois je me suis oublié
Au bord d'une fontaine, ou bien dans la prairie!

4

Là, seul, dans une vague et douce rêverie,
Je suis... ce que je veux, grand roi, simple berger !...
Que sais-je, moi ? Quelqu'un vient-il me déranger ?
Alors j'aime encor mieux être moi que tout autre.

MADAME DE ROSELLE.

Le sort d'un roi n'est pas plus heureux que le vôtre.
Je suis contente aussi : pour la première fois
J'ai vu l'aurore.

M. DE PLINVILLE.

Bon !

ROSE.

Tous les jours je la vois.

M. DE PLINVILLE.

En effet, on n'est pas plus matinal que Rose.

MADAME DE ROSELLE.

Savez-vous que l'aurore est une belle chose ?

M. DE PLINVILLE.

Oh ! oui, surtout ici, surtout au mois de mai.
C'est bien le plus beau mois de l'année.

MADAME DE ROSELLE.

Il est vrai.

ROSE.

C'est un mois qu'en effet, comme vous, chacun aime.
Mais en janvier, monsieur, vous disiez tout de même.

M. DE PLINVILLE.

J'avoûrai, mon enfant, que toutes les saisons
Me plaisent tour à tour, par diverses raisons :
Janvier a ses beautés, et la neige est superbe.

MADAME DE ROSELLE.

Il est plus doux pourtant de voir renaître l'herbe
Et les fleurs...

M. DE PLINVILLE.

Oui, les fleurs. Par exemple, en ces lieux
On respire une odeur, un frais délicieux.
Dis-moi, vit-on jamais plus belle matinée ?
Que nous allons avoir une belle journée !
Il semble, en vérité, que le ciel prenne soin
D'envoyer du beau temps lorsque j'en ai besoin.

MADAME DE ROSELLE.

Tout exprès !

M. DE PLINVILLE.

Pouvions-nous enfin, pour notre pêche,
Choisir une journée et plus douce et plus fraîche ?

MADAME DE ROSELLE.
Oh ! non. J'aime beaucoup à voyager sur l'eau.
M. DE PLINVILLE.
Oui ? tant mieux ! Tu verras le plus joli bateau... !
ROSE.
Ah ! charmant.
M. DE PLINVILLE, à Rose.
Angélique est sans doute habillée ?
ROSE.
Pas encor.
M. DE PLINVILLE.
Bon ! du moins est-elle réveillée ?
ROSE.
Oh ! oui, monsieur ; je vais l'habiller à l'instant.
Ne partez pas sans nous.
A. DE PLINVILLE.
Non, non ; l'on vous attend.
Hâtez-vous.
ROSE, en s'en allant.
Je voudrais être déjà partie,
Une pêche ! un bateau ! la charmante partie !

SCÈNE IV

MADAME DE ROSELLE, M. DE PLINVILLE.

M. DE PLINVILLE la suit des yeux.
Heureux âge ! A seize ans on n'a point de souci ;
Tout plaît.
MADAME DE ROSELLE.
Mais ma cousine est pourtant jeune aussi ;
D'où vient donc le chagrin qui chaque jour la mine ?
M. DE PLINVILLE.
Quoi ! le chagrin, dis-tu ? Serait-elle chagrine ?
MADAME DE ROSELLE.
Vous ne remarquez pas ?
M. DE PLINVILLE.
Non.
MADAME DE ROSELLE.
Pourtant, on voit bien
Qu'elle rêve...
M. DE PLINVILLE.
En effet ; mais bon ! cela n'est rien.

Elle a quelque regret de nous quitter, sans doute ;
Et puis, elle est modeste : on sait ce qu'il en coûte...
Mais dès que Morinval aura reçu sa main,
Tu verras : je voudrais que ce fût dès demain.
     MADAME DE ROSELLE.
A propos, cet hymen, il faudra le remettre.
     M. DE PLINVILLE.
Et pourquoi ?
     MADAME DE ROSELLE.
    De ma sœur je reçois une lettre ;
A la noce, dit-elle, elle veut se trouver,
Et dans huit jours, peut-être, elle doit arriver.
     M. DE PLINVILLE.
Pourquoi donc avec toi n'est-elle pas venue ?
     MADAME DE ROSELLE.
Elle hésitait toujours : sa lenteur est connue.
Moi, je l'ai devancée.
     M. DE PLINVILLE.
    A ravir.
     MADAME DE ROSELLE.
      Ce délai
N'est rien : qu'est-ce, après tout, que huit jours ?
     M. DE PLINVILLE.
Trop heureux de revoir madame de Mirbelle !
Nous allons tous les deux disputer de plus belle.
Je la connais ; aussi je vais me préparer.
     MADAME DE ROSELLE, à part.
Cela nous donnera le temps de respirer.
     M. DE PLINVILLE.
Nous ne l'attendrons pas du moins pour notre fête.
Mais on vient.
     MADAME DE ROSELLE.
    Comment donc ! ma tante est déjà prête ?
     M. DE PLINVILLE.
Oh ! ma femme est toujours exacte aux rendez-vous.

SCÈNE V

MADAME DE ROSELLE, MADAME DE PLINVILLE,
M. DE PLINVILLE.

     M. DE PLINVILLE l'embrasse.
Bonjour, ma chère amie.

MADAME DE PLINVILLE.
      Ah ! ah ! monsieur, c'est vous ?
Bonjour, ma nièce. Non, je crois que de la vie,
Maîtresse de maison ne fut plus mal servie :
En voilà déjà trois qu'il m'a fallu gronder.
    M. DE PLINVILLE.
Ma femme est vigilante ; elle sait commander.
    MADAME DE PLINVILLE.
J'en ai besoin, monsieur ; car vous n'y songez guère.
    M. DE PLINVILLE.
Puisque vous faites tout, je n'ai plus rien à faire.
    MADAME DE PLINVILLE.
Il faut bien faire tout, si vous ne faites rien.
    M. DE PLINVILLE.
Bonne réplique ! Allons, point de souci.
    MADAME DE PLINVILLE.
        Fort bien !
Et vous croyez, monsieur, qu'avec ce beau système
Les choses vont ici se faire d'elles-même ?
    M. DE PLINVILLE.
Il me semble pourtant qu'elles ne vont pas mal.
Nous rirons ce matin, Dieu sait ! Si Morinval
Et ma fille venaient, on se mettrait en route.
    MADAME DE PLINVILLE.
On ne s'y mettra point.
    M. DE PLINVILLE.
     On ne part pas ?
    MADAME DE PLINVILLE.
        Sans doute.
La partie est remise.
    MADAME DE ROSELLE.
     Est remise !... Comment ?...
Vous riez ?
    MADAME DE PLINVILLE.
   Oui ; je suis en belle humeur, vraiment !
    M. DE PLINVILLE.
Mais encor, dites-moi quelle raison soudaine... ?
    MADAME DE PLINVILLE.
Cette raison, monsieur, c'est que j'ai la migraine.
    MADAME DE ROSELLE.
Cette migraine-là vient bien mal à propos.
    MADAME DE PLINVILLE à M. de Plinville.
Aussi, dès le matin il trouble mon repos :
Il fait un bruit... !

          4.

M. DE PLINVILLE.
Qui ? moi ?

SCÈNE VI

Les mêmes, ROSE.

ROSE accourt.
Monsieur, mademoiselle
Va venir à l'instant.
MADAME DE PLINVILLE.
On n'a pas besoin d'elle.
ROSE.
Comment ?
MADAME DE ROSELLE.
On ne part point.
ROSE.
Et le joli bateau ?
Où déjeunera-t-on en ce cas ?
MADAME DE PLINVILLE.
Au château.
(A madame de Roselle.)
Venez-vous ? il s'agit d'une affaire importante.
Je reçois de Paris des étoffes...
MADAME DE ROSELLE.
Ma tante...
Vous avez plus de goût...
MADAME DE PLINVILLE.
Le mien est peu commun,
D'accord ; mais deux avis valent toujours mieux qu'un.
Ma fille là-dessus est d'une insouciance... !
Je suis prête vingt fois à perdre patience.
M. DE PLINVILLE.
Elle fait la méchante.
MADAME DE ROSELLE.
Il me semble, entre nous,
Qu'au fond l'essentiel est le choix d'un époux.
MADAME DE PLINVILLE.
J'en conviens : mais ce choix est une affaire faite ;
Et, de ce côté-là, ma fille est satisfaite.
Venez donc.
M. DE PLINVILLE.
Un moment.

MADAME DE PLINVILLE.
Eh ! oui, pour babiller.
Restez ici, monsieur, nous allons travailler.
MADAME DE ROSELLE.
Mon oncle, dans le port faites rentrer la flotte.

SCÈNE VII

M. DE PLINVILLE, ROSE.

M. DE PLINVILLE.
(En riant.) (A Rose.)
Ah ! la flotte ! il est gai. Te voilà toute sotte !
ROSE.
J'en pleurerais.
M. DE PLINVILLE.
Ma femme a de fâcheux instans...
Heureusement cela ne dure pas longtemps.
ROSE.
Mais cela recommence.
M. DE PLINVILLE.
Elle crie, elle gronde ;
Mais c'est la femme, au fond, la meilleure du monde.
ROSE.
A cela près. Pourquoi ne part-on pas, monsieur ?
M. DE PLINVILLE.
Ma femme a la migraine ; et l'on n'est pas d'humeur,
Quand on souffre... D'ailleurs le temps, je crois, se
[brouille :
Regarde.
ROSE.
Vous riez si bien lorsqu'on se mouille !
L'autre jour encore...
M. DE PLINVILLE.
Oui ; mais un temps pluvieux
Nuirait à ma santé.
ROSE.
Vous êtes beaucoup mieux,
Ce me semble, monsieur ?
M. DE PLINVILLE.
Oui, vraiment, à merveille.
Je me sens chaque jour mieux portant que la veille,
Et je vois revenir les forces, l'appétit.

ROSE.
Hai... vous avez été bien malade.
M. DE PLINVILLE.
On le dit.
ROSE.
Vous en douteriez?
M. DE PLINVILLE.
Non ; mais, vois-tu, chère Rose,
D'honneur! je n'ai pas, moi, senti la moindre chose.
J'étais dans un profond et morne accablement,
Mais qui ne me faisait souffrir aucunement.
ROSE.
Ah! ah!
M. DE PLINVILLE.
Notre machine alors est engourdie,
Et c'est un vrai sommeil que cette maladie ;
Mais, en revanche aussi, que le réveil est doux!
Nous renaissons alors, et le monde avec nous.
Vous vivez par instinct; moi, je sens que j'existe.
J'éprouve une langueur, mais elle n'est point triste ;
Et ma faiblesse même est une volupté
Dont on n'a pas d'idée en parfaite santé.
La santé peut paraître, à la longue, un peu fade ;
Il faut, pour la sentir, avoir été malade :
Je voudrais qu'à ton tour tu pusses l'être aussi,
Et tu verrais toi-même...
ROSE.
Ah! monsieur, grand merci!
Tomber malade, moi!
M. DE PLINVILLE.
Ce serait bien dommage!
ROSE.
Et puis, si je mourais ?
M. DE PLINVILLE.
Bon! meurt-on à ton âge ?
Tu me vois!...
ROSE.
Vous vivez, nous sommes tous contents ;
Mais, monsieur, je m'arrête en ce lieu trop longtemps :
Je m'en vais, de ce pas, trouver mademoiselle ;
Car le moins que je puis je me sépare d'elle.
M. DE PLINVILLE.
C'est bien fait.

(Rose sort.)

SCÈNE VIII

M. DE PLINVILLE, seul.

Cette Rose est une aimable enfant ;
Elle aime sa maîtresse, oh ! mais si tendrement !
Dès sa première enfance auprès d'elle nourrie,
On la prendrait plutôt pour une sœur chérie.
Eh bien, pour un peu d'or, voyez quelle douceur !
A ma fille je donne une amie, une sœur :
On est vraiment heureux d'être né dans l'aisance.
Je suis émerveillé de cette Providence
Qui fit naître le riche auprès de l'indigent :
L'un a besoin de bras, l'autre a besoin d'argent :
Ainsi tout est si bien arrangé dans la vie,
Que la moitié du monde est par l'autre servie.

SCÈNE IX

M. DE PLINVILLE, PICARD.

PICARD.
Bien arrangé pour vous ; mais, moi, j'en ai souffert.
Pourquoi ne suis-je pas de la moitié qu'on sert ?
M. DE PLINVILLE.
Parce que tu n'es point de la moitié qui paie.
PICARD.
Et pourquoi, par hasard, ne faut-il point que j'aie
De quoi payer ?
M. DE PLINVILLE.
Eh ! mais, pouvions-nous être tous
Riches ?
PICARD.
Je pouvais, moi, l'être aussi bien que vous.
M. DE PLINVILLE.
Tu ne l'es pas, enfin.
PICARD.
Voilà ce qui me fâche.
Je remplis dans ce monde une pénible tâche,
Et depuis cinquante ans.

M. DE PLINVILLE.
                    Tu devrais, en ce cas,
Être fait au service.
            PICARD.
            Eh! l'on ne s'y fait pas.
Lorsque je veux rester, vous voulez que je sorte ;
Veux-je sortir ? il faut que je garde la porte.
Vous êtes maître, enfin, et moi, je suis valet :
Je dois aller, venir, rester, comme il vous plaît.
            M. DE PLINVILLE.
Tu n'en prends qu'à ton aise.
            PICARD.
                    Oh!...
            M. DE PLINVILLE.
                        L'on te considère,
Et tous mes gens ici te traitent comme un père.
            PICARD.
Et je sers tout le monde.
            M. DE PLINVILLE.
                    Eh! cela n'y fait rien :
Sois content de ton sort, ainsi que moi du mien.
            PICARD.
Je n'ai point, comme vous, l'art de m'en faire accroire,
Et ne sais point voir clair quand la nuit est bien noire.
            M. DE PLINVILLE.
Je suis donc bien crédule ?
            PICARD.
                    On vous vole à l'envi,
Et vous vous croyez, vous, parfaitement servi.
            M. DE PLINVILLE rit.
En vérité ?
            PICARD.
            Chez vous, on pille, on pleure, on gronde ;
Vous trouvez tout cela le plus joli du monde.
            M. DE PLINVILLE.
Mais je ne savais pas un mot de tout ceci.
            PICARD.
On vous battrait, enfin, vous diriez, *grand merci*.
            M. DE PLINVILLE.
Le bon Picard a donc le petit mot pour rire?
            PICARD, en s'en allant.
Oui! je suis fort plaisant!
            M. DE PLINVILLE.
                    Tu n'as plus rien à dire?

PICARD, enroué à force de s'être échauffé.

Eh ! je sors.

M. DE PLINVILLE.

Où vas-tu ?

PICARD.

Du matin jusqu'au soir
Ne faut-il pas courir ? je ne saurais m'asseoir :
Madame, à tous moments, m'envoie à ce village ;
Et... pour je ne sais quoi : dès le matin j'enrage.

M. DE PLINVILLE.

Allons, va, mon ami.

PICARD.

Voilà bien leurs propos !
Va, mon ami! Pour eux, ils restent en repos.

(Il sort.)

SCÈNE X

M. DE PLINVILLE, seul.

Picard est un peu brusque, il faut que j'en convienne.
Chacun a son humeur, après tout : c'est la sienne.
Je dois quelques égards à ce vieux serviteur ;
Il m'est fort attaché, malgré son air grondeur.
Ce bon Picard est las de servir, à l'entendre ;
Et cependant au mot si je voulais le prendre,
Je l'attraperais bien : car, j'ai cela de bon,
Je suis aimé, chéri de toute ma maison.

(Il s'arrête un moment, comme pour se recueillir.)

Quand j'y songe, je suis bien heureux ! je suis homme,
Européen, Français, Tourangeau, gentilhomme :
Je pouvais naître Turc, Limousin, paysan.
Je ne suis magistrat, guerrier ni courtisan :
Non ; mais je suis seigneur d'une lieue à la ronde ;
Le château de Plinville est le plus beau du monde.
Je suis de mes vassaux respecté comme un roi,
Adoré comme un père : il n'est autour de moi
Pas un seul pauvre, oh ! non. Mes voisins me chérissent :
Mes fermiers sont heureux, et même ils s'enrichissent.
J'ai, du moins je le crois, une agréable humeur ;
Trop ni trop peu d'esprit, et surtout un bon cœur.
Je suis heureux époux et père de famille :
Je n'ai point de garçons ; mais aussi quelle fille !

J'ai de bons vieux amis, des serviteurs zélés :
Je te rends grâce, ô ciel ! tous mes vœux sont comblés.

SCÈNE XI

M. DE PLINVILLE, M. DE MORINVAL.

M. DE PLINVILLE.
Ah ! bonjour, mon ami.
M. DE MORINVAL.
Bonjour, je vous salue.
M. DE PLINVILLE.
Vous venez à propos ; je passais en revue
Tous mes sujets de joie...
M. DE MORINVAL.
Et moi, tous mes chagrins.
M. DE PLINVILLE.
Je songeais comme ici mes jours sont purs, sereins.
M. DE MORINVAL.
Que ne puis-je me croire heureux comme vous faites !
M. DE PLINVILLE.
Mais il ne tient qu'à vous de le croire ; vous l'êtes.
M. DE MORINVAL.
Heureux ! moi ? Sans sujet mes parens m'ont haï ;
Par des gens que j'aimais je me suis vu trahi.
M. DE PLINVILLE.
Oubliez-les ; songez à l'ami qui vous reste.
M. DE MORINVAL.
Puis-je oublier encor cet accident funeste
Qui me priva d'un frère, hélas ! que j'adorais ?
M. DE PLINVILLE.
Je vous en tiendrai lieu.
M. DE MORINVAL.
Puis, quatre mois après,
Je devins veuf. Dès lors, isolé, sans famille...
M. DE PLINVILLE.
Mais, si vous n'étiez veuf, vous n'auriez pas ma fille.
M. DE MORINVAL.
Je l'avoue.
M. DE PLINVILLE.
A propos, ma nièce a désiré
Que de huit jours au moins l'hymen fût différé.

M. DE MORINVAL.
Et pourquoi donc?
M. DE PLINVILLE.
Sa sœur en ces lieux doit se rendre
Dans huit jours : je ne puis m'empêcher de l'attendre.
M. DE MORINVAL.
Mais elle ne devait pas venir.
M. DE PLINVILLE.
Il est vrai ;
Elle a changé d'avis.
M. DE MORINVAL.
Mon ami, ce délai
N'est point naturel.
M. DE PLINVILLE.
Bon!
M. DE MORINVAL.
Je crains quelque mystère.
M. DE PLINVILLE.
A l'autre !
M. DE MORINVAL.
J'ai, je crois, le malheur de déplaire
A votre nièce.
M. DE PLINVILLE.
Eh! mais, vous êtes singulier ;
Ma nièce fait de vous un cas particulier.
Et d'ailleurs il suffit que ma fille vous aime.
M. DE MORINVAL.
Mais êtes-vous bien sûr qu'Angélique elle-même...?
M. DE PLINVILLE.
Eh! puisqu'elle consent à vous donner sa main...
M. DE MORINVAL.
J'ai peur qu'elle ne forme à regret cet hymen.
M. DE PLINVILLE.
Vos frayeurs, entre nous, ne sont pas raisonnables.
M. DE MORINVAL.
Si fait : je ne suis point de ces gens fort aimables :
Je ne suis plus très jeune.
M. DE PLINVILLE.
Avez-vous cinquante ans?
M. DE MORINVAL.
Non, pas encore.
M. DE PLINVILLE.
Eh bien, ce n'est plus le printemps,
Mais ce n'est pas l'hiver. Ma fille est douce et sage ;
Elle aimera bien mieux un époux de votre âge.

M. DE MORINVAL.
Je ne sais :... cependant elle me parle peu.
M. DE PLINVILLE.
Elle n'est point parleuse, et j'en rends grâce à Dieu.
M. DE MORINVAL.
Je ne lui trouve pas cet air satisfait, tendre...
M. DE PLINVILLE.
Écoutez ; à notre âge, il ne faut pas s'attendre
A des transports d'amour...
M. DE MORINVAL.
Non, mais...
M. DE PLINVILLE.
Vous lui plaisez,
Vous avez son estime : eh bien, vous l'épousez.
Je vais vous confier le bonheur de ma fille,
Et nous ne ferons plus qu'une seule famille.
Déjà depuis longtemps nous étions bons amis,
Séparés par l'humeur, par le cœur réunis.
Vous me grondez toujours, et toujours je vous aime.
Vous me convenez fort, je vous conviens de même.
Vous avez, comme moi, naissance, bien, santé :
Il ne vous manque plus qu'un peu de ma gaîté ;
Mais c'est un beau secret que vous allez apprendre :
On doit devenir gai quand on devient mon gendre.
(Il prend Morinval sons le bras, et sort avec lui.)

FIN DU PREMIER ACTE.

ACTE SECOND

SCENE PREMIÈRE

M. BELFORT, seul.

Que mon sort est cruel ! Que de maux j'ai soufferts !
L'avenir m'en prépare encor de plus amers.
Non, je ne puis jamais être heureux ni tranquille.
Ah ! je devrais quitter ce dangereux asile ;
Je le veux, et pourtant j'y reste malgré moi.
(Il rêve.)

SCÈNE II

MADAME DE ROSELLE, M. BELFORT.

MADAME DE ROSELLE, de loin, à part.
Il doit être en ces lieux. Oui, c'est lui que je vois ;
Profitons du moment. Avec un peu d'adresse,
De ses secrets bientôt je me rendrai maîtresse.
A son âge on est franc, facile à pénétrer.
(Haut, à Belfort.)
Ah ! je n'espérais pas ici vous rencontrer,
Monsieur Belfort.
M. BELFORT.
Madame !...
MADAME DE ROSELLE.
Excusez, je vous prie ;
Je trouble quelque douce et tendre rêverie ?
M. BELFORT.
Vous m'honorez beaucoup en daignant la troubler.
MADAME DE ROSELLE.
Moi, je serai fort aise aussi de vous parler.
Soyez persuadé qu'à vous je m'intéresse :
Je vous crois l'âme honnête et pleine de noblesse.
Vous avez de l'esprit.
M. BELFORT.
Ah ! madame !

MADAME DE ROSELLE.
                                Je veux
Que nous fassions ici connaissance tous deux.
                M. BELFORT.
Madame, un tel discours et me flatte et m'oblige.
            MADAME DE ROSELLE.
Oui, je veux tout à fait vous connaître, vous dis-je.
Vous pouvez me parler sans nul déguisement.
Que faites-vous ici? répondez franchement.
                M. BELFORT.
Moi? j'y suis secrétaire, et fort content de l'être.
            MADAME DE ROSELLE.
Voilà tout?
                M. BELFORT.
        Voilà tout.
            MADAME DE ROSELLE.
                    Vous êtes bien le maître
De ne pas m'avouer, monsieur, tous vos secrets :
Mais, tenez, je les sais, ou du moins à peu près.
                M. BELFORT.
Que savez-vous?
            MADAME DE ROSELLE.
                En vain vous voudriez me taire
Que vous n'êtes point fait pour être secrétaire.
                M. BELFORT.
Sur quoi le jugez-vous?
            MADAME DE ROSELLE.
                    C'est que j'ai de bons yeux,
Le talent d'observer, et l'esprit curieux.
Un geste, un seul regard en dit plus qu'on ne pense.
Et puis, quelqu'un peut-être a votre confidence :
On aurait pu savoir par des gens bien instruits...
                M. BELFORT.
Oh! non : je réponds bien qu'on ignore où je suis.
Mon père, dans le monde, est le seul qui le sache.
            MADAME DE ROSELLE.
Oui? j'avais donc raison. Ici monsieur se cache;
Vous allez admirer ma pénétration :
Vous êtes, je le vois, né de condition.
                M. BELFORT.
Qui peut vous avoir dit... ? Quelle surprise extrême!
            MADAME DE ROSELLE.
Faut-il vous raconter votre histoire à vous-même?
Votre nom de Belfort est un nom supposé.

M. BELFORT.
Vous le savez?
MADAME DE ROSELLE.
Ici, vous êtes déguisé.
M. BELFORT.
Déguisé? point du tout.
MADAME DE ROSELLE.
Par quelle fantaisie
Avez-vous accepté cet emploi, je vous prie?
M. BELFORT.
Mais, par nécessité.
MADAME DE ROSELLE.
Vous plaisantez, comment?
Votre père a du bien?
M. BELFORT.
Oh! non, certainement.
Il en avait jadis; mais un revers funeste...
MADAME DE ROSELLE.
Allons : dispensez-moi de vous conter le reste.
Vous voyez que je sais votre histoire assez bien.
M. BELFORT.
Je vois que vous savez très peu de chose, ou rien.
MADAME DE ROSELLE.
Oui dà! vous me piquez. Eh bien, voulez-vous faire
Entre nous un accord qui ne peut vous déplaire?
Je vais vous dire encor quelque chose en secret :
Si je me trompe, à vous permis d'être discret;
Vous ne m'avouerez rien. Mais si, par aventure,
Je ne vous dis ici que la vérité pure,
Alors, promettez-moi de ne me rien cacher :
Il faut y consentir, ou vous m'allez fâcher.
M. BELFORT.
Eh bien! j'en cours le risque, et j'y consens, madame.
MADAME DE ROSELLE.
Voici donc mon secret : c'est qu'au fond de votre âme
Vous aimez ma cousine, et que vous combattez
En vain un sentiment...
M. BELFORT.
Ah! madame, arrêtez :
Comment avez-vous pu deviner que je l'aime,
Tandis que je voulais le cacher à moi-même?
MADAME DE ROSELLE.
C'est donc là le moyen de vous faire parler?
J'en étais sûre.

M. BELFORT.

Ah ! Dieu ! vous me faites trembler.
Ce secret qu'en mon cœur vous venez de surprendre,
Gardez-le-moi, du moins. Je vais tout vous apprendre,
Madame ; vos bontés ont su m'encourager :
Vous lirez dans mon cœur, et vous m'allez juger.
Vos conseils guideront mon inexpérience :
Ne vous offensez pas de tant de confiance.

MADAME DE ROSELLE.

M'en offenser, monsieur ! moi qui veux l'obtenir ?
Non, en me l'accordant, vous me ferez plaisir.
Mais quoi ! si vous voulez qu'en ceci je vous serve,
Il faudra me parler franchement, sans réserve.
On vous nomme ?

M. BELFORT.

Dormeuil.

MADAME DE ROSELLE.

Dormeuil ! eh ! mais, je crois
Que nous avons beaucoup de Dormeuil en Artois.

M. BELFORT.

J'en suis.

MADAME DE ROSELLE.

Bon ! en ce cas, je connais votre père,
Je l'ai vu fort souvent. C'est un bon militaire,
Fort estimé, rempli de courage et d'honneur ;
Mais il aime le jeu, dit-on, à la fureur ;
Et cette passion, aujourd'hui trop commune,
A dérangé, je crois, tout à fait sa fortune.

M. BELFORT.

Il est vrai : vous savez d'où vient tout mon malheur ;
Un père que j'adore en est le seul auteur.
Je sais qu'il m'aime au fond, et je lui rends justice.
Il m'avait, jeune encor, fait entrer au service ;
Mais, privé de secours, y pouvais-je rester ?
Manquant de tout, madame, il m'a fallu quitter ;
J'ai fui. J'ai cru devoir, honteux de ma misère,
Déguiser ma naissance et le nom de mon père :
Je vins ici ; mon cœur y perdit son repos,
Et c'est là le dernier, le plus grand de mes maux.

MADAME DE ROSELLE.

A ma jeune cousine avez-vous fait connaître
Votre amour ?

M. BELFORT.

Ah ! jamais ! Moi, le laisser paraître !
Hasarder un aveu ! j'étais loin d'y penser ;

A la fuir dès longtemps j'aurais dû me forcer.
Souvent j'allais partir ; un charme involontaire
M'a retenu près d'elle : au moins j'ai su me taire ;
Trop heureux de songer, quand je vois sa froideur,
Que je n'ai pas troublé sa paix et son bonheur !
Mais on vient : c'est monsieur. Il faut que je l'évite,
Il pourrait voir mon trouble.
                MADAME DE ROSELLE.
                        Eh quoi ! partir si vite ?
                        (Il va pour sortir.)

SCÈNE III

M. BELFORT, M. DE PLINVILLE, MADAME DE ROSELLE.

            M. DE PLINVILLE à M. Belfort.
Bon ! vous vous retirez en me voyant ? pourquoi ?
Eh mais, ne faites point d'attention à moi.
Du matin jusqu'au soir, je viens, je me promène ;
Vers ce lieu-ci, surtout, un penchant me ramène.
                MADAME DE ROSELLE.
J'y viens souvent aussi. C'est un joli berceau,
Solitaire, et pourtant très voisin du château.
                M. DE PLINVILLE.
Vous même, cher Belfort, c'est ici, ce me semble,
Que vous et votre élève étudiez ensemble ?
                M. BELFORT.
Oui, monsieur très souvent.
                M. DE PLINVILLE.
                        Et vous avez raison
Voici, je crois, bientôt l'heure de la leçon.
        (A madame de Roselle.)
Angélique est savante ; elle lit les poètes.
        (A M. Belfort.)
Moi, je l'ai toujours dit : jeune comme vous l'êtes,
On enseigne bien mieux ; rien n'est plus naturel.
Vous êtes, sans mentir, un bien heureux mortel !
Vous avez pour élève une jeune personne,
J'ose le dire, aimable, aussi belle que bonne.
Vous habitez, d'ailleurs, le plus charmant pays !...
Je vous traite aussi bien qu'on traiterait un fils.
Il est aisé de voir que ma femme vous aime ;
Chacun en fait autant ; et ma fille elle-même,

Quand on parle de vous...
M. BELFORT, très ému.
Elle me fait honneur,
Monsieur... assurément... je sens tout mon bonheur.
Je ne puis exprimer... Pardon, je me retire.
M. DE PLINVILLE.
Allez, j'entends fort bien ce que cela veut dire.
MADAME DE ROSELLE, à part.
Ah! mon cher oncle, moi, je l'entends mieux que vous.

SCÈNE IV

M. DE PLAINVILLE, MADAME DE ROSELLE.

M. DE PLINVILLE.
Intéressant jeune homme! il s'éloigne de nous
Tout pénétré de joie et de reconnaissance.
Je suis charmé d'avoir fait cette connaissance.
MADAME DE ROSELLE.
De sa réception on m'a fait le récit :
Il est plaisant.
M. DE PLINVILLE.
Toujours cela me réussit.
Je suis, sans me vanter, bon physionomiste :
Et je ne pense pas que, depuis que j'existe...
MADAME DE ROSELLE.
Vous prîtes cependant un laquais, l'an passé ;
Pour vol, presque aussitôt ma tante l'a chassé.
Vous aimiez, m'a-t-on dit, sa physionomie.
M. DE PLINVILLE.
Oh! l'on peut se tromper une fois en sa vie;
Mais tu vois sur Belfort si je me suis trompé!
Dès le premier abord sa candeur m'a frappé.
MADAME DE ROSELLE.
Oui, moi-même, en effet, dès la première vue,
Son air modeste et franc pour lui m'a prévenue,
J'en conviens.
M. DE PLINVILLE.
Je le crois : il suffit de le voir.
MADAME DE ROSELLE.
Mais, entre nous, pourtant, j'aurais voulu savoir...
M. DE PLINVILLE.
Savoir? quoi?

MADAME DE ROSELLE.
M'informer...
M. DE PLINVILLE.
Si Belfort est honnête?
Me préserve le ciel d'une pareille enquête !
Loin de moi les soupçons et les certificats ;
Cela répugne trop à des cœurs délicats.
Le charme de la vie est dans la confiance :
J'en ai fait mille fois la douce expérience ;
Chaque jour je l'éprouve au sujet de Belfort.
Va, les honnêtes gens se connaissent d'abord.
Un certain... ou plutôt, veux-tu que je te dise?
Je crois fort, et toujours ce fut là ma devise,
Que les hommes sont tous, oui tous, honnêtes, bons.
On dit qu'il est beaucoup de méchants, de fripons ;
Je n'en crois rien : je veux qu'il s'en trouve peut-être
Un ou deux ; mais ils sont aisés à reconnaître.
Et puis, j'aime bien mieux, je le dis sans détours,
Être une fois trompé, que de craindre toujours.

MADAME DE ROSELLE.
Eh ! qui de vous tromper pourrait être capable?
Vous êtes pour cela trop bon et trop aimable.
Je me sens attendrie ; il semble auprès de vous
Que je respire un air et plus calme et plus doux.
Mais quelqu'un vient, je crois.
M. DE PLINVILLE regarde.
C'est ma chère Angélique.

MADAME DE ROSELLE.
Voyez, n'est-elle pas sombre, mélancolique ?
M. DE PLINVILLE.
Non, ma fille toujours a l'esprit occupé :
Elle pense à l'anglais, ou je suis bien trompé.

MADAME DE ROSELLE.
Elle marche à pas lents.
M. DE PLINVILLE.
Oui, sa démarche est sage.
Quelle aimable candeur brille sur son visage !

MADAME DE ROSELLE.
Elle ne nous voit pas.
M. DE PLINVILLE.
Oh ! ce bois est charmant !
Nous allons, nous venons, sans nous voir seulement.

5.

SCÈNE V

MADAME DE ROSELLE, M. DE PLINVILLE, ANGÉLIQUE.

(Angélique vient sur le théâtre, et rêve sans voir son père ni sa cousine.)
M. DE PLINVILLE s'avance doucement derrière elle.
Angélique! Angélique!
ANGÉLIQUE.
Ah! mon père! ah! madame!
M. DE PLINVILLE.
Ce cri-là m'est allé jusques au fond de l'âme.
MADAME DE ROSELLE.
Bonjour, mon cœur.
M. DE PLINVILLE.
Bonjour. Quel teint frais et vermeil!
ANGÉLIQUE.
J'ai cependant dormi d'un très léger sommeil!
M. DE PLINVILLE.
Léger, mais calme et doux, celui de l'innocence.
C'est aussi le sommeil de la convalescence.
Mais je suis un peu las : depuis le déjeuné,
Je cours. Asseyons-nous.
(Il s'assied.)

SCÈNE VI

MADAME DE ROSELLE, M. DE PLINVILLE, ANGÉLIQUE,
MADAME DE PLINVILLE.

MADAME DE PLINVILLE.
Je l'avais deviné.
Ce bosquet deviendra salon de compagnie.
Et moi, je reste seule : avec moi l'on s'ennuie.
MADAME DE ROSELLE.
A la campagne on peut quelquefois se quitter.
MADAME DE PLINVILLE.
Fort bien. Mais vous, monsieur, allez donc visiter
Vos ouvriers.
M. DE PLINVILLE.
J'y vais. J'aurais été bien aise
De rester ; mais, pour peu que cela te déplaise,
Je pars. Puis, j'aime à voir ces pauvres malheureux.

Travailler en chantant. Je raisonne avec eux.
MADAME DE PLINVILLE.
Et vous les dérangez.
M. DE PLINVILLE.
Voyez le grand dommage !
Cela les désennuie : ils font assez d'ouvrage.
MADAME DE PLINVILLE.
Mais allez donc, enfin.
M. DE PLINVILLE.
Eh ! calme-toi, bon Dieu !
Ce ton-là, tu le sais, m'épouvante fort peu :
Si je cède souvent, va, ce n'est pas, ma chère,
Que je te craigne ; oh ! non ! c'est que j'aime à te plaire.
MADAME DE ROSELLE.
Eh ! nous le savons bien.
(Il s'en va, se retourne, envoie un baiser à sa femme, sourit à sa nièce et à sa fille, et sort gaiement.)

SCÈNE VII

MADAME DE ROSELLE, MADAME DE PLINVILLE, ANGÉLIQUE.

MADAME DE PLINVILLE.
C'est un cœur excellent :
Mais si quelqu'un ici n'avait pas le talent...
MADAME DE ROSELLE.
Vous l'avez ; car à tout ma tante sait suffire.
C'est un coup d'œil ! un tact !... Pour moi, je vous admire.
Mais j'aime bien mon oncle, il est si gai !
MADAME DE PLINVILLE.
Fort bien.
Mais cette gaîté-là, pourtant, n'est bonne à rien.
MADAME DE ROSELLE.
Elle est bonne pour lui, du moins.
MADAME DE PLINVILLE.
Le beau mérite !
Cette indulgence enfin, sa vertu favorite,
Fait que tout va de mal en pis dans sa maison :
Trouver tout bien, ainsi, sans rime ni raison,
C'est ne penser qu'à soi.
MADAME DE ROSELLE.
Bon !

MADAME DE PLINVILLE.
                    Un tel optimisme,
A parler franchement, ressemble à l'égoïsme.
            MADAME DE ROSELLE.
Égoïsme! mon oncle un égoïste, ô ciel!
Il a, je vous l'avoue, un heureux naturel :
Mais s'il prend très souvent ses maux en patience,
Même gaîment, a-t-il la même insouciance
Quand il s'agit des maux et des revers d'autrui?
Quel est le pauvre enfin qui n'ait un père en lui?
Je conçois, en effet, que mon oncle, à la ronde
Faisant autant d'heureux, croie heureux tout le monde.
        (Regardant Angélique avec intérêt.)
Il peut bien se tromper sur le choix des moyens
D'assurer son bonheur et le bonheur des siens :
Mais son intention est toujours droite et pure ;
Et je souhaiterais à tel qui le censure,
Et la même franchise et la même bonté.
            MADAME DE PLINVILLE.
Eh mais, quelle chaleur! Il semble, en vérité...!
            MADAME DE ROSELLE.
Que du nom d'*optimiste* en riant on le nomme :
Mais qu'on dise que c'est un honnête, un digne homme.
            MADAME DE PLINVILLE.
Qui vous dit le contraire?
                ANGÉLIQUE.
                    Oh! personne, mais quoi!
L'entendre ainsi louer est un plaisir pour moi,
Je ne m'en défends pas.
            MADAME DE PLINVILLE.
                    Fort bien, mademoiselle.
Mais la leçon d'anglais, quand commencera-t-elle?
                ANGÉLIQUE.
Je croyais rencontrer monsieur Belfort ici.
            MADAME DE PLINVILLE.
Eh bien, de son côté, Belfort vous cherche aussi.
            ANGÉLIQUE, voulant sortir.
Je vais...
            MADAME DE PLINVILLE.
        Où? le chercher au bout de l'avenue?
Perdez tout votre temps en allée et venue!
Je retourne au château ; je vais vous l'envoyer.
Attendez-le, et songez à bien étudier.
Car vous vous mariez dans quelques jours peut-être :
Il faudra bien qu'alors vous vous passiez de maître.
                            (Elle sort.)

SCÈNE VIII

MADAME DE ROSELLE, ANGÉLIQUE.

MADAME DE ROSELLE.
Je vous possède donc pour un petit moment.
On ne peut vous parler, ni vous voir seulement.
Il semble, en vérité, que vous fuyez ma vue :
C'est cependant pour vous qu'ici je suis venue.

ANGÉLIQUE.
D'un tel empressement mon cœur est pénétré.

MADAME DE ROSELLE.
En ce cas, prouvez-moi que vous m'en savez gré.
De ma jeune cousine on me vantait sans cesse
L'enjouement, la beauté, la grâce, la finesse.
Je trouve bien l'esprit, la grâce, les appas;
Mais, quant à l'enjouement, je ne le trouve pas.

ANGÉLIQUE.
Vous me flattez. Pour moi, s'il faut que je le dise,
Plus agréablement je fus d'abord surprise ;
Car tout ce que je vois est encore au-dessus...

MADAME DE ROSELLE.
Ne me louez pas tant, et riez un peu plus.
Faut-il donc vous prier d'être gaie, à votre âge,
Surtout quatre ou cinq jours avant le mariage ?
Le mari dont pour vous vos parents ont fait choix
Mérite votre amour, ou du moins je le crois.

ANGÉLIQUE.
Il est fort estimable.

MADAME DE ROSELLE.
          Oh! tout à fait, ma chère ;
Et vous formez ces nœuds avec plaisir, j'espère?

ANGÉLIQUE.
Avec plaisir, madame ? oui, c'en est un pour moi
De contenter mon père; il engage ma foi,
Me donne à son ami : j'obéis sans murmure.

MADAME DE ROSELLE.
Vous serez très heureuse avec lui, j'en suis sûre.
(A part.)
Pauvre enfant! Ne laissons point faire cet hymen.
Mais j'aperçois Belfort. Suivons notre examen :
Sachons si, par hasard, ils sont d'intelligence.

SCÈNE IX

MADAME DE ROSELLE, ANGÉLIQUE, M. BELFORT.

MADAME DE ROSELLE.
On pourrait vous gronder d'un peu de négligence.
On vous attend ici depuis longtemps...
M. BELFORT.
Pardon.
J'ai peut-être manqué l'heure de la leçon :
Mais c'est que j'ai cherché longtemps mademoiselle.
ANGÉLIQUE.
Point d'excuse, monsieur. Je connais votre zèle.
MADAME DE ROSELLE.
Avez-vous un livre?
M. BELFORT.
Oui, j'ai là Milton.
MADAME DE ROSELLE.
Eh bien,
Commencez la leçon. Que je n'empêche rien.
(A part.)
Je vais les observer.
ANGÉLIQUE.
Mais...
MADAME DE ROSELLE.
Commencez de grâce.
Je n'entends point l'anglais; mais j'ai sur moi le Tasse.
Je vais lire à deux pas. Allons, point de façon.
(Elle se retire, mais ne va pas loin ; et, pendant la scène suivante, paraît
de temps en temps à travers le feuillage.)

SCÈNE X

ANGÉLIQUE, M. BELFORT.

(Ils restent un moment sans rien dire.)

ANGÉLIQUE.
Je vais mettre à profit, monsieur, cette leçon ;
Car... que sais-je? peut-être est-elle la dernière.
M. BELFORT.
Vous croyez?

ANGÉLIQUE.
Je le crains, monsieur. Votre écolière
Aurait encor besoin de vos leçons, je croi.
M. BELFORT.
Monsieur de Morinval sait l'anglais mieux que moi,
Et...
ANGÉLIQUE.
Je ne doute point du tout de sa science ;
Mais je doute qu'il ait autant de patience.
M. BELFORT.
Croyez qu'auprès de vous on n'en a pas besoin.
Sans doute avec plaisir il va prendre ce soin ;
Puis il parle la langue, il arrive de Londre ;
Et c'est un avantage...
ANGÉLIQUE.
Oh ! je puis vous répondre
Que je n'apprendrai point à prononcer l'anglais ;
L'entendre bien, voilà tout ce que je voulais.
M. BELFORT.
Mais vous en êtes là ; car enfin il me semble
Que vous l'entendez...
ANGÉLIQUE.
Oui, quand nous lisons ensemble.
Grâces à vous, monsieur, je suis prompte à saisir ;
Vous enseignez si bien !
M. BELFORT.
J'enseigne avec plaisir,
Du moins : il est aisé d'instruire une personne
Qui profite si bien des leçons qu'on lui donne !
ANGÉLIQUE.
Vous trouvez donc, vraiment, que je fais des progrès ?
M. BELFORT.
Ah ! beaucoup.
ANGÉLIQUE.
Cette étude a pour moi des attraits,
Monsieur : j'ai tout de suite aimé la langue anglaise.
M. BELFORT.
Je ne suis point du tout surpris qu'elle vous plaise,
Mademoiselle : il est des Anglaises à vous
Un tel rapport d'humeur, de sentiments, de goûts !
ANGÉLIQUE.
Vous croyez ?...
M. BELFORT.
Vous avez beaucoup de leurs manières.
Elles sont nobles, même elles sont un peu fières ;

Elles parlent très peu, mais parlent à propos,
Ne médisent jamais; et dans leurs moindres mots
On voit régner toujours une sage réserve.
Voilà leur caractère; et, plus je vous observe,
Plus je crois qu'au vôtre il ressemble en tout point.
ANGÉLIQUE.
Je le souhaite, mais je ne m'en flatte point.
M. BELFORT.
Eh bien, je trouve encore une autre ressemblance :
Oui, d'elles vous avez jusqu'à l'indifférence...
Ah! pardon, je n'ai pas dessein de vous blâmer :
C'est sans doute un bonheur que de ne point aimer.
Mais vous leur ressemblez en cela davantage.
Car enfin chacun sait qu'elles ont en partage
Un calme, une froideur... et peut-être un dédain
Qui sait les préserver...
ANGÉLIQUE.
Oui, d'un penchant soudain.
Mais elles ne sont pas toujours aussi paisibles.
Souvent ces dehors froids cachent des cœurs sensibles,
Où l'amour en effet entre d'un pas plus lent,
Mais tôt ou tard allume un feu plus violent...
Nous avons vu cela, monsieur, dans nos lectures.
M. BELFORT.
Oui, nous en avons lu d'assez belles peintures :
Mademoiselle lit avec goût, avec fruit.
ANGÉLIQUE.
Nous oublions, je crois, la leçon ; le temps fuit.

SCÈNE XI

ANGÉLIQUE, MADAME DE ROSELLE, M. BELFORT.

MADAME DE ROSELLE.
Eh bien, notre écolière est-elle un peu savante?
M. BELFORT.
Tout à fait.
MADAME DE ROSELLE, sans trop d'affectation.
La lecture était intéressante.
Vous êtes attendrie, et votre maître aussi.
Ce Milton quelquefois est touchant. Mais voici
Rose,..

SCÈNE XII

Les mêmes, ROSE.

ROSE.
Eh mais, venez donc. Il va faire un orage
Terrible.
ANGÉLIQUE.
Un orage ?
ROSE.
Oui, voyez ce gros nuage.
ANGÉLIQUE.
En effet, je n'avais pas fait attention...
MADAME DE ROSELLE, finement.
Il est vrai, quelquefois la conversation
Nous occupe si fort !
ROSE.
Allons-nous-en bien vite.
MADAME DE ROSELLE.
Elle a raison.
ROSE.
N'ayez pas peur que je vous quitte.
Mais j'aperçois monsieur, ah ! j'ai moins de frayeur.

SCÈNE XIII

Les mêmes, M. DE PLINVILLE.

M. BELFORT.
Le ciel est tout en feu.
M. DE PLINVILLE.
Quel spectacle enchanteur !
Je vais de ce tableau jouir tout à mon aise.
MADAME DE ROSELLE.
Mais comment se peut-il que ce tableau vous plaise ?
ROSE.
Ah ! monsieur, sauvons-nous.
M. DE PLINVILLE.
Allons, Rose, du cœur.
Auprès de moi jamais peux-tu craindre un malheur ?
(Un coup de tonnerre épouvantable.)
TOUTES LES FEMMES.
Ah ! Dieu !

M. BELFORT.
Quel bruit affreux!
M. DE PLINVILLE.
Le beau coup ! il m'enflamme;
Vers la Divinité cela m'élève l'âme.
ANGÉLIQUE.
Sans doute il est tombé tout près d'ici.
M. DE PLINVILLE.
Non, non,
Le tonnerre jamais ne tombe en ce canton.
La grêle dans nos champs ne fait point de ravages;
La rivière jamais n'inonde nos rivages.
MADAME DE ROSELLE.
C'est vraiment un pays rare que celui-ci.

SCÈNE XIV

LES MÊMES, M. DE MORINVAL.

M. DE MORINVAL.
Voyons, trouverez-vous du bonheur à ceci?
Le tonnerre est tombé...
M. DE PLINVILLE.
Bon ! où donc ?
M. DE MORINVAL.
Sur la grange.
Elle est en feu.
M. BELFORT.
J'y cours.
(Il sort.)
M. DE PLINVILLE.
Je respire.
M. DE MORINVAL.
Qu'entends-je!
Vous vous réjouirez encor de ce fléau ?
M. DE PLINVILLE.
Pourquoi non? il pouvait tomber sur le château.
(Ils sortent tous.)

FIN DU SECOND ACTE.

ACTE TROISIÈME

SCÈNE PREMIÈRE

M. DE PLINVILLE, ROSE.

M. DE PLINVILLE.
Le soleil reparaît. L'herbe est déjà plus verte ;
Chaque fleur se ranime, et la terre entr'ouverte
Exhale un doux parfum. N'est-il pas vrai qu'on sent...
Un calme... une fraîcheur.., un charme ravissant ?
Car il en est de nous ainsi que d'une plante.
Oh ! que voilà, ma chère, une pluie excellente !
Nous avions grand besoin de cet orage-ci.
ROSE.
Mais la grange est détruite.
M. DE PLINVILLE.
     Il est vrai, mais aussi
J'ai sauvé l'écurie : elle était presque neuve.
Je le dois à Belfort. J'avais plus d'une preuve
De son bon cœur ; mais quoi ! c'est un brave, vraiment.
As-tu vu comme il s'est exposé hardiment ?
ROSE.
Je le crois bien. Aussi s'est-il blessé.
M. DE PLINVILLE.
        Quoi ! Rose ?
ROSE.
Il s'est brûlé la main.
M. DE PLINVILLE.
   Je sais, c'est peu de chose.
ROSE.
Peu de chose ?
M. DE PLINVILLE.
  Il m'a dit que cela n'était rien.
ROSE.
Il me l'a dit aussi ; mais moi je voyais bien
Qu'il souffrait, et beaucoup ; car, à cette nouvelle,
J'étais vite accourue avec mademoiselle.
Nous le voyons auprès de monsieur Morinval.

Il ne s'occupait pas seulement de son mal.
« Sur votre main, monsieur, lui dis-je, il faudrait mettre
Quelque chose : je vais, si vous voulez permettre...
Bien obligé, dit-il, il n'en est pas besoin.
Oh! dis-je, avec plaisir je vais prendre ce soin. »
Il me donne sa main ; ma maîtresse déchire
Un mouchoir en tremblant ; lui, paraissait sourire,
Regardait tour à tour mademoiselle et moi :
J'en suis encore émue, et je ne sais pourquoi.

M. DE PLINVILLE.
Tu m'enchantes : l'aimable et douce créature !

ROSE.
Il se faut entr'aider ; c'est la loi de nature.
Dans La Fontaine hier je lisais ce vers-là.

M. DE PLINVILLE.
Vous lisez La Fontaine ?

ROSE.
Eh oui, je sais déjà
Douze fables au moins : cela s'apprend sans peine.
J'ai mon livre à la main lorsque je me promène.

M. DE PLINVILLE.
Bien.

ROSE.
C'est monsieur Belfort qui m'en a fait présent.
Il me fait réciter : il est si complaisant !

M. DE PLINVILLE.
D'avoir un pareil maître Angélique est charmée ?

ROSE.
Oh ! oui. C'est bien dommage : on est accoutumée...
Ce mariage-là va nous contrarier.

M. DE PLINVILLE.
Que veux-tu, mon enfant ? il faut se marier.

SCENE II

M. DE PLINVILLE, MADAME DE PLINVILLE, ROSE.

MADAME DE PLINVILLE.
A quoi s'amuse-t-elle ? à babiller !

ROSE.
J'arrive.

MADAME DE PLINVILLE.
Partez, allez ranger. Surtout soyez moins vive.

ROSE.
Pardon.
MADAME DE PLINVILLE.
Qu'attendez-vous ? partez donc.
ROSE.
Je m'en vais.
Mademoiselle au moins ne me gronde jamais.
(Elle sort.)

SCÈNE III

M. DE PLINVILLE, MADAME DE PLINVILLE.

M. DE PLINVILLE.
Je suis vraiment fâché quand je vois qu'on la gronde ;
Car je l'aime beaucoup.
MADAME DE PLINVILLE.
Vous aimez tout le monde.
M. DE PLINVILLE.
Rien n'est plus naturel. Eh bien, parlons du feu.
Il est éteint.
MADAME DE PLINVILLE.
Enfin !
M. DE PLINVILLE.
En peu de temps, parbleu !
On s'en est rendu maître. Il n'a duré qu'une heure.
On l'a mené...!
MADAME DE PLINVILLE.
Riez !
M. DE PLINVILLE.
Voulez-vous que je pleure ?
MADAME DE PLINVILLE.
Je sais bien que jamais vous n'avez de chagrin.
M. DE PLINVILLE.
Eh ! tant mieux.
MADAME DE PLINVILLE.
A lui voir ce visage serein
On croirait qu'il s'agit de la grange d'un autre !
M. DE PLINVILLE.
J'aime mieux que le feu soit tombé sur la nôtre.
Pour tout autre ce coup eût été plus fatal :
Nous sommes en état de supporter le mal.
MADAME DE PLINVILLE.
Vous êtes, sans mentir, un homme bien étrange !

M. DE PLINVILLE.
Eh! de quoi s'agit-il, après tout? d'une grange.
Eh bien, ma chère amie, on la rebâtira.
J'ai du bois en réserve, et l'on s'en servira.
Je n'ai pas fait bâtir depuis longtemps, je pense.
MADAME DE PLINVILLE.
Vous ne cherchez qu'à faire ici de la dépense.
M. DE PLINVILLE.
Les pauvres ouvriers y gagneront. Enfin
Sans de tels accidents beaucoup mourraient de faim.
Eh! ne faut-il donc pas que tout le monde vive?
MADAME DE PLINVILLE.
Oui, mais, en nourrissant les autres, il arrive
Qu'on se ruine.
M. DE PLINVILLE.
Bon! l'on a toujours assez.
Et les cent mille écus qu'à Paris j'ai laissés?
MADAME DE PLINVILLE.
Vous avez mal choisi votre dépositaire.
Que ne les placiez-vous plutôt chez un notaire?
M. DE PLINVILLE.
Un notaire, crois-moi, ne vaut pas un ami.
Dorval assurément ne s'est point endormi.
Il devait me placer comme il faut cette somme.
MADAME DE PLINVILLE.
Mais êtes-vous bien sûr qu'il soit un honnête homme?
M. DE PLINVILLE.
Honnête homme? Dorval!...
MADAME DE PLINVILLE.
Je sais qu'il joue.
M. DE PLINVILLE.
Un peu.
MADAME DE PLINVILLE.
Beaucoup : c'est un joueur.
M. DE PLINVILLE.
Il est heureux au jeu.
MADAME DE PLINVILLE.
La rente cependant ne vient point.
M. DE PLINVILLE.
Oh! j'espère...
MADAME DE PLINVILLE.
Vous espérez toujours!

SCÈNE IV

ANGÉLIQUE, M. et MADAME DE PLINVILLE.

M. DE PLINVILLE, à Angélique.
Ah! te voilà, ma chère ;
Eh bien, es-tu remise un peu de ta frayeur?
ANGÉLIQUE.
Oui, je craignais encore un bien plus grand malheur.
M. DE PLINVILLE.
Çà, puisque le hasard tous les trois nous rassemble,
Profitons-en ; parlons de mariage ensemble.
MADAME DE PLINVILLE.
Au lieu d'en parler, moi, je vais tout préparer.
Ce n'est pas tout : il faut promptement réparer
Le tort qu'a fait le feu. Ce soin-là me regarde ;
Car à tous ces détails vous ne prenez pas garde.
Voilà la flamme éteinte, et vous croyez tout dit.
Quel homme !

(Elle sort en haussant les épaules.)

SCÈNE V

ANGÉLIQUE, M. DE PLINVILLE.

M. DE PLINVILLE.
Son humeur vraiment me divertit.
Dans un ménage il faut de petites querelles.
Tu m'en diras bientôt toi-même des nouvelles.
ANGÉLIQUE.
Je vais donc vous quitter?
M. DE PLINVILLE.
J'en ai bien du regret;
Mais enfin...
ANGÉLIQUE.
Jour et nuit j'en gémis en secret.
M. DE PLINVILLE.
Je le crois aisément ; je connais ta tendresse.
ANGÉLIQUE, serrant affectueusement la main de son père.
Mon père!...
M. DE PLINVILLE.
Aimable enfant! Comme elle me caresse !

Délicieux transport! ah! viens, viens dans mes bras.
ANGÉLIQUE.
M'aimez-vous?
M. DE PLINVILLE.
Si je t'aime? eh! tu n'en doutes pas.
Je donnerais pour toi mon bien, mon sang, ma vie.
ANGÉLIQUE.
Eh bien...
M. DE PLINVILLE.
Parle, dis-moi ce qui te fait envie.
ANGÉLIQUE.
Mon père, auprès de vous que je vive toujours.
M. DE PLINVILLE.
Oui, j'aurais avec toi voulu finir mes jours.
Tu sèmerais de fleurs la fin de ma carrière :
Je sourirais encore à mon heure dernière.
Mais ton futur époux demeure à trente pas,
Et nous serons voisins.
ANGÉLIQUE.
Vous ne m'entendez pas.
M. DE PLINVILLE.
Si fait, je t'entends bien. Crois que ton père est tendre,
Qu'il est fait pour t'aimer, et digne de t'entendre.
Tu soupires?
ANGÉLIQUE.
Hélas! si vous saviez... combien
Morinval...
M. DE PLINVILLE.
Est aimé? va, va, je le sais bien.

SCÈNE VI

Les mêmes, M. DE MORINVAL, M. BELFORT.

(Celui-ci a la main enveloppée d'un ruban noir.)

M. DE PLINVILLE.
Ah! bonjour, mes amis.
(A Morinval, d'un air mystérieux.)
Mais quels progrès vous faites!
M. DE MORINVAL.
Comment? que dites-vous?
M. DE PLINVILLE.
Trop heureux que vous êtes!

M. DE MORINVAL.
Ce n'est pas mon défaut cependant... Vous riez?
M. DE PLINVILLE.
On vous aime, cent fois plus que vous ne croyez;
Et l'on vient de me faire un aveu...
ANGÉLIQUE.
Quoi, mon père?...
M. DE PLINVILLE.
Non, tu voudrais en vain me prier de me taire.
Après tout, Morinval est ton futur époux.
Belfort est notre ami : nous le chérissons tous.
Sans doute il est charmé que Morinval te plaise.
N'est-il pas vrai, monsieur?
M. BELFORT, d'un air contraint.
Qui? moi? j'en suis fort aise.
M. DE PLINVILLE.
Sachez donc...
ANGELIQUE.
C'en est trop. Je ne puis...
M. DE PLINVILLE.
Il suffit;
Je me tais; mais je crois en avoir assez dit.
M. DE MORINVAL.
Mon bonheur est trop grand pour qu'ici je le croie.
Je n'ose me livrer à l'excès de ma joie.
M. DE PLINVILLE.
Allons, doutez encor! mais quel homme! En ce cas,
Vous mériteriez bien qu'on ne vous aimât pas.
Et vous, mon cher Belfort, comment va la blessure?
M. BELFORT, avec un chagrin concentré.
Ah! je n'y songeais pas, monsieur, je vous assure.
M. DE PLINVILLE.
Je n'oublierai jamais ce généreux secours.
M. BELFORT.
Monsieur, sans nul regret j'aurais donné mes jours.
Puis... ces blessures-là ne sont pas dangereuses.
M. DE PLINVILLE.
C'est dommage, mon cher, qu'elles soient douloureuses.
M. BELFORT.
Celle-ci doit du moins avant peu se guérir :
Trop heureux qui n'a pas d'autres maux à souffrir!
(Il sort.)

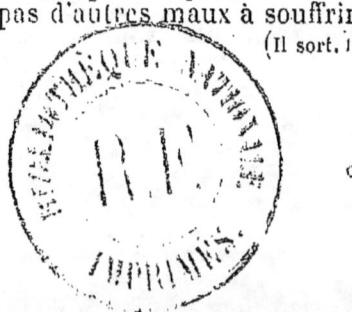

SCÈNE VII

ANGÉLIQUE, M. DE MORINVAL, M. DE PLINVILLE.

M. DE MORINVAL.
Il paraît abattu.

M. DE PLINVILLE.
Cette mélancolie
Lui sied : elle vaut mieux cent fois que la folie.
Mais parlons de vous deux. Ma fille, en ce moment,
Nous sommes sans témoins, et tu peux librement
Faire à ce bon ami l'aveu...

SCÈNE VIII

Les mêmes, LÉPINE, d'un air niais.

LÉPINE.
Mademoiselle,
Madame vous demande.

M. DE PLINVILLE.
Eh ! mais, que lui veut-elle ?

LÉPINE.
Moi, je ne sais, monsieur. On ne me dit jamais
Le pourquoi : seulement on me dit : *va, je vais*.

M. DE PLINVILLE.
Ce Lépine est naïf.

LÉPINE.
Vous êtes bien honnête.
Madame dit pourtant que je suis une bête ;
Car madame et monsieur sont rarement d'accord :
Moi je suis de l'avis de monsieur, ai-je tort ?

M. DE PLINVILLE.
Non, ce que tu dis là prouverait le contraire.

(Lépine sort.)

SCÈNE IX

M. DE MORINVAL, M. DE PLINVILLE.

M. DE PLINVILLE.
Enfin vous êtes sûr que vous avez su plaire ;

ACTE III, SCÈNE IX.

Vous allez, je l'espère, être heureux à présent?
M. DE MORINVAL.
Oui, si l'on pouvait l'être.
M. DE PLINVILLE.
Ah! le trait est plaisant.
Si l'on pouvait!... comment, vous en doutez encore?
M. DE MORINVAL.
Toujours.
M. DE PLINVILLE.
Mais vous aimez ma fille?
M. DE MORINVAL.
Je l'adore.
M. DE PLINVILLE.
Angélique, à son tour, vous aime.
M. DE MORINVAL.
Je le croi.
M. DE PLINVILLE.
Vous allez recevoir et sa main et sa foi ;
Que vous faut-il de plus?
M. DE MORINVAL, vivement.
Mais est-on, je vous prie,
Heureux, précisément parce qu'on se marie?
M. DE PLINVILLE.
Ah! mon ami, l'hymen...
M. DE MORINVAL.
L'hymen a ses douceurs,
Je le sais ; sur la vie il sème quelques fleurs ;
Mais j'en vois les soucis, les ennuis, les alarmes.
M. DE PLINVILLE.
Eh! voyez-en plutôt les plaisirs et les charmes ;
Voyez ces chers enfants, gages de votre amour...
M. DE MORINVAL.
A des infortunés je donnerai le jour.
M. DE PLINVILLE.
Les voilà malheureux, même avant que de naître!
M. DE MORINVAL.
Je le fus, je le suis ; pourraient-ils ne pas l'être ?
Ils ne pourront du moins échapper aux douleurs :
L'homme, dès en naissant, crie et verse des pleurs.
M. DE PLINVILLE.
Ces pleurs sont un langage, et non pas une plainte.
M. DE MORINVAL.
De mille infirmités son enfance est atteinte.
Pendant deux ans entiers, captif en un berceau,
Il souffre...

M. DE PLINVILLE.
Avant d'être arbre, il faut être arbrisseau.
M. DE MORINVAL.
Tôt ou tard, un poison dans les veines circule,
Qui défigure ou tue...
M. DE PLINVILLE.
Oui ; mais on inocule.
M. DE MORINVAL.
En a-t-on moins le mal ?
M. DE PLINVILLE.
Il n'est plus dangereux.
Pour les femmes, surtout, ce secret est heureux :
Elles ne craignent point de se voir enlaidies.
M. DE MORINVAL.
Mais combien d'autres maux !...
M. DE PLINVILLE.
S'il est des maladies,
Il est des médecins.
M. DE MORINVAL.
C'est encore bien pis.
M. DE PLINVILLE.
Répétez les bons mots que tout le monde a dits !
Il est d'habiles gens, et qu'à tort on insulte.
Souffre-t-on ? on écrit à Paris ; on consulte
Un illustre... Petit, je suppose : il répond,
Et vous guérit bientôt.
M. DE MORINVAL.
Ah ! tout de suite !
M. DE PLINVILLE.
Au fond,
Soyons de bonne foi ; trop souvent nos souffrances
Sont la suite et le fruit de nos intempérances :
La nature nous a prodigué tous ses dons,
Nous abusons de tout ; et puis nous nous plaignons !
M. DE MORINVAL.
Vous pourriez, en ce point, avoir raison peut-être ;
Mais qu'on a droit, d'ailleurs, de se plaindre ! est-on,
Par exemple, d'avoir de la fortune ? [maître,
M. DE PLINVILLE.
Non ;
Mais le pauvre, content de sa condition,
Est heureux comme nous. Allez, le ciel est juste ;
Et l'ouvrier actif, le paysan robuste,
Ont aussi leurs plaisirs, plaisirs purs, naturels...

M. DE MORINVAL.
Vous ne croyez donc pas qu'il soit des maux réels ?
M. DE PLINVILLE.
Très peu.
M. DE MORINVAL.
Nos passions, ennemis domestiques,
Ne sont donc, selon vous, que des maux chimériques ?
M. DE PLINVILLE.
Ah ! fort bien ! vous nommez les passions des maux !
Sans elles, nous serions au rang des animaux.
Il faut des passions, il nous en faut, vous dis-je ;
Et ce sont de vrais biens, pourvu qu'on les dirige.
M. DE MORINVAL.
Oui ! dirigez l'amour !
M. DE PLINVILLE.
Pourquoi non ? sentez-vous
Ce qu'un amour honnête a de touchant, de doux ?
Quel plaisir d'attendrir la beauté que l'on aime,
Et de s'aimer encore en un autre soi-même !
De... ! J'en aurais parlé bien mieux à vingt-cinq ans.
Hélas ! j'ai, sans retour, passé cet heureux temps...
Mais un bien vient toujours nous tenir lieu d'un autre :
L'amitié me console, et je bénis la nôtre.
M. DE MORINVAL.
Vous nous parlez ici d'amour et d'amitié.
De nos affections ce n'est pas la moitié :
Ne comptez-vous pour rien l'avarice sordide,
L'ambition, l'envie, et la haine perfide ?
Vous, monsieur, qui peignez toutes choses en beau,
Je vous défie ici d'égayer le tableau.
M. DE PLINVILLE.
Oui, ces noms sont affreux ; mais les choses sont rares.
Au siècle où nous vivons, il est fort peu d'avares ;
D'envieux, Dieu merci, je n'en connais pas un ;
La haine, enfin, n'est pas un vice très commun ;
L'ambition, peut-être, est un peu plus commune ;
Mais, soit qu'elle ait pour but les honneurs, la fortune,
C'est un beau mouvement qui n'est pas défendu ;
Souvent, loin d'être un vice, elle est une vertu.
Chaque chose a son temps : l'enfance est consacrée
Aux doux jeux ; la jeunesse à l'amour est livrée,
Et l'âge mûr au soin d'établir sa maison.
Croyez-moi, le bonheur est de toute saison.
M. DE MORINVAL.
Vous allez voir qu'il est aussi dans la vieillesse !

M. DE PLINVILLE.
Sans doute, Morinval. Ainsi que la jeunesse,
A le bien prendre, elle a ses innocents plaisirs :
C'est l'âge du repos, celui des souvenirs.
J'aime à voir d'un vieillard la vénérable marche,
Les cheveux blancs : je crois revoir un patriarche.
Il guide la jeunesse, il en est respecté ;
Il raconte une histoire, et se voit écouté.
M. DE MORINVAL.
Et tout cela finit ?
M. DE PLINVILLE.
Mais... par la dernière heure.
Je suis né, Morinval, il faut donc que je meure.
Eh bien, tranquille et gai jusqu'au dernier instant,
Comme je vis heureux, je dois mourir content.
M. DE MORINVAL.
Et moi... car, à mon tour, il faut que je réponde,
Et que par mille faits enfin je vous confonde ;
Je vous soutiens, morbleu ! qu'ici-bas tout est mal,
Tout, sans exception, au physique, au moral.
Nous souffrons en naissant, pendant la vie entière,
Et nous souffrons surtout à notre heure dernière.
Nous sentons, tourmentés au dedans, au dehors,
Et les chagrins de l'âme, et les douleurs du corps.
Les fléaux avec nous ne font ni paix ni trêve ;
Ou la terre s'entr'ouvre, ou la mer se soulève :
Nous-mêmes, à l'envi, déchaînés contre nous,
Comme si nous voulions nous exterminer tous,
Nous avons inventé les combats, les supplices.
C'était peu de nos maux, nous y joignons nos vices :
Aux riches, aux puissants, l'innocent est vendu ;
On outrage l'honneur, on flétrit la vertu.
Tous nos plaisirs sont faux, notre joie indécente :
On est vieux à vingt ans, libertin à soixante.
L'hymen est sans amour, l'amour n'est nulle part ;
Pour le sexe on n'a plus de respect ni d'égard.
On ne sait ce que c'est que de payer ses dettes,
Et de sa bienfaisance on remplit les gazettes.
On fait de plate prose et de plus méchants vers.
On raisonne de tout, et toujours de travers ;
Et dans ce monde, enfin, s'il faut que je le dise,
On ne voit que noirceur, et misère, et sottise.
M. DE PLINVILLE.
Voilà ce qui s'appelle un tableau consolant !
Vous ne le croyez pas vous-même ressemblant.

De cet excès d'humeur je ne vois point la cause.
Pourquoi donc s'emporter, mon ami, quand on cause ?
Vous parlez de volcans, de naufrage .. Eh ! mon cher,
Demeurez en Touraine, et n'allez point sur mer.
Sans doute, autant que vous, je déteste la guerre,
Mais on s'éclaire enfin, on ne l'aura plus guère.
Bien des gens, dites-vous, doivent : sans contredit,
Ils ont tort ; mais pourquoi leur a-t-on fait crédit ?
L'hymen est sans amour ? voyez dans ma famille.
L'amour n'est nulle part ? demandez à ma fille.
Les femmes sont un peu coquettes ; ce n'est rien,
Ce sexe est fait pour plaire ; il s'en acquitte bien.
Tous nos plaisirs sont faux ! mais quelquefois, à table,
Je vous ai vu goûter un plaisir véritable.
On fait de méchants vers ? eh ! ne les lisez pas.
Il en paraît aussi dont je fais très grand cas.
On déraisonne ? eh oui, parfois un faux système
Nous égare... Entre nous, vous le prouvez vous-même.
Calmez donc votre bile, et croyez qu'en un mot
L'homme n'est ni méchant, ni malheureux, ni sot.

M. DE MORINVAL.

Fort bien ! Cette réponse est très satisfaisante.

M. DE PLINVILLE.

Eh ! je ne réponds point, mon ami, je plaisante ;
Car, si je répliquais, nous ne finirions pas,
Et ce serait matière à d'éternels débats.
Pardon, de disputer vous avez la manie ;
Oui, vous semblez goûter une joie infinie
A ces tristes tableaux : d'honneur, vous affectez
De voir tous les objets par leurs mauvais côtés.

M. DE MORINVAL.

Ah ! j'ai grand tort !...

M. DE PLINVILLE.

Peut-être ; oui, celui d'être extrême,
Et surtout de juger en moi comme un système
Ce qui n'est que l'effet d'un heureux naturel,
Qu'on peut blâmer, dont, moi, je rends grâces au ciel.
Je n'ai point cet esprit de fiel et de critique :
Simple, et me piquant peu de vaste politique,
Je supporte les maux, je savoure les biens :
J'en jouis à la fois pour moi-même et les miens ;
Car mes soins ne pouvant embrasser tous les hommes,
Je tâche, ici du moins, que tous tant que nous sommes
Goûtions la paix, l'aisance et le bonheur...; bonheur
Que je trouve surtout dans le fond de mon cœur.

M. DE MORINVAL.
Je vois bien qu'avec vous je n'ai plus qu'à me taire.
Gardez, monsieur, gardez votre heureux caractère.

SCÈNE X

M. DE MORINVAL, M. DE PLINVILLE, MADAME DE ROSELLE.

MADAME DE ROSELLE.
En vérité, voilà des chasseurs bien hardis !
M. DE PLINVILLE.
Comment donc?
MADAME DE ROSELLE.
　　　　　　　Ils sont là sept ou huit étourdis
Qui ne se gênent pas.
M. DE MORINVAL.
　　　　　　Ayez donc une chasse !
M. DE PLINVILLE.
Ils se seront trompés : il faut leur faire grâce.
M. DE MORINVAL.
Mais allez voir, du moins...
M. DE PLINVILLE.
　　　　　　J'y vais... ; quoique, entre nous,
Mon cher, je ne sois point de ces seigneurs jaloux
Qui gardent leur gibier comme on fait sa maîtresse.
Je sens très bien qu'il faut excuser la jeunesse.
Qu'un jeune homme, en passant, tirer sur un perdreau...
M. DE MORINVAL.
On ne vient pas tirer à vingt pas d'un château.
M. DE PLINVILLE.
Aussi j'y vais mettre ordre. En me voyant paraître,
Ils seront plus fâchés que moi-même, peut-être.
M. DE MORINVAL.
Ne vous exposez pas.
M. DE PLINVILLE.
　　　　A quoi, cher Morinval?
Pourquoi donc voulez-vous qu'on me fasse du mal,
A moi qui n'en ai fait de ma vie à personne?
(Il sort.)

SCENE XI

M. DE MORINVAL, MADAME DE ROSELLE.

M. DE MORINVAL.
Jamais il ne craint rien, jamais il ne soupçonne.
Quel homme !
MADAME DE ROSELLE.
Je voudrais pourtant lui ressembler.
(A part.)
Allons, nous voilà seuls ; il est temps de parler.
(Haut.)
Vous accusez tout bas madame de Mirbelle,
Monsieur ; votre bonheur est retardé par elle.
M. DE MORINVAL.
Je dois m'en consoler, puisque je la verrai.
Encor, si mon bonheur n'était que différé !
MADAME DE ROSELLE.
Ce retard, après tout, est fort heureux peut-être :
Quand on doit s'épouser, il faut se bien connaître.
M. DE MORINVAL.
Pour connaître Angélique il suffit d'un instant ;
Et de moi, ce me semble, elle en peut dire autant.
Ma franchise, je crois...
MADAME DE ROSELLE.
Sert d'excuse à la mienne.
Êtes-vous bien, monsieur, sûr qu'elle vous convienne,
Sûr de lui convenir ?
M. DE MORINVAL.
Ah ! quant au premier point,
Elle me plaît, madame, et vous n'en doutez point.
Je n'ose pas ainsi me flatter de lui plaire.
Peut-être en ce moment savez-vous le contraire ?
Elle vous l'aura dit.
MADAME DE ROSELLE.
Point du tout ; mais... j'ai peur...
Que vous dirai-je, enfin ? il s'agit du bonheur.
Vous ne voudriez pas qu'elle fût malheureuse ;
Vous avez pour cela l'âme trop généreuse...
M. DE MORINVAL.
Fort bien. Je vous entends ; je vois ce qu'il en est :
Vous voulez doucement m'annoncer mon arrêt.
MADAME DE ROSELLE.
Mais... quoique votre peur puisse être mal fondée.

Vous ne feriez pas mal de suivre votre idée ;
De savoir, en un mot, si l'on vous aime ou non ;
La chose vous regarde.
M. DE MORINVAL.
Oui, vous avez raison ;
Et si c'est un refus que sa bouche prononce,
D'abord, quoiqu'à regret, à sa main je renonce ;
Et je vous saurai gré de m'avoir averti.
(Il sort.)

SCÈNE XII

MADAME DE ROSELLE, seule.

C'est un fort galant homme : il prendra son parti.
Angélique, du moins, n'a plus d'hymen à craindre.
Elle sera peut-être encore bien à plaindre ;
Mais son sort peut changer. Toujours est-ce un grand [point
De ne pas épouser celui qu'on n'aime point.

FIN DU TROISIÈME ACTE.

ACTE QUATRIÈME

SCENE PREMIÈRE
ANGÉLIQUE, ROSE.

ROSE.
Vous paraissez plus gaie.
ANGÉLIQUE.
Ah! j'ai sujet de l'être;
Morinval à ma main va renoncer peut-être.
ROSE.
Se peut-il?... Il sait donc que vous ne l'aimez point?
ANGÉLIQUE.
Il devrait le savoir. J'ai vu que sur ce point
Il venait pour sonder le fond de ma pensée :
Il a dû me trouver contrainte, embarrassée;
Et, s'il est pénétrant, il se sera douté...
ROSE.
Que ne lui parliez-vous avec plus de clarté?
ANGÉLIQUE.
Je crois en avoir dit assez pour faire entendre
Qu'à mon cœur vainement il espérait prétendre.
Rose, je me souviens d'avoir dit quelques mots
Assez clairs...
ROSE.
S'il pouvait nous laisser en repos,
Mademoiselle! alors, toutes deux, ce me semble,
Nous serions, sans mari, bien tranquilles ensemble.
ANGÉLIQUE.
Ah! ma chère, il n'est point de bonheur ici-bas.
ROSE.
Pourquoi, mademoiselle?
ANGÉLIQUE.
Eh mais... on ne voit pas
Monsieur Belfort; où donc est-il?
ROSE.
Il se promène
Depuis une heure, seul, autour de la garenne.
Il est pensif, rêveur : il a quelques chagrins,

Ou je me trompe fort.
ANGÉLIQUE.
Est-il vrai ?
ROSE.
Je le crains.
Il soupire.
ANGÉLIQUE.
Il soupire ?... Entre nous, chère Rose...
De ses secrets ennuis t'a-t-il dit quelque chose ?
ROSE.
Jamais. Il est discret.
ANGLÉLIQUE.
Mais il a tort, je crois,
De demeurer ainsi tout seul au fond des bois.
Mon père, moi, surtout madame de Roselle,
Nous le dissiperions.
ROSE.
Eh oui, mademoiselle.
Si j'allais le chercher moi-même ?
ANGÉLIQUE.
Eh bien, vas-y.
Qu'il se rende au château, Rose, et non pas ici.
ROSE.
Oh ! non.
ANGÉLIQUE.
Ne lui dis point que c'est moi qui t'envoie.
(Rose sort.)

SCÈNE II

ANGÉLIQUE, seule.

Des peines qu'il ressent que faut-il que je croie ?
J'ai les miennes aussi, qui me font bien souffrir.
Ce dernier entretien vient sans cesse s'offrir...
Mais chassons une idée... hélas ! trop dangereuse,
Qui ne peut que me rendre à jamais malheureuse.

SCENE III

M. DE PLINVILLE, ANGELIQUE,

M. DE PLINVILLE.
En ce lieu solitaire Angélique rêvait.

Gageons que Morinval en était le sujet.
ANGÉLIQUE.
Non, mon père.
M. DE PLINVILLE.
Ma fille avec moi dissimule ?
Ah ! cela n'est pas bien. A quoi bon ce scrupule ?
Pour cacher ton amour, tes soins sont superflus.
Je le sais... Tu rougis ? allons, n'en parlons plus.
Picard, dit-on, me cherche, afin de me remettre
Le paquet... et j'attends surtout certaine lettre...
(Il voit Picard.)
Ah ! bon.
(Il appelle.)
Picard !

SCÈNE IV

M. DE PLINVILLE ; PICARD, tout essoufflé ; ANGÉLIQUE.

PICARD.
Picard ! vous me faites courir !...
M. DE PLINVILLE.
Pardon.
PICARD.
C'est un valet ; il est fait pour souffrir.
M. DE PLINVILLE.
Donne, mon cher Picard, et retourne à ton poste.
(En prenant les lettres des mains de Picard.)
La belle invention que celle de la poste !
PICARD.
Parlons-en !
M. DE PLINVILLE.
Chaque jour, j'écris à mes amis ;
Chaque jour, un courrier part et vole à Paris ;
Et, pour me rapporter bientôt de leurs nouvelles,
Il repart à l'instant, et semble avoir des ailes.
PICARD.
Fort bien ! vous allez voir que ce sont des oiseaux !
Ils se crèvent pour vous, ainsi que leurs chevaux.
Des ailes ! oui !
M. DE PLINVILLE lit.
Que vois-je ? Ah ! Dieu ! quelles nouvelles !
Est-il bien vrai !

7

ANGÉLIQUE.
Mon père, eh! mais, quelles sont-elles?
PICARD.
Quoi, monsieur?
M. DE PLINVILLE.
Tous nos fonds de Paris sont perdus.
ANGÉLIQUE.
Ah! ciel!
M. DE PLINVILLE.
Dorval au jeu perd deux cent mille écus.
C'est trois cent mille francs que ce jeu-là me coûte;
Car le pauvre Dorval manque et fait banqueroute.
PICARD.
Banqueroute, monsieur? ah! le maudit fripon!
M. DE PLINVILLE.
Il n'est que malheureux.
PICARD.
Eh! vous êtes trop bon.
Il vous vole; je dis que c'est un tour infâme.
(En s'en allant.)
Banqueroute! ah! bon Dieu! que va dire madame?

SCÈNE V

M. DE PLINVILLE, ANGÉLIQUE.

ANGÉLIQUE, à part.
Je te rends grâce, ô ciel! de ce revers fatal;
Je n'épouserai point monsieur de Morinval.
M. DE PLINVILLE.
On est tout étourdi d'une pareille perte.
Pourtant, une ressource encore m'est offerte;
Et si j'étais tout seul, je me consolerais :
Ma terre, Dieu merci, me reste, et j'en vivrais.
Mais, ma fille! à quel sort je te vois condamnée!
ANGÉLIQUE.
En quoi donc, plus que vous, serais-je infortunée?
M. DE PLINVILLE.
Hélas! la pauvre enfant, près de se marier!...
ANGÉLIQUE.
Ah! croyez que, bien loin de me contrarier...
M. DE PLINVILLE.
Il est tout naturel, lorsque l'on est jolie
Jeune, de souhaiter de se voir établie :

Et toi, dans l'âge heureux des plaisirs, des amours,
Tu vas donc près de nous user tes plus beaux jours !
Ma fille, je te plains.
     ANGÉLIQUE, vivement.
    Gardez-vous de me plaindre ;
C'était l'hymen pour moi, l'hymen qu'il fallait craindre.
Non, vous ne savez pas à quel point je souffrais...
En m'éloignant de vous, j'étouffais mes regrets ;
Dans un profond chagrin alors j'étais plongée.
Au contraire, à présent je me vois soulagée,
En songeant que de vous rien ne peut m'arracher.
  (Tendrement, et en le caressant.)
Mon père ! à vos côtés je prétends m'attacher ;
Je veux vous prodiguer mes soins et mes services ;
J'en ferai mon bonheur, j'en ferai mes délices.
Que me manquera-t-il ? vous m'aimez : près de vous,
Ah ! pourrais-je jamais regretter un époux ?
     M. DE PLINVILLE.
Chère enfant ! que ces mots ont flatté mon oreille !
Je n'éprouvai jamais une douceur pareille.
Ainsi donc, comme un baume en notre affliction,
Le ciel nous envoya la consolation.
Par elle on souffre moins... On souffre moins ! que dis-je !
Il faut plaindre celui qui jamais ne s'afflige,
Et que les coups du sort n'avaient point accablé ;
Il n'a pas le bonheur de se voir consolé.
Pour moi, toujours content, sans chagrins, sans alarmes,
Je n'avais point encor versé de douces larmes ;
Personne, jusqu'ici, ne m'avait plaint, hélas !
Je me croyais heureux, et je ne l'étais pas.
Mais, dis, est-il bien vrai ? faut-il que je te croie ?
N'as-tu point de regrets ?
     ANGÉLIQUE.
    Non, ma plus douce joie
Est d'adoucir vos maux, et de les partager.
     M. DE PLINVILLE.
Mes maux, s'il est ainsi, n'ont rien que de léger.
Nous serons pauvres, soit ; nous verrons moins de monde :
Ma femme dit qu'ici le voisinage abonde :
On sera plus discret ; mais nous nous suffirons,
Et ce sera pour nous, enfin, que nous vivrons.
     ANGÉLIQUE.
Vous savez que toujours j'aimai la solitude.
     M. DE PLINVILLE.
Je le sais ; et, de plus, tu te plais à l'étude ;

On ne peut s'ennuyer avec ces deux goûts-là.
Tiens, vois-tu ? je me fais une fête déjà
De vivre seul avec ma petite famille,
Entre ma chère femme et mon aimable fille.
J'aurai moins de laquais, et j'en serai ravi ;
Par un seul domestique on est bien mieux servi.
Nous vivrons gais, contents : que faut-il davantage ?
Nous nous aimerons bien : nous aurons en partage
Les vrais trésors, la paix, le travail, la santé,
Et... le premier des biens, la médiocrité.

ANGÉLIQUE.

Je sens bien ce bonheur; vous savez mieux le peindre.

SCÈNE VI

M. ET MADAME DE PLINVILLE, ANGÉLIQUE.

M. DE PLINVILLE court à sa femme.

Ma chère amie, au lieu de gémir, de me plaindre,
J'arrange un plan !...

MADAME DE PLINVILLE.

Eh bien, je vous l'avais prédit !
Vous vous en souvenez, je vous ai toujours dit :
« Monsieur, encore un coup, cette somme est trop forte
Pour l'exposer ainsi ; de grâce... » Mais n'importe !
Il a voulu courir les risques...

M. DE PLINVILLE.

J'en convien ;
Mais quoi, le mal est fait.

MADAME DE PLINVILLE.

Eh ! oui, je le sais bien ;
Aussi je viens déjà d'y trouver un remède ;
Car il faut toujours, moi, que je vienne à votre aide.

M. DE PLINVILLE.

Quoi ?

MADAME DE PLINVILLE.

Je suis décidée à quitter ce pays.

M. DE PLINVILLE.

Comment ?

MADAME DE PLINVILLE.

Dans quatre jours nous partons pour Paris ;
Et vous aurez, je crois, la bonté de nous suivre.

M. DE PLINVILLE.

Expliquez-vous.

MADAME DE PLINVILLE.
Ici je ne prétends plus vivre.
Si vous ne craignez point, vous, d'être humilié,
J'aurais trop à rougir aux lieux où j'ai brillé.
M. DE PLINVILLE.
Mais, pour vivre à Paris, ma fortune est trop mince :
Au lieu que nous serions à notre aise en province.
MADAME DE PLINVILLE.
Bon ! l'on fait à Paris la dépense qu'on veut :
Il faudrait faire ici beaucoup plus qu'on ne peut.
J'ai pesé tout cela : nous vendrons notre terre.
Je vais à ce sujet écrire à mon notaire.
M. DE PLINVILLE.
Mais quelle promptitude !
MADAME DE PLINVILLE.
Il faut saisir l'instant;
C'est le jour du courrier, l'heure presse ; on m'attend :
Venez me retrouver, et vous verrez ma lettre.
M. DE PLINVILLE.
Je crois que tout cela peut fort bien se remettre.
Nous en reparlerons.

(Madame de Plinville sort.)

SCÈNE VII

M. DE PLINVILLE, ANGÉLIQUE.

ANGÉLIQUE.
Eh quoi ! si promptement
Vous pourriez consentir à cet arrangement ?
M. DE PLINVILLE.
Consentir ? point du tout. L'affaire n'est pas faite.
Je tiens à mon projet : oui, je te le répète.
Mais de ma part, vois-tu, trop d'obstination
N'aurait fait qu'affermir sa résolution.
Je la connais. Au lieu qu'à soi-même laissée,
Ma femme, dès demain, peut changer de pensée.
Je dispute toujours le plus tard que je puis.

SCÈNE VIII

M. DE MORINVAL, M. DE PLINVLLE, ANGÉLIQUE.

M. DE MORINVAL, de loin, à part, sans les voir.
Où donc le rencontrer ? partout je le poursuis.
Mais je le vois... Allons, dégageons ma parole.
(Haut.)
Nous nous flattions tous deux d'un espoir trop frivole,
Cher Plinville. A regret, je viens vous déclarer....
Je ne puis plus longtemps vous laisser ignorer...

M. DE PLINVILLE.
Mon ami, je sais tout. Dorval fait banqueroute :
Je perds cent mille écus.

M. DE MORINVAL.
Cent mille écus ?

M. DE PLINVILLE.
Sans doute.

M. DE MORINVAL.
(A part.)
Je l'ignorais. O ciel ! je venais renoncer
A sa fille : de moi qu'aurait-on pu penser ?

M. DE PLINVILLE.
Je sens bien qu'entre nous il n'est plus d'hyménée.

M. DE MORINVAL.
Au contraire.

M. DE PLINVILLE.
Ma fille est toute résignée.
Quant à moi, je ne suis malheureux qu'à demi ;
Car si je perds un gendre, il me reste un ami.

M. DE MORINVAL.
Eh ! mais je n'entends point ce que vous voulez dire.
Comment ! vous avez cru que j'irais me dédire
A cause du revers qui vous est survenu ?
Mon ami, je croyais vous être mieux connu.
Trop heureux d'être époux de votre aimable fille !

ANGÉLIQUE, à part.
Dieu !

M. DE PLINVILLE.
Vous voulez encore être de la famille ?

M. DE MORINVAL.
Plût au ciel !

M. DE PLINVILLE.
A ce trait me serais-je attendu ?
Mais nous venons de perdre...
M. DE MORINVAL.
Elle n'a rien perdu ;
Et moi, lorsque je songe aux vertus qu'elle apporte,
Je trouve que sa dot est encore assez forte.
M. DE PLINVILLE.
(Émerveillé.)
Eh bien, ma fille !... Mais qu'as-tu donc ?
ANGÉLIQUE.
Je n'ai rien.
M. DE MORINVAL.
Cependant...
ANGÉLIQUE.
En effet... je ne me sens pas bien.
Vous permettez ?
(Elle sort.)

SCÈNE IX.

M. DE MORINVAL, M. DE PLINVILLE.

M. DE PLINVILLE.
Ce trait vient d'exciter en elle
Une émotion vive et toute naturelle :
C'est que ma fille sent un noble procédé !
M. DE MORINVAL.
Vous croyez ?...
M. DE PLINVILLE.
Je le crois ? j'en suis persuadé.
M. DE MORINVAL, tristement.
Ah ! cher Plinville !
M. DE PLINVILLE.
Allons ! nouvelle inquiétude !
Angélique a besoin d'un peu de solitude ;
Voilà tout.
M. DE MORINVAL.
Pardonnez : j'en ai besoin aussi.
M. DE PLINVILLE.
Et vous allez encor nourrir votre souci !
M. DE MORINVAL.
J'en ai sujet.
(Il sort.)

SCÈNE X

M. DE PLINVILLE, seul.

Toujours s'affliger, toujours craindre !
Je le plains... hai ! je puis avoir tort de le plaindre.
Il aime le chagrin ; et peut-être, ma foi,
Est-il, à sa manière, heureux autant que moi.

SCÈNE XI

M. DE PLINVILLE, M. BELFORT.

M. DE PLINVILLE.
Apprenez, cher Belfort, un trait charmant, sublime,
Qui va pour Morinval augmenter votre estime.
Vous savez mon malheur...
M. BELFORT.
J'en suis bien affligé,
Et je venais ici...
M. DE PLINVILLE.
Je vous suis obligé.
Morinval, à l'instant, vient aussi de l'apprendre.
Mais croiriez-vous qu'il veut toujours être mon gendre ?
M. BELFORT.
Quoi ! se peut-il ?...
M. DE PLINVILLE.
Voyez quel bonheur est le mien !
Pour moi d'un petit mal il résulte un grand bien.
Mais adieu ; car je vais conter tout à ma femme.
(Il sort.)

SCÈNE XII

M. BELFORT, seul.

D'un mot, sans le savoir, il déchire mon âme.
Allons, il faut partir : voilà l'instant fatal.
Ne soyons pas témoin du bonheur d'un rival...
Du bonheur ? mais est-il bien sûr qu'il ait su plaire ?
J'ai quelquefois osé soupçonner le contraire.

Ce matin... je ne sais si je me suis trompé,
Mais un mot, un regard, un soupir échappé...
Gardons-nous de saisir ces vaines apparences :
Je dois partir encor, si j'ai des espérances.
Je ne la verrai point. Qu'elle ignore à jamais
Ce que j'étais, surtout à quel point je l'aimais.
Je vais poursuivre ailleurs ma pénible carrière,
Seul, triste, abandonné de la nature entière,
Sans secours, n'emportant avec moi qu'un seul bien,
C'est un cœur qui du moins ne me reproche rien :
Oui, je pars.

SCÈNE XIII

M. BELFORT, ROSE.

ROSE.
Vous partez ?
M. BELFORT.
Pourquoi donc me surprendre ?
ROSE.
J'accourais vous chercher. Mais que viens-je d'entendre ?
Monsieur, est-il bien vrai ?
M. BELFORT.
Oui, Rose, je m'en vais.
ROSE.
Quoi ! vous vous en allez ? pour toujours ?
M. BELFORT.
Pour jamais.
ROSE.
Ah ! bon Dieu ! mais pourquoi ?
M. BELFORT.
Pardon, ma chère Rose :
Je pars, et je ne puis vous en dire la cause.
ROSE.
Vous aurait-on ici donné quelques chagrins ?
M. BELFORT.
Non, aucun : de personne ici je ne me plains.
ROSE.
Pauvre Angélique ! hélas ! que je vais la surprendre !
A cet événement elle est loin de s'attendre.
Voyez ! tous les malheurs lui viennent à la fois.
M. BELFORT.
Mais... mon départ n'est pas un grand malheur, je crois.

7.

ROSE.
Je sais ce que je dis. Je connais ma maîtresse,
Et je vois bien à vous comme elle s'intéresse.
Puis j'en juge par moi : d'ailleurs il est si tard !
Encor vous êtes seul : ah ! mon Dieu ! quel départ !
M. BELFORT.
Ce tendre adieu me touche.
ROSE.
Et vous partez ?

SCÈNE XIV

Les mêmes, MADAME DE ROSELLE.

ROSE.
Madame...
Vous me voyez chagrine, et jusqu'au fond de l'âme.
Monsieur Belfort s'en va, mais s'en va tout à fait.
MADAME DE ROSELLE à M. Belfort.
Et quel sujet, de grâce... ?
ROSE.
Il n'a point de sujet.
MADAME DE ROSELLE.
Allez, Rose.
ROSE à M. Belfort.
Je puis dire à mademoiselle
Qu'avant votre départ vous prendrez congé d'elle ?
M. BELFORT.
Ne le lui dites pas.
ROSE.
Non ? vous avez bien tort.
Adieu donc, pour jamais, adieu, monsieur Belfort.
M. BELFORT.
Adieu de tout mon cœur, adieu, ma chère Rose.
ROSE.
Écrivez-nous du moins ; c'est bien la moindre chose.
M. BELFORT.
Oui, Rose ; de mon sort je vous informerai.
ROSE part, se retourne, et crie en pleurant.
Marquez-moi votre adresse, et je vous répondrai.

SCÈNE XV

M. BELFORT, MADAME DE ROSELLE.

MADAME DE ROSELLE.
Quoi ! vous partez, monsieur ? Quelle raison soudaine... ?
M. BELFORT.
J'en ai mille, qu'ici vous devinez sans peine.
MADAME DE ROSELLE.
Oui, malgré l'amitié que je puis vous porter,
Je sens que plus longtemps vous ne pouvez rester.
M. BELFORT.
Recevez mes adieux, et croyez que l'absence
Ne fera qu'ajouter à ma reconnaissance.
MADAME DE ROSELLE.
Vous ne m'en devez point. Hélas ! j'aurais voulu
Faire bien plus pour vous : j'ai fait ce que j'ai pu.
Je n'oublîrai jamais votre rare conduite,
Votre discrétion, et surtout cette fuite.
Je compte aussi, monsieur, sur votre souvenir.
M. BELFORT.
Croyez, madame...
MADAME DE ROSELLE.
Ah çà, qu'allez-vous devenir ?
M. BELFORT.
Vers mon père, à Paris, je vais d'abord me rendre.
MADAME DE ROSELLE.
C'est le meilleur parti que vous ayez à prendre.
Dites-lui bien... Mais quoi ! je vois près de ces lieux
Quelqu'un rôder d'un air assez mystérieux.

SCÈNE XVI

UN POSTILLON, en veste bleue, avec la plaque d'argent;
M. BELFORT, MADAME DE ROSELLE.

MADAME DE ROSELLE.
Eh bien ! qu'est-ce ?
LE POSTILLON.
Excusez mon embarras extrême.
De ma commission je suis surpris moi-même;
Car, ordinairement, je ne vais guère à pié;

Mais je suis complaisant... quand je suis bien payé.
M. BELFORT.
Çà, que demandez-vous?
LE POSTILLON.
Pardon... mais, pour bien faire,
Il faudrait, à la fois, et parler et se taire.
A ma place, un nigaud vous avoûrait d'abord
Qu'il demande un monsieur... qui se nomme Belfort...
M. BELFORT.
Mais c'est moi.
LE POSTILLON.
Dans les yeux nous savons un peu lire.
MADAME DE ROSELLE.
A la bonne heure ; mais qu'avez-vous à lui dire ?
LE POSTILLON.
Oh ! rien du tout, madame ; et je n'ai dans ceci
Qu'à remettre à monsieur le billet que voici.
(Il donne un billet à M. Belfort.)
M. BELFORT.
De quelle part ?
LE POSTILLON.
Monsieur le verra dans la lettre.
M. BELFORT.
Ah !... madame, pardon, vous voulez bien permettre...?
MADAME DE ROSELLE.
Monsieur, je vous en prie.
(Au postillon, pendant que M. Belfort décachète et ouvre le billet.)
Eh ! mais, vraiment, l'ami,
Vous ne paraissez gai ni plaisant à demi.
LE POSTILLON.
J'ai couru le pays, et j'ai vu bien du monde,
Cela fait que je sais comme il faut qu'on réponde.
M. BELFORT.
Ah ! madame !...
MADAME DE ROSELLE.
D'où vient ce mouvement soudain ?
M. BELFORT.
C'est de mon père.
MADAME DE ROSELLE.
Bon !
M. BELFORT.
Je reconnais sa main.
LE POSTILLON.
Dès le premier abord j'ai su vous reconnaître.

M. BELFORT.
C'est lui : de mes transports je ne suis point le maître.
Voici ce qu'il m'écrit :
(Il lit haut.)
« Viens, accours promptement,
Mon ami, tu suivras celui que je t'envoie... »
LE POSTILLON.
Oui, monsieur.
M. BELFORT continue de lire.
« Je t'écris avec bien de la joie,
Et je ne doute point de ton empressement. »
(Au postillon.)
Oh, non ! Est-il bien loin ?
LE POSTILLON.
A la poste voisine.
M. BELFORT.
Bien portant ?
LE POSTILLON.
A merveille. Il a fort bonne mine,
Une gaîté charmante.
M. BELFORT.
Il paraît donc heureux ?
LE POSTILLON.
Mais il en a bien l'air. C'est qu'il est généreux !...
Comme un roi. Nous ferions des fortunes rapides
Si les courriers payaient sur ce pied-là les guides.
MADAME DE ROSELLE.
Vous êtes postillon ?
LE POSTILLON.
Madame, à vous servir ;
Et chacun vous dira que je mène à ravir.
MADAME DE ROSELLE.
(A M. Belfort.)
Eh bien, menez monsieur. Partez donc tout de suite.
M. BELFORT.
Oui, madame.
MADAME DE ROSELLE.
Avec lui revenez au plus vite.
Qu'il vienne ce soir même, et qu'il vienne en ce lieu.
M. BELFORT.
Croyez qu'il y viendra, madame.
MADAME DE ROSELLE.
Sans adieu.

LE POSTILLON.
Allons, mon officier, venez voir votre père.
Je n'ai pas mal rempli mon message, j'espère.
N'aurait-on à porter qu'une lettre, un billet,
Il faut, autant qu'on peut, faire bien ce qu'on fait.

FIN DU QUATRIÈME ACTE.

ACTE CINQUIÈME

SCÈNE PREMIÈRE

M. DE PLINVILLE, seul.

J'ai donc dit à mes gens qu'il fallait se résoudre
A me quitter : pour eux, hélas! quel coup de foudre !
Leur désolation m'afflige, en vérité...
Mais il est doux pourtant d'être ainsi regretté.
Si je m'étais défait du jardinier, de Rose,
Et du bon vieux Picard, c'était bien autre chose !
Pour Belfort, près de moi je le garde à jamais :
C'est un ami plutôt qu'un secrétaire... Eh ! mais,
Que veut Picard ? il reste, il vient me rendre grâce.

SCÈNE II

M. DE PLINVILLE, PICARD.

M. DE PLINVILLE.
Eh bien, es-tu content ? tu conserves ta place.
PICARD.
Point du tout ; car je viens demander mon congé.
M. DE PLINVILLE.
Mais c'est toi que je veux garder.
PICARD.
Bien obligé :
Mais moi je veux sortir ; voilà la différence.
M. DE PLINVILLE.
Pourquoi ?
PICARD.
Parce qu'il est plus naturel, je pense,
Que je m'en aille, moi. Vous voulez renvoyer
Du monde ; c'est à moi de partir le premier ;
Car je suis le plus vieux.
M. DE PLINVILLE.
Tu m'es trop nécessaire :
Je suis accoutumé...

PICARD.
Je n'y saurais que faire.
Et d'ailleurs je suis las de servir : en deux mots,
Je vais me reposer.
M. DE PLINVILLE.
Eh mais, c'est un repos,
Une retraite enfin, que ton service.
PICARD.
Peste !
Une belle retraite ! et c'est moi seul qui reste !
M. DE PLINVILLE.
Tout est changé, Picard ; nous allons à Paris.
PICARD.
Raison de plus, monsieur, je reste en mon pays.
Enfin, je vous l'ai dit, je veux être mon maître.
M. DE PLINVILLE.
Quoi ! tu veux me quitter, après m'avoir vu naître,
Toi qui devais et vivre et mourir avec moi ?
PICARD.
Il vaut encore mieux vivre et mourir chez soi.
M. DE PLINVILLE.
Je t'aimais, je croyais que tu m'aimais de même.
PICARD.
Cela n'empêche pas, monsieur, qu'on ne vous aime ;
Mais, après cinquante ans, on est bien aise enfin
De vivre un peu tranquille : il faut faire une fin.
M. DE PLINVILLE.
Il a raison ; et c'est peut-être une injustice
D'exiger qu'il me fasse un si grand sacrifice.
Pourquoi vouloir ailleurs l'empêcher d'être heureux ?
Il faut aimer les gens, non pour soi, mais pour eux.
Il va se réunir à son petit ménage,
A sa femme, à ses fils : il est temps, à son âge ;
Et, quand j'aurai besoin de lui, je me dirai :
Il vit content ; alors je me consolerai.
Mais tu pleures, je crois ?
PICARD.
Je ne puis m'en défendre.
Moi vous quitter, après ce que je viens d'entendre !
J'en serais bien fâché. Je reviens sur mes pas ;
Monsieur, si vous voulez, je ne partirai pas.
M. DE PLINVILLE.
Depuis assez longtemps, mon ami, tu travailles :
Non, non, décidément je veux que tu t'en ailles.

PICARD.
Voyez donc! il me chasse au bout de cinquante ans!
Je ne veux plus sortir.
M. DE PLINVILLE.
Ne sors pas, j'y consens.
Mais pourquoi te fâcher ainsi depuis une heure?
PICARD.
J'ai tort. Encore un coup, je veux rester.
M. DE PLINVILLE.
Demeure.
PICARD.
Pardonnez : je suis brusque et de mauvaise humeur;
Mais dans le fond, monsieur, croyez que j'ai bon cœur.
M. DE PLINVILLE.
Tu viens de m'en donner une preuve certaine.
Il est vrai qu'un moment tu m'as fait de la peine;
Mais tu m'as fait encor plus de plaisir.
(En le serrant dans ses bras.)
Allons,
Mon vieux ami, jamais nous ne nous quitterons.
Me le promets-tu bien?
PICARD.
Est-ce encore un reproche?
M. DE PLINVILLE.
Non, mon cher. Laisse-moi, car Morinval s'approche.
(Picard sort. M. de Plinville regarde Morinval, qui s'avance sans le voir.)
Ma fille a déclaré qu'elle ne l'aimait pas :
Il est au désespoir; il soupire tout bas.
Je veux le consoler.

SCÈNE III

M. DE PLINVILLE, M. DE MORINVAL.

M. DE PLINVILLE.
Sortez donc, je vous prie,
Mon cher, de cette sombre et morne rêverie.
Votre malheur, au fond, se réduit à ce point :
C'est que l'on vous a dit qu'on ne vous aimait point.
Je sens qu'un pareil coup d'abord est un peu rude;
Mais vous voilà guéri de votre incertitude.
M. DE MORINVAL.
Le beau remède!

M. DE PLINVILLE.
Enfin, il vaut mieux, Morinval,
Être d'avance instruit de ce secret fatal.
Angélique, d'ailleurs, n'est pas la seule au monde ;
Il se peut qu'à vos soins un autre objet réponde.

M. DE MORINVAL.
Je n'en chercherai point ; j'en ferai bien le vœu.

M. DE PLINVILLE.
Tenez, s'il faut qu'ici je vous fasse un aveu,
J'approuve ce dessein. Dans un champêtre asile,
Vous menez une vie assez douce et tranquille ;
Surtout vous êtes libre ; oui, peut-être, en effet,
Le veuvage, après tout, est-il mieux votre fait.

M. DE MORINVAL.
Vos consolations m'irriteraient, je pense,
Si je n'avais déjà pris mon parti d'avance.
Mais je l'ai pris. Ceci ne m'a point étonné.
Je déplais : dès longtemps je l'avais soupçonné :
Je suis heureux ici comme dans tout le reste.
Aussi ce n'était point cela, je vous proteste,
Qui me faisait rêver : je voudrais aujourd'hui,
Ne pouvant rien pour moi, travailler pour autrui.

M. DE PLINVILLE.
Comment?

M. DE MORINVAL.
Oui, vous serez de mon avis, j'espère.
Je viens de découvrir un important mystère.

M. DE PLINVILLE.
Ah ! voyons.

M. DE MORINVAL.
Angélique est rebelle à mes vœux ;
Mais vous ne savez pas qu'un autre est plus heureux.

M. DE PLINVILLE.
Bon ! un autre?

M. DE MORINVAL.
Oui, vraiment.

A. DE PLINVILLE.
Et quel est donc cet autre?

M. DE MORINVAL.
C'est Belfort.

M. DE PLINVILLE.
Belfort?

M. DE MORINVAL.
Oui.

M. DE PLINVILLE.
           Quelle erreur est la vôtre!
Mais vous n'y pensez pas.
            M. DE MORINVAL.
                 Vous pouvez, à présent,
Rire, vous récrier, trouver cela plaisant :
Il n'en est pas moins vrai que votre fille l'aime ;
J'en suis sûr.
           M. DE PLINVILLE.
        Quoi! vraiment?... ma surprise est extrême.
            M. DE MORINVAL.
Ils s'aiment... d'un amour sage, honnête, discret :
Il l'aime sans le dire, elle brûle en secret.
Cette honnêteté même est ce qui m'intéresse.
Et je veux près de vous protéger leur tendresse.
Écoutez : je suis riche, et plus que je ne veux.
Je suis veuf... pour toujours, sans enfants, sans neveux.
J'aime Belfort, je veux lui tenir lieu de père.
Il me paraît bien né, sensible, doux : j'espère
Qu'aidé de mon crédit, il fera son chemin,
Et d'Angélique un jour méritera la main.
Et moi, dès aujourd'hui, mon ami, je m'engage
A donner à Belfort ma terre en mariage.
            M. DE PLINVILLE.
Laissez-moi respirer. Quel dessein généreux!
Eh quoi! mon cher ami, vous faites des heureux,
Et vous doutez encor si vous-même vous l'êtes!...
Mais que de ces enfants les amours sont discrètes!
Moi, j'en estime encore une fois plus Belfort.
Angélique est aimable; il l'aime, il n'a pas tort;
Ni ma fille non plus, car il est fait pour plaire.
            M. DE MORINVAL.
Votre nièce s'avance. Ayons soin de nous taire.

SCÈNE IV

MADAME DE ROSELLE, M. DE PLINVILLE,
M. DE MORINVAL.

           MADAME DE ROSELLE, de loin, à part.
Il faut les écarter de notre rendez-vous.
    (Haut.)
Encore ici, messieurs? Eh mais, qu'y faites-vous?
Ma tante se plaint fort, et dit qu'on l'abandonne,

Qu'on se promène : au fond, elle a raison.
M. DE PLINVILLE.
Pardonne.
MADAME DE ROSELLE.
Savez-vous qu'en effet cela n'est pas galant ?
M. DE MORINVAL.
Monsieur me consolait.
MADAME DE ROSELLE.
Mon oncle est consolant,
Je le sais ; mais, de grâce, allez trouver ma tante.
M. DE PLINVILLE.
Oui, dès qu'elle me voit, elle paraît contente.
Adieu. Redites-moi vos résolutions ;
(Bas à Morinval, en s'en allant)
Car j'aime avec transport les belles actions.

SCÈNE V

MADAME DE ROSELLE, seule.

La place est libre, au moins pour quelque temps, j'es-
Et Belfort à présent peut amener son père.   [père,
Ce jeune homme m'inspire une tendre amitié.
Cette pauvre cousine aussi me fait pitié.
Je voudrais les servir, et venir à leur aide.
Ne pourrai-je à leurs maux apporter de remède ?

SCÈNE VI

M. BELFORT, MADAME DE ROSELLE.

MADAME DE ROSELLE.
C'est vous, monsieur ! Quoi ! seul ? pourquoi n'avez-vous
Amené votre père ?   [pas
M. BELFORT.
Il est à deux cents pas,
Au bois de Rochefort.
MADAME DE ROSELLE.
Qui l'empêchait, de grâce,
De venir avec vous jusque dans cette place ?
M. BELFORT.
En voici la raison : il diffère d'entrer,
Parce qu'il ne veut pas encor se déclarer.

D'abord je vous annonce une grande nouvelle :
La fortune pour lui cesse d'être cruelle.
Le jeu le ruina : par un nouveau retour,
Le jeu plus que jamais l'enrichit en ce jour.
Et moi, sentant qu'enfin mon sort n'est plus le même,
Que je puis, au contraire, enrichir ce que j'aime,
J'ai tout dit à mon père. Il approuve mon feu,
Et consacre à son fils tout le produit du jeu.

MADAME DE ROSELLE.

C'est le placer fort bien.

M. BELFORT.

Ce n'est pas tout encore :
On aime à se vanter de ce qui nous honore,
J'ai parlé des bontés que vous aviez pour moi ;
Et je vous ai nommée... « O ciel ! dit-il, eh quoi !
Madame de Roselle ! elle doit m'être chère :
Une tendre amitié m'unissait à son père. »
Enfin il veut vous voir, il veut vous consulter.

MADAME DE ROSELLE.

Un tel empressement a droit de me flatter.

M. BELFORT.

Sur moi, dit-il, il a quelque dessein en tête.
Ainsi vous comprenez le sujet qui l'arrête :
Avant de voir personne, il voudrait vous parler.

MADAME DE ROSELLE.

Au bois de Rochefort hâtons-nous donc d'aller.

M. BELFORT.

Ah ! ciel ! je vois venir l'adorable Angélique.
Permettez qu'avec elle une fois je m'explique.

MADAME DE ROSELLE.

Pas encor.

M. BELFORT.

Je voudrais savoir si, dans le fond,
On m'aime.

MADAME DE ROSELLE.

L'on vous aime, et je vous en répond.
Laissez-moi lui parler.

SCÈNE VII

Les précédents, ROSE, ANGÉLIQUE.

ROSE, de loin, à Angélique.

Ah ! Dieu ! mademoiselle,

Monsieur Belfort avec madame de Roselle !
ANGÉLIQUE.
Rose disait, monsieur, que vous étiez parti.
M. BELFORT.
Qui ? moi, quitter ces lieux ? jamais... J'étais sorti...
Un moment.
MADAME DE ROSELLE.
    Quelquefois un seul moment amène
Bien des choses.
M. BELFORT.
     Sans doute ; et j'ose croire à peine
Au changement...
MADAME DE ROSELLE à M. Belfort.
(Bas.)   (Haut.)
   Paix donc. Qu'on me suive à l'instant.
ANGÉLIQUE.
On ne peut donc savoir...?
MADAME DE ROSELLE.
      Pardon ; l'on nous attend
Pour conclure une affaire... une affaire pressée,
Dans laquelle vous-même êtes intéressée.
Sans adieu.
(Elle sort avec M. Belfort.)

SCÈNE VIII

ROSE, ANGÉLIQUE.

ANGÉLIQUE.
   Que dit-elle ? une affaire où je suis
Intéressée !... Eh ! mais, à ceci je ne puis
Rien comprendre...
ROSE.
    Ni moi. Monsieur Belfort m'étonne ;
Car je l'ai vu partir.
ANGÉLIQUE.
    Tiens, Rose, je soupçonne
Qu'il lui vient d'arriver un bonheur imprévu.
ROSE.
Vous croyez ? ah ! tant mieux.
ANGÉLIQUE.
     Jamais je ne l'ai vu
Si joyeux ni si vif, surtout jamais si tendre.
Il ne m'a dit qu'un mot, qui semblait faire entendre...

Que te dirai-je, enfin ? J'espère, en vérité...
ROSE.
Tout ceci pique aussi ma curiosité.
Voici monsieur. Comment ! il est presque en colère.
Pour la première fois qui peut donc lui déplaire ?

SCÈNE IX

ROSE, ANGÉLIQUE, M. DE PLINVILLE.

ANGÉLIQUE.
Mon père, vous semblez fâché.
M. DE PLINVILLE.
J'en fais l'aveu.
Oui, je sens qu'en ce monde il faut souffrir un peu.
Morinval vient de faire une action nouvelle,
Aussi belle que l'autre, et peut-être plus belle...
En faveur de quelqu'un qui ne te déplaît pas,
Ma fille... et dont je fais moi-même un très grand cas.
Mais, par malheur, ce plan ne plaît pas à ta mère.
Nous la pressons en vain : elle a du caractère.
De là quelques débats : moi, qui n'y suis point fait,
J'ai laissé Morinval défendre son projet,
Et je viens respirer.
ANGÉLIQUE.
Et ne pourrai-je apprendre...?
M. DE PLINVILLE.
Pas encore. Avant peu ma femme va se rendre ;
Car elle a de l'esprit. Puis tour à tour il faut
L'un à l'autre céder : moi, j'ai cédé tantôt.
A vendre cette terre elle était décidée :
J'ai, quoique avec regret, adopté son idée.
ANGÉLIQUE.
Vous avez consenti ?
M. DE PLINVILLE.
Mon enfant, que veux-tu ?
Moi, je suis complaisant, c'est ma grande vertu.
Nous irons à Paris. Les champs, la capitale,
Toute demeure, au fond, pour le sage est égale.
ANGÉLIQUE.
Partout où vous serez je serai bien aussi,
Mon père.
ROSE.
Cependant nous étions bien ici.

M. DE PLINVILLE.
Mais avec Morinval je la vois qui s'avance.
S'ils pouvaient tous les deux être d'intelligence !
Nous serions tous contents.

SCÈNE X

ROSE, ANGÉLIQUE, MADAME DE PLINVILLE, M. DE MORINVAL, M. DE PLINVILLE.

M. DE MORINVAL.
De grâce, permettez,
Madame...
MADAME DE PLINVILLE.
C'est en vain que vous me tourmentez :
(A Angélique.)
Ne me parlez jamais de Belfort. A merveille !
C'est vous qui m'attirez une scène pareille.
ANGÉLIQUE.
Je ne sais pas encor de quoi vous m'accusez.
MADAME DE PLINVILLE.
Vous souffrez près de vous des amants déguisés...
ANGÉLIQUE.
De ce déguisement j'ignore le mystère.
Serait-il autre chose ici qu'un secrétaire?
MADAME DE PLINVILLE.
Je vous dis qu'il vous aime.
ANGÉLIQUE.
Eh bien donc, je le crois.
S'il lui plaît de m'aimer, est-ce ma faute, à moi?
MADAME DE PLINVILLE.
Vous-même, vous l'aimez.
ANGÉLIQUE.
Qui vous dit que je l'aime?
A peine, en ce moment, si je le sais moi-même.
ROSE.
Et quand cela serait, je l'aime bien aussi ;
Ces messieurs... tout le monde, en un mot, l'aime ici.
MADAME DE PLINVILLE.
Rose, vous tairez-vous? modérez votre zèle.
ROSE.
Mais c'est que vous grondez toujours mademoiselle.
M. DE PLINVILLE.
Ne grondons point, ma femme ; entendons-nous : causons.

Pour refuser Belfort, quelles sont vos raisons?
MADAME DE PLINVILLE.
C'est un aventurier.
M. DE PLINVILLE.
Madame de Roselle
Connaît beaucoup son père.
MADAME DE PLINVILLE.
Eh bien, tant mieux pour elle.
M. DE PLINVILLE.
Puis il s'est fait connaître.
MADAME DE PLINVILLE.
Il est, d'ailleurs, sans bien.
M. DE MORINVAL.
Mais, encore une fois, je l'aiderai du mien.
MADAME DE PLINVILLE.
Mais, encore une fois, gardez donc ces largesses :
Nous n'avons pas besoin, monsieur, de vos richesses.
M. DE MORINVAL à M. de Plinville.
Je n'ai plus rien à dire, et je sors. Vous voyez
S'il faut croire au bonheur que vous me promettiez!
Je ne puis d'Angélique être l'époux moi-même,
Et je ne puis l'unir avec celui qu'elle aime.
Rien ne me réussit; et, pour dire encor plus,
J'offre mon bien aux gens, et j'essuie un refus.
(Il sort.)

SCÈNE XI

ROSE, ANGÉLIQUE, MADAME et M. DE PLINVILLE.

M. DE PLINVILLE.
Il est vrai qu'un tel coup me serait bien sensible.
Serait-il malheureux? Cela n'est pas possible.
Non, il n'est d'homme à plaindre ici que le méchant.
Morinval d'un bon cœur a suivi le penchant :
Quoique son offre ait eu le malheur de déplaire,
C'est avoir fait le bien qu'avoir voulu le faire.
ROSE, qui s'était retirée au fond du théâtre, revient en courant.
Madame de Roselle...
MADAME DE PLINVILLE.
Eh bien?
ROSE.
Est à deux pas;

8

Elle amène un monsieur que je ne connais pas.
ANGÉLIQUE.
Un monsieur ?
M. DE PLINVILLE.
Quelque ami qui vient me voir...

SCÈNE XII

Les mêmes, MADAME DE ROSELLE, M. DORMEUIL.

MADAME DE ROSELLE.
Ma tante,
Permettez que moi-même ici je vous présente
Monsieur, un étranger qui désirerait voir
Votre terre...
MADAME DE PLINVILLE.
Au château nous allons recevoir
Monsieur...
M. DORMEUIL.
Je suis fort bien. A la première vue,
Madame, tout me plaît : une triple avenue,
Une entrée imposante, un superbe château,
Un parc immense ; enfin tout est grand, tout est beau.
On sait bien que jamais un acheteur ne loue ;
Mais cette terre, à moi, me plaît, et je l'avoue.
M. DE PLINVILLE.
L'acquéreur même aussi me plairait en tout point.
MADAME DE ROSELLE.
Oh ! c'est un acquéreur... comme l'on n'en voit point.
MADAME DE PLINVILLE.
Monsieur s'annonce bien.
M. DORMEUIL.
Hai... que sait-on ? Peut-être
Gagnerai-je, madame, à me faire connaître.
MADAME DE PLINVILLE.
J'aime à le croire.
M. DORMEUIL.
Eh ! mais, ces bois sont enchantés.
Les beaux arbres !
M. DE PLINVILLE.
C'est moi qui les ai tous plantés.
Ces arbres dès longtemps me prêtaient leur ombrage.

M. DORMEUIL.
Ce n'est pas encor là votre plus bel ouvrage.
(En saluant Angélique.)
De la terre je vois le plus digne ornement.
M. DE PLINVILLE.
Tout le monde, en effet, nous en fait compliment.
Vous paraissez, monsieur, un digne et galant homme.
M. DORMEUIL.
Au fait, vous estimez votre terre la somme...?
M. DE PLINVILLE.
(Il arrête et regarde sa femme.)
Mais je crois qu'elle vaut... Combien ¹?
MADAME DE PLINVILLE.
Cent mille écus.
M. DORMEUIL.
Je ne contesterai point du tout là-dessus.
Je m'en rapporte à vous.
MADAME DE PLINVILLE.
Un procédé si rare
Me touche.
M. DORMEUIL.
Il est tout simple. En outre, je déclare
Que j'entends bien payer la terre argent comptant.
M. DE PLINVILLE.
A votre aise.
M. DORMEUIL.
Pardon, c'est un point important,
Qui me regarde seul. Oui, je me crains moi-même.
J'ai sur certain article une faiblesse extrême.
Tenez, il faut qu'ici je vous fasse un aveu.
Le prix de votre terre est un argent du jeu :
Par cet achat du moins je sauve une partie
De six cent mille francs, que, dans une partie...
MADAME DE ROSELLE.
Quoi! vous avez gagné deux fois cent mille écus!
M. DORMEUIL, souriant.
On peut bien les gagner quand on les a perdus.
MADAME DE PLINVILLE.
Quel est celui qui perd une somme si forte ?
M. DE PLINVILLE.
Bon! le connaissons-nous? ainsi, que nous importe ?
Voyons celui qui gagne, et non celui qui perd.
MADAME DE ROSELLE.
Eh ! oui.

ANGÉLIQUE.
Le malheureux, sans doute, a bien souffert.
M. DORMEUIL.
Ma foi, c'est un joueur hardi, vif et tenace,
Un petit financier.
MADAME DE PLINVILLE.
Un financier ! de grâce,
Vous le nommez...?
M. DORMEUIL.
Dorval.
MADAME DE PLINVILLE.
Je l'avais soupçonné ;
Monsieur, c'est notre bien que vous avez gagné.
M. DORMEUIL.
J'aimerais mieux avoir gagné celui d'un autre.
Mais il pourrait encor redevenir le vôtre :
Il ne tiendra qu'à vous.
M. DE PLINVILLE.
Comment?
M. DORMEUIL.
Rien n'est plus clair.
Je n'ai qu'un fils, madame, un fils qui m'est bien cher :
Unissez-le, de grâce, avec mademoiselle.
L'argent sera pour vous, et la terre pour elle.
M. DE PLINVILLE.
Monsieur....
M. DORMEUIL.
Vous hésitez, et vous avez raison,
Ne me connaissant pas. Mais Dormeuil est mon nom.
Mon habit vous annonce un ancien militaire.
MADAME DE ROSELLE.
Oui, monsieur était même un ami de mon père,
N'ayant qu'un seul défaut, et mille qualités.
Ce parti me paraît très sortable.
(Bas à Angélique.)
Acceptez.
M. DE PLINVILLE.
Ma fille, tu pourrais rendre cela possible.
MADAME DE PLINVILLE.
(A M. Dormeuil.)
Je l'espère. Je suis on ne peut plus sensible
A votre offre, monsieur, je l'accepte.
M. DORMEUIL, très haut.
Mon fils,
Venez remercier madame.

SCÈNE XIII

Les mêmes, M. BELFORT.

M. BELFORT.
J'obéis.
MADAME DE PLINVILLE.
Ah! que vois-je?
MADAME DE ROSELLE.
Ceci trompe un peu votre attente.
MADAME DE PLINVILLE.
Comment! voici le fils de monsieur?
MADAME DE ROSELLE.
Oui, ma tante.
M. DE PLINVILLE.
Je ne m'attendais pas à celui-ci, ma foi!
Voyez donc comme enfin tout s'arrange pour moi!
M. DORMEUIL à madame de Plinville.
Madame voudrait-elle à présent se dédire?
MADAME DE PLINVILLE.
Monsieur est votre fils : je n'ai plus rien à dire,
Car je rendis toujours justice à ses vertus.
M. BELFORT.
Ah! de tant de bontés vous me voyez confus.
(A Angélique.)
Dormeuil vous aime autant que Belfort a pu faire;
Et Belfort et Dormeuil...
ANGÉLIQUE.
Savent tous deux me plaire.
ROSE à M. Belfort.
Pour moi, je ne sais pas, monsieur, si j'aurai tort,
Mais je vous nommerai toujours monsieur Belfort.
M. DORMEUIL.
J'ai, depuis quelque temps, essuyé bien des peines.
Enfin la chance tourne : il est d'heureuses veines.
M. DE PLINVILLE.
Moi, je n'ai jamais eu que du bonheur; eh bien,
Je suis, en ce moment, presque étonné du mien.
MADAME DE ROSELLE.
Gardez votre bonheur; il vous sied à merveille.
M. DE PLINVILLE.
C'est qu'on ne vit jamais d'aventure pareille.
Est-ce un rêve? J'en fais assez souvent, dit-on;

8.

Mais ce n'en est pas un qu'ici je fais ; oh ! non...
MADAME DE ROSELLE.
La raison ne vaut pas les songes que vous faites.
Puissions-nous être tous heureux comme vous l'êtes !
MADAME DE PLINVILLE.
Il ne sent pas qu'il l'est par hasard, cette fois.
M. DE PLINVILLE.
Qu'importe le hasard, pourvu que je le sois ?
En quelque sorte on peut faire sa destinée...
Mais récapitulez avec moi ma journée.
On était convenu d'un voyage sur l'eau :
Si nous partions, le feu consumait le château.
On reste ; on l'éteint ; bon. Belfort, mon secrétaire,
Plaît à ma fille, il est fils d'un vieux militaire.
Je perds cent mille écus : fort bien. Voilà d'abord
Que celui qui les gagne est père de Belfort.
Monsieur me fait une offre aussi noble que franche,
Et, sans avoir joué, moi, je prends ma revanche.
Il propose son fils ; et, par un tour plaisant,
Ma femme le reçoit, tout en le refusant ;
Et ma fille, d'abord un peu contrariée,
Au gré de ses désirs se trouve mariée.
Je voudrais bien tenir notre ami Morinval :
Nous verrions s'il dirait encor que tout est mal !
MADAME DE ROSELLE.
S'il allait comme vous devenir optimiste ?
M. DE PLINVILLE.
Je ne sais ; il est né mélancolique et triste,
Et, comme je l'ai dit, sa tristesse lui plaît.
Il faut bien l'excuser : mais, tout chagrin qu'il est,
Peut-être il va sentir que dans la vie humaine,
Le bonheur tôt ou tard fait oublier la peine.
Qu'il n'en est que plus doux, et que l'homme de bien,
L'homme sensible, alors, peut dire : tout est bien.

FIN DE L'OPTIMISTE.

MONSIEUR DE CRAC

DANS SON PETIT CASTEL,

COMÉDIE EN UN ACTE ET EN VERS,

AVEC UN DIVERTISSEMENT,

REPRÉSENTÉE POUR LA PREMIÈRE FOIS PAR LES COMÉDIENS FRANÇAIS,
LE 4 MARS 1791.

PERSONNAGES

M. DE CRAC (le baron de).
MADEMOISELLE DE CRAC, sa fille,
M. D'IRLAC, sous le nom de SAINT-BRICE, fils de M. de Crac.
M. FRANCHEVAL, amant de mademoiselle de Crac.
M. VERDAC, parasite.
THOMAS, laquais, jardinier et garde.
JACK, page de M. de Crac.
LE MAGISTER du village.
TOUT LE VILLAGE.

La scène est au château de Crac, assez près de la Garonne.

MONSIEUR DE CRAC

DANS SON PETIT CASTEL.

SCÈNE PREMIÈRE

SAINT-BRICE, seul.

Oui, des événements j'admire le caprice :
Moi, d'Irlac, fils de Crac, passe ici pour Saint-Brice !
Après quinze ans d'absence, à la fin revenu
Dans mon pays natal, je m'y vois méconnu.
Des mains de trois chasseurs, le soir, je débarrasse
Un homme ; et c'était..... qui ? Crac, mon père ; il m'embrasse,
Sans me connaître encore : en son petit château,
Où j'allais, il m'emmène, et j'entre *incognito*.
Je suis fort bien reçu de la jeune Lucile ;
Le papa me retient : moi, je suis si facile !
Il est brave homme au fond, spirituel et gai ;
Il n'a, ces quatre jours, pas dit un mot de vrai,
Cependant : le terroir peut lui servir d'excuse.
A renchérir sur lui, voyons, que je m'amuse.
Si j'ai perdu l'accent, pour habler..., que sait-on ?
Un voyageur vaut bien pour le moins un Gascon.
Parlons peu, mais tranchons : l'air aisé, le ton ferme,
Du front ; gardons surtout d'hésiter sur le terme.
Le papa près de moi ne sera qu'un enfant ;
S'il me parle d'un loup, je cite un éléphant.
Peut-être est-ce manquer de respect au cher père ;
Mais le cœur paternel fera grâce, j'espère :
Puis, on pardonne tout aux jours de carnaval ;
Oh, oui ! voici ma sœur : mais elle n'est pas mal.

SCÈNE II

SAINT-BRICE, MADEMOISELLE DE CRAC.

SAINT-BRICE.

Ah ! je vous vois d'abord : c'est un heureux présage.
Déjà levée !

MADEMOISELLE DE CRAC, avec l'accent.

Eh mais, c'est assez mon usage.
Ici, grâce à l'emploi qué l'on fait dé ses jours,
Plus tôt on les commence, et plus ils semblent courts.

SAINT-BRICE.

Je pense bien ainsi, surtout en ces demeures ;
Les jours coulent, je crois, plus vite que des heures.

MADEMOISELLE DE CRAC.

Ah ! dé grâce...

SAINT-BRICE.

Oui, croyez qu'en des instants si doux,
Je regrette le temps que j'ai passé sans vous.

MADEMOISELLE DE CRAC.

Toujours à cé ton-là jé mé trouve étrangère,
Bien qu'en cetté maison parfois on ésagère.

SAINT-BRICE.

En effet, le papa ne s'en tire pas mal.
Il nous fit, hier soir, un conte sans égal.

MADEMOISELLE DE CRAC.

Jé l'avoûrai, mon père assez souvent s'amuse,
Mais sans dessein pourtant... non pas qué jé l'éscuse ;
Car moi, jé n'aime rien qué la sincérité.

SAINT-BRICE.

Ni moi ; pardon... j'ai cru, je me suis trop flatté,
Trouver entre nos goûts un peu de ressemblance.

MADEMOISELLE DE CRAC.

Monsieur... si j'ose ici diré cé qué jé pense,
Entré nos traits, jé crois, il est quelqué rapport.

SAINT-BRICE.

Eh bien, je vous l'avoue, il m'a frappé d'abord.

MADEMOISELLE DE CRAC.

Oui, vous mé rappelez lé souvenir d'un frère,
Qué j'aimais tendrement, à qui j'étais bien chère :
Il serait dé votre âge... Ah ! régrets superflus !
Cé frère si chéri, probablement n'est plus,
Dès longtemps nous n'avons de lui nullé nouvelle.

SCÈNE II.

SAINT-BRICE.
Se peut-il? Que sait-on, pourtant, mademoiselle,
Des frères qu'on crut morts... ressuscitent souvent.
Peut-être un jour...
MADEMOISELLE DE CRAC.
            Eh mais, si lé mien est vivant.
Il m'oublie ; et cé coup né m'est pas moins sensible.
SAINT-BRICE.
Vous oublier? Oh non, cela n'est pas possible.
MADEMOISELLE DE CRAC.
Monsieur, c'est l'un ou l'autre.
SAINT-BRICE.
                    En un mot, espérez ;
Car j'ai dans l'idée, oui, que vous le reverrez.
MADEMOISELLE DE CRAC.
Jé né m'en flatte plus.
SAINT-BRICE.
            De l'absence d'un frère,
En tous cas, un amant console et sait distraire.
MADEMOISELLE DE CRAC.
Un amant, dités-vous?
SAINT-BRICE.
            Eh oui... vous rougissez!
MADEMOISELLE DE CRAC.
Qui? moi, monsieur?
SAINT-BRICE.
            Vous-même ; et c'est en dire assez.
Au fait, s'il est heureux, il est digne de l'être ;
Et j'aurais grand plaisir... On vient ; c'est lui peut-être.
MADEMOISELLE DE CRAC, vivement.
Lui-même.
SAINT-BRICE.
        Alors, je vais troubler votre entretien :
Je crains d'être importun.
MADEMOISELLE DE CRAC.
                Monsieur, né craignez rien.
SAINT-BRICE.
                (A part.)
Vous permettez, je reste. Il me prend fantaisie
De donner à l'amant un peu de jalousie.

SCÈNE III

Les précédents, M. FRANCHEVAL.

FRANCHEVAL, avec l'accent et le ton vif.
(De loin, à part.)
Quel contré-temps? encor avec cet étranger !
(Haut.)
Pardon madémoiselle, on peut vous déranger?
MADEMOISELLE DE CRAC à Francheval.
Eh ! pourquoi donc, monsieur cette cérémonie ?
FRANCHEVAL.
Jé né vous savais pas si tôt en compagnie,
Sans quoi... l'on m'avait dit qu'avec votré papa
Dès lé matin, monsieur chassait...
MADEMOISELLE DE CRAC.
On vous trompa.
FRANCHEVAL.
Eh mais, jé lé vois bien.
SAINT-BRICE, froidement.
Moi, je ne chasse guère :
Un aimable entretien sait beaucoup mieux me plaire.
FRANCHEVAL.
C'est cé qui mé paraît ; et mêmé j'ai trouvé
L'entrétien des plus vifs, quand jé suis arrivé.
SAINT-BRICE.
Oui, car j'entretenais de vous mademoiselle.
FRANCHEVAL.
Jé vous suis obligé dé cet écès de zèle ;
Mais dé votré discours fus-jé seul lé sujet ?
SAINT-BRICE.
Vous êtes curieux, monsieur.
FRANCHEVAL.
Et vous, discret.
MADEMOISELLE DE CRAC.
Et vous toujours trop vif, comme à votre ordinaire.
Mais j'aperçois Verdac, et jé né l'aimé guère :
Vous permettez, messieurs ? jé vous laisse avec lui.
SAINT-BRICE.
Je vous suis. Le Verdac me cause de l'ennui ;
(Mademoiselle de Crac sort)
Et moi-même à monsieur je vais céder la place :
Vous pardonnez, j'espère ?

FRANCHEVAL.
　　　　　Au moins, un mot, dé grace.
Quand pourra-t-on, monsieur, vous voir seul un instant?
　　　　SAINT-BRICE.
Quand vous voudrez, tantôt.
　　　　　FRANCHEVAL.
　　　　　　　J'y compte.
　　　SAINT-BRICE.
　　　　　　　Et moi, j'entend.
　　　　　　　(Il sort.)

SCÈNE IV

M. FRANCHEVAL, M. VERDAC.

　　　　　VERDAC.
Jé crois qué l'on mé fuit : la pétite personne
Né m'aime pas beaucoup, du moins jé lé soupçonne.
　　　　FRANCHEVAL, de mauvaise humeur.
Elle a pour les flatteurs peu d'inclination.
　　　　　VERDAC.
D'autres n'ont pas pour eux la même aversion :
En flatteurs caressés cet univers abonde.
L'art dé flatter, mon cher, est vieux commé lé monde.
Ève a péché, pourquoi ? parcé qu'on la flatta;
Esemple qué dépuis mainté femme imita.
C'est un poison si doux, qui chatouillé les âmes...
Qué d'hommes, en cé point, dé tout temps furent femmes !
Mon varon l'est surtout : or, c'est l'essentiel.
Si la fille mé hait, mon poison, grâce au ciel,
Dans lé cœur du papa sé glisse à la sourdine ;
Il m'aime enfin ; et c'est chez lé papa qu'on dîne.
　　　　　FRANCHEVAL.
Comment pour un repas blesser la vérité !
　　　　　VERDAC.
Un bon répas jamais fut-il trop acheté ?
Et qué m'en coûte-t-il ? un peu dé complaisance.
Jé n'ai pas avec lui bésoin dé médisance.
Il suffit dé lé croire : il hable à chaque mot,
C'est sa manie : hé donc, jé serais un grand sot
D'aller lé démentir sur uné vagatelle.
　　　　　FRANCHEVAL
Mais la délicatesse enfin nous permet-elle... ?

9

VERDAC.
Votré délicatesse est bien peu dé saison :
Quand on a bonné table, on a toujours raison,
Aussi jé crois d'avance à tout cé qu'il va dire.
S'il parle, j'applaudis ; jé ris dès qu'il veut rire.
Jé né suis pas sa dupe, il m'amuse *in petto*.
Par là jé m'établis dans son pétit château,
Château qui n'est au fond qu'uné gentilhommière :
Qué dis-je ! cé serait uné simple chaumière ;
On y dîne, mon cher, on y soupe ; il suffit :
Crac en a lé plaisir, et j'en ai lé profit.

FRANCHEVAL. (On entend un cor.)
A merveille, monsieur ; mais j'entends grand tapage.
Ah ! c'est notré chasseur avec son équipage.

VERDAC.
Son équipage ? Oh ! oui, léquel est composé
D'un jardinier bonace, en garde déguisé,
D'un page, pétit pauvre, errant dans la contrée,
Qué dé Crac affubla d'un morceau dé livrée.
Jack est essentiel. En cé pétit garçon
On voit lé dindonnier, lé page et l'échanson.
Il s'acquitte assez bien surtout du dernier role.
Mais voici tout lé train ; il n'est rien dé plus drole.
(On entend le cor de plus près.)

SCÈNE V

Les mêmes, M. DE CRAC, THOMAS, JACK.
(Quatre petits garçons, paysans, armés de bâtons.)

M. DE CRAC, gravement.
Enfans, pétits laquais qué né jé logé pas,
Jé suis content : allez, jé pairai vos papas.
On né mé vit jamais prodigué dé louanges,
Mais ils ont rabattu comme des pétits anges.
(Les petits garçons sortent.)

SCÈNE VI

M. FRANCHEVAL. M. DE CRAC, VERDAC,
THOMAS, JACK.

M. DE CRAC.
Bonjour, messieurs.

SCÈNE VI.

VERDAC.
Salut à monsieur lé varon.
FRANCHEVAL.
Serviteur.
VERDAC.
Et la chasse ?
M. DE CRAC.
On n'est point fanfaron,
Jé mé suis amusé comme un roi ; mais du reste,
Démandez à mes gens.
VERDAC.
Vous êtes trop modeste.
M. DE CRAC.
Point du tout.
FRANCHEVAL.
Vous aviez un beau temps.
M. DE CRAC.
En effet.
Jé n'en suis pas moins las ; car j'ai couru, Dieu sait !
Moi, jé né chasse point comme vos pétits maîtres.
(Il s'assied.)
Page, mets bas ton cor, et viens m'ôter mes guêtres.
JACK, avec l'accent.
Oui, monsieur lé varon.
M. DE CRAC.
Il est bien jeune encor.
VERDAC.
Lé compère déjà donné fort bien du cor.
M. DE CRAC.
Oh ! jé lé formerai. Songé bien à ma meute.
JACK.
A votre... ? Monseigneur, jé n'ai point vu d'émeute.
M. DE CBAC.
Jé veux dire mes chiens.
JACK.
La chienne et lé pétit ?
J'entends.
M. DE CRAC.
Mes chiens enfin. Faites cé qu'on vous dit.
(Jack sort.)

SCÈNE VII

M. DE CRAC, M. FRANCHEVAL, M. VERDAC, THOMAS.

M. DE CRAC.
Pourquoi t'est-tu là-bas si long-temps fait attendre,
Thomas ? Quel est lé bruit qui sé faisait entendre ?
THOMAS, sans accent.
C'est celui d'un soufflet que là-bas j'ai reçu.
M. DE CRAC.
Un soufflet ?
THOMAS.
Oui vraiment.
M. DE CRAC.
Ah ! si jé l'avais su !
Et dé qui donc ?
THOMAS.
De qui ? mais de monsieur de Trapc,
En personne.
M. DE CRAC.
A cé point lé jeune hommé s'échappe ?
THOMAS.
C'est vous qui bien plutôt vous êtes échappé :
Vous menacez de loin, de près je suis frappé.
M. DE CRAC.
Mais on né vit jamais brutalité pareille.
(Il fait mine de sortir.)
Cadédis, jé m'en vais lui parler à l'oreille.
(Il revient.)
Oui, l'un dé ces matins, jé lui dirai deux mots.
THOMAS.
Parce qu'il part demain !
VERDAC.
Eh ! mais à quel propos
Cé démêlé ? pourquoi ?
M. DE CRAC.
Pour uné vagatelle,
Qui né mérite pas qué jé vous la rappelle.
Cé jeune homme prétend que jé tire chez lui :
Suis-jé dans lé cas, moi, d'avoir bésoin d'autrui ?
THOMAS.
Vous risquez de tirer sur la terre d'un autre,

SCÈNE VII.

Quand vous n'ajustez pas du milieu de la vôtre.
M. DE CRAC.
Lé faquin est surpris qué l'on ait des voisins.
Au fait, lé comte et moi, né sommes pas cousins.
Nous avons eu jadis uné certaine affaire,
Dont lé pétit monsieur sé souviendra, j'espère.
VERDAC.
Jé lé crois.
FRANCHEVAL.
Dé céci jé n'ai rien su, ma foi.
M. DE CRAC.
La chosé s'est passée entré lé comte et moi.
Jé né sais cé qué c'est dé prendre la trompette :
Mais jé vous l'ai méné, messieurs, jé lé répète.
THOMAS.
Ma foi, cette fois-ci, vous fûtes plus prudent.
M. DE CRAC.
Quoi, toujours mé commettre avec un imprudent !
Dieu m'en garde ! mais quoi, laissons célà, dé grace.
Jé suis on né peut plus satisfait dé ma chasse.
J'avais tué lévreaux et perdreaux, Dieu merci,
Aucun dé la façon dont j'ai tué ceux-ci.
THOMAS.
Quand avez-vous tué tout cela de bon compte ?
M. DE CRAC.
Eh ! quand tu récévaas un bon soufflet du comte.
THOMAS.
Il n'est plus de gibier ; ces messieurs sont témoins...
M. DE CRAC.
Verdac sait si j'en tue uné pièce de moins !
FRANCHEVAL.
Dé lièvres cépendant la terre est dépourvue.
VERDAC.
Moi, j'en rencontre encor.
THOMAS.
C'est avoir bonne vue.
VERDAC à M. de Crac
Votre histoire.
M. DE CRAC.
(A Thomas.)
Écoutez, jé... Qué fais-tu là, toi ?
THOMAS.
Moi, j'écoute.
M. DE CRAC.
A quoi bon, l'ayant vu commé moi ?

THOMAS.
Pour voir si monseigneur racontera de même.
M. DE CRAC.
Eh ! sors.

(Thomas sort.)

SCÈNE VIII

M. DE CRAC, M. FRANCHEVAL, M. VERDAC.

M. DE CRAC.
Tous ces gens-là sont d'une audace extrême.
FRANCHEVAL, à part.
Comme il va s'en donner !
M. DE CRAC.
Lé fait est très-certain ;
Mais vous en douterez ; car tel est mon destin.
FRANCHEVAL.
Vous permettez qu'on doute?
M. DE CRAC.
Il n'est rien dé plus drole.
J'allais tranquillèment, mon fusil sur l'épaule ;
Zeste, un lièvre part.
VERDAC.
Bon !
M. DE CRAC.
Oh ! rien n'est plus commun :
Il né m'arrivé pas d'en manquer jamais un.
Jé prends donc mon fusil : à tirer jé m'apprete ;
Frrrr, un perdreau s'envole au-dessus dé ma tete.
FRANCHEVAL.
Qué faire ?
M. DE CRAC.
Un autre alors sé sérait contenté
Dé tirer l'un des deux.
VERDAC.
Oh ! oui, j'aurais opté,
J'en conviens.
M. DE CRAC.
Eh bien, moi, qui suis un bon apotre,
J'ai trouvé plus plaisant dé tirer l'un et l'autre.
L'un s'arrete tout court ; l'autre, la tete en bas,
Descend...

SCÈNE VIII.

VERDAC.
Oh! jé lé vois.

M. DE CRAC.
Mais vous né voyez pas
Lé perdreau justément tomber dessus lé lièvre,
Qui respirait encore...

VERDAC, riant beaucoup.
Et dut avoir la fièvre.

M. DE CRAC.
Dé façon qué dé loin sur le pauvre animal
Lé perdreau, sans mentir, semblait être à chéval,
Et fût resté long-temps dans la meme posture,
Si mon chien n'avait pris cavalier et monture.
Hé donc, qu'en dites-vous?

FRANCHEVAL.
Monsieur... en vérité...

VERDAC.
Rien dé plus curieux, surtout dé mieux conté,
D'honneur!

M. DE CRAC.
Dans mon carnier, ils sont encore ensemble;
Et jé prétends qu'un jour la broché les rassemble;
Qué, dans un meme plat, tous les deux soient servis.

VERDAC.
D'une telle union les yeux séront ravis.
Quel jour est-ce?

M. DE CRAC.
Verdac, vous lé saurez sans doute.
(A Francheval.)
Mais vous né dites rien, jeune homme!

FRANCHEVAL.
Moi, j'écoute.
L'étranger né vient point.

M. DE CRAC.
Où donc est-il, vraiment?

FRANCHEVAL.
Avec mademoiselle il cause apparemment.

M. DE CRAC.
Bon. Jé lui dois la vie, il faut qué j'en convienne.

FRANCHEVAL.
En pareil cas, monsieur, qui n'eût donné la sienne?

M. DE CRAC.
Il était temps. Déjà j'en avais fait fuir dix;
Et quand Saint-Brice vint, ils étaient encor six.

VERDAC.

La peste !

FRANCHEVAL.

On disait trois.

M. DE CRAC.

Jé vous dis six. Dans l'ombre,
Saint-Brice a pu né voir qué la moitié du nombre.
Lé nombre n'y fait rien : ils auraient été cent...
Mais enfin jé perdais mes forces et mon sang.
Il m'a sauvé.

FRANCHEVAL.

Son sort est trop digne d'envie.

VERDAC, serrant M. de Crac dans ses bras.

En défendant vos jours, il m'a sauvé la vie.
Mais jé vois arriver notre aimable inconnu :
Quel air noble !

SCÈNE IX

LES PRÉCÉDENS; SAINT-BRICE, toujours froid et calme.

M. DE CRAC à Saint Brice.

Avec moi qué n'êtes-vous vénu,
Monsieur !

SAINT-BRICE.

Vous avez fait la chasse la plus belle...!

M. DE CRAC.

Qui vous a dit céla ?

SAINT-BRICE.

Du jour c'est la nouvelle.

M. DE CRAC.

Non, j'ai tué fort peu ; tout au plus trois lévreaux,
Autant dé cailles, oui, peut-être dix perdreaux ;
Au lieu qué très-souvent j'en rapporté cinquante.

VERDAC.

Monsieur nous racontait une histoire piquante
D'un lièvre et d'un perdreau tués en même temps,
L'un sur l'autre tombés.

M. DE CRAC à Saint-Brice.

Vous l'entendez?

SAINT-BRICE.

J'entends.

Ce fait est, après tout, le plus simple du monde.
Un jour, le temps se couvre et le tonnerre gronde :

SCÈNE IX.

Il éclate enfin, tombe...
VERDAC.
Où?
SAINT-BRICE, froidement.
Dans mon bassinet;
Le fusil part, et tue un lièvre qui passait.
FRANCHEVAL.
Cette aventuré-ci mé semble encor plus rare.
VERDAC.
Mais l'autre est plus plaisante; et puis le varon narre
Avec certainé grâce, avec un goût, un tact...
Connu dé peu dé gens.
M. DE CRAC, un peu piqué.
Surtout jé suis exact.
VERDAC.
Voilà lé moi : César, d'étonnanté mémoire,
Dieu mé damne! n'a pas mieux conté son histoire.
M. DE CRAC.
Peut-être riez-vous; mais j'ai dessein, mon cher,
Dé mettré par écrit la mienne, cet hiver.
VERDAC.
D'avance jé souscris.
M. DE CRAC.
Mais les races futures
Pourront-elles jamais croire à mes aventures?
Il m'en est arrivé de bizarres, partout,
Dans ma terre, en voyage, à la guerre surtout.
SAINT-BRICE.
Ah! vous avez servi?
M. DE CRAC.
Sans doute; un gentilhomme
Doit servir, et surtout quand dé Crac il sé nomme.
FRANCHEVAL.
Toujours en cé château jé vous vis confiné.
VERDAC.
Monsieur parle d'un temps où vous n'étiez pas né.
M. DE CRAC.
Oui, j'ai servi très jeune, et jé puis bien vous dire
Qué jé savais mé battre avant dé savoir lire.
SAINT-BRICE.
Ah! je le crois. Piqué de son air de hauteur,
A dix ans, je me bats contre mon précepteur;
Je le tue.
VERDAC.
A dix ans? Moi, jé fus moins précoce.

M. DE CRAC, s'animant.
La bataille, pour moi... c'était un jour dé noce.
J'ai vu plus d'uné guerre ; allez, jé vous promets
Qué jé n'ai pas servi, messieurs, en temps de paix.
Avec Saxe j'ai fait les guerres d'Allemagne,
Et jé né couchai point dé toute uné campagne ;
Trois fois, dans un combat, jé changeai dé chéval,
Et j'ai sauvé la vie à notré général.
Il est réconnaissant, il faut qué j'en convienne.
SAINT-BRICE.
Votre histoire, monsieur, me rappelle la mienne :
J'ai pris seul, en Turquie, une ville d'assaut.
VERDAC.
Tout seul?
SAINT-BRICE.
Oui.
M. DE CRAC, à part.
Cé monsieur n'est jamais en défaut.
FRANCHEVAL.
Il n'était donc, monsieur, pas un chat dans la place?
SAINT-BRICE à M. de Crac.
Les guerres d'Amérique, en fûtes-vous, dé grace?
M. DE CRAC.
Ah ! jé brûlais d'en etre : eh ! mais, voyez un peu !
Moi qui traversérais un océan dé feu,
Jé crains l'eau... non dé peur ; mais elle m'incommode :
J'ai manqué pour céla lé beau siégé dé Rhode.
SAINT-BRICE.
Eh bien, moi, j'en étais. J'aime un combat naval.
M. DE CRAC.
J'eus l'un dé mes aïeux fameux vice-amiral.
Au combat dé Lépante on comptait bien lé prendre ;
Mais il sé fit sauter, plutôt qué dé sé rendre.
SAINT-BRICE.
En un cas tout pareil je fis le même saut.
Et me voilà.
VERDAC à M. de Crac.
Cé saut ressemble à son assaut.
SAINT-BRICE.
Sur la frégate anglaise, au milieu du pont même,
J'allai tomber debout, tout armé, moi cinquième.
VERDAC.
L'équipagé, monsieur, dut bien etre étonné.
SAINT-BRICE.
Ils se rendirent tous, et je les enchaînai.

SCÈNE IX.

M. DE CRAC.
Dé plus fort en plus fort. Allons nous mettre à table.
VERDAC.
Cetté transition, d'honneur, est admirable.
M. DE CRAC.
Jé mé sens appétit, comme un chasseur, enfin.
VERDAC.
Moi, sans avoir chassé, d'un chasseur j'ai la faim.
M. DE CRAC.
Pour moi, lé déjeûner est le répas qué j'aime.
VERDAC.
C'est mon meilleur aussi.
FRANCHEVAL.
Mais vous dînez dé même.
VERDAC.
Tout est si bon ici, meme à tous les répas !
M. DE CRAC.
Jé donne peu dé mets, mais ils sont délicats.
VERDAC.
Qui lé sait mieux qué moi? Votre vin de Gascogne...
Soi-disant, vaut bien mieux qué les vins dé Bourgogne.
SAINT-BRICE.
Est-ce qu'il n'en est pas? pour moi, je l'aurais cru.
M. DE CRAC, souriant.
Eh! non, mon cher monsieur, c'est du vin dé mon cru.
Vous croyez qué jé raille?
SAINT-BRICE.
Eh! mais...
M. DE CRAC, à l'oreille de Saint-Brice.
Oui, vin dé Beaune.
SAINT-BRICE, bas à M. de Crac.
(Haut.)
Je m'en doutais. Chacun aime son vin, le prône.
Dans mon parc, une source a le goût du vin blanc,
Et même la couleur, mais d'un vin excellent.
FRANCHEVAL.
C'est uné cave, au fond, qu'uné sourcé pareille.
VERDAC.
Jé conseille à monsieur dé la mettre en bouteille.
Qu'en dites-vous, varon?
M. DE CRAC, très gravement.
Qué lé trait est fort gai ;
Mais, comme a dit quelqu'un, *rien dé beau qué lé vrai.*
Voilà cé qué jé dis.

VERDAC.
Hai... la réplique est vive.
M. DE CRAC.
Mais allons déjeûner, et qui m'aime mé suive.
VERDAC.
(Aux autres.)
Ah! jé vous aime. Allons.
SAINT-BRICE.
Oh! j'ai déjeûné, moi.
VERDAC à Francheval.
Et vous, mon cher?
FRANCHEVAL.
Je n'ai nul appétit, ma foi.
VERDAC.
Jé mangerai pour trois. Adieu.

FRANCHEVAL, retenant Saint-Brice.
Deux mots dé grace.
SAINT-BRICE.
Je reste.

SCÈNE X

SAINT-BRICE, M. FRANCHEVAL.

FRANCHEVAL, très vivement toujours.
Permettez qué, sans nulle préface,
J'aille d'abord au fait.
SAINT-BRICE.
Monsieur, très-volontiers.
FRANCHEVAL.
J'aime en cetté maison dépuis quatre ans entiers.
SAINT-BRICE.
C'est être bien constant; mais la chose est possible.
FRANCHEVAL.
Il est possible aussi qu'un autré soit sensible
Aux charmes dé Lucile.
SAINT-BRICE.
Oui, cela se pourrait.
FRANCHEVAL.
Si c'était vous, monsieur?
SAINT-BRICE.
Si c'était mon secret?

SCÈNE X.

FRANCHEVAL.

Est-cé vous?

SAINT-BRICE.
La demande est un peu familière.

FRANCHEVAL.
La suite en est... qué sais-je? encor plus cavalière.
Si vous l'aimiez, monsieur, jé lé prendrais fort mal.
Jé né suis pas d'humeur à souffrir un rival.

SAINT-BRICE.
Eh! mais, vous êtes vif, monsieur.

FRANCHEVAL.
Céla peut être
Prénez lé meme ton, vous en etes lé maître.

SAINT-BRICE.
Mais..

FRANCHEVAL.
L'aimez-vous ou non?

SAINT-BRICE.
Eh bien, si je l'aimais?

FRANCHEVAL..
Jé vous prirais alors dé quitter à jamais
La maison, lé pays.

SAINT-BRICE.
Ah! c'est une autre affaire.

FRANCHEVAL.
Jé suis, dans tous les cas, pret à vous satisfaire.

SAINT-BRICE.
Est-ce un défi? déjà le prendre sur ce ton!
Vous offrez de vous battre, et vous êtes Gascon!

FRANCHEVAL.
Lé pays n'y fait rien : quoi qu'on dise du notre,
Un Gascon, s'il lé faut, sé bat tout comme un autre.

SAINT-BRICE.
J'aime fort la franchise, et surtout la valeur;
Mais calmez un moment cette aimable chaleur.
Je vous ferai raison, et rien n'est plus facile.
Je vous déclare ici que j'aime fort Lucile,
Au moins autant que vous : de plus, je l'avoûrai,
Je ne puis me résoudre à m'en voir séparé,
Et vous demandez trop.

FRANCHEVAL.
Jé n'en puis rien ravattre:
Laissez-moi lé champ libre, ou bien allons nous vattre.

SAINT-BRICE.
Nous nous battrons sans doute, et je vous l'ai promis;

Mais souffrez qu'à demain le combat soit remis.
FRANCHEVAL.
Jé né suis pas du tout en humeur dé rémettre.
SAINT-BRICE.
Il le faudra pourtant, si vous voulez permettre.
FRANCHEVAL.
Vous voulez m'échapper?
SAINT-BRICE.
Non, je ne fuirai pas.
Demain, vous dis-je.
FRANCHEVAL.
Mais...
SAINT-BRICE, bas.
Eh! parlez donc plus bas,
Et feignons d'être amis; car j'aperçois Lucile.

SCÈNE XI

Les mêmes, MADEMOISELLE DE CRAC.

MADEMOISELLE DE CRAC.
En vain vous affectez dé prendre un air tranquille,
Messieurs : jé lé vois trop, vous avez quérellé.
Mon abord a fait treve à quelque démelé.
SAINT-BRICE.
Nous querellions, d'accord, sur une bagatelle.
MADEMOISELLE DE CRAC.
Votré sang-froid mé cause une frayeur mortelle.
Ah! né mé trompez pas.
(A Francheval.)
Jé gagé qué c'est vous
Qui fatiguez monsieur par vos transports jaloux.
FRANCHEVAL.
Eh! quand céla sérait, ma crainte est-elle vaine?
Vous verrez qué céci n'en valait pas la peine!
MADEMOISELLE DE CRAC.
Non, monsieur, et tout haut j'ose vous défier...
Mais jé suis bonne ici dé mé justifier.
Quoi! dé mes actions né suis-je pas maîtresse!
Et quand pour moi monsieur aurait dé la tendresse,
Qué vous importe à vous?
FRANCHEVAL.
Cé qu'il m'importe?

SCÈNE XI.

MADEMOISELLE DE CRAC.

Eh quoi !
Né saurait-on m'aimer sans etre aimé dé moi ?

FRANCHEVAL.

Eh non, jé lé sais bien, j'éprouve lé contraire.

MADEMOISELLE DE CRAC.

Vous m'offensez, monsieur, par cé mot téméraire.

FRANCHEVAL.

C'est mon peu dé mérite, hélas ! qui mé fait peur.

MADEMOISELLE DE CRAC.

Qui craint qu'on né lé trompe est lui-même un trompeur.

FRANCHEVAL.

Toujours une amé tendre est tant soit peu jalouse ;
Et pour moi jé craindrai jusqu'à cé qué j'épouse.

MADEMOISELLE DE CRAC.

Suis-jé forcée enfin, moi, dé vous épouser ?
Et n'ai-je pas encor lé droit dé réfuser ?

FRANCHEVAL.

Jé lé sais trop.

MADEMOISELLE DE CRAC.

J'admire aussi ma complaisance ;
Oui, monsieur, à l'instant sortez dé ma présence.

FRANCHEVAL.

Soit.

MADEMOISELLE DE CRAC.

Né révénez pas sans ma permission.

FRANCHEVAL.

Non certes.

MADEMOISELLE DE CRAC.

Et surtout dé la discrétion
Avec monsieur ; jamais né lui cherchez quérelle.

FRANCHEVAL.

Vous mé poussez à bout aussi, madémoiselle,
Jamais on n'a tant vu dé partialité ;
Et votre affection est touté d'un côté.

MADEMOISELLE DE CRAC, vivement.

Eh ! oui, sans doute, ingrat ! mais sortez, je l'ésige.

FRANCHEVAL.

Quoi ! vous né voulez pas qué jé... ?

MADEMOISELLE DE CRAC.

Sortez, vous dis-je.

FRANCHEVAL.

A la bonne heure ; mais...

MADEMOISELLE DE CRAC.

Qué veut dire cé *mais*... ?

FRANCHEVAL.
On veut qué jé m'en aille ; eh bien...
MADEMOISELLE DE CRAC.
Quoi ?
FRANCHEVAL.
Jé m'en vais.
(Bas à Saint-Brice.)
Au revoir.
SAINT-BRICE.
A demain. (Francheval sort.)
(A part.)
Si je n'étais le frère,
Le joli rôle ici que l'on me verrait faire !

SCÈNE XII

MADEMOISELLE DE CRAC, SAINT-BRICE.

SAINT-BRICE.
Il est au désespoir.
MADEMOISELLE DE CRAC.
Plaignez-le, en vérité !
SAINT-BRICE.
Il me semble pourtant que vous l'avez traité...
Bien mal.
MADEMOISELLE DE CRAC.
Et lui, comment mé traite-t-il moi-meme ?
Mé soupçonner d'abord quand il sait qué jé l'aime !
Mérité-t-il qu'on ait pour lui de l'amitié ?
SAINT-BRICE.
Il faut pour un amant avoir de la pitié.
MADEMOISELLE DE CRAC, souriant.
Dans lé fond dé mon ame aussi jé lui pardonne,
Jé vous assure.
SAINT-BRICE.
Oh ! oui ; car vous êtes si bonne !
MADEMOISELLE DE CRAC.
Pardonnez-lui dé meme.
SAINT-BRICE.
Ah ! je vous le promets.
MADEMOISELLE DE CRAC.
Et ne soyez plus seul avec moi.
SAINT-BRICE.
Non, jamais.

MADEMOISELLE DE CRAC.
Vous allez mé trouver malhonnete sans doute ;
Mais dès démain, monsieur, poursuivez votré route :
La quérelle pourrait tôt ou tard éclater.
SAINT-BRICE.
J'en suis fâché ; mais quoi ! je ne puis vous quitter.
MADEMOISELLE DE CRAC.
Vous avez tort. Pour moi jé n'ai plus rien à dire :
Permettez qué du moins, monsieur, jé mé rétire.

SCÈNE XIII

SAINT-BRICE, seul.

D'un amour si naïf un tiers serait jaloux ;
Mais il n'est point pour moi de spectacle plus doux.
Il faut absolument faire ce mariage.
Le papa vient : jouons un autre personnage.
En vain, nouveau Protée, il voudra m'échapper :
Le plus trompeur souvent est facile à tromper.

SCÈNE XIV

SAINT-BRICE, M. DE CRAC.

M. DE CRAC, avec un autre habit.
Ami, qué jé vous conte uné chanson à boire,
Qué j'ai faite impromptu, commé vous pouvez croire.
Verdac qui l'entendait en riait comme un fou.
(Il chante.)

> J'aimé beaucoup les femmes blanches,
> Mais j'aime encor mieux le vin blanc ;
> Je n'ai point vu de femmes franches,
> Et j'ai bu souvent du vin franc.
> Lé sexe né m'est rien quand jé flûte ;
> Et dans céla commé dans tout,
>   Chacun a son goût ;
>   Point de dispute,
>   Chacun a son goût.

SAINT-BRICE.
La chanson est jolie. Eh mais, je ne sais où,
Mais quelque part ailleurs je l'ai vue imprimée.

M. DE CRAC.
Il sé peut ; dé mes vers, oui, la France est sémée.
SAINT-BRICE.
Elle a paru, je crois, sous le nom de Collé.
M. DE CRAC.
Ah ! cé n'est pas lé seul couplet qu'il m'ait volé.
Dé mon absence il a profité. lé compère.
Jé l'aimais fort, au reste ; il m'appelait son père.
Mais dépuis qu'en ces lieux jé mé vois confiné,
Lé Parnasse, mon cher, est bien abandonné.
Qué vous dirai-je enfin ? les Muses ésilées,
Dans quelqué coin obscur, plaintives, désolées...
Jé né puis y penser sans répandre des pleurs.

SCÈNE XV

M. DE CRAC, SAINT-BRICE, VERDAC.

VERDAC, un peu échauffé du repas.
Jé viens, mon cher varon, partager vos douleurs.
M. DE CRAC.
Mais où donc étiez-vous ?
VERDAC.
Qui, moi ? j'étais à table.
Sandis ! j'avais encore un appétit dé diable.
Jé né sais... Vous mangez si vite qué jamais,
D'honneur ! jé n'ai lé temps dé goûter chaque mets ;
Et tous assurément méritent qu'on les goûte.
Il faut faire à loisir cé qué l'on fait.
SAINT-BRICE.
Sans doute.
Mieux vaut ne pas manger que manger à demi.
VERDAC.
Au révoir.
M. DE CRAC.
Quoi ! si tôt vous partez, mon ami ?
VERDAC.
Jé lé fais à régret : pardon si jé vous quitte :
D'uné visite ou deux il faut qué jé m'acquitte.
Chacun dé son affaire il sé faut occuper.
Né vous dérangez pas : jé réviendrai souper.

SCÈNE XVI

M. DE CRAC, SAINT-BRICE.

SAINT-BRICE.
Vous avez pour voisins des gens pleins de mérite.
M. DE CRAC.
La peste! jé lé crois : du pays c'est l'élite.
Gentilshommes, Dieu sait ! tous deux sont mes vassaux.
Vous voyez qué pourtant jé les traite en égaux.
Mais quoi ! pour m'amuser j'aimé bien mieux descendre,
Et jé n'ai point l'orgueil dé cé jeune Alésandre,
Qui pour rivaux, dit-on, né voulait qué des rois :
Commé dé vrais amis nous vivons tous les trois.
SAINT-BRICE.
Le plus jeune des deux me paraît fort aimable.
M. DE CRAC.
Verdac est d'une humeur encor plus agréable.
Il vous écoute au moins.
SAINT-BRICE.
    Et surtout il vous croit.
M. DE CRAC.
Au lieu que Franchéval est souvent distrait, froid.
SAINT-BRICE.
Il paraît empressé près de mademoiselle.
M. DE CRAC.
C'est bien gratuitement qu'il soupiré pour elle.
Ma fille né veut pas du tout sé marier.
SAINT-BRICE.
Est-il possible?
M. DE CRAC.
    Eh ! oui, rien n'est plus singulier :
Lucile a réfusé vingt partis d'importance ;
(A l'oreille.)
Lé fils du gouverneur. Là-dessus jé la tance :
Jé né puis davantage ; et l'honneur mé défend
Dé faire violence au cœur dé mon enfant.
SAINT-BRICE.
Elle est d'ailleurs charmante.
M. DE CRAC.
    Il faut qué jé l'avoue.
Jé né puis la louer ; mais j'aime qu'on la loue.

SAINT-BRICE.
C'est qu'elle a tout, monsieur : elle est belle d'abord ;
Elle a les plus beaux yeux !
M. DE CRAC.
Oui, j'en tombe d'accord.
Verdac, pétit flatteur, dit qu'ellé mé ressemble.
SAINT-BRICE.
Il a raison : elle a de vos traits...
M. DE CRAC.
Oui, l'ensemble.
Sa mère était aussi d'uné raré beauté.
Vous jugez si ma femme était dé qualité ;
Ses aïeux rémontaient aux comtes dé Bigorre.
Dans cet essaim d'amans qu'elle avait fait éclore,
Les Gaston, les dé Foix, surtout les d'Armagnac,
(Il s'attendrit.)
Clotilde démela lé chévalier dé Crac.
Mais tous, l'un après l'autre, il mé fallut les vattre,
Et conquérir mon bien, commé fit Henri-Quatre.
Si j'avais un trésor, il m'avait bien coûté.
SAINT-BRICE.
Celui-là ne pouvait trop cher être acheté,
Si de la mère, au moins, je juge par la fille.
Lucile est, je le vois, toute votre famille ?
M. DE CRAC.
Eh non, vraiment, monsieur ; j'ai dé plus lé bonheur
D'avoir un fils, un fils qui mé fait grand honneur.
SAINT-BRICE.
Bon ! il est donc absent ?
M. DE CRAC.
Il sert contré lé Russe ;
Mais il sert tout dé bon. Ah ! lé feu roi dé Prusse
Savait l'apprécier ; et lé grand Frédéric,
En fait d'opinion, valait tout un public.
Il admirait mon fils : j'en ai plus d'uné marque,
Et j'ai, sans vanité, réçu dé cé monarque
Des lettres... qué jamais personne né verra.
Il m'écrivait un jour : « Votré cher fils séra
Lé plus grand général qu'ait jamais eu l'Europe. »
Jé pensé qué l'on peut croire à cet horoscope.
SAINT-BRICE.
Oui, sans doute.
M. DE CRAC.
Il commence à sé vérifier.
A mon fils dépuis peu l'on vient dé confier

SCÈNE XVI.

Un beau, mais en révanche un très-périlleux poste.
SAINT-BRICE, à part.
Ah ! le papa ment bien : il faut que je riposte.
(Haut.)
On le nomme ?
M. DE CRAC.
Son nom de famille est dé Crac :
Mais dans touté l'Europe on lé nommé d'Irlac.
SAINT-BRICE.
Ah ! c'est mon ami.
M. DE CRAC.
Quoi !...
SAINT-BRICE.
Ma surprise est extrême.
D'Irlac votre fils ?
M. DE CRAC.
Oui.
SAINT-BRICE.
C'est un autre moi-même.
J'en faisais très-grand cas. Jeune encore il servait
Dans mes gardes.
M. DE CRAC.
Dans vos... ?
SAINT-BRICE, feignant de se reprendre.
Partout il me suivait.
M. DE CRAC remarque cela.
Il sé pourrait ?
SAINT-BRICE.
Hélas ! pauvre d'Irlac ! sans doute
Vous savez... pour servir voilà ce qu'il en coûte !
M. DE CRAC.
Quoi... ?
SAINT-BRICE.
Vous l'ignorez ?
M. DE CRAC.
Oui.
SAINT-BRICE, très-mystérieusement.
Contre son colonel
Il vient dernièrement de se battre en duel.
M. DE CRAC.
Jé réconnais les Crac à cé coup téméraire.
A-t-il été blessé ?
SAINT-BRICE.
Non, monsieur ; au contraire,
Le colonel est mort.

M. DE CRAC.
Hélas ! j'en suis fâché.
Et mon fils ?
SAINT-BRICE.
Aussitôt votre fils s'est caché.
M. DE CRAC.
Quoi ! mon fils sé cacher ! Pour mon nom quellé tache !
C'est la prémière fois, sandis ! qu'un Crac sé cache.
SAINT-BRICE.
On le découvre.
M. DE CRAC.
O ciel !
SAINT-BRICE.
On lui fait son procès.
Vous savez la rigueur des lois.
M. DE CRAC.
Oui, jé lé sais.
SAINT-BRICE.
On le condamne...
M. DE CRAC.
A quoi ?
SAINT-BRICE.
Mais... à perdre la tête.
M. DE CRAC.
Ah ! malheureux enfant !
SAINT-BRICE.
Le supplice s'apprête.
Il charme heureusement la fille du geôlier.
M. DE CRAC.
Hai, lé gaillard doit être un joli cavalier.
Eh bien ?
SAINT-BRICE.
Elle et d'Irlac prennent tous deux la fuite.
M. DE CRAC.
Ah ! jé respire.
SAINT-BRICE.
Oui ; mais on court à leur poursuite.
Ils étaient à cheval comme les fils Aymon.
M. DE CRAC.
O ciel ! on lés poursuit ! et lés attrapé-t-on ?
SAINT-BRICE.
La fille était en croupe, et sans peine on l'attrape :
D'Irlac croit la tenir encore, et seul s'échappe.
M. DE CRAC.
Lé jeune homme est subtil.

SCÈNE XVII.

SAINT-BRICE.
C'est un autre Annibal.
M. DE CRAC.
Il sé sauve ?
SAINT-BRICE.
En courant il tombe de cheval,
Et se casse la jambe.
M. DE CRAC.
Ah ! je meurs ; et laquelle ?
SAINT-BRICE.
La gauche.
M. DE CRAC.
Sur mes deux moi-memé jé chancelle.
SAINT-BRICE.
Vous n'avez donc pas eu des nouvelles de lui ?
Autrement vous sauriez...
M. DE CRAC.
J'en attends aujourd'hui.
(Il appelle.)
Thomas ! Thomas ! Fut-il accident plus funeste ?
SAINT-BRICE.
Heureusement d'Irlac se porte bien du reste.

SCÈNE XVII

Les mêmes, THOMAS.

M. DE CRAC à Thomas.
Mes lettres.
THOMAS.
Eh ! monsieur, vous demandez toujours
Vos lettres ; je n'en vois pas une en quinze jours.
M. DE CRAC.
Mais jé né conçois pas cé contré-temps bizarre.
Il faut assurément qué lé courrier s'égare.
THOMAS.
Il s'égare souvent.
M. DE CRAC, bas à Thomas.
Veux-tu té conténir,
Vabillard ?
THOMAS.
Non, ma foi, je n'y peux plus tenir ;
Et c'est par trop aussi charger ma conscience.
Donnez-moi mon congé ; car je perds patience.

M. DE CRAC.
Comment ?
THOMAS.
    Eh oui, morbleu ! prenez quelque garçon
Qui soit de ce pays : je ne suis point Gascon.
Grâces au ciel, monsieur, ma province est la Beauce.
Là jamais on ne dit une nouvelle fausse ;
Et jamais *oui* pour *non*.
M. DE CRAC.
    Eh bien, rétourne-s-y
Jé té dois...?
THOMAS.
  Dix écus.
M. DE CRAC, mettant la main à la poche.
    Tiens, drôle, les voici.
THOMAS.
Je ne suis point un drôle, et je suis honnête homme
M. DE CRAC.
Voyez un peu ! sur moi jé n'ai pas cetté somme.
Jé pourrais dé cé pas l'aller chercher là-haut.
Mais jé veux mé défaire à l'instant du maraud.
 (A Saint-Brice.)
Prêtez-moi dix écus.
SAINT-BRICE.
    S'il faut que je le dise,
Ma bourse est demeurée au fond de ma valise :
Je n'ai que dix-huit francs, monsieur.
M. DE CRAC.
      Donnez-les-moi.
(Il reçoit les dix-huit francs.) (A Thomas, en le payant.)
J'ai lé reste.   Tiens, pars.
THOMAS.
    Et de bon cœur, ma foi.
M. DE CRAC, d'un ton tragique.
Gardé qu'ici démain lé jour né té surprenne.
THOMAS.
N'ayez pas peur. Voici les clefs de la garenne,
Du jardin, de la cave, et même du grenier.
Le garde, le laquais, surtout le jardinier,
Sont bien vos serviteurs, et, sans cérémonie,
Monsieur, vont s'en aller tous trois de compagnie.

SCÈNE XVIII

M. DE CRAC, SAINT-BRICE.

M. DE CRAC, courant après Thomas; Saint-Brice le retient.
Insolent ! pour jamais fuyez dé mon aspect.
Jé crois qué lé coquin m'a manqué dé respect.
SAINT-BRICE.
Je le trouve en effet fort brusque en ses manières.
M. DE CRAC.
Uné fatalité, mais des plus singulières,
Fait qué dé dix laquais il né m'en reste aucun ;
Mécontent dé mes gens, et n'en rétenant qu'un,
L'un dé ces jours passés j'en mis neuf à la porte.
SAINT-BRICE.
Quoi, neuf ?
M. DE CRAC.
J'eus pour lé faire uné raison très forte.
Enfin à cet éclat jé m'étais décidé.
Thomas était fidèle, et jé l'avais gardé.
Céci mé contrarie un peu plus qu'on né pense.
SAINT-BRICE.
Je sens cela.
M. DE CRAC.
Ma terre est d'un détail immense.
SAINT-BRICE.
Elle paraît superbe.
M. DE CRAC.
Ah ! vraiment jé lé crois !
Deux mille arpens dé terre et lé double dé bois.
SAINT-BRICE.
Cette terre sans doute est une baronnie ?
M. DE CRAC.
D'où rélève, entre nous, mainté chatellenie.
J'ai bien les plus beaux droits...! Un autre assurément
S'en targuerait ; mais moi, j'en usé rarément.
SAINT-BRICE.
Je le crois.
M. DE CRAC.
Mais, mon cher, il faut que jé lé dise,
Le plus beau dé mes droits est d'avoir pour dévise
Ces trois mots seuls : JE VINS, JE VIS ET JE VAINQUIS.

SAINT-BRICE.

Ce titre est précieux.

M. DE CRAC.

Et surtout bien acquis.
Voici lé fait : peut-être il n'est pas dans l'histoire ;
Mais il est sûr. Paul Crac, surnommé Barbe-Noire,
(Il montre son portrait.)
Dans ce château soutint un siége dé deux mois
Contré Jules-César... c'est tout dire, jé crois.

SAINT-BRICE.

Bon !

M. DE CRAC.

Il né sé rendit encor qué par famine.
César en fit grand cas, comme on sé l'imagine ;
Et lui permit dès lors dé mettré ces trois mots.
Il prit dans cé chateau quelques jours dé répos.
On voit encor pendue au plafond son épée,
L'épée avec laquelle il a tué Pompée.

SAINT-BRICE.

Pompée ! il n'est pas mort de la main de César.

M. DE CRAC.

Vous croyez ? Jé pourrais mé tromper par hasard :
Jé soumets, en tous cas, mes lumières aux votres.
S'il né tua Pompée, il en tua bien d'autres.
Vous occupez sa chambre.

SAINT-BRICE.

Ah !

M. DE CRAC.

L'on n'est pas fâché
Dé sé dire : « Jé couche où César a couché. »
Monsieur sourit ; peut-être il croit qué jé mé moque.

SAINT-BRICE.

Non. Mais ceci va faire une seconde époque.
(Il feint de se reprendre.)

(A mi-voix.)
Qu'ai-je dit ?

M. DE CRAC.

Plaît-il ?

SAINT-BRICE.

(A mi-voix.)
Rien. Que je suis indiscret !

M. DE CRAC.

Vous voulez, jé lé vois, mé cacher un sécret.

SAINT-BRICE.

Non.

M. DE CRAC.

M. DE CRAC.

Paul Crac, surnommé Barbe Noire
Dans ce château soutint un siége de deux mois
Contre Jules César... c'est tout dire, je crois.

SCÈNE XIX.

M. DE CRAC.
Tout à l'heure encor vous avez, par mégarde,
Et cé mot m'a frappé, parlé dé votré garde.

SAINT-BRICE.
Moi! j'ai dit...?

M. DE CRAC.
Oui, voyez! vous en etés faché!
Mais il n'en est pas moins vrai qué lé mot est laché.
Et puis, d'ailleurs, ténez, j'ai la vue assez fine.
J'entrévois... Oui, votre air et votré hauté mine,
Tout m'annonce...

SAINT-BRICE.
Monsieur, ne me devinez pas.

M. DE CRAC.
Vous avez peur. Hé donc, jé vous dirai tout bas
Qu'en vain vous déguisez lé sang qui vous fit naître,
Et qué dépuis long-temps j'ai su vous réconnaître.

SAINT-BRICE.
Moi?

M. DE CRAC.
Vous-même.

SAINT-BRICE.
Hé bien... non.

M. DE CRAC.
Achevez.

SAINT-BRICE.
Je ne puis.
Je ne saurais vous dire encore qui je suis,
L'honneur pour quelque temps me condamne au silence;
Pardon ; avec regret je me fais violence :
Vous serez bien surpris, tantôt, en vérité :
Je vais prendre un peu l'air.

(Il sort.)

SCÈNE XIX

M. DE CRAC, seul.

Jé m'en étais douté.
Oui, je vais parier qué c'est quelqué grand prince,
Qui court *incognito* dé province en province.
Dé ma fille en sécret jé lé crois amoureux.
S'il pouvait l'épouser, qué jé sérais heureux !
J'ai toujours éludé les amans dé Lucile.

Marier uné fille est chose difficile.
Car dé mé dénuer jé né suis pas si sot.
L'inconnu, s'il est prince, épouserait sans dot.
Il faut qu'à cet hymen un peu jé la prépare ;
Car j'aime ma Lucile, et né suis point barbare.
Jack !... Elle aime, jé crois, ce monsieur Franchéval,
Mais il né tiendra pas contre un pareil rival.
Jack !...

SCÈNE XX

M. DE CRAC, JACK.

JACK.
Monsieur lé varon.
M. DE CRAC.
Eh ! venez donc ; du zèle.
JACK.
Mais jé suis accouru.
M. DE CRAC.
Dis à mademoiselle
Dé vénir à l'instant.
JACK.
Mais... monsieur lé varon...
M. DE CRAC.
Hé bien, qu'est-ce ?
JACK.
C'est qué... c'est qué...
M. DE CRAC, l'imitant.
C'est qué...
JACK.
Pardon,
Mademoiselle est bien occupée.
M. DE CRAC.
A quoi faire ?
JACK.
Mais...
M. DE CRAC.
Voyons, qué fait-elle ?
JACK.
Elle est fort en colère ;
Ellé grondé beaucoup.
M. DE CRAC.
Qui ?

SCÈNE XX

JACK.
Monsieur Franchéval.

M. DE CRAC.
Il sérait...?

JACK.
A ses pieds, prêt à sé trouver mal.
Il démandé pardon.

M. DE CRAC.
Comment?

JACK.
Madémoiselle
Lui disait qu'il n'avait nulle estime pour elle ;
Et monsieur Franchéval disait qu'il l'adorait,
Qu'il l'aimérait toujours. Dame c'est qu'il pleurait !
Il mé faisait pitié, vraiment !...

M. DE GRAC.
Eh bien, ensuite ?

JACK.
Vous m'avez appélé, jé suis vénu bien vite.

M. DE CRAC.
Rétourné vite ; va, Jack.

JACK.
Où faut-il aller ?

M. DE CRAC.
Va dire à Franchéval qué jé veux lui parler.

JACK.
J'y cours.

M. DE CRAC.
Ah ! jé m'en vais lé traiter, Dieu sait comme !
Non, j'aimé mieux parler à la fille qu'à l'homme ;
Franchéval est bouillant, et l'on connaît les Crac.
Fais-moi venir ma fille.

JACK.
Eh ! mais...

M. DE CRAC.
Allez donc, Jack.

JACK.
Mais monsieur Franchéval...

M. DE CRAC.
Eh, bien?

JACK.
Il vient lui-meme.

M. DE CRAC.
Quoi ?... Jé suis étonné dé cette audace estreme.

10.

JACK.
Qu'avez-vous donc, monsieur lé varon? vous semblez...
Jé né sais... on dirait vraiment qué vous tremblez.
M. DE CRAC.
Non, c'est qué jé frémis. Lé pauvre enfant, jé tremble !
Mais lé voici. Va, Jack, et laissé-nous ensemble.

(Jack sort.)

SCÈNE XXI

M. DE CRAC, FRANCHEVAL.

M. DE CRAC, à part.
Jé lé croyais bien loin, et jé l'eusse aimé mieux.
(Haut.)
Quoi, monsieur, vous osez vous montrer à mes yeux,
Après cé qué jé sais?
FRANCHEVAL.
Eh ! oui, monsieur, jé l'ose.
J'ose plus, et jé viens pour vous dire uné chose :
J'adoré votré fille.
M. DE CRAC.
Et vous lé répétez ?
FRANCHEVAL.
Sans doute ; et pourquoi pas ?
M. DE CRAC.
Ainsi vous m'insultez !
C'est peu qué l'on vous trouve aux génoux dé Lucile...
Mais vous mé prénez donc pour un père inbécile ?
FRANCHEVAL.
Moi, monsieur, point du tout.
M. DE CRAC.
Vous mé manquez, monsieur.
FRANCHEVAL.
En quoi? Mais, au surplus, jé suis hommé d'honneur.
Vous mé voyez ici prêt à vous satisfaire,
Si j'ai pu vous manquer.
M. DE CRAC.
Oh ! c'est une autre affaire.
Dé quel droit, jé vous prie, osez-vous, en cé jour,
Parler seul à ma fille, et lui parler d'amour ?
FRANCHEVAL.
Eh ! mais vous lé savez. C'est parcé qué jé l'aime,
Qué j'aspire à sa main, qué vous m'avez vous-meme

SCÈNE XXI.

Permis de l'espérer.
                    M. DE CRAC.
               J'ai changé dé dessein.
Dé ma fille à présent n'attendez plus la main.
Quelqu'un... qui vous vaut bien, va dévénir mon gendre.
Ainsi...
               FRANCHEVAL.
      Croirai-jé bien cé qué jé viens d'entendre?
Un autré...? pourriez-vous à cé point mé jouer?
                  M. DE CRAC.
La demande est plaisante, il lé faut avouer.
Ma fille est à moi.
               FRANCHEVAL.
         Non, s'il faut qué jé lé dise,
Ellé n'est plus à vous. Vous mé l'avez promise :
Vous mé la rétirez ; c'est uné trahison :
Et vous mé permettrez d'en demander la raison.
                 M. DE CRAC
A moi?
             FRANCHEVAL.
      Vous n'êtes plus à présent mon beau-père,
Et voudrez bien vous vattre avec moi, jé l'espère ;
Vous hésitez?
                M. DE CRAC.
         J'hésite, et suis dé bonné foi.
               FRANCHEVAL.
Auriez-vous peur?
                M. DE CRAC.
          Jé crains, mais cé n'est pas pour moi.
Oui, jé plains, Franchéval, votre jeunesse extrême,
Et j'ai quelque régret... Dans lé fond jé vous aime.
               FRANCHEVAL.
Jé vous suis obligé.
                M. DE CRAC, à part.
          Bon. Saint-Brice paraît.
(Haut.)
Oui, oui, nous nous vattrons, à l'instant, s'il vous plaît.
  (Plus haut.)
Jack, descends mon épée.

SCÈNE XXII

Les mêmes, SAINT-BRICE.

SAINT-BRICE.
　　　　　Eh ! qu'en voulez-vous faire,
Mon cher hôte ?
　　　　　M. DE CRAC.
　　　　　Mé vattre avec cé téméraire,
Qu'aux génoux dé ma fille un valet a trouvé !
　　　　　SAINT-BRICE.
Monsieur, votre courage est assez éprouvé.
Vous allez vous commettre avec un tel jeune homme ?
　　(A Francheval.)
Et vous, cher Francheval, que partout on renomme,
　　(Bas.)
Quoi, c'est contre un vieillard qu'ici vous vous armez !
　　(Haut.)
Contre le père enfin de ce que vous aimez !
　　(Déclamant.)
Songez que l'offenseur est père de Chimène.
　　　　　FRANCHEVAL.
Ah ! cé mot a suffi pour éteindré ma haine.
　　(A M. de Crac.)
Pardonnez-moi, monsieur, cet aveuglé transport.
　　　　　M. DE CRAC.
Dé tout mon cœur ; moi-même, après tout, j'avais tort.
Cé combat inégal pouvait mé compromettre.
　　　　　SAINT-BRICE.
Je me battrai pour vous, si vous voulez permettre.
Aussi bien à monsieur j'ai promis ce plaisir.
　　　　　M. DE CRAC.
Quel champion plus brave aurais-jé pu choisir ?
　　　　　FRANCHEVAL.
Il faut bien en effet qué Lucilé vous coûte
Quelqué combat au moins ; car vous êtes sans doute
Cé rival préféré.
　　　　　SAINT-BRICE.
　　　　　Peut-être ; au fait, mes droits
Sur son cœur valent bien les vôtres, je le crois.
　　　　　FRANCHEVAL.
C'est cé qué l'on va voir,

SCÈNE XXII.

SAINT-BRICE.
Avant que de nous battre,
Messieurs, il est un point qu'il est bon de débattre.
Lucile apparemment est le prix du vainqueur?
M. DE CRAC, bas à Saint-Brice.
Mon prince, si c'est vous, j'y consens dé bon cœur.
SAINT-BRICE.
Si c'est monsieur, de même ; et l'équité l'exige.
M. DE CRAC.
Jé n'y puis consentir.
SAINT-BRICE.
Consentez-y, vous dis-je,
Pour moi, je ne me bats qu'à ces conditions.
FRANCHEVAL, bas à Saint-Brice.
Il eût toujours fallu qué nous nous vatissions.
SAINT-BRICE.
(A M. de Crac.)
Sans doute. S'il me tue, il doit avoir la pomme.
(Bas à M. de Crac.)
Je suis, en me battant, sûr de tuer mon homme.
M. DE CRAC, bas à Saint-Brice.
Lé gaillard sé bat bien ; puis l'amour rend adroit :
Il est bouillant.
SAINT-BRICE, bas à M. de Crac.
Tant mieux : moi je suis calme et froid.
FRANCHEVAL.
Soyez impartial, commé doit être un juge.
M. DE CRAC, à part.
Après tout, jé saurai trouver un subterfuge.
(Haut à Saint-Brice.)
Eh bien donc, jé consens qué Lucile aujourd'hui
Épousé lé vainqueur, qué cé soit vous ou lui.
J'en serai lé temoin.
SAINT-BRICE.
Vous serez juge d'armes.
M. DE CRAC.
Bon. D'un combat pour moi la vue a millé charmes.
FRANCHEVAL.
Oui, commé quand on voit un naufragé du port.
SAINT-BRICE, déclamant.
Mais je suis désarmé. Voulez-vous bien d'abord
Dans mon appartement aller chercher l'épée...
Avec laquelle un jour César tua Pompée?
M. DE CRAC.
Oui, j'aurai grand plaisir à vous la confier.   (Il sort.)

SCÈNE XXIII

SAINT-BRICE, FRANCHEVAL.

SAINT-BRICE.
Çà, mon cher, il est temps de me justifier.
Je vous semble un rival, et suis tout le contraire.
De Lucile voyez, non l'amant, mais le frère.
FRANCHEVAL.
Est-il possible, ô ciel!...
SAINT-BRICE.
D'honneur! rien n'est plus vrai.
Vous voyez qu'entre nous le combat sera gai.
Mais les moments sont chers; reconnaissons la carte :
Poussez toujours en tierce, et moi toujours en quarte.
(Il lève l'épée de Francheval en l'air.)
Et d'après ce signal je serai désarmé.
D'être battu par vous vous me verrez charmé.
Mais ne me tuez pas ; car ce serait dommage
Que je ne visse point votre heureux mariage.
FRANCHEVAL.
Plutôt mourir cent fois. Jé vois, aimable ami,
Qué vous né savez point obliger à démi.
SAINT-BRICE, voyant M. de Crac.
Chut!

SCÈNE XXIV

LES MÊMES, M. DE CRAC.

M. DE CRAC.
La voici : peut-être est-elle un peu rouillée.
SAINT-BRICE.
Bientôt d'un sang plus frais vous la verrez mouillée.
Allons, monsieur, en garde.
FRANCHEVAL.
Oui, monsieur, m'y voilà.
(Ils se battent.)
M. DE CRAC.
Ma fille! ô ciel!
FRANCHEVAL, tout en se battant.
Monsieur, dé grace, écartez-la.

SCÈNE XXV

Les mêmes, MADEMOISELLE DE CRAC.

MADEMOISELLE DE CRAC.
Ciel! qué vois-je, mon père?
M. DE CRAC.
Éloignez-vous, Lucile;
Sortez.
MADEMOISELLE DE CRAC.
Ah! cé n'est pas lé cas d'êtré docile.
(Elle court aux combattants.)
Cruels, séparez-vous, ou tuez-moi tous deux.
M. DE CRAC.
Insensée, allez-vous vous mettre au milieu d'eux?
MADEMOISELLE DE CRAC.
Jé mé murs.
(Elle s'évanouit.)
FRANCHEVAL.
Quel objet pour ma vivé tendresse!
(Saint-Brice se laisse désarmer.)
Cher Crac, pansez monsieur : jé vole à ma maîtresse.
M. DE CRAC à Saint-Brice.
Vous vous vantiez si fort ; et vous voilà vattu !
SAINT-BRICE.
C'est la première fois.
MADEMOISELLE DE CRAC, revenant à elle.
Cher Franchéval, vis-tu?
FRANCHEVAL.
Oui, jé vis pour t'aimer, pour t'adorer... qué sais-je ?
Pour être ton époux.
M. DE CRAC, à part.
Comment éluderai-je?
SAINT-BRICE.
C'est un point arrêté.
MADEMOISELLE DE CRAC.
Mon père, est-il bien vrai?
M. DE CRAC.
(A part.)
Ma fille, j'en conviens. Bon! jé trouve un délai.
(Haut.)
Il survient un obstacle.
FRANCHEVAL.
Et léquel, jé vous prie?

M. DE CRAC.
Mon fils ; il né veut pas qué sa sœur sé marie.
MADEMOISELLE DE CRAC.
Quoi...?
M. DE CRAC.
Dé lui jé reçois uné lettre à l'instant.
Il mé mande, en effet, son facheux accident.
Mais sa jambé va bien ; il a bonne espérance ;
Et nous lé réverrons lé mois prochain en France.
Sa dernière victoire a tout calmé là-bas.
SAINT-BRICE.
Ah !...
M. DE CRAC. (Il feint de lire mais se tient un peu à l'écart.)
« Surtout, cher papa, m'écrit-il, n'allez pas
Vous hater d'établir ma sur dans la province ;
Jé l'ai presqué promise au fils d'un très-grand prince. »
On sent qu'un tel hymen, et surtout qu'un tel fils,
Méritent quelque égard.
SAINT-BRICE.
C'est aussi mon avis.
Expliquons-nous pourtant ici, je vous conjure.
De renchérir sur vous j'avais fait la gageure,
Et j'espérais gagner. Ce nouvel incident
M'étonne, mais j'espère en sortir cependant.
Monsieur d'Irlac enfin (et c'est mon coup de maître),
Vous le faites écrire, et je le fais paraître.
M. DE CRAC.
Qué voulez-vous dire?
SAINT-BRICE.
Oui, ce fils, ce frère...
M. DE CRAC.
Eh quoi?
SAINT-BRICE, gasconnant un peu.
Vous né dévinez pas, cher papa, qué c'est moi?
MADEMOISELLE DE CRAC
Ciel! mon frère!
M. DE CRAC.
Mon fils? il s'est cassé la jambe,
Dis-tu ?
SAINT-BRICE, gasconnant dans le premier vers.
Jé lé croyais, il rédévient ingambe.
Quoi, vous n'avez pas eu quelques pressentimens?
Comment! depuis au moins dix heures que je mens,
(gasconnant encore.)
Vous n'avez pas connu votré sang, mon cher pèré?

M. DE CRAC.
Lé coquin! qu'il a bien tout l'esprit dé sa mère!
SAINT-BRICE.
Sans doute vous tiendrez la promesse?
M. DE CRAC.
Oui, mon fils.
SAINT-BRICE.
Et la petite sœur? elle est de notre avis!
MADEMOISELLE DE CRAC.
Ou vous êtes du mien.
M. DE CRAC.
Jé né mé sens pas d'aise.
Mais vous etés pourtant, mon fils, né vous déplaise,
Lé plus hardi havleur...!
SAINT-BRICE.
Pardon, cent fois pardon,
Mais quoi, le carnaval, et même, que sait-on...?
Votre exemple, peut-être, enfin la circonstance;
Tout cela sollicite un peu votre indulgence.
M. DE CRAC.
J'ai bien lé temps ici dé mé facher, vraiment!
Jé suis tout au plaisir d'embrasser mon enfant.

SCÈNE XXVI

Les mêmes, VERDAC.

M. DE CRAC, à Verdac.
Verdac, voilà mon fils.
VERDAC, à part.
Surcroît dé bonné chère.
(Haut.)
Est-il vrai? Qué pour moi cetté nouvelle est chère!
C'est là monseu d'Irlac?
SAINT-BRICE.
Oui, monsieur, enchanté
De...
VERDAC.
Qué jé vous embrasse, enfant si regretté!
Lé ciel enfin permet qu'ici l'on vous révoie!
M. DE CRAC.
Par vos ravisséments jugez donc dé ma joie!
VERDAC.
Oh! oui; quand votré fils révole dans vos bras,

182   M. DE CRAC.

Vous allez sûrement nous tuer lé veau gras?
Dieu sait si j'aimé, moi, les répas dé famille
M. DE CRAC.
Ce n'est pas tout, jé viens dé marier ma fille
Avec Franchéval.
VERDAC, à part.
Bon! encor nouveau festin.
(Haut).
Né mé trompez-vous pas?
M. DE CRAC.
Non, rien n'est plus certain.
VERDAC, à Francheval.
Ah! mon cher Franchéval, quel bonheur est lé votre!
(A part.)
Ces deux répas pourtant sont trop près l'un dé l'autre.
SAINT-BRICE.
Mais de cette union je suis tout occupé.
Venez, mon père.
VERDAC.
Allons en causer au soupé.

SCÈNE XXVII

Les mêmes, JACK.

JACK, accourant.
Monsieur lé varon!...
M. DE CRAC.
Quoi?
JACK.
Voici tout lé village.
M. DE CRAC.
Eh mais, qué mé veut-il?
JACK.
Vous rendré son hommage.
On vient dé touté part pour voir monseu d'Irlac.
(A Saint-Brice.)
Veut-il bien agréer l'humblé salut dé Jack
SAINT-BRICE, lui donnant une petite tape.
Bonjour, petit ami.
M. DE CRAC.
Lé village est honnête :
Mon bonheur fut toujours uné publiqué fete.

SCÈNE XXVIII

Les mêmes; LE MAGISTER, à la tête du village.

LE MAGISTER chante, toujours avec l'accent.

Nous révoyons un Télémaque
Sous les traits de monsieur d'Irlac.
Et qu'était la chétive Ithaque
Auprès du beau château dé Crac?
Ah! si l'on aimé sa patrie,
Fût-on Iroquois ou Lapon,
Combien doit-elle être chérie
Dé célui qui naquit Gascon!

M. DE CRAC.

Magister! vous chantez moins clair qué dé coutume.
LE MAGISTER.
Lé village, en criant, vient dé gagner un rhume.
SAINT-BRICE.

Qu'à mes pieds la Gascogne tombe :
Mon père me cède, il rougit.
Que je meure, et que sur ma tombe
Il grave lui-même : « Ci-gît
Mon fils, mon maître en l'art suprême
Où d'exceller nous nous piquons ;
Qui me battit enfin moi-même,
Moi qui battais tous les Gascons.

MADEMOISELLE DE CRAC, à Francheval.

J'admire uné tellé victoire :
Mais né va point la disputer.
Né mé fais jamais rien accroire :
Né viens pas memé mé flatter.
Qué l'amant parfois esagère,
C'est assez l'usage, dit-on :
Mais avec moi, du moins, j'espère,
L'époux né séra point Gascon.

FRANCHEVAL.

Né crains pas dé moi pareil piége :
J'en tirérais peu dé profit.
A quel propos té flatterais-je,
Puisqué la vérité suffit?
Non, non, jé né suis point l'esclave
D'un sot préjugé, d'un vain nom.
On peut êtré Gascon et brave ;
On peut êtré franc et Gascon.

VERDAC.

O l'invention délectable
Qué cellé d'un beau carnaval!
Si l'on était toujours à table,
On né férait jamais dé mal.
Moi, jé né suis point ridicule :
Peu m'importé l'état, lé nom.
Jé mangérais, sans nul scrupule,
Chez lé grand-turc, foi dé Gascon!

JACK commence à chanter.

Donner déjà du cor en maître...

M. DE CRAC.

Eh quoi! lé pétit Jack sé donné la licence...!
SAINT-BRICE.
Ah! c'est le carnaval; un peu de complaisance.
M. DE CRAC, souriant à Jack.
Allons.

JACK.

Donner déjà du cor en maître,
Verser à boire à mons Verdac,
Méner encor les dindons paître,
Tel est lé triple emploi dé Jack :
Mes dignités né sont pas minces :
Jé suis pétit; mais qué sait-on?...
Un hommé des autres provinces
Né vaut pas un enfant Gascon.

M. DE CRAC, au public.

On sé fait là-bas uné fete
Dé savoir lé sort dó céci.
En tout cas, ma réponse est prete :
Jé dirai qué j'ai réussi.
Mon sort sérait digné d'envie,
Si vous né disiez pas qué non.
Alors, uné fois dans ma vie,
J'aurais dit vrai, quoiqué Gascon.

LES CHATEAUX

EN ESPAGNE,

COMÉDIE EN CINQ ACTES ET EN VERS,

REPRÉSENTÉE POUR LA PREMIÈRE FOIS AU THÉATRE FRANÇAIS,
LE 20 FÉVRIER 1789.

PERSONNAGES

M. D'ORFEUIL.
HENRIETTE, sa fille.
M. DE FLORVILLE, son futur époux.
M. D'ORLANGE, l'homme aux châteaux.
VICTOR, son valet.
JUSTINE, femme de chambre d'Henriette.
FRANÇOIS, valet de M. d'Orfeuil.
OLIVIER.
UN LAQUAIS.

LA SCÈNE EST AU CHATEAU DE M. D'ORFEUIL.

LES CHATEAUX
EN ESPAGNE

ACTE PREMIER

La scène représente, pendant la pièce, une salle du château.

SCÈNE PREMIÈRE
MADEMOISELLE D'ORFEUIL, JUSTINE.

MADEMOISELLE D'ORFEUIL.
Mon père ne vient point!
JUSTINE.
Il ne tardera guères :
Il avait à Moulins, je crois, beaucoup d'affaires.
MADEMOISELLE D'ORFEUIL.
Je crains...
JUSTINE.
Que craignez-vous?
MADEMOISELLE D'ORFEUIL.
Je ne sais... Mais ces bois...
La nuit...
JUSTINE.
Bon! bon! monsieur est suivi de François.
MADEMOISELLE D'ORFEUIL.
Et, dis-moi, que feraient deux hommes seuls sans armes?
Mon père devrait bien m'épargner ces alarmes,
Revenir moins tard...
JUSTINE.
Oui, surtout lorsqu'on l'attend

Pour nous tranquilliser sur un point important.
Tenez, mademoiselle, en bonne conscience,
La peur sert de prétexte à votre impatience ;
Pourquoi monsieur est-il de la sorte attendu ?
C'est qu'au retour il doit parler du prétendu ;
C'est qu'il doit apporter des lettres d'Abbeville,
Qui marqueront quel jour doit arriver Florville.
MADEMOISELLE D'ORFEUIL.
On dirait que vraiment je ne pense qu'à lui.
JUSTINE.
Mais... nous n'avons parlé d'autre chose aujourd'hui.
Sujet inépuisable, et, depuis six semaines,
Encore neuf !
MADEMOISELLE D'ORFEUIL.
C'est toi qui toujours le ramènes.
JUSTINE.
Je le ramène, moi, pour vous faire plaisir :
Dès que j'en dis un mot, je vous vois le saisir...
MADEMOISELLE D'ORFEUIL.
Eh bien ! je te l'avoue, oui, ma chère Justine,
Il me tarde de voir celui qu'on me destine.
JUSTINE.
Rien n'est plus naturel. Moi-même, en vérité,
J'ai sur ce point beaucoup de curiosité.
MADEMOISELLE D'ORFEUIL.
Je me fais de Florville une image charmante.
JUSTINE.
J'ai peur qu'en le voyant cela ne se démente.
MADEMOISELLE D'ORFEUIL.
Sans doute, il sera jeune et bien fait...
JUSTINE.
Oui, d'accord,
MADEMOISELLE D'ORFEUIL.
Noble dans son maintien.
JUSTINE.
Cela peut être encor.
MADEMOISELLE D'ORFEUIL.
Tiens, Justine, déjà je le vois qui s'avance
D'un air respectueux, et pourtant plein d'aisance ;
Car il sait allier la grâce et la fierté,
Et ce qui frappe en lui surtout, c'est la bonté.
N'attends point un époux libre et trop sûr de plaire,
Qui se prévaut d'abord de l'aveu de mon père,
Et, sans me consulter, vient signer le contrat ;
Mais un amant soumis, discret et délicat,

Qui doute, dans mes yeux démêle si je l'aime,
Et me veut obtenir seulement de moi-même.
   JUSTINE.
Sans doute il a beaucoup d'esprit?
   MADEMOISELLE D'ORFEUIL.
               Assurément;
Non pas de cet esprit agréable, brillant,
Qui s'exhale en bons mots, en légères bluettes,
Et fait pour éblouir des sots ou des coquettes;
Mais un esprit solide, aussi juste que fin,
Soutenu, délicat, et... de l'esprit enfin.
Aussi je le pourrais distinguer entre mille :
Sophie, en un clin d'œil, reconnut son Émile.
   JUSTINE.
Hé !... vous peignez d'après vos héros de romans.
Ces héros, j'en conviens, sont aimables, charmans;
Mais pas un n'exista, pas un n'est véritable.
Le vôtre n'est, je crois, ni vrai, ni vraisemblable.
Jamais on ne verra d'homme qui soit parfait,
Ni de femme non plus.
   MADEMOISELLE D'ORFEUIL.
       Qu'est-ce que cela fait ?
Laissez-moi l'espérance ; elle me rend heureuse.
   JUSTINE.
Pour vous, pour votre époux elle est trop dangereuse.
Votre époux, sans cela, vous eût paru fort bien :
Vous l'attendez parfait, il ne paraîtra rien ;
Moi, je monte moins haut, afin de moins descendre ;
Et raisonnablement je crois pouvoir m'attendre
A voir, avec Florville, arriver un valet,
Un valet qui sera jeune, leste, bien fait,
Qui m'aimera d'abord, et me plaira de même,
Qui ne tardera pas à me dire qu'il m'aime,
Et bientôt de ma bouche obtiendra même aveu.
Ce n'est demander trop, ni demander trop peu :
Mais vous, mademoiselle, oh! c'est une autre affaire.
   MADEMOISELLE D'ORFEUIL.
Tu verras, tu verras si c'est une chimère !
   JUSTINE.
J'ignore ce qu'au fond sera votre futur :
Rabattez-en d'avance un peu, c'est le plus sûr.
Mais quoi? j'entends du bruit! c'est monsieur.
   MADEMOISELLE D'ORFEUIL.
               Ah! Justine.

JUSTINE.
Le cœur bat, n'est-ce pas?
MADEMOISELLE D'ORFEUIL.
Un peu.
JUSTINE.
Bon! J'imagine
Qu'il battra bien plus fort quand le futur viendra.
MADEMOISELLE D'ORFEUIL.
Mon père tarde bien à monter.
JUSTINE.
Le voilà.

SCÈNE II

MADEMOISELLE D'ORFEUIL, M. D'ORFEUIL, JUSTINE.

M. D'ORFEUIL.
Me voici de retour! bon soir, ma chère fille.
Qu'il est doux de revoir son château, sa famille,
Tout son monde! Ma foi, je ne suis bien qu'ici.
MADEMOISELLE D'ORFEUIL.
Votre absence nous a paru bien longue aussi.
JUSTINE, malicieusement.
Ah! oui, si vous saviez ce que c'est que l'attente!
Nous soupirions!...
MADEMOISELLE D'ORFEUIL, vivement.
Comment se porte donc ma tante?
M. D'ORFEUIL.
Assez bien : elle m'a chargé de t'embrasser,
Ma fille ; et c'est par là que je veux commencer.
(Il l'embrasse.)
J'ai fort heureusement fini la grande affaire.
J'ai d'avance arrangé tout avec mon notaire :
Je te donne à présent la moitié de mon bien...
MADEMOISELLE D'ORFEUIL.
Épargnez-moi de grâce, et changeons d'entretien.
Mon père... avez-vous?...
M. D'ORFEUIL.
Quoi?
MADEMOISELLE D'ORFEUIL.
Reçu quelques nouvelles?
M. D'ORFEUIL, feignant de ne pas comprendre.
De nouvelles? Ah! oui.

MADEMOISELLE D'ORFEUIL.
                    Vraiment! quelles sont-elles?
            M. D'ORFEUIL, de même.
Le grand-seigneur...
            MADEMOISELLE D'ORFEUIL.
                    C'est bien de cela qu'il s'agit!
            M. D'ORFEUIL.
Un courrier de Berlin nous arrive, et l'on dit...
            JUSTINE.
Il nous importe peu qu'il arrive, ou qu'il parte;
Et nous ne connaissons qu'un pays sur la carte,
C'est Abbeville.
            M. D'ORFEUIL.
                Ah! ah! j'en reçois aujourd'hui
Une lettre.
            JUSTINE.
        Allons donc!
            MADEMOISELLE D'ORFEUIL.
                    Mon père... est-ce de lui?
            M. D'ORFEUIL.
C'est l'oncle qui m'écrit... Je vais bien te surprendre:
Dès demain en ces lieux Florville peut se rendre.
            MADEMOISELLE D'ORFEUIL.
Vous ne le disiez pas: vous êtes méchant.
            M. D'ORFEUIL.
                            Bon!
Je n'ai pas tout dit. Sache un trait plaisant... Mais non;
Il sera plus prudent de t'en faire un mystère.
            MADEMOISELLE D'ORFEUIL.
Pourquoi?
            M. D'ORFEUIL.
        C'est que jamais tu ne sauras te taire.
            MADEMOISELLE D'ORFEUIL.
Que vous avez de moi mauvaise opinion!
Mon père, soyez sûr de ma discrétion.
            M. D'ORFEUIL.
Eh! mon Dieu! nous savons ce que c'est qu'une fille:
Et Justine, d'ailleurs, qui babille, babille!...
            MADEMOISELLE D'ORFEUIL, à demi-voix.
Pour Justine, on pourrait l'éconduire, entre nous.
            JUSTINE.
Oh! non, je suis aussi curieuse que vous,
Et tout aussi prudente, au moins, je vous proteste:
Ainsi je prétends bien tout entendre, et je reste.

MADEMOISELLE D'ORFEUIL.
Mon père, en vérité, vous êtes bien discret.
M. D'ORFEUIL.
Si vous me promettiez de garder le secret!
MADEMOISELLE D'ORFEUIL.
Ah! je vous le promets.
JUSTINE.
Je le promets de même.
M. D'ORFEUIL.
La chose est, voyez-vous, d'une importance extrême.
Tenez.
(Il tire une lettre de sa poche, et lit.)
« Mon vieux ami... »
(Il s'interrompt.)
Que ce titre m'est cher!
Aussi notre amitié ne date pas d'hier :
Je le connus...
MADEMOISELLE D'ORFEUIL.
Pardon, voulez-vous bien permettre
Que nous suivions le fil?...
M. D'ORFEUIL.
Ah! oui.
(Il continue de lire.)
« D'hier matin,
Notre jeune homme est en chemin,
Et de près il suivra ma lettre ;
Mais j'ai cru vous devoir prévenir d'un dessein
Assez bizarre, au fond, s'il faut ne vous rien taire.
De sa future il désire, entre nous,
Observer à loisir l'humeur, le caractère :
Dans cette vue, il doit s'introduire chez vous
En simple voyageur, avec l'air du mystère,
Et non comme futur époux. »
JUSTINE.
Plaisante idée !
MADEMOISELLE D'ORFEUIL.
Eh mais!... elle semble promettre...
Je ne sais quoi...
M. D'ORFEUIL, avec intention.
Pardon, voulez-vous bien permettre
Que nous suivions le fil?...
MADEMOISELLE D'ORFEUIL.
Ah! j'ai tort, en effet.
M. D'ORFEUIL continue de lire.
« Je suis loin d'approuver un semblable projet;

Mais j'ai cru cependant devoir vous en instruire :
Car, prenant mon neveu pour un simple étranger,
 Vous pourriez, sinon l'éconduire,
 Mon cher, au moins le négliger.
Embrassez bien pour moi votre charmante fille.
Je suivais mon neveu, si je me portais bien.
Adieu. Derval. »
     Plus bas, on lit par apostille :
« Gardez mieux mon secret que je ne fais le sien. »
(A sa fille.)
Eh bien ! voilà le tour que Florville te joue !

MADEMOISELLE D'ORFEUIL.

Il n'a rien d'offensant pour moi, je vous l'avoue.
Monsieur Derval a tort de blâmer son neveu.
Les époux d'à présent se connaissent trop peu.
Le projet de Florville annonce une belle âme ;
Et qui d'avance ainsi veut connaître sa femme,
Est sans doute jaloux de faire son bonheur.

M. D'ORFEUIL.

Je lui pardonne aussi ce tour-là de bon cœur.
Qu'il t'observe de près, il en est bien le maître ;
Tu ne peux que gagner à te faire connaître.

JUSTINE.

Mais on n'est pas fâché pourtant d'être averti.

M. D'ORFEUIL.

De l'avis, en effet, sachons tirer parti.
Il va jouer son rôle : eh bien, jouons le nôtre ;
Paraissons, en effet, le prendre pour un autre.
D'abord, comme il pourrait arriver dès ce soir,
J'ai dit à tous mes gens de le bien recevoir ;
Mais sans faire semblant du tout de le connaître.

JUSTINE.

Bon. J'entends des chevaux : c'est Florville, peut-être.

SCÈNE III

Les précédens, FRANÇOIS.

FRANÇOIS, hors d'haleine.
Monsieur, votre futur est arrivé.

M. D'ORFEUIL.
     Paix donc.
Je t'avais défendu ce terme-là.

FRANÇOIS.
                    Pardon ;
Je l'oubliais. Enfin voici monsieur Florville...
            M. D'ORFEUIL.
Encor ! mais songe bien à réformer ton style.
                FRANÇOIS.
Lui-même, il se trahit. Tenez, il me parlait,
A moi, comme l'on parle à son propre valet.
                JUSTINE.
Et... son valet... est-il aussi bien de figure ?
                FRANÇOIS.
Eh mais, il est fort bien, d'agréable tournure.
                JUSTINE.
Et dis-moi...
            M. D'ORFEUIL.
            Finissons. Ne vas-tu pas le voir ?
Florville va monter ; il faut le recevoir.
        (A François.)
Qu'il vienne.
                            (François sort.)

SCÈNE IV

MADEMOISELLE D'ORFEUIL, M. D'ORFEUIL, JUSTINE.

    M. D'ORFEUIL, à sa fille qui paraît embarrassée.
            Eh mais, qu'as-tu ?
            MADEMOISELLE D'ORFEUIL.
                        L'arrivée imprévue...
De Florville...
            M. D'ORFEUIL.
            Eh bien ! quoi ?
            MADEMOISELLE D'ORFEUIL.
                        N'étant point prévenue...
Je suis en négligé.
            M. D'ORFEUIL.
            Bon ! cela ne fait rien.
            MADEMOISELLE D'ORFEUIL.
Pardonnez-moi.. Je vais auparavant...
            M. D'ORFEUIL.
                            Fort bien !
Passer à la toilette une heure ; et je parie
Qu'au retour tu seras une fois moins jolie.

MADEMOISELLE D'ORFEUIL.
Je ris de tous ces riens, et m'y soumets pourtant ;
Je vous promets, du moins, de n'être qu'un instant.
(Elle sort.)

SCÈNE V
M. D'ORFEUIL, JUSTINE.

M. D'ORFEUIL.
J'ai quelque chose encore à lui dire. Demeure.
Tu diras que je vais revenir tout à l'heure,
Que je suis sorti.
JUSTINE.
Bon.
(M. d'Orfeuil sort.)

SCÈNE VI
JUSTINE, seule.

Fort bien. En tout ceci,
Je vois que je pourrai jouer mon rôle aussi.
Ils viennent : à mon tour, je sens le cœur me battre.
(Elle regarde.)
A merveille. Ils sont deux, ainsi nous serons quatre.

SCÈNE VII
JUSTINE ; M. D'ORLANGE, en bottes ; VICTOR.

JUSTINE.
Monsieur, pour un moment, monsieur vient de sortir ;
Si vous le désirez, quelqu'un va l'avertir.
M. D'ORLANGE.
L'avertir ? point du tout. Ne dérangez personne.
J'attendrai.
JUSTINE.
Cependant...
VICTOR.
Ah ! vous êtes trop bonne.
Moi, j'attendrais long-temps, si vous vouliez rester.

JUSTINE, lui rendant la révérence.
Vous êtes bien poli; je ne puis m'arrêter.

(Elle sort.)

SCÈNE VIII

M. D'ORLANGE, VICTOR.

M. D'ORLANGE, triomphant.

Eh bien?

VICTOR.

Charmant accueil! rencontre inespérée!
D'honneur!

M. D'ORLANGE.

Mon cher Victor, cette imposante entrée,
Cet antique château, ces bois silencieux,
Dont la cime paraît se perdre dans les cieux,
Tout ceci me promet quelque grande aventure.

VICTOR.

Eh! mon Dieu! sans nous perdre en vaine conjecture,
Tenons-nous-en, de grâce, à la réalité,
Monsieur; elle a de quoi suffire, en vérité!
On ouvre... moi, j'étais tremblant comme la feuille;
Je m'avance : on sourit, on s'empresse, on m'accueille;
Pour prendre les chevaux un garçon a volé,
Et du nom de monsieur l'on m'a même appelé :
J'entre enfin, et déjà tout le monde me fête.

M. D'ORLANGE.

Le maître de ces lieux est tout à fait honnête.

VICTOR.

Vous ne l'avez pas vu.

M. D'ORLANGE.

J'en juge par ses gens
S'il était dur et fier, ils seraient insolens.
Tel valet, tel maître.

VICTOR.

Oui, rien n'est plus véritable;
Aussi, monsieur, chacun vous trouve fort aimable.

M. D'ORLANGE.

Victor ne manque pas de bonne opinion.

VICTOR.

Tel maître, tel valet. De ma réception
Je ne puis revenir; elle est particulière.

M. D'ORLANGE.
Eh mais, suis-je partout reçu d'autre manière?
Et quand on se présente...
VICTOR.
Ah! vous voilà bien fier!
Mais hier...
M. D'ORLANGE.
Il s'agit d'aujourd'hui, non d'hier.
VICTOR.
A la bonne heure; ici le hasard nous procure
Un asile; et demain?
M. D'ORLANGE.
Demain? autre aventure.
VICTOR.
Bonne réception, bon souper, bonne nuit;
C'est fort bien; mais sachons où cela nous conduit.
Voulez-vous donc toujours ainsi courir le monde,
Et mener une vie errante et vagabonde?
Depuis plus de six ans je voyage avec vous
De royaume en royaume.
M. D'ORLANGE.
Il n'est rien de plus doux.
VICTOR.
Mais que vous reste-t-il, enfin, de vos voyages?
M. D'ORLANGE.
Le souvenir...
VICTOR.
D'avoir manqué vingt mariages,
Vingt solides emplois, et, dans votre chemin,
Pour l'incertain toujours négligé le certain,
Et moi, nouveau Sancho d'un nouveau don Quichotte,
J'erre moi-même au gré du vent qui vous ballotte,
Pestant, grondant, surtout quand vous vous égarez,
Et parfois espérant, lorsque vous espérez:
Car vraiment je vous aime, et ne puis m'en défendre;
Je ris de vos projets, et j'aime à les entendre;
Heureux ou malheureux, près de vous je me plais:
Je puis bien me fâcher; mais vous quitter! jamais.
M. D'ORLANGE.
Va, je sens tout le prix d'un serviteur fidèle:
Tu seras quelque jour bien payé de ton zèle.
VICTOR.
Vous promettez monts d'or, et n'avez pas un sou.
M. D'ORLANGE.
J'ai du bien... quelque part.

VICTOR.
Vous ne savez pas où.
M. D'ORLANGE.
Mon oncle...
VICTOR.
Ah! oui, c'était un digne et galant homme,
Qui nous faisait passer tous les mois quelque somme.
Mais las! depuis six mois, pas un petit billet :
J'aimais bien cependant ceux qu'il vous envoyait.
Il est peut-être mort.
M. D'ORLANGE.
Quel présage sinistre !
Il me reste, en tout cas, la faveur du ministre.
Dans les papiers publics j'ai reconnu son nom :
De mon père, au collége, il était compagnon ;
Et de cette amitié j'hérite en droite ligne.
Sa lettre me l'annonce.
VICTOR.
Une lettre qu'il signe,
Et pour la forme.
M. D'ORLANGE.
Il m'a répondu tout d'un coup.
VICTOR.
Quatre mots seulement.
M. D'ORLANGE.
Mais qui disent beaucoup.
Il ne rougira point de cette connaissance.
J'ai, sans trop me flatter, un nom, de la naissance.
De mes voyages j'ai recueilli quelque fruit,
Et dans le droit public je suis assez instruit.
Oui, dès demain, je pars, et je vole à Versaille,
Comme pour annoncer le gain d'une bataille.
D'abord chez le ministre, en courrier, je descends ;
Et, sans lui prodiguer un insipide encens,
Moi, je lui dis : « Monsieur, vous trouverez peut-être
Mon entrée un peu leste : elle me fait connaître :
Tel à vos yeux d'Orlange en ce jour vient s'offrir,
Tel, et plus prompt encor, vous le verrez courir,
S'il pouvait être utile à son prince, à la France. »
Cet air d'empressement, et surtout d'assurance,
Le frappe : nous causons ; il m'observe avec soin ;
Et je l'entends qui dit : « Ce jeune homme ira loin. »
Dans la journée il vaque un honorable poste ;
Mille gens l'attendaient ; et moi, qui viens en poste,
Tout botté, je l'emporte ; et voilà mon début.

Ce n'est qu'un premier pas : je vais droit à mon but.
Je ferai mon chemin : je puis, de grade en grade,
Tout naturellement aller à l'ambassade...
Que sais-je enfin ?... je puis être... ministre un jour,
Et je protégerai les autres à mon tour.
VICTOR, persuadé par degrés.
Ah! vous n'oublirez pas, j'espère, mon bon maître,
Un pauvre serviteur...
M. D'ORLANGE.
   Non, tu dois me connaître;
Sois tranquille; toujours tu seras mon ami :
Tu seras d'un ministre un jour le favori.
VICTOR.
Est-il possible?
M. D'ORLANGE, gravement.
   Mais soyez modeste et sage,
Et de votre crédit sachez régler l'usage.
Victor, de mes faveurs vous n'êtes le canal
Que pour faire le bien, non pour faire le mal.
VICTOR, humblement.
Ah! croyez que jamais ce ne sera ma faute,
Si par hasard...
M. D'ORLANGE.
   Fort bien. Revenons à notre hôte;
Il me prend par la main, me conduit au salon,
Me présente lui-même à ces dames...
VICTOR.
      Ah! bon.
Nous verrons quelque jour nos attentes remplies.
Et ces dames, monsieur, à coup sûr sont jolies!
M. D'ORLANGE.
Oh! oui. La demoiselle, ou je suis bien trompé,
Est charmante! et d'honneur, j'en suis d'abord frappé
Je me remets bientôt, comme tu crois.
VICTOR.
     Sans doute.
M. D'ORLANGE.
La mère m'interroge, et la fille m'écoute.
J'ai voyagé, Victor : j'en ai pour plus d'un soir.
A table entre elles deux on m'invite à m'asseoir.
Je dévore. Au dessert la demoiselle chante :
Quel goût délicieux! et quelle voix touchante!
On me mène en un grand et bel appartement :
Je suis las ; je m'endors délicieusement.
La jeune demoiselle a moins dormi peut-être.

On déjeûne. Victor vient avertir son maître.
Je me lève... l'on veut en vain me retenir :
Je pars, après avoir promis de revenir.
VICTOR, hors de lui-même.
Restons, monsieur, restons encor cette journée.
M. D'ORLANGE.
Je reviendrai, Victor, une fois chaque année.

SCÈNE IX

Les précédens, M. D'ORFEUIL.

M. D'ORFEUIL.
Je rentre en ce moment : daignez me pardonner,
Monsieur.
M. D'ORLANGE.
C'est moi plutôt qui crains de vous gêner.
M. D'ORFEUIL.
(A Victor.)
Vous ! Mon ami, quelqu'un va vous faire connaître
L'appartement que doit occuper votre maître ;
Croyez, d'ailleurs, qu'ici rien ne vous manquera.
VICTOR.
En vérité... Monsieur, rien ne manque déjà.
Tout le monde, en ces lieux, sans doute est trop honnête ;
Le jour où l'on s'égare est un vrai jour de fête.
(Il sort.)

SCÈNE X

M. D'ORFEUIL, M. D'ORLANGE.

M. D'ORFEUIL.
En ce château, monsieur, soyez le bien-venu.
J'espère, quand de vous je serai mieux connu...
M. D'ORLANGE.
Je vous connais si bien, que je vous ferai grâce
De ces remercîmens, dont un autre, en ma place...
M. D'ORFEUIL.
Des remercîmens ? bon !... Il ne m'en est point dû ;
Et dans votre alentour, si je m'étais perdu,
Vous feriez même chose assurément.

ACTE I, SCÈNE X.

M. D'ORLANGE.
       Sans doute.
    M. D'ORFEUIL.
Comment donc avez-vous quitté la grande route?
 (A part.)
Voyons ce qu'il dira.
    M. D'ORLANGE.
     J'ai trouvé deux chemins.
L'un vraisemblablement conduisait à Moulins,
Et l'autre dans un bois d'assez belle apparence.
Moi, j'ai toujours aimé les bois de préférence;
Je choisis celui-ci.
    M. D'ORFEUIL.
     Vous fîtes bien, ma foi.
L'autre mène à Moulins, et celui-ci chez moi.
    M. D'ORLANGE.
Je m'en sais très bon gré. Dans cette conjoncture
Tout est heureux pour moi... jusqu'à mon aventure
De voleurs, que je veux vous conter.
    M. D'ORFEUIL.
       Ah! fort bien.
 (A part.)
J'attendais les voleurs.
    M. D'ORLANGE.
    Je vois... je ne vois rien;
Mais j'entends près de moi...
    M. D'ORFEUIL.
     Des voleurs.
    M. D'ORLANGE.
      Ils accourent!
Et mon valet s'enfuit.
    M. D'ORFEUIL.
    Le poltron!
    M. D'ORLANGE.
      Ils m'entourent.
    M. D'ORFEUIL.
Que fîtes-vous alors?
    M. D'ORLANGE.
    J'étais seul contre dix.
Je pris pourtant un ton très ferme, et je leur dis :
« Messieurs, que me veut-on? ma bourse? on peut la
S'agit-il de mes jours? je saurai les défendre. » [prendre.]
Je tire alors ma bourse, et je la jette en l'air;
Et bientôt je saisis mes armes.

M. D'ORFEUIL.
Bon !
M. D'ORLANGE.
Mon air
Les étonne.
M. D'ORFEUIL.
Fort bien.
M. D'ORLANGE.
Un moment ils se taisent.
L'un d'eux enfin me dit : « Les braves gens nous plaisent.
L'argent, nous le gardons, nous en avons besoin :
Mais attaquer vos jours ! nous en sommes bien loin.
Venez, nous vous servons et de guide et d'escorte. »
Ils m'ont tenu parole, et jusqu'à votre porte
Ils m'ont suivi ; voilà ce qui m'est arrivé.
M. D'ORFEUIL.
(A part.)
Le récit est piquant, on ne peut mieux trouvé.
(Haut.)
Monsieur, vous m'avez l'air d'un digne et galant homme ;
Et... de grâce, peut-on savoir comme on vous nomme ?
M. D'ORLANGE.
D'Orlange.
M. D'ORFEUIL.
Bon. Monsieur d'Orlange, allons, venez.
Ma fille avec plaisir vous verra.
M. D'ORLANGE.
Pardonnez,
Si je suis indiscret. Vous n'avez qu'une fille ?
M. D'ORFEUIL.
Une seule, monsieur ; c'est toute ma famille,
Ma seule joie ; aussi je l'aime uniquement.
M. D'ORLANGE.
Et vous êtes payé d'un tendre attachement,
Sans doute ?
M. D'ORFEUIL.
Je le crois. Elle est sensible, aimante.
Ce sera, je l'espère, une femme charmante.
Il ne m'appartient pas, monsieur, de la louer ;
Henriette est aimable, il le faut avouer.
M. D'ORLANGE.
Mais ce sera pour vous une peine cruelle,
Lorsqu'un jour il faudra que vous vous priviez d'elle ?
M. D'ORFEUIL.
Je voudrais que mon gendre ici pût demeurer.

Mais, s'il faut de ma fille enfin me séparer,
Je saurai me résoudre à cette perte affreuse ;
Je m'en consolerai, si ma fille est heureuse ;
Et si son mari l'aime...

M. D'ORLANGE.

Eh quoi ! vous en doutez ?
J'en répondrais pour lui.

M. D'ORFEUIL.

Vous me le promettez ?

M. D'ORLANGE.

Assurément.

M. D'ORFEUIL.

Fort bien. Vous allez la connaître :
Venez.

M. D'ORLANGE.

Je ne suis pas en état de paraître.

M. D'ORFEUIL.

Bon !

M. D'ORLANGE.

Pour me débotter je demande un moment.

M. D'ORFEUIL.

Je vais donc vous conduire à votre appartement :
Car vous êtes chez vous, monsieur, daignez le croire.

M. D'ORLANGE, *d'un accent très prononcé.*

Monsieur ! les anciens, dont on vante l'histoire,
Remplissaient les devoirs de l'hospitalité
Avec moins de franchise et moins de loyauté.

M. D'ORFEUIL.

Ces devoirs à remplir n'ont rien que de facile.
A tous les voyageurs ici j'offre un asile,
De bon cœur : après tout, rien n'est plus naturel.
Parmi ces voyageurs, il s'en présente... tel
Qui de tout le passé me paie avec usure.
Établissez-vous donc ici, je vous conjure.

M. D'ORLANGE.

(A part.)

Monsieur !... Il est vraiment aimable tout à fait.

M. D'ORFEUIL.

De mon gendre je suis déjà très satisfait.

(Ils sortent ensemble.)

FIN DU PREMIER ACTE.

ACTE DEUXIÈME

—

SCÈNE PREMIÈRE
JUSTINE, VICTOR.

VICTOR.
Mais je ne reviens point de ma surprise extrême.
Quoi ! tous les étrangers sont-ils reçus de même,
Mademoiselle ?
JUSTINE.
Oh ! non. Ils ne le sont pas tous ;
Tous ne sont pas, monsieur, aimables comme vous.
VICTOR.
Aimable ! oh, moi, je suis bon enfant ; mais du reste
Je ne me pique point...
JUSTINE.
Vous êtes trop modeste.
VICTOR.
Non, modestie à part ; c'est que l'on m'a reçu
Comme quelqu'un vraiment qui serait attendu.
JUSTINE.
Voyez un peu !
VICTOR.
Pourquoi faut-il partir si vite ?
JUSTINE.
Bon !
VICTOR.
Nous ne demandions qu'un souper et le gîte :
Nous les trouvons sans doute excellens ; mais demain
Il faudra de Paris reprendre le chemin.
JUSTINE.
Peut-être aussi que non.
VICTOR.
Comment cela ?
JUSTINE.
Que sais-je ?
Le mauvais temps, la pluie, ou le vent, ou la neige...

ACTE II, SCÈNE I.

VICTOR.
Rien n'arrête monsieur ; et jamais nulle part
Il ne reste deux jours : dès le matin il part.
Vous ne connaissez pas, je le vois bien, mon maître.
JUSTINE.
Il est pourtant, je pense, aisé de le connaître.
C'est donc un voyageur ?
VICTOR.
C'est un vrai Juif errant.
Il court toujours le monde, et le monde est bien grand ;
Il aime à voyager, et moi j'aime à le suivre ;
Dès l'enfance avec lui j'ai coutume de vivre :
Aussi famille, amis, pour lui j'ai tout quitté ;
Et sur ses pas, moi, fait pour la tranquillité,
Pour vivre avec ma femme, en mon petit ménage...
JUSTINE, vivement.
Vous êtes marié ?
VICTOR.
Non vraiment, dont j'enrage.
JUSTINE, à part.
Tant mieux ; j'avais bien peur.
VICTOR.
Je disais seulement
Que j'étais fait pour l'être ; aussi probablement
Je prendrai ce parti.
JUSTINE.
Bientôt ?
VICTOR.
Mais je l'ignore.
JUSTINE.
Votre maître n'est point marié ?
VICTOR.
Pas encore ;
Et de long-temps, je pense, il ne se marira.
JUSTINE.
Vous verrez que lui-même il finira par là.
VICTOR.
Vous croyez ?
JUSTINE.
Au revoir ; j'aperçois Henriette.
VICTOR.
Moi je vais de monsieur achever la toilette.
JUSTINE.
Qu'il se dépêche donc : allez, dites-le-lui.
S'il part demain, du moins qu'on le voie aujourd'hui.

VICTOR.
Peut-être il ferait mieux d'éviter l'entrevue ;
Et pour moi je crains bien de vous avoir trop vue.

(Il sort.)

JUSTINE, le suivant des yeux.
Il n'est pas mal.

SCÈNE II

MADEMOISELLE D'ORFEUIL, JUSTINE.

MADEMOISELLE D'ORFEUIL.
Quel est celui qui te parlait ?
JUSTINE.
C'est mon futur, à moi.
MADEMOISELLE D'ORFEUIL.
J'entends. C'est le valet...
JUSTINE.
Si j'en juge par lui, vous aimerez le maître.
MADEMOISELLE D'ORFEUIL.
Ce maître, en vérité, tarde bien à paraître.
JUSTINE.
Il s'habille, il s'arrange...
MADEMOISELLE D'ORFEUIL, vivement.
Il était comme il faut.
Qu'il se pare un peu moins, et qu'il vienne plus tôt.
JUSTINE.
Monsieur pouvait tantôt vous dire même chose.
MADEMOISELLE D'ORFEUIL.
A propos... Tu l'as vu, Justine ?
JUSTINE.
Eh bien ?
MADEMOISELLE D'ORFEUIL.
Je n'ose
T'interroger... Enfin, comment le trouves-tu ?
JUSTINE.
Je n'en puis trop juger ; je ne l'ai qu'entrevu.
Seulement il est jeune et d'aimable figure.
MADEMOISELLE D'ORFEUIL.
Pour le reste déjà c'est un heureux augure ;
Justine, conviens-en.
JUSTINE.
Oui, j'en tombe d'accord,
Mademoiselle ; il plaît dès le premier abord :

Il a l'air franc, ouvert, les manières aisées.
MADEMOISELLE D'ORFEUIL.
Mes espérances donc seront réalisées.
JUSTINE.
Ah ! doucement. Ce n'est qu'un indice léger :
Mais par vous-même enfin vous en allez juger.

SCÈNE III

MADEMOISELLE D'ORFEUIL, M. D'ORLANGE, JUSTINE.

M. D'ORLANGE, avec un nouvel habillement.
Voici, mademoiselle, une heureuse disgrâce.
A la nuit, au hasard, que je dois rendre grâce !
De détours en détours m'amener jusqu'ici,
C'est conduire fort bien que d'égarer ainsi.
JUSTINE.
Quelquefois dans la vie il faut que l'on s'égare.
M. D'ORLANGE.
Eh ! mais, cet accident chez moi n'est pas très rare :
Je l'avoûrai, souvent cela m'est arrivé :
Presque toujours aussi je m'en suis bien trouvé.
JUSTINE.
Vous le faites exprès peut-être ?
M. D'ORLANGE.
Je m'écarte
Volontiers. Je ne sais les chemins ni la carte ;
Mais je marche au hasard. Si la nuit m'a surpris,
De ce petit malheur moi-même je souris,
Sûr de voir tôt ou tard, de loin, une lumière ;
Tantôt c'est un château, tantôt une chaumière.
Hier je fus reçu par un bon paysan,
A qui, par parenthèse, avant qu'il soit un an,
Je prétends bien causer une douce surprise.
Ici je trouve encore, avec même franchise,
Plus de goût, plus de grâce, et j'admire, d'honneur... !
MADEMOISELLE D'ORFEUIL.
Vous aimez donc beaucoup à voyager, monsieur ?
M. D'ORLANGE.
Ah ! beaucoup. Est-il rien de plus doux dans la vie
Que d'aller, de venir, au gré de son envie ?
MADEMOISELLE D'ORFEUIL.
Mais... on se fixe enfin.

M. D'ORLANGE.
Eh! mais, en vérité,
De se fixer ici l'on serait bien tenté.
Où trouver en effet un lieu plus agréable,
Plus riant, et surtout un accueil plus aimable ?
Mais je ne puis long-temps m'arrêter nulle part.
MADEMOISELLE D'ORFEUIL.
Vous arrivez, déjà vous parlez de départ !
M. D'ORLANGE.
N'en parlons point ce soir ; mais demain, dès l'aurore,
Il faudra...
JUSTINE.
Bon ! demain vous serez las encore.
Mais de la sorte enfin si toujours vous errez,
Jamais, en ce cas-là, vous ne vous marîrez.
M. D'ORLANGE.
On ne voyage pas toujours.
JUSTINE.
Oh ! non, sans doute.
Un beau jour, par hasard, on trouve sur sa route
Tel objet.... qui vous plaît, qui sait vous engager ;
Et l'on ne songe plus alors à voyager.
M. D'ORLANGE.
Peut-être bien qu'un jour ce sera mon histoire.
Cependant je serais parfois tenté de croire
Que je ne suis point fait pour être marié.
MADEMOISELLE D'ORFEUIL.
Pourquoi, monsieur ?
M. D'ORLANGE.
Je crains d'être contrarié
Dans mes goûts ; car je suis ennemi de la gêne ;
Et l'hymen le plus doux est toujours une chaîne.
MADEMOISELLE D'ORFEUIL.
Cette chaîne est légère, et n'a rien d'effrayant.
M. D'ORLANGE.
J'aime la liberté.
MADEMOISELLE D'ORFEUIL.
Mais, en vous mariant,
Vous ne la perdrez point.
M. D'ORLANGE.
Les femmes sont charmantes,
Je le vois ; mais souvent elles sont exigeantes.
Elles veulent qu'on soit toujours à leurs côtés,
Qu'on prodigue les soins, les assiduités :
D'un tel effort je sens que je suis incapable,

Et je pourrais par jour être souvent coupable.
MADEMOISELLE D'ORFEUIL.
Il faudrait bien alors souvent vous pardonner.
M. D'ORLANGE.
Parfois pendant un mois je puis me promener.
MADEMOISELLE D'ORFEUIL.
Il faudrait bien encor pardonner cette absence :
Le devoir d'une femme est dans la complaisance.
Une fois prévenue...
M. D'ORLANGE.
Oh ! je l'en préviendrais ;
Car si j'étais au point d'épouser, je voudrais
Connaître bien ma femme, être bien connu d'elle.
JUSTINE.
Oui-dà !
M. D'ORLANGE.
Je lui dirais : « Tenez, mademoiselle...»
Mais quoi ! je vous ennuie.
MADEMOISELLE D'ORFEUIL.
Achevez, s'il vous plaît ;
Je prends à vos discours le plus vif intérêt.
JUSTINE.
(A part.)
Moi de même. Voyons où tout ceci nous mène.
M. D'ORLANGE.
« Je n'aimerai que vous, vous le croirez sans peine,
Dirais-je à ma future...»
MADEMOISELLE D'ORFEUIL.
Oh ! oui, j'entends fort bien.
M. D'ORLANGE.
« Mais je suis né galant, tel même, j'en convien,
Que l'on pourrait parfois me croire un peu volage.
Toute femme jolie a droit à mon hommage :
Trop heureux de lui plaire en tous temps, en tous lieux !
Or, même après l'hymen, j'aurai toujours des yeux ;
Et je croirai pouvoir, sans inspirer de doutes,
Préférer une femme, et vouloir plaire à toutes. »
JUSTINE.
C'est tout simple. Sans doute aussi, de son côté,
Monsieur lui laisserait la même liberté ;
Verrait avec plaisir, même après l'hyménée,
De mille adorateurs sa femme environnée,
Sourire à l'un, flatter cet autre d'un coup d'œil,
Et faire à tout le monde un caressant accueil :
Aux lieux publics, au bal, à la pièce nouvelle,

Partout aller sans lui, puisqu'il irait sans elle ;
Et, comme vous disiez, fidèle à son époux,
Le préférer, d'accord, mais vouloir plaire à tous.
M. D'ORLANGE.
Eh ! mais...
JUSTINE.
Voilà pourtant ce qu'il faudrait permettre.
M. D'ORLANGE.
C'est ce qu'en vérité je n'oserais promettre.
Vous faites un portrait qui n'est pas séduisant.
MADEMOISELLE D'ORFEUIL.
Rassurez-vous, monsieur. Justine, en s'amusant,
A peint une coquette, et non... votre future.
JUSTINE.
Quoi ! seriez-vous, monsieur, jaloux, par aventure ?
M. D'ORLANGE.
Peut-être, un peu.
MADEMOISELLE D'ORFEUIL.
Pourtant, il faudrait, entre nous,
Ou n'être point volage, ou n'être point jaloux ;
Sinon, vous aurez peine à trouver une femme.
M. D'ORLANGE.
Aussi je le sens bien dans le fond de mon âme,
Je suis fait pour l'amour, mais très-peu pour l'hymen.
JUSTINE, à part.
De bonne foi du moins il fait son examen.
M. D'ORLANGE.
Je dis ce que je pense ; excusez ma franchise.
MADEMOISELLE D'ORFEUIL.
Moi, je vous en sais gré, s'il faut que je le dise.
En de tels sentimens j'ai regret de vous voir ;
Mais je suis très-charmée au fond de le savoir.
M. D'ORLANGE.
Laissons donc là l'hymen, et parlons d'autre chose :
Aussi bien ce serait s'inquiéter sans cause.

SCÈNE IV

Les précédens, M. D'ORFEUIL.

M. D'ORFEUIL, de loin, à part.
Eh ! mon gendre n'a point un air embarrassé.
(Haut.)

ACTE II, SCÈNE IV.   211

Eh bien, mon cher monsieur, êtes-vous délassé ?
     M. D'ORLANGE.
Dès le moment qu'ici j'ai vu mademoiselle....
     M. D'ORFEUIL.
Pardon si je vous ai laissé seul avec elle.
     M. D'ORLANGE.
C'est au contraire à moi de vous remercier.
Malheur à qui pourrait ne pas apprécier
Son charmant entretien, et la grâce qui brille...!
     M. D'ORFEUIL.
Vous me flattez, monsieur. Il est vrai que ma fille
Lit beaucoup.
   MADEMOISELLE D'ORFEUIL.
    Ah ! plutôt j'écoute ce qu'on dit,
Mon père, et j'ai grand soin d'en faire mon profit.
Tel entretien instruit bien mieux qu'une lecture.
     M. D'ORFEUIL.
Monsieur t'a donc conté quelque grande aventure ?
J'aime les voyageurs : ils content volontiers ;
Et moi, j'écouterais pendant des jours entiers.
Je prends le plus souvent leurs récits pour des fables ;
Car ils ont toujours vu des choses incroyables.
Êtes-vous voyageur dans la force du mot ?
   MADEMOISELLE D'ORFEUIL.
A quelque chose près.
    JUSTINE, à part.
     Florville n'est point sot.
     M. D'ORFEUIL.
Contez-nous donc, monsieur, quelque étonnante histoire.
     M. D'ORLANGE.
A quoi bon vous conter ? vous ne voulez rien croire,
Monsieur.
     M. D'ORFEUIL.
   Il est bien vrai que je suis prévenu ;
Mais je ne vous veux pas traiter en inconnu.
Allons, je vous croirai ; je le promets d'avance.
De quel pays, monsieur, êtes-vous ?
     M. D'ORLANGE.
        De Provence.
     M. D'ORFEUIL.
De Provence ? Voyez ! je ne l'aurais pas cru :
Vous n'avez point l'accent.
     M. D'ORLANGE.
       C'est que j'ai tant couru !
En voyageant l'accent diminue et s'efface.

JUSTINE, bas à sa maîtresse.

Il ment fort bien.

MADEMOISELLE D'ORFEUIL, bas à Justine.

Avec trop d'aisance et de grâce.

M. D'ORFEUIL.

Vous avez donc bien vu du pays?

M. D'ORLANGE.

Vous riez,
Monsieur; mais cependant, tel que vous me voyez,
J'ai déjà parcouru presque l'Europe entière.

M. D'ORFEUIL.

L'Europe?

JUSTINE, à part.

Il n'a pas vu, je gage, la frontière.

M. D'ORFEUIL.

Comment voyagez-vous?

M. D'ORLANGE.

De toutes les façons,
Suivant les temps, les lieux et les occasions;
Par eau comme par terre, à cheval, en voiture,
A pied même, pour mieux observer la nature.

JUSTINE.

Monsieur semble, en effet, curieux d'observer.

MADEMOISELLE D'ORFEUIL.

Et chacun en cela ne peut que l'approuver:
On voit bien mieux de près.

M. D'ORFEUIL.

Je vous attends à table,
Monsieur; de questions d'abord je vous accable.

M. D'ORLANGE.

De questions, monsieur? ma foi, je mangerai,
Je le sens, beaucoup plus que je ne conterai.
Grâce jusqu'au dessert.

M. D'ORFEUIL.

Soit. Aussi bien j'espère
Que nous nous reverrons.

M. D'ORLANGE.

Espérance bien chère!
J'aurais trop de regret de ne vous voir qu'un jour,
Si je n'avais du moins l'espoir d'un prompt retour.

M. D'ORFEUIL.

J'y compte assurément: aussi bien, quand j'y pense,
C'est le chemin, je crois, pour aller en Provence.

M. D'ORLANGE.

Eh! mais, quand il faudrait se détourner un peu,

Cent milles de chemin ne sont pour moi qu'un jeu.
Puis, comme vous disiez, c'est en effet la route.
Oui, dans ces lieux charmans je reviendrai sans doute ;
Mais souffrez que j'y mette une condition.
M. D'ORFEUIL.
Laquelle donc ?
M. D'ORLANGE.
    Eh oui ! votre réception
Me touche, me pénètre ; elle est et noble et franche :
Ne pourrai-je chez moi prendre un jour ma revanche ?
M. D'ORFEUIL.
Eh ! mais...
M. D'ORLANGE.
   Promettez-moi d'y venir.
M. D'ORFEUIL.
        En effet,
Votre invitation me flatte tout à fait ;
Et je ne vous dis pas qu'un jour je n'y réponde.
Ce voyage serait le plus joli du monde.
M. D'ORLANGE.
Mademoiselle... au moins, sans trop être indiscret,
J'ose le croire, alors vous accompagnerait?
MADEMOISELLE D'ORFEUIL.
Partout avec plaisir j'accompagne mon père ;
Cette partie aurait surtout droit de me plaire.
M. D'ORLANGE.
Ce que vous dites là me charme en vérité,
Mademoiselle ; moi, j'ai toujours souhaité,
Lorsque je me mettais pour long-temps en campagne,
Au lieu d'un compagnon, d'avoir une compagne.
On part un beau matin suivi d'un écuyer :
Elle est en amazone ou bien en cavalier.
Tout prend autour de vous une face nouvelle ;
L'air est plus doux, plus pur, la nature plus belle.
On s'arrête, on sourit, on se montre des yeux
Ce qu'on voit, on en parle, enfin on le voit mieux.
Est-on las ? on descend au bord d'une fontaine ;
Et dans ce doux repos on oublîrait sans peine
Le voyage lui-même. En un joli château
On arrive le soir, toujours *incognito* :
Car c'est là ma manière ; et je hais en voyage
Tout appareil, tout faste, et tout vain étalage.
De l'Europe, du monde on fait ainsi le tour
Tout en se promenant. Quel plaisir, au retour,
Quand le soir, près du feu, l'on se rappelle ensemble

Ce qu'on a vu tel jour en tel endroit ! Il semble
Qu'on le revoie encore en se le racontant.
M. D'ORFEUIL.
Je crois voir tout cela moi-même en écoutant ;
Et vos rians tableaux me font jouir d'avance
Du plaisir que j'espère en allant en Provence.
M. D'ORLANGE.
Revenons, en effet, au point essentiel.
La Provence, on le sait, est sous le plus beau ciel...
M. D'ORFEUIL.
Où vous avez sans doute une terre fort belle?
M. D'ORLANGE, embarrassé.
J'ai, très jeune, quitté la maison paternelle,
Et n'en ai maintenant qu'un souvenir confus.
C'était un bel endroit, il doit l'être encore plus.
M. D'ORFEUIL.
Et, dites-moi, la mer est-elle loin ?
M. D'ORLANGE.
En face ;
Je m'en souviens fort bien, au pied de la terrasse.
Un pareil souvenir ne s'efface jamais.
M. D'ORFEUIL.
C'est un coup d'œil superbe !
M. D'ORLANGE.
Oh ! je vous le promets.
JUSTINE.
Je verrai donc la mer une fois en ma vie !
MADEMOISELLE D'ORFEUIL.
J'ai toujours de la voir eu la plus grande envie.
M. D'ORLANGE.
Oh bien ! c'est un plaisir qu'avant peu vous aurez ;
Et même en pleine mer vous vous promènerez.
MADEMOISELLE D'ORFEUIL.
Mais... j'aurais peur, je crois.
M. D'ORLANGE.
Quelle faiblesse extrême !
Eh ! craint-on quelque chose auprès de ce qu'on aime?...
(Il se reprend.)
Près d'un père ?
M. D'ORFEUIL.
Monsieur, il est temps de souper ;
Et de ce soin pressant je m'en vais m'occuper.
Voulez-vous bien venir, monsieur... monsieur d'Orlange ?
JUSTINE, à part.
Le futur a joué son rôle comme un ange.

M. D'ORFEUIL.

(A d'Orlange.) (A sa fille.)
Venez. Ma fille, et toi, viens-tu?

MADEMOISELLE D'ORFEUIL.

Dans le moment,
Je vous rejoins, mon père.

M. D'ORFEUIL, bas à sa fille.

Allons, il est charmant.

(Il emmène d'Orlange.)

SCÈNE V

MADEMOISELLE D'ORFEUIL, JUSTINE, qui
se regardent quelque temps.

JUSTINE.
Eh bien, mademoiselle?

MADEMOISELLE D'ORFEUIL.
Ah! ma chère Justine!

JUSTINE.
Plaît-il?

MADEMOISELLE D'ORFEUIL.
Tu m'entends bien.

JUSTINE.
Je crois que je devine.

MADEMOISELLE D'ORFEUIL.
Voilà donc ce futur!

JUSTINE.
Le voilà.

MADEMOISELLE D'ORFEUIL.
Qui l'eût dit?

JUSTINE.
Qui? moi, mademoiselle. Oui, je vous l'ai prédit:
Auprès de ce héros charmant, imaginaire,
Le véritable époux n'est qu'un homme ordinaire:
En un mot, le premier a fait tort au second.

MADEMOISELLE D'ORFEUIL.
Ah! quelle différence!

JUSTINE.
Écoutez donc; au fond,
Vous auriez pu déchoir encore davantage;
Car après tout, celui qui vous reste en partage
Est aimable.

MADEMOISELLE D'ORFEUIL.
Un tel mot est bien vague à présent.
De séduisans dehors, un babil amusant,
Dans le monde, voilà ce qui fait l'homme aimable ;
Et Florville à mes yeux serait fort agréable,
Si Florville pour moi n'était qu'un étranger ;
Mais c'est comme un époux que j'ai dû le juger.
Dans son époux, Justine, on a bien droit d'attendre
Un esprit droit, solide, un cœur sensible et tendre ;
Et je ne trouve point tout cela dans le mien.
JUSTINE.
Qui vous l'a dit, enfin ?
MADEMOISELLE D'ORFEUIL.
Eh ! tout son entretien.
Quelle légèreté !
JUSTINE.
C'était un badinage ;
Il fallait bien ainsi jouer son personnage.
MADEMOISELLE D'ORFEUIL.
Va, va, le caractère enfin perce toujours ;
Et je le juge, moi, par ses propres discours,
Comme lui, vains, légers, inconséquens, frivoles.
Tiens, il s'est peint lui-même en fort peu de paroles :
Amant fort agréable, et très mauvais époux.
JUSTINE.
C'est le juger, je pense, un peu vite entre nous.
Il se peut bien qu'ici vous vous soyez trompée ;
D'un beau portrait votre âme était préoccupée :
Attendez donc du moins un second entretien,
Et vous verrez alors...
MADEMOISELLE D'ORFEUIL.
Allons, je le veux bien.

SCÈNE VI

Les précédens, FRANÇOIS.

JUSTINE.
Qu'est-ce ?
FRANÇOIS, à Justine.
Je vous le donne à deviner en mille.
Encore un étranger qui demande un asile.
JUSTINE.
Comment ?...

FRANÇOIS.
Oh ! celui-ci s'est perdu tout de bon.
MADEMOISELLE D'ORFEUIL.
Et vous ne savez pas qui ce peut être?
FRANÇOIS.
Non,
Mademoiselle ; il est tout à fait laconique.
JUSTINE.
Eh! mais, en vérité, la rencontre est unique.
MADEMOISELLE D'ORFEUIL.
Va-t-il monter?
FRANÇOIS.
Il est au bout du corridor.
MADEMOISELLE D'ORFEUIL.
Avez-vous averti mon père?
FRANÇOIS.
Pas encor,
J'y courais ; j'ai chargé quelqu'un de le conduire.
MADEMOISELLE D'ORFEUIL.
Écoutez : en ce lieu vous allez l'introduire.
Pour moi, je vais trouver mon père de ce pas
Et je l'avertirai ; car je ne me sens pas
En ce moment d'humeur à recevoir du monde.
(Elle sort.)

SCÈNE VII

JUSTINE, FRANÇOIS.

JUSTINE.
En jeunes voyageurs cette soirée abonde.
FRANÇOIS.
Tant mieux pour nous.
JUSTINE.
Je veux entrevoir celui-ci.
FRANÇOIS.
Vous êtes curieuse.
JUSTINE.
Un peu. Bon, le voici.
(Elle le regarde.)
Il n'est pas mal ; pourtant, moins joli que le nôtre.
FRANÇOIS.
Ils sont fort bien tous deux, et celui-ci vaut l'autre.

JUSTINE.
L'autre est notre futur. Adieu.
(Elle sort.)

SCÈNE VIII

M. DE FLORVILLE, FRANÇOIS, UN LAQUAIS, qui sort après avoir introduit M. de Florville.

FRANÇOIS.
     Dans ce salon
Voulez-vous bien, monsieur, attendre un instant?
M. DE FLORVILLE.
           Bon.
J'attends : vous avez l'air d'un serviteur fidèle.
FRANÇOIS.
Je n'ai pas grand mérite à servir avec zèle;
De tout le monde ici mon maître est adoré :
Je suis né près de lui, près de lui je mourrai;
Car je me crois vraiment encore dans ma famille.
M. DE FLORVILLE.
Oui ! Votre maître a-t-il des enfants?
FRANÇOIS.
       Une fille.
M. DE FLORVILLE.
Aimable?
FRANÇOIS.
  Oh! oui. Partout on vante sa beauté;
Un pauvre serviteur ne voit que la bonté.
Nous la perdrons bientôt; cela me désespère.
M. DE FLORVILLE.
On va la marier?
FRANÇOIS.
   Hélas! monsieur son père
Arrive pour cela de Moulins.
M. DE FLORVILLE.
      Savez-vous,
Dites-moi, ce que c'est que son futur époux?
FRANÇOIS.
C'est un fort galant homme, et d'un mérite rare,
A ce que dit monsieur; pourtant un peu bizarre.
M. DE FLORVILLE.
Bizarre?

FRANÇOIS.
Oui, singulier, dit-on.
M. DE FLORVILLE.
Est-il aimé ?
FRANÇOIS.
Je ne vous dirai pas ; mais, sans être informé
De ses secrets, je crois qu'une honnête personne
Aime d'avance assez le mari qu'on lui donne.
Pardon.

(Il sort.)

SCÈNE IX

M. DE FLORVILLE, seul.

Je suis content de ce court entretien ;
De ma jeune future il dit beaucoup de bien.
Rarement un valet dit du bien de son maître :
Celui-ci pour Florville est loin de me connaître.
Sachons adroitement cacher notre secret.
D'avoir pris ce parti je n'ai point de regret.
Jusqu'ici mon hymen s'était traité par lettre ;
Et si j'avais voulu jusqu'au bout le permettre,
Une dernière lettre eût servi de mandat,
Dont le porteur quelconque eût signé le contrat.
Moi je veux, quelques jours avant la signature,
Observer mon beau-père, et voir si ma future
A du sens, de l'esprit, des vertus, des appas,
Me convient, en un mot, ou ne me convient pas.
Qu'on trouve mon projet raisonnable ou bizarre,
N'importe : si je suis content, je me déclare :
Si je ne le suis point, je demeure inconnu,
Et je repars bientôt comme je suis venu.
Trop heureux, en manquant un mauvais mariage,
D'en être quitte encore pour les frais du voyage !

SCÈNE X

M. DE FLORVILLE, M. D'ORLANGE.

M. D'ORLANGE, à part, de loin.
Où donc est-il ? Je suis curieux de le voir.

(Haut.)
Ah! bon. C'est moi, monsieur, qui viens vous recevoir.
M. DE FLORVILLE.
J'ai l'honneur de parler probablement au maître...?
M. D'ORLANGE.
Il est sorti.
M. DE FLORVILLE.
Je vois monsieur son fils peut-être?
M. D'ORLANGE.
Je ne suis point parent.
M. DE FLORVILLE.
Je me trompe, pardon :
Monsieur est, je le vois, ami de la maison!
M. D'ORLANGE.
Moi! point du tout : bientôt je le serai, sans doute.
Je suis un voyageur, égaré de sa route,
Qui, charmé de l'accueil qu'en ces lieux je reçois,
Et que vous recevrez sans doute, ainsi que moi,
Viens vous féliciter.
M. DE FLORVILLE.
Monsieur...
M. D'ORLANGE.
Je veux moi-même
Vous présenter ici.
M. DE FLORVILLE, à part.
Quel est ce zèle extrême?
M. D'ORLANGE.
Nous sommes bien tombés, monsieur, en vérité.
M. DE FLORVILLE.
Oui!
M. D'ORLANGE.
Notre hôte est d'un cœur! surtout d'une gaieté!
Sur ma foi, vous serez ravi de le connaître.
M. DE FLORVILLE.
C'est assez en un soir d'un étranger peut-être.
M. D'ORLANGE.
Vous ne connaissez pas le maître de ces lieux,
Je le vois.
M. DE FLORVILLE.
Vous semblez le connaître un peu mieux.
M. D'ORLANGE.
Qui? moi! j'arrive aussi. Compagnons d'infortune,
La consolation à tous deux est commune.
M. DE FLORVILLE.
Je ne me flatte point d'avoir le même accueil.

ACTE II, SCÈNE X.

M. D'ORLANGE.
Comme moi, vous plairez dès le premier coup d'œil.
M. DE FLORVILLE.
A cet espoir flatteur, allons, je m'abandonne.
M. D'ORLANGE.
J'en réponds. Vous verrez une jeune personne...!
C'est sa fille.
M. DE FLORVILLE.
J'entends.
M. D'ORLANGE.
Charmante. Sa beauté,
Peu commune, est encore sa moindre qualité.
C'est un air, un maintien qui d'abord vous enchante ;
C'est dans tous ses discours une grâce touchante,
Qui m'a ravi d'abord.
M. DE FLORVILLE.
Oui, je vois en effet...
M. D'ORLANGE.
D'honneur ! je ne sais pas comment cela s'est fait.
Dès mon premier abord elle a paru charmée :
Par degrés... que dirai-je ? elle s'est animée ;
Elle a beaucoup d'esprit, de sensibilité.
Moi, j'ai de l'abandon, de la franche gaîté :
Quand on sent que l'on plaît, on en est plus aimable.
Mon hommage, en un mot, lui serait agréable,
Ou je me trompe fort.
M. DE FLORVILLE.
Mais vraiment, je le crois.
Vous la voyez ce soir pour la première fois?
M. D'ORLANGE.
Sans doute.
M. DE FLORVILLE, à part.
Tout ceci cache-t-il un mystère ?
(Haut.)
Et... Comptez-vous, monsieur, suivre un peu cette affaire?
M. D'ORLANGE.
Je le voudrais. Mais quoi ! je ne puis: dès demain,
Il faudra vers Paris poursuivre mon chemin.
M. DE FLORVILLE.
Dès demain?
M. D'ORLANGE.
Oui, vraiment: une raison très forte
M'appelle...
M. DE FLORVILLE.
Il faut toujours que le devoir l'emporte.

M. D'ORLANGE.
Allez-vous à Paris, monsieur?
M. DE FLORVILLE, à part.
Je puis mentir.
(Haut.)
Oui, j'y vais.
M. D'ORLANGE.
En ce cas, nous pourrons donc partir
Ensemble?
M. DE FLORVILLE.
Volontiers.
M. D'ORLANGE.
O le charmant voyage!
Il nous paraîtra court, celui-là, je le gage;
Henriette fera les frais de l'entretien:
Henriette est le nom de la jeune...
M. DE FLORVILLE.
Ah! fort bien.
(A part.)
Ce monsieur m'apprendra le nom de ma future.
M. D'ORLANGE.
Mais je n'en reviens pas. Quelle heureuse aventure!
Je sens que pour jamais elle va nous lier.
Peut-être trouvez-vous ce début familier:
Mais quoi! les voyageurs font bientôt connaissance.
Quoique notre amitié ne soit qu'à sa naissance,
Je sens qu'elle ira loin.
M. DE FLORVILLE.
Ah! monsieur...!
M. D'ORLANGE.
C'est au point
Que l'amour, non, l'amour ne nous brouillerait point.
M. DE FLORVILLE.
Vous croyez?
M. D'ORLANGE.
J'en suis sûr. Ce serait bien dommage!
Mais si la même belle obtenait notre hommage,
Et qu'elle eût prononcé, l'autre, quoiqu'à regret,
Céderait sans murmure, et se retirerait.
M. DE FLORVILLE.
L'effort serait cruel pour une âme sensible.
M. D'ORLANGE.
A l'amitié, monsieur, il n'est rien d'impossible. [sœurs,
D'ailleurs, aimons ensemble où nous verrons deux
Et cette double intrigue aura mille douceurs.

M. DE FLORVILLE.
Mais si je soupirais pour une fille unique,
Et que vous survinssiez...?
M. D'ORLANGE.
Bon! bon! terreur panique.
M. DE FLORVILLE.
Je le suppose.
M. D'ORLANGE.
Alors, c'est un point convenu,
Monsieur, que l'un de nous cède au premier venu.
M. DE FLORVILLE.
Mais...
M. D'ORLANGE.
Par exemple, ici, si j'aimais Henriette,
Vous seriez confident de ma flamme secrète ;
Et moi, je vous rendrais même service ailleurs.

SCÈNE XI

Les précédents, OLIVIER.

OLIVIER.
Voulez-vous bien passer dans le salon, messieurs?
M. D'ORLANGE.
Pour souper?
OLIVIER.
A l'instant.
M. D'ORLANGE, à Florville.
Venez, je vous présente.
M. DE FLORVILLE.
Je vous suis obligé.
M. D'ORLANGE.
La rencontre est plaisante.
En un soir, ce n'est pas être heureux à demi,
Je trouve un doux asile, et je fais un ami.
M. DE FLORVILLE, à part.
Ma foi! si j'y comprends un seul mot, que je meure!
Serai-je donc ici venu trop tard d'une heure?
(Ils sortent ensemble. Olivier les suit.)

FIN DU SECOND ACTE.

ACTE TROISIÈME

SCÈNE PREMIÈRE

M. DE FLORVILLE, seul.

Je n'ai pu fermer l'œil. Oui, j'en ferai l'aveu,
Ce jeune homme m'occupe et m'inquiète un peu.
Aime-t-il Henriette? Ah! rien n'est plus possible :
Peut-on la voir, l'entendre, et rester insensible?
Dès le premier abord je sens qu'elle m'a plu.
Grâce, esprit, elle a tout ; et peu s'en est fallu
Que bientôt, abjurant une inutile feinte,
Je ne me déclarasse. Une nouvelle crainte
Me retient : prenons garde à ce jeune inconnu.
Quel dommage pourtant s'il m'avait prévenu !

SCÈNE II

MADEMOISELLE D'ORFEUIL, M. DE FLORVILLE.

MADEMOISELLE D'ORFEUIL.
Vous vous êtes, dit-on, promené de bonne heure,
Monsieur?
M. DE FLORVILLE.
 J'ai parcouru cette aimable demeure :
Elle paraît charmante.
MADEMOISELLE D'ORFEUIL.
    Ah! charmante !... ces lieux
N'ont rien que de champêtre.
M. DE FLORVILLE.
    Ils m'en plaisent bien mieux.
Je hais ces beaux châteaux et leur vaine parure :
Non, il n'est rien de tel que la simple nature.
MADEMOISELLE D'ORFEUIL.
Monsieur aimerait donc ce paisible séjour?
M. DE FLORVILLE.
Je le préférerais à la ville, à la cour ;

J'aime les prés, les bois, surtout la solitude.
Là, sans ambition et sans inquiétude,
Dans un parfait repos, dans un calme enchanteur,
Loin d'un monde importun, et seul avec mon cœur,
Je sens que, si j'avais une aimable compagne,
Je passerais ma vie au sein de la campagne.
     MADEMOISELLE D'ORFEUIL.
Dans vos souhaits, monsieur, je retrouve mes goûts.
J'aime aussi la retraite.
     M. DE FLORVILLE.
      Oui ; mais expliquons-nous :
J'entends une retraite isolée et profonde,
Et non celle où toujours le voisinage abonde.
     MADEMOISELLE D'ORFEUIL.
Ce n'est pas celle-là que je veux dire aussi,
Monsieur ; et nous voyons très peu de monde ici.
     M. DE FLORVILLE.
Sans doute, je le crois, puisque vous me le dites.
Mais, en un soir, voilà cependant deux visites.
     MADEMOISELLE D'ORFEUIL.
Oui, qui nous ont surpris fort agréablement,
Mais que mon père et moi n'attendions nullement.
     M. DE FLORVILLE.
Pas même la première? Eh quoi! mademoiselle,
Ce monsieur, qui d'abord m'a montré tant de zèle,
N'est donc qu'un voyageur égaré ?
     MADEMOISELLE D'ORFEUIL.
        Je le vois,
Ainsi que vous, monsieur, pour la première fois.
     M. DE FLORVILLE.
Ce jeune homme... paraît on ne peut plus aimable,
Mademoiselle.
     MADEMOISELLE D'ORFEUIL.
      Il est d'une humeur agréable ;
Et le premier coup d'œil, en effet, est pour lui.
     M. DE FLORVILLE.
Mais c'est déjà beaucoup, et surtout aujourd'hui...
     MADEMOISELLE D'ORFEUIL.
Nous parlions des plaisirs qu'à la campagne on goûte.
Vous les peignez si bien! et moi, je vous écoute
En personne qui sent tout ce que vous peignez.
Ces innocents plaisirs, ailleurs trop dédaignés,
Je les savoure ici : j'y vis très solitaire.
Une autre trouverait cette retraite austère :
Eh bien, ma solitude a pour moi des appas.

13.

M. DE FLORVILLE.
Ah! je le crois. D'ailleurs, cela ne surprend pas.
Vous vivez près d'un père et respectable et tendre :
Vous faites son bonheur.
MADEMOISELLE D'ORFEUIL.
Je tâche de lui rendre
Les soins qu'il prit de moi dès mes plus jeunes ans ;
Heureuse de pouvoir, par mes soins complaisants,
Écarter loin de lui les ennuis, la tristesse,
Qui suivent, et souvent précèdent la vieillesse !
Il aime la musique : eh bien, chaque dessert,
Monsieur, soir et matin, est suivi d'un concert.
M. DE FLORVILLE.
Fort bien.
MADEMOISELLE D'ORFEUIL.
Je suis, de plus, sa lectrice ordinaire.
Ma manière de lire a le don de lui plaire.
Doux emploi ! tous nos soirs sont bien vite écoulés.
M. DE FLORVILLE.
(Très vivement.) (En se reprenant.)
Ah ! je vous aiderai... ce soir, si vous voulez :
Vous vous reposeriez...
MADEMOISELLE D'ORFEUIL.
Je vous suis obligée.
Quand mon père sourit, je me sens soulagée.
M. DE FLORVILLE.
Mademoiselle, eh bien, je le dirai tout bas,
Car une autre en rirait ; mais vous n'en rirez pas :
J'ai passé quatre hivers auprès de mon aïeule ;
Jamais, jamais un soir je ne la laissai seule.
Je faisais sa partie, ensuite je lisais ;
Je l'écoutais surtout ; enfin, je l'amusais ;
Et moi, j'étais heureux en la voyant heureuse.
MADEMOISELLE D'ORFEUIL.
Que vous me rappelez un touchant souvenir !
Une mère ! pardon, je ne puis retenir
Mes pleurs...
M. DE FLORVILLE.
Les retenir ! Pourquoi, mademoiselle ?
Ah ! gardez-vous-en bien : la cause en est trop belle ;
Et croyez qu'avec vous plutôt je pleurerais :
Qui connut vos plaisirs doit sentir vos regrets.
J'éprouve, en ce moment, un charme inexprimable :
Non, je n'ai jamais eu d'entretien plus aimable.
Hélas ! pourquoi faut-il que des moments si doux

S'échappent aussi vite !
    MADEMOISELLE D'ORFEUIL.
      Il ne tiendra qu'à vous,
Monsieur, de prolonger...
    M. DE FLORVILLE.
       Ah ! mon unique envie
Eût été de passer ici toute ma vie :
Mais peut-être en ces lieux n'ai-je que peu d'instants...
L'autre étranger ici restera-t-il longtemps,
Mademoiselle ?
    MADEMOISELLE D'ORFEUIL.
     Eh mais... je l'ignore ; mon père
Fera près de vous deux tous ses efforts, j'espère ;
Et... nous reparlerions de l'emploi de nos soirs.
    M. DE FLORVILLE.
Et, tout en rappelant les soins et les devoirs
Auxquels nous avons vu tant d'heures consacrées,
Nous passerions encor de bien douces soirées.
    MADEMOISELLE D'ORFEUIL.
Mais voici l'étranger.
    M. DE FLORVILLE.
     Il est toujours riant.
    MADEMOISELLE D'ORFEUIL.
Oui...
    M. DE FLORVILLE, à part.
Comme elle paraît émue en le voyant !

SCÈNE III

Les précédents, M. D'ORLANGE.

    M. D'ORLANGE.
D'un aimable entretien je crains de vous distraire,
D'être importun.
    M. DE FLORVILLE.
   Monsieur est bien sûr du contraire.
    M. D'ORLANGE.
Moi ! point du tout, d'honneur ! je puis être indiscret :
Je sens qu'en pareil cas un tiers me gênerait.
    M. DE FLORVILLE, à part.
Fort bien ! vous allez voir que c'est moi qui le gêne !
    M. D'ORLANGE, à Florville.
Je suis un paresseux ; mais j'en porte la peine :
Vous m'avez prévenu.

M. DE FLORVILLE.
                Bien plus heureusement
Vous me sûtes hier prévenir..;
            M. D'ORLANGE.
                    D'un moment
Ma venue en ces lieux a devancé la vôtre.   [l'autre!]
Ah! nous sommes, monsieur, bien heureux l'un et
Eus-je tort quand hier je vous félicitai?
Le portrait que j'ai fait vous paraît-il flatté?
                M. DE FLORVILLE.
Il s'en faut bien.
            MADEMOISELLE D'ORFEUIL.
                    Messieurs, épargnez-moi, de grâce,
Ou vous m'obligerez...
            M. DE FLORVILLE.
                    Une telle menace
Nous impose silence.
            M. D'ORLANGE.
                    Oui, changeons de sujet.
Il faut que je vous conte un rêve que j'ai fait.
Ce qui frappe le jour, la nuit nous le rappelle.
Ainsi je rêvais donc à vous, mademoiselle.
Je vous voyais partout, au château, dans le bois;
Et je vous voyais... telle enfin que je vous vois.
De cette vision mon âme était charmée.
Mais quoi! je sens mes yeux se remplir de fumée.
Je les ouvre : je vois quelque lueur briller:
J'entends même de loin la flamme pétiller.
Inquiet, de mon lit aussitôt je m'élance,
Et je vais voir... Partout règne un profond silence.
Un instinct me conduit à votre appartement.
            M. DE FLORVILLE.
Cet instinct est heureux.
            M. D'ORLANGE.
                    Oui; le feu justement
Avait pris par malheur près de mademoiselle,
Chez Justine.
        MADEMOISELLE D'ORFEUIL.
            Ah! bon Dieu!
                M. D'ORLANGE.
                    Faites grâce à mon zèle:
On est bien dispensé de politesse alors.
Je pousse votre porte, et, redoublant d'efforts,
Je l'enfonce... Déjà vous étiez éveillée,
D'une robe légère à la hâte habillée;

Je vous prends dans mes bras... nouvelle excuse encor :
Je veux vous emporter au fond du corridor.
Mais, quoi! déjà la flamme en barrait le passage.
M. DE FLORVILLE.
Que faire?
M. D'ORLANGE, à mademoiselle d'Orfeuil.
Mon manteau vous couvre le visage,
Même aux dépens du mien (moi, je risquais si peu!) :
Je vous enlève enfin, tout au travers du feu,
Et vais vous déposer, aussi morte que vive,
Dans la cour, où bientôt monsieur lui-même arrive,
Suivi de votre père : il s'en était chargé ;
Car tous deux, entre nous, nous avions partagé
Le bonheur de sauver cette chère famille :
Monsieur portait le père, et je portais la fille.
M. DE FLORVILLE.
Tout en rêvant, monsieur, vous choisissez fort bien.
Ce poids est plus léger et plus doux que le mien.
MADEMOISELLE D'ORFEUIL.
En ce cas, qui jamais n'arrivera, j'espère,
C'est me servir le mieux que de sauver mon père.
M. D'ORLANGE.
Oh! j'aurais eu le temps de vous sauver tous deux.
Vous reprenez vos sens, et vous ouvrez les yeux.
Le plaisir me réveille en sursaut ; je me lève,
Et je vois à regret que ce n'était qu'un rêve.
MADEMOISELLE D'ORFEUIL.
Mille grâces, monsieur, d'un si généreux soin :
Mais il vaut encor mieux n'en avoir pas besoin.

SCÈNE IV

LES PRÉCÉDENTS, M. D'ORFEUIL.

M. D'ORFEUIL, de loin.
Messieurs, vous paraissez en bonne intelligence.
Les voyageurs entre eux font bientôt connaissance.
M. D'ORLANGE.
C'est ce que je disais.
M. DE FLORVILLE.
Et surtout on la fait
Si vite avec monsieur!
M. D'ORFEUIL.
Oui, d'abord, en effet
J'ai vu que nos humeurs étaient bien assorties.

M. D'ORLANGE.
Monsieur !
M. D'ORFEUIL.
Ah ! c'est qu'il est d'heureuses sympathies,
Hein ?... qu'en dis-tu, ma fille ?
MADEMOISELLE D'ORFEUIL.
Oui, sans doute, il en est,
Mon père, je le sens...
M. D'ORFEUIL.
Ta franchise me plaît.
M. DE FLORVILLE, à part.
Je joue ici vraiment un joli personnage.
M. D'ORFEUIL.
Avez-vous vu, messieurs, mon petit apanage ?
M. DE FLORVILLE.
Oui, ce matin, partout je me suis promené.
M. D'ORFEUIL.
Il faut que je vous montre, avant le déjeuné,
Des oiseaux, des faisans que j'aime à la folie.
M. D'ORLANGE.
Monsieur sera charmé de la faisanderie.
M. D'ORFEUIL.
Bon ! vous l'avez vue ?
M. D'ORLANGE.
Oui, j'en sors.
M. D'ORFEUIL, à part.
Il l'entend bien.
Il veut avec sa femme avoir un entretien.
(Haut.)
En ce cas, vous allez rester avec ma fille.
(A Florville.)
Vous, monsieur, venez voir ma petite famille.
MADEMOISELLE D'ORFEUIL à d'Orlange.
Monsieur la reverrait peut-être avec plaisir ?
M. D'ORLANGE.
Oh ! mon Dieu, point du tout ; je l'ai vue à loisir.
MADEMOISELLE D'ORFEUIL.
Mais ne vous gênez point ; car vous craignez la gêne.
M. D'ORLANGE.
Eh ! non, depuis une heure, au moins, je me promène.
M. D'ORFEUIL à d'Orlange.
Vous êtes las : d'ailleurs, nous reviendrons bientôt.
M. D'ORLANGE.
Ne vous pressez point trop : voyez tout comme il faut.

M. DE FLORVILLE.
Mais cette promenade, on pourrait la remettre.
M. D'ORFEUIL.
Non, voilà le moment. Monsieur veut bien permettre.
Venez, vous allez voir quelque chose de beau.
M. DE FLORVILLE, saluant mademoiselle d'Orfeuil.
Il n'était pas besoin de sortir du château.
(Il sort avec M. d'Orfeuil.)

SCÈNE V

MADEMOISELLE D'ORFEUIL, M. D'ORLANGE.

M. D'ORLANGE.
Au fait, je n'ai rien vu de tout cela : qu'importe ?
MADEMOISELLE D'ORFEUIL.
Pourquoi donc, en ce cas, feignez-vous de la sorte ?
M. D'ORLANGE.
J'ai si peu de moments à passer près de vous !
Et j'irai perdre, moi, des instants aussi doux...
MADEMOISELLE D'ORFEUIL.
Eh ! mais, la fiction vous paraît familière,
Monsieur.
M. D'ORLANGE.
Ah ! pardonnez : ce sera la dernière.
J'ai bien vu des châteaux pareils à celui-ci,
Mais rien de comparable à ce qu'on voit ici.
MADEMOISELLE D'ORFEUIL.
Je croyais que monsieur aimait la promenade.
M. D'ORLANGE.
D'accord ; mais tel plaisir est insipide et fade,
Près d'un plaisir plus grand. Je l'aime, j'en conviens ;
Mais j'aime encore mieux un touchant entretien...
Non pas celui d'hier : oubliez-le, de grâce,
Tel qu'un songe léger que le réveil efface :
Car je suis bien changé depuis hier.
MADEMOISELLE D'ORFEUIL.
Si tôt ?
Je ne le croyais pas.
M. D'ORLANGE.
Ah ! souvent, il ne faut
Qu'un instant, qu'un coup d'œil. Une seule étincelle
Cause un grand incendie. Hier, mademoiselle,
J'étais un voyageur, distrait, toujours errant,

Qui jamais ne se fixe, et voit tout en courant ;
Mais ce matin...
MADEMOISELLE D'ORFEUIL.
Eh bien ?
M. D'ORLANGE.
Quelle métamorphose,
Vient de se faire en moi ! Je suis... hélas ! je n'ose
Dire ce que je suis. Si vous pouviez !...
MADEMOISELLE D'ORFEUIL.
Pardon :
De deviner, monsieur, je n'eus jamais le don.
M. D'ORLANGE.
Mon secret est pourtant bien facile à comprendre.
MADEMOISELLE D'ORFEUIL.
En ce cas, ce n'est pas à moi qu'il faut l'apprendre ;
Et quisque vous voulez enfin vous déclarer,
Faites-le ; jusque-là, je dois tout ignorer.
(Elle sort.)

SCÈNE VI

M. D'ORLANGE, seul.

Cette espèce d'aveu n'a point paru déplaire ;
Du moins elle n'a pas témoigné de colère.
Cependant je ne suis qu'un simple voyageur.
Même, à voir de son front la subite rougeur,
Et la mélancolie en ses regards empreinte,
Du trait qui m'a blessé j'ose la croire atteinte.
J'admire, en vérité, l'avenir qui m'attend :
Il est flatteur... Oui, mais... quand j'y songe pourtant,
Si ce nouvel amour, si ce doux hyménée,
Bornaient en son essor ma haute destinée !
Car, à juger d'après ce qui m'est arrivé,
Aux grands événements je me sens réservé.
Je puis me faire un nom, et, dans son ministère,
Servir le roi, l'État, pacifier la terre.
De quelque emploi brillant je puis me voir charger,
Et de nouveau peut-être il faudra voyager.
Sans vouloir pénétrer dans les choses futures,
Les voyages sur mer sont remplis d'aventures.
(Arrivant par degrés à une espèce de rêverie et de vision.)
Le vaisseau sur lequel je m'étais embarqué,
Par un corsaire turc, en route, est attaqué...

Je défends, presque seul, mon timide équipage...
Mais enfin le grand nombre accable mon courage,
Et je me rends... Les Turcs, charmés de ma valeur,
Me proclament leur chef, à la place du leur,
Qu'avait tué mon bras. Le sort me favorise :
Je signale leur choix par mainte et mainte prise,
Et parviens, par degrés, à de très hauts emplois...
Le capitan-pacha, jaloux de mes exploits,
Me dénonce au visir ; il prétend qu'on me chasse...
On le chasse lui-même, et je monte à sa place...
— « Pacha, dit le visir, les Russes sont là ; cours,
Et bats-les. » Je les bats ; puis je prends, en trois jours,
Ismaïlow, Oczakow, Crimée et Valachie...
Mon nom devient fameux par toute la Turquie...
Le sultan, qui dans moi voit son plus ferme appui,
Me fait son gendre ; il meurt ; et je règne après lui.
               (Au comble du délire.)
Me voilà donc le chef de la Sublime Porte... !
Mais ma religion, mais mon culte... ! Qu'importe
La mitre, le turban, tous les cultes divers ?
Mon dogme est d'adorer le Dieu de l'univers.
Il est celui des Turcs ; et tous, à mon exemple,
Vont ne bénir qu'un Dieu, dont le monde est le temple.
Ce n'est pas que je sois jaloux d'être empereur ;
Mais instruire un grand peuple et faire son bonheur,
Voilà la gloire unique...

SCÈNE VII

M. D'ORLANGE, VICTOR.

(Victor, déjà entré sur la scène sans être vu, a écouté depuis ces mots :
« Le capitan-pacha »).

VICTOR se prosternant.
O Sultan !...
M. D'ORLANGE.
Eh bien, qu'est-ce ?
Que veut-on ?
VICTOR.
Au sérail on attend Ta Hautesse...
M. D'ORLANGE, se croyant encore le Grand Seigneur.
Quel est l'audacieux ?...

VICTOR.
La sultane, à l'instant,
Va servir le café, le sorbet. Elle attend.
M. D'ORLANGE.
Eh mais... c'est toi, Victor. Malheureux ! tu m'éveilles.
VICTOR.
C'est dommage ; en rêvant, vous faites des merveilles.
Je suis un criminel ; je vous ai détrôné,
Pardon. Aussi jamais s'est-on imaginé... ?
M. D'ORLANGE.
Eh ! Victor, chacun fait des châteaux en Espagne !
On en fait à la ville ainsi qu'à la campagne ;
On en fait en dormant, on en fait éveillé.
Le pauvre paysan, sur sa bêche appuyé,
Peut se croire, un moment, seigneur de son village.
Le vieillard, oubliant les glaces de son âge,
Se figure aux genoux d'une jeune beauté,
Et sourit ; son neveu sourit de son côté,
En songeant qu'un matin du bonhomme il hérite.
Telle femme se croit sultane favorite ;
Un commis est ministre ; un jeune abbé prélat ;
Le prélat... Il n'est pas jusqu'au simple soldat,
Qui ne se soit un jour cru maréchal de France ;
Et le pauvre, lui-même, est riche en espérance.
VICTOR.
Et chacun redevient Gros-Jean comme devant.
M. D'ORLANGE.
Eh bien ! chacun, du moins, fut heureux en rêvant.
C'est quelque chose encor que de faire un beau rêve ;
A nos chagrins réels c'est une utile trêve.
Nous en avons besoin : nous sommes assiégés
De maux, dont à la fin nous serions surchargés,
Sans ce délire heureux qui se glisse en nos veines.
Flatteuse illusion ! doux oubli de nos peines !
Oh ! qui pourrait compter les heureux que tu fais !
L'espoir et le sommeil sont de moindres bienfaits.
Délicieuse erreur ! tu nous donnes d'avance
Le bonheur, que promet seulement l'espérance.
Le doux sommeil ne fait que suspendre nos maux,
Et tu mets à la place un plaisir : en deux mots,
Quand je songe, je suis le plus heureux des hommes ;
Et, dès que nous croyons être heureux, nous le sommes.
VICTOR.
A vous entendre, on croit que vous avez raison.
Un déjeuner pourtant serait bien de saison ;
Car, en fait d'appétit, on ne prend point le change ;

Et ce n'est pas manger que de rêver qu'on mange.
M. D'ORLANGE.
A propos... il raisonne assez passablement.
(Il sort.)

SCÈNE VIII

VICTOR, seul.

Il est fou... là... se croire un sultan ! seulement ;
On peut bien quelquefois se flatter dans la vie.
J'ai, par exemple, hier, mis à la loterie ;
Et mon billet enfin pourrait bien être bon.
Je conviens que cela n'est pas certain : oh ! non ;
Mais la chose est possible, et cela doit suffire.
Puis, en me le donnant, on s'est mis à sourire,
Et l'on m'a dit : « Prenez, car c'est là le meilleur. »
Si je gagnais pourtant le gros lot !... Quel bonheur !
J'achèterais d'abord une ample seigneurie...
Non, plutôt une bonne et grasse métairie,
Oh ! oui, dans ce canton : j'aime ce pays-ci ;
Et Justine, d'ailleurs, me plaît beaucoup aussi.
J'aurai donc, à mon tour, des gens à mon service !
Dans le commandement je serai peu novice ;
Mais je ne serai point dur, insolent ni fier,
Et me rappellerai ce que j'étais hier.
Ma foi, j'aime déjà ma ferme à la folie.
Moi, gros fermier ! j'aurai ma basse-cour remplie
De poules, de poussins que je verrai courir !
De mes mains, chaque jour, je prétends les nourrir.
C'est un coup d'œil charmant ! et puis, cela rapporte.
Quel plaisir, quand, le soir, assis devant ma porte,
J'entendrai le retour de mes moutons bêlants ;
Que je verrai, de loin, revenir à pas lents
Mes chevaux vigoureux et mes belles génisses !
Ils sont nos serviteurs, elles sont nos nourrices.
Et mon petit Victor, sur son âne monté,
Fermant la marche avec un air de dignité !
Plus heureux que monsieur... le Grand-Turc sur son trône,
Je serai riche, riche, et je ferai l'aumône.
Tout bas, sur mon passage, on se dira : « Voilà
Ce bon monsieur Victor. » Cela me touchera.
Je puis bien m'abuser ; mais ce n'est pas sans cause :
Mon projet est, au moins, fondé sur quelque chose,

(Il cherche.)

Sur un billet. Je veux revoir ce cher... Eh ! mais...
Où donc est-il ? tantôt encore je l'avais.
Depuis quand ce billet est-il donc invisible ?
Ah ! l'aurais-je perdu ? serait-il bien possible ?
Mon malheur est certain : me voilà confondu.
(Il crie).
Que vais-je devenir ? hélas ! j'ai tout perdu.

SCÈNE IX

VICTOR, JUSTINE.

JUSTINE.

Qu'avez-vous donc perdu, monsieur ?
VICTOR.
Ma métairie.
JUSTINE.

Votre... ?
VICTOR.

Ah ! mademoiselle, excusez, je vous prie ;
Venez m'aider, de grâce, à retrouver nos fonds.
JUSTINE.

Vos fonds ! expliquez-vous.
VICTOR.

Venez, je vous réponds
Que vous vous obligez vous-même la première.
Nous sommes ruinés, madame la fermière.
(Ils sortent ensemble.)

FIN DU TROISIÈME ACTE.

ACTE QUATRIÈME

—

SCÈNE PREMIÈRE

M. D'ORFEUIL, M. D'ORLANGE.

M. D'ORLANGE l'amène mystérieusement.
Bon. Je puis donc ici vous parler sans témoin,
Et vous ouvrir mon cœur ; car j'en ai grand besoin.
M. D'ORFEUIL, souriant.
Quel est donc ce mystère ?
M. D'ORLANGE.
Ah ! si vous pouviez lire
Dans ce cœur !...
M. D'ORFEUIL, toujours de même.
Vous avez quelque chose à me dire,
Je le vois ; mais saurai-je à la fin ce secret ?
M. D'ORLANGE.
Oui ; c'est assez longtemps avoir été discret.
M. D'ORFEUIL.
Sans doute ; puis, pour vous je suis porté d'avance,
Et je vous saurai gré de votre confiance.
M. D'ORLANGE.
Eh bien, puisque je peux librement m'exprimer,
Votre chère Henriette a trop su me charmer.
M. D'ORFEUIL.
Vraiment !
M. D'ORLANGE.
Elle est aimable, et moi je suis né tendre :
En un mot, je l'adore ; et, si j'osais prétendre
A sa main, cet hymen ferait tout mon bonheur.
M. D'ORFEUIL.
Monsieur..., assurément, vous me faites honneur.
M. D'ORLANGE.
Vous trouvez ma demande un peu prompte, peut-être ;
Mais il est naturel de se faire connaître.
M. D'ORFEUIL.
Bon !

M. D'ORLANGE.

Mon nom...

M. D'ORFEUIL.

M'est connu.

M. D'ORLANGE.

Mon oncle...

M. D'ORFEUIL.

C'est assez ;
Abrégeons un détail inutile : avancez.

M. D'ORLANGE.

Mais...

M. D'ORFEUIL.

Je connais fort bien toute votre famille.
Vous dites donc, monsieur, que vous trouvez ma fille...?

M. D'ORLANGE.

Ah! monsieur, adorable.

M. D'ORFEUIL.

Allons, j'en suis charmé ;
Et d'elle, à votre tour, croyez-vous être aimé ?

M. D'ORLANGE.

Je m'en flatte.

M. D'ORFEUIL.

Moi-même aussi je le soupçonne.
Écoutez, je vais voir notre jeune personne ;
J'espère que tous trois serons bientôt d'accord :
Car, si vous lui plaisez, vous me convenez fort.

(Il sort.)

M. D'ORLANGE.

Et vous aussi, monsieur.

SCÈNE II

M. D'ORLANGE, seul.

Mais comme tout s'arrange !
J'aime, je plais, j'épouse... O trop heureux d'Orlange !
Qui m'aurait dit hier, lorsque je m'égarais,
Qu'au maître de ces lieux bientôt j'appartiendrais ?
Qu'en ce château, moi-même...? il est un peu gothique ;
Mais je rajeunirai cet édifice antique.
Le père est un brave homme, il entendra raison ;
Car je suis, à peu près, maître de la maison.
Ces grands appartements sont vraiment détestables.
Nos bons aïeux étaient des gens fort respectables ;

Mais ils ne savaient pas distribuer jadis :
Dans cette pièce, moi, je vous en ferai dix.
Passons dans le jardin ; car c'est là que je brille.
Je fais ôter d'abord cette triste charmille...
Quoi ! je fais tout ôter. Nous avons du terrain :
Voilà tout ce qu'il faut pour créer un jardin.
J'en ai fait vingt ; ils sont tous dans mon portefeuilles.
Entre mille sentiers bordés de chèvrefeuille,
Il en est un bien sombre : on n'y voit rien du tout ;
Et l'on est étonné, quand on arrive au bout,
De voir..... Qu'y verra-t-on ? un Amour, un vieux temple,
Un kiosque ! oh ! non, rien d'étonnant : par exemple,
Un petit pavillon, au dehors tout uni,
Plus modeste en dedans ; le luxe en est banni :
On gâte la nature, et moi je la respecte.
Du pavillon, moi seul, je serai l'architecte :
Je serai jardinier aussi ; je planterai
Des arbrisseaux, des fleurs : je les arroserai ;
Car j'aurai sous ma main une source d'eau pure,
Et tout autour de moi la plus belle verdure !
De ce lieu, tout mortel est d'avance exilé ;
Mon beau-père et ma femme en auront seuls la clé.
Là, je rêve, je lis : tapi dans ma retraite,
Je vois, du coin de l'œil, la timide Henriette
Qui vient pour me surprendre, et marche à petit bruit,
Retenant son haleine ; elle ouvre et s'introduit.
Ah ! si la solitude est douce en elle-même,
Je sens qu'elle est plus douce auprès de ce qu'on aime.

SCÈNE III

M. D'ORLANGE, MADEMOISELLE D'ORFEUIL, JUSTINE.

M. D'ORLANGE.
Le ciel, mademoiselle, a comblé tous mes vœux :
A votre père ici j'ai déclaré mes feux.
MADEMOISELLE D'ORFEUIL.
Oui, monsieur, je le sais.
M. D'ORLANGE.
L'impatience est grande ;
Mais vous m'aviez permis de faire la demande.
JUSTINE.
Il ne faut pas vous dire une chose deux fois.

M. D'ORLANGE.
Non vraiment. Et ma noce ! oh ! d'ici je la vois.
Tous les préparatifs sont déjà dans ma tête.
Un aimable désordre embellira la fête :
Repas champêtre et gai, des danses, des chansons,
Des enfants, des vieillards, les filles, les garçons ;
Je veux que de leurs cris tout le bois retentisse.
Le soir, spectacle, jeu, concert, feu d'artifice ;...
Que vous dirai-je, enfin ? tout ce qu'on peut avoir.
JUSTINE.
Mon Dieu ! que tout cela sera charmant à voir !
Hâtez donc, ma maîtresse, une aussi belle noce.
MADEMOISELLE D'ORFEUIL.
Mais le plan, ce me semble, en est un peu précoce ;
Le jour n'est pas si près...
M. D'ORLANGE.
Il n'est, je crois, pas loin.
(Voyant arriver Florville.)
Je veux que mon ami, d'ailleurs, en soit témoin.

SCÈNE IV

LES PRÉCÉDENTS, M. DE FLORVILLE.

M. DE FLORVILLE, qui a entendu le dernier vers.
Je vous suis obligé.
MADEMOISELLE D'ORFEUIL.
Pardon, je me retire ;
J'obéirai, c'est tout ce que je puis vous dire.
M. D'ORLANGE.
Ah ! c'est en dire assez.
(Mademoiselle d'Orfeuil sort avec Justine.)

SCÈNE V

M. D'ORLANGE, M. DE FLORVILLE.

M. D'ORLANGE.
Vous le voyez, mon cher !
Cela s'entend, je crois.
M. DE FLORVILLE.
Oh ! oui, rien n'est plus clair ;
Mais cette affaire-ci s'est menée un peu vite.

M. D'ORLANGE.
En effet. A ma noce, au moins, je vous invite.
M. DE FLORVILLE.
Mille grâces, monsieur ; je repars à l'instant.
M. D'ORLANGE.
Quoi ! vous partez ? sur vous j'avais compté pourtant.
M. DE FLORVILLE.
En vérité... je suis on ne peut plus sensible...
M. D'ORLANGE.
Faites-moi ce plaisir.
M. DE FLORVILLE.
Il ne m'est pas possible.
M. D'ORLANGE.
Félicitez-moi donc, je vous prie.
M. DE FLORVILLE.
En effet,
Vous êtes fort heureux : enfin il se pouvait
Qu'Henriette déjà fût promise à quelque autre :
Qu'auriez-vous fait alors ?
M. D'ORLANGE.
Quel scrupule est le vôtre ?
Je trouverais, d'honneur, on ne peut plus plaisant
De supplanter d'abord, presque chemin faisant,
Quelque futur époux qui ne s'en doute guère :
Toute ruse est permise, en amour comme en guerre.
M. DE FLORVILLE.
Fort bien : mais c'est blesser pourtant les droits d'autrui.
M. D'ORLANGE.
Est-ce ma faute à moi si je plais mieux que lui ?
M. DE FLORVILLE.
Mais ce futur époux se fût montré peut-être.
M. D'ORLANGE.
Tant mieux : j'aurais été charmé de le connaître.
M. DE FLORVILLE, faisant un geste.
Et... si...?
M. D'ORLANGE.
Je vous entends : je ne me bats pas mal.
Je suis même en état d'épargner mon rival ;
Je ne le tuerais point.
M. DE FLORVILLE.
Vous êtes bien honnête :
S'il vous tuait ?
M. D'ORLANGE.
Eh bien, si le destin m'apprête
Une si belle mort, soit, je m'y dévoûrai,

14

Monsieur ; par deux beaux yeux heureux d'être pleuré !
Mais c'est mal à propos s'inquiéter sans doute.
C'est mettre tout au pis ; car je veux qu'il m'en coûte
Une blessure ou deux : je ne m'en plaindrai pas,
Et ma blessure même a pour moi mille appas.
Lentement du château je regagne la porte ;
Ou, si je ne le puis, mon valet m'y rapporte.
Lorsque l'on est blessé, qu'on est intéressant !
Peut-être... le beau sexe est si compatissant !
De sa main... pourquoi non ? jadis les demoiselles
Soignaient les chevaliers qui se battaient pour elles.
Mon Henriette est tendre ! oui, le matin, le soir,
Auprès de son malade elle viendra s'asseoir.
Bayard fut, comme moi, blessé, malade à Bresse :
Mais Bayard près de lui n'avait point sa maîtresse.
La mienne à mon chevet s'établira : je croi
Qu'elle fera monter son clavecin chez moi.
Tantôt d'un roman tendre elle fait la lecture,
Et nous nous retrouvons dans plus d'une peinture.
Un jour... il m'en souvient, en un endroit charmant,
Ma lectrice s'arrête involontairement,
Pousse un soupir, sur moi jette à la dérobée
Un regard !... de ses yeux une larme est tombée.
Ah ! si je suis malade, elle n'est guère mieux ;
Et mon état, vraiment, est si délicieux,
Que je voudrais, je crois, ne guérir de ma vie.

M. DE FLORVILLE.

D'être malade ainsi vous donneriez l'envie.
Vous voyez l'avenir comme on voit le passé.
Mais quoi ! si par malheur vous n'étiez pas blessé ?

M. D'ORFEUIL.

Bon ! rien de tout ceci n'arrivera peut-être ;
Et ce futur époux est bien loin de paraître.
Mais de votre départ je suis très affligé ;
Car vous m'êtes si cher !...

M. DE FLORVILLE.

                Je vous suis obligé.
Je vais prendre à l'instant congé...

M. D'ORLANGE.

                              De mon beau-père ?

M. DE FLORVILLE.

Oui, monsieur.

M. D'ORLANGE.

                Nous pourrons nous retrouver, j'espère,
Quelque part... dans l'Europe, en un mot, nous revoir.

M. DE FLORVILLE.

Je ne sais...

M. D'ORLANGE.

Je serais enchanté de pouvoir
Vous être utile.

M. DE FLORVILLE.

Eh ! mais...

M. D'ORLANGE.

Obliger ceux qu'on aime,
Qu'on estime surtout, c'est s'obliger soi-même.

M. DE FLORVILLE.

Monsieur...

M. D'ORLANGE, frappé tout à coup d'une idée.

Mais, à propos, ne vous tenez pas loin ;
D'un honnête homme un jour je puis avoir besoin.
Je ne m'explique pas ; mais j'ai sur vous des vues...
N'en dites mot. Adieu.

(Il sort.)

SCÈNE VI

M. DE FLORVILLE, seul.

Mais je tombe des nues.
Il épouse, et je suis éconduit ! Je le voi,
C'est que probablement on l'aura pris pour moi.
Je pourrais d'un seul mot me faire reconnaître...
Mais non, elle aime l'autre, il est trop tard peut-être ;
Et je l'affligerais sans être plus heureux.
Cet hymen cependant eût comblé tous mes vœux.
Le père me convient, et la jeune personne
Est charmante : il est vrai qu'elle se passionne
Un peu vite... Eh ! pourquoi me suis-je déguisé ?
Pour ce monsieur vraiment le triomphe est aisé.
Un autre là-dessus lui chercherait querelle...
Mais pourquoi ? sa méprise est assez naturelle...
Il arrive ; on lui fait un gracieux accueil ;
Il aime, et croit avoir plu du premier coup d'œil.
Laissons-lui son erreur ; elle est trop agréable,
Et deviendra bientôt un bonheur véritable.
Ah ! puisque, excepté moi, tout le monde est content,
Ne dérangeons personne, et partons à l'instant.
Oui...

SCÈNE VII

M. DE FLORVILLE, M. D'ORFEUIL.

M. DE FLORVILE.
Monsieur, recevez mes adieux...
M. D'ORFEUIL.
Bon ! qu'entends-je ?
Vous partez ?
M. DE FLORVILLE.
A l'instant.
M. D'ORFEUIL.
Mais quel dessein étrange !
Vous n'en avez rien dit à déjeuner.
M. DE FLORVILLE.
Depuis
Je me suis consulté, monsieur ; et je ne puis
Trop tôt, je le sens bien, continuer ma route.
M. D'ORFEUIL.
Bon ! avant de partir, vous dînerez sans doute ?
M. DE FLORVILLE.
Mille grâces : il faut que je parte à l'instant.
M. D'ORFEUIL.
Je crains d'être indiscret, monsieur, en insistant.
Mais quelques jours plus tard vous verriez une chose...
Qui vous plairait.
M. DE FLORVILLE.
J'ai fait une assez longue pause.
De m'amuser, monsieur, je n'ai point le loisir,
Et ne pourrais d'autrui que troubler le plaisir.
M. D'ORFEUIL.
Vous êtes bien méchant.

SCÈNE VIII

Les précédents, MADEMOISELLE D'ORFEUIL.

M. D'ORFEUIL.
Ah ! croirais-tu, ma chère,
Que monsieur veut partir ?
MADEMOISELLE D'ORFEUIL, avec un peu de dépit.
Apparemment, mon père,

Monsieur a des raisons pressantes...
M. DE FLORVILLE.
Je n'en ai
Qu'une, mais qui m'oblige à partir sans délai.
M. D'ORFEUIL.
Si vous aviez passé seulement la journée,
Nous aurions fait la plus agréable tournée
Dans mes prés, dans mes bois, tous les quatre, ce soir.
M. DE FLORVILLE.
J'ai vu tout ce matin.
M. D'ORFEUIL.
Vous n'avez pu tout voir.
M. DE FLORVILLE.
J'ai vu ce qui pouvait me toucher davantage.
M. D'ORFEUIL.
Vous ne connaissez point les moulins, l'ermitage...
M. DE FLORVILLE.
Ce n'est pas là ce qui m'intéressait le plus.
MADEMOISELLE D'ORFEUIL.
Mon père, nous faisons des efforts superflus.
M. DE FLORVILLE, à part.
Quelle froideur extrême !
MADEMOISELLE D'ORFEUIL, à part.
Ah ! quelle indifférence !
M. D'ORFEUIL.
J'ose vous demander du moins la préférence,
Au retour.
M. DE FLORVILLE.
Pardonnez... Je voyage si peu !
Je dis à ce pays un éternel adieu.
MADEMOISELLE D'ORFEUIL.
Ce matin même encore il paraissait vous plaire.
M. DE FLORVILLE.
J'emporte, en le quittant, un regret bien sincère.
Croyez qu'en ce paisible et champêtre séjour
J'aurais voulu, monsieur, demeurer plus d'un jour.
Mais je ne suis pas fait pour être heureux sans doute.
MADEMOISELLE D'ORFEUIL, à part.
Ni moi non plus. Combien un tel effort me coûte !
M. DE FLORVILLE, à part.
La force m'abandonne : il faut quitter ces lieux.
(Haut.)
C'en est trop ; je m'oublie en ces touchants adieux !
M. D'ORFEUIL.
Je vais...

M. DE FLORVILLE.
De grâce...
M. D'ORFEUIL.
Au moins, jusqu'à votre voiture...
M. DE FLORVILLE.
Non, ne me suivez pas, monsieur, je vous conjure.
Mille remercîments de vos généreux soins.
Adieu, mademoiselle ; et puissiez-vous, du moins,
Puissiez-vous, dans l'hymen qui pour vous se prépare,
Rencontrer le bonheur ! bonheur, hélas, si rare !
Et que vous avez droit cependant d'espérer !
M. D'ORFEUIL.
Aussi l'espérons-nous, j'ose vous l'assurer.
Ce que vous souhaitez est une affaire faite.
M. DE FLORVILLE.
Déjà ? mademoiselle est donc bien satisfaite ?
M. D'ORFEUIL.
On ne peut plus. Voyez : elle rougit.
M. DE FLORVILLE.
Je vois.
Adieu, monsieur, adieu, pour la dernière fois.
(Il sort.)

SCÈNE IX

M. D'ORFEUIL, MADEMOISELLE D'ORFEUIL.

M. D'ORFEUIL.
Ce jeune homme est honnête, il faut que j'en convienne ;
Mais il a l'humeur sombre ; et ce n'est pas la mienne.
MADEMOISELLE D'ORFEUIL.
Il a quelques chagrins.
M. D'ORFEUIL.
Il pouvait les cacher :
Ce n'est pas nous, je crois, qui l'avons pu fâcher.
MADEMOISELLE D'ORFEUIL.
Il est honnête au fond. Je lui crois l'âme tendre,
Un esprit délicat.
M. D'ORFEUIL.
Va, j'aime mieux mon gendre.
Quel air ouvert et franc ! comme il est toujours gai !
Quel aimable babil ! quelle grâce !
MADEMOISELLE D'ORFEUIL.
Il est vrai

Qu'il a de l'enjoûment, surtout de la franchise.
Moi, j'aurais souhaité, s'il faut que je le dise,
Qu'il eût moins d'amour-propre et de légèreté,
Plus de réflexion, de sensibilité ;
Tendre penchant qui sied si bien aux belles âmes ;
En un mot, je voudrais...

M. D'ORFEUIL.
     Vous voilà bien, mesdames,
Vous souhaitez toujours ce que vous n'avez pas.
Moi, du gendre que j'ai je fais le plus grand cas.
Mais le voici.

MADEMOISELLE D'ORFEUIL.
 Pardon...

M. D'ORFEUIL.
   Tu sors ? Eh ! mais, demeure.

MADEMOISELLE D'ORFEUIL.
Permettez-moi ; je vais revenir tout à l'heure.
        (Elle sort.)

SCÈNE X

M. D'ORFEUIL, M. D'ORLANGE.

M. D'ORFEUIL.
Ah ! mon gendre, bonjour. Je vous trouve à propos.
Je vous ai seulement dit, en courant, deux mots.

M. D'ORLANGE.
Deux mots essentiels ; ils couronnaient ma flamme.

M. D'ORFEUIL.
Je gage qu'à présent, dans le fond de votre âme,
Vous pardonnez, monsieur, à votre oncle...

M. D'ORLANGE.
         Comment ?

M. D'ORFEUIL.
Sa lettre vous trahit ; mais c'était sûrement
Pour vous rendre service.

M. D'ORLANGE.
   Eh ! mais... daignez permettre...
Car je ne comprends pas : vous parlez d'une lettre
De mon oncle ?

M. D'ORFEUIL.
 Eh oui.

M. D'ORLANGE.
   Quoi ! mon oncle vous écrit ?

M. D'ORFEUIL.
Oui, votre oncle, lui-même.
M. D'ORLANGE.
Allons donc! monsieur rit.
M. D'ORFEUIL.
Mais point du tout.
M. D'ORLANGE.
O ciel! que ma surprise est grande!
Est-il bien vrai?

SCÈNE XI

Les précédents, VICTOR.

VICTOR à M. d'Orfeuil.
Monsieur... quelqu'un là-bas demande
A vous parler.
M. D'ORFEUIL.
(A M. d'Orlange en s'en allant.)
J'y vais, Oui, j'étais prévenu ;
Et d'avance, mon cher, vous étiez reconnu.
Au revoir.

SCÈNE XII

M. D'ORLANGE, VICTOR.

M. D'ORLANGE.
Ah! Victor! qu'est-ce donc qu'il veut dire?
Si je l'en crois, mon oncle...
VICTOR.
Eh bien ?
M. D'ORLANGE.
Lui vient d'écrire.
VICTOR.
Bon!
M. D'ORLANGE.
Se peut-il? comment me savait-il ici?
Je ne puis...
VICTOR.
Je m'en vais vous expliquer ceci.
Un oncle a bien écrit, mais ce n'est pas le vôtre ;
Car vous saurez, monsieur, qu'on vous prend pour un autre.

M. D'ORLANGE.
Pour un autre ! et pour qui ?
VICTOR.
Pour un futur époux,
Pour celui qui vint hier, deux heures après nous,
Qui repart à l'instant et vous cède la place.
M. D'ORLANGE.
Que dis-tu ? je m'y perds. Répète donc, de grâce...
VICTOR.
Oui, monsieur : un valet m'apprend qu'un prétendu,
Nommé Florville, était d'Abbeville attendu,
En simple voyageur qui venait pour surprendre.
Vous parûtes ; d'abord, on vous prit pour le gendre :
De là, l'aimable accueil dont vous fûtes charmé ;
Voilà pourquoi sitôt vous vous crûtes aimé,
Pourquoi vous épousez. Vous passez pour Florville,
Et l'on croit que c'est vous qui venez d'Abbeville.
M. D'ORLANGE.
Ah ! je comprends enfin... J'étais surpris aussi
De voir... Mais quoi ! Florville est encor près d'ici.
Viens, suis-moi.
VICTOR.
Qu'est-donc, monsieur, je vous supplie ?
M. D'ORLANGE.
Je vais te l'expliquer.
(Il sort.)
VICTOR en s'en allant.
Encor quelque folie.

FIN DU QUATRIÈME ACTE.

ACTE CINQUIÈME

SCÈNE PREMIÈRE

M. D'ORLANGE, seul.

Victor est donc parti ! je crois qu'il l'atteindra !
Et s'il l'atteint, sans doute il le ramènera.
Mon billet est pressant. Je fais un sacrifice
Cruel, mais qu'après tout il fallait que je fisse.
D'une méprise, moi, je ne puis abuser.
Cet homme est le futur ; c'est à lui d'épouser.
Florville épousera, car j'en fais mon affaire.
Je n'ai qu'une frayeur, et c'est d'avoir su plaire.
Mais Florville est fort bien : il a d'ailleurs des droits.
Puis, je vais disparaître. Avec le temps, je crois,
On pourra m'oublier... comme amant; car sans doute
De ce château souvent je reprendrai la route;
Il est si doux de voir les heureux qu'on a faits !
Ah ! l'accueil qui m'attend paîra tous mes bienfaits !
Dès qu'on me voit, ce sont des transports d'allégresse !...
On vole à ma rencontre, on accourt, on s'empresse,
Et le père, et le gendre, et les petits enfants.
Henriette me dit... que ces mots sont touchants !
« Mon ami, vous voyez la plus heureuse mère...
Je vous dois mon bonheur, mes enfants et leur père. »
Serais-je plus heureux si j'étais son époux ?
Quelqu'un vient: c'est le père ; allons, amusons-nous,
En attendant Victor.

SCÈNE II

M. D'ORFEUIL, M. D'ORLANGE.

M. D'ORFEUIL.
Vous voulez bien permettre...?
Vous rêvez, ce me semble.

M. D'ORLANGE.
　　　　　Oui, je rêve...
M. D'ORFEUIL.
　　　　　　　　　　　　A la lettre?
A cet oncle indiscret?
M. D'ORLANGE.
　　　　　Mais, en effet, Derval
A trahi son neveu pour vous; c'est assez mal.
M. D'ORFEUIL.
Vous pouvez l'accuser, mais je ne puis m'en plaindre;
Car pourquoi le neveu s'avise-t-il de feindre?
M. D'ORLANGE.
Il avait ses raisons pour en user ainsi.
M. D'ORFEUIL.
Pour le trahir, son oncle eut les siennes aussi.
Savez-vous bien, monsieur, qu'en gardant l'anonyme,
De son propre artifice on est souvent victime?
M. D'ORLANGE.
Oui, le gendre en effet pouvait vous échapper :
Mais, monsieur, il n'est pas aisé de vous tromper !
M. D'ORFEUIL.
J'en conviens... A propos, parlons de mariage,
L'objet de vos désirs et de votre voyage.
M. D'ORLANGE.
Pour une telle fête on viendrait de plus loin.
J'ai dépêché Victor pour cela: j'ai besoin
De son retour.
M. D'ORFEUIL.
　　J'entends.
M. D'ORLANGE.
　　　　　　　Tenez, je suis sincère,
Je sens que l'étranger nous était nécessaire;
Et j'ai regret de voir qu'il se soit en allé.
M. D'ORFEUIL.
J'en suis fâché; mais quoi, je me suis consolé.
M. D'ORLANGE.
Ce monsieur gagnerait à se faire connaître.
M. D'ORFEUIL.
Je ne sais.
M. D'ORLANGE.
　　　En ces lieux il reviendra peut-être.
M D'ORFEUIL.
J'ai fait de vains efforts pour obtenir ce point.
M. D'ORLANGE.
Je serais très fâché s'il ne revenait point.

M. D'ORFEUIL.
Parlons de vous, Florville : allons, plus de d'Orlange.
M. D'ORLANGE.
Si Florville est heureux, je ne perds point au change.
M. D'ORFEUIL.
Ni ma fille non plus ; justement la voici.

SCÈNE III

M. D'ORLANGE, MADEMOISELLE D'ORFEUIL,
M. D'ORFEUIL.

M. D'ORFEUIL à sa fille.
Eh bien ! voilà Florville, et tout est éclairci.
MADEMOISELLE D'ORFEUIL.
Il est vrai.
M. D'ORFEUIL.
Tu dois donc enfin être contente.
MADEMOISELLE D'ORFEUIL.
Mon père...
M. D'ORLANGE.
Si l'effet répond à mon attente,
Je crois que vous n'aurez plus rien à désirer.
M. D'ORFEUIL.
Bon. Pour la noce, moi, je vais tout préparer.
Je vous laisse tous deux ; car vous avez, je pense,
A vous faire en secret plus d'une confidence.
M. D'ORLANGE.
Ah ! oui.

(M. d'Orfeuil sort.)

SCÈNE IV

MADEMOISELLE D'ORFEUIL, M. D'ORLANGE.

M. D'ORLANGE, à part.
De mon rival servons les intérêts.
MADEMOISELLE D'ORFEUIL, à part.
C'en est fait ; écartons d'inutiles regrets.
M. D'ORLANGE.
Florville en se montrant peut-il aussi vous plaire ?
MADEMOISELLE D'ORFEUIL.
Je suivrai sur ce point les ordres de mon père.

ACTE V, SCÈNE IV.

M. D'ORLANGE.
Cela ne suffit pas, non : vous voyez en moi
Votre futur époux ; vous l'acceptez : mais quoi,
Si je ne l'étais point ?
MADEMOISELLE D'ORFEUIL.
Eh ! mais, monsieur, vous l'êtes.
M. D'ORLANGE.
Je vais vous confier mes alarmes secrètes.
MADEMOISELLE D'ORFEUIL, vivement.
Vos alarmes, monsieur ? quel sujet ?...
M. D'ORLANGE.
Entre nous,
Je crains de n'être pas assez digne de vous.
MADEMOISELLE D'ORFEUIL.
Vous êtes trop modeste.
M. D'ORLANGE.
Ah ! je me rends justice.
J'ai, car d'avance il faut que je vous avertisse,
Mille défauts, d'honneur ! pour un mari, s'entend.
Je me connais ; je suis vif, volage, inconstant,
Et capricieux même, il faut que je le dise.
MADEMOISELLE D'ORFEUIL.
Vous avez le mérite au moins de la franchise.
M. D'ORLANGE.
C'est en me comparant avec l'autre étranger
Que je me suis trouvé vain, étourdi, léger...
Ce jeune homme est vraiment on ne peut plus aimable ;
Qu'en dites-vous ?
MADEMOISELLE D'ORFEUIL.
Il est tout à fait estimable.
(A part.)
Voudrait-il m'éprouver ?
M. D'ORLANGE.
Eh ! voilà ce qu'il faut...
Dans un époux. Tenez, je l'observais tantôt,
Ses discours sont remplis de raison, de justesse ;
Ils respirent la grâce et la délicatesse ;
Je vous assure enfin qu'il vaut bien mieux que moi.
MADEMOISELLE D'ORFEUIL.
Vous plaisantez...
M. D'ORLANGE.
Moi ! non, je suis de bonne foi.
A vos charmants attraits j'ai cru le voir sensible :
Qui ne le serait pas ?... Et s'il était possible
Que lui-même à son tour il eût pu vous toucher,

Dites-le : je suis homme à l'envoyer chercher...
Que vous dirai-je, enfin ? à lui céder moi-même
Tous mes droits... si j'en ai.
MADEMOISELLE D'ORFEUIL.
Quelle noblesse extrême !
Mais, encore une fois, il n'est plus question
De vain déguisement, de supposition ;
Et quant à l'étranger dont vous parlez sans cesse,
Cet éloge suppose un soupçon qui me blesse,
Monsieur, et qui nous fait injure à tous les trois.
M. D'ORLANGE.
Ah ! c'est vous qui bientôt me connaîtrez, je crois.

SCÈNE V

MADEMOISELLE D'ORFEUIL, M. D'ORLANGE, VICTOR
qui entre mystérieusement, et a l'air de vouloir parler en secret à son maître.

MADEMOISELLE D'ORFEUIL.
Mais Victor semble avoir quelque chose à vous dire.
M. D'ORLANGE veut emmener Victor.
Je vais...
MADEMOISELLE D'ORFEUIL.
Restez ; c'est moi, monsieur, qui me retire.
(Elle sort.)

SCÈNE VI

M. D'ORLANGE, VICTOR.

M. D'ORLANGE.
Eh bien ?
VICTOR.
Il va venir ; il est à deux cents pas.
Il a pris son parti.
M. D'ORLANGE.
Bon. Je n'en doutais pas.
Et ma lettre ?...
VICTOR.
A propos, voulez-vous bien permettre...?
Mais qu'avez-vous donc mis, monsieur, dans votre lettre ?

M. D'ORLANGE.
Comment?
VICTOR.
C'est qu'en l'ouvrant, il a d'abord pâli ;
Puis il a pris un air... un air... là... très poli,
Mais extraordinaire. « Oh ! oui, j'irai sans doute,
A-t-il dit. Je comptais poursuivre au loin ma route ;
Mais ceci me retient. Vite, dit-il alors
Au postillon, retourne au château d'où tu sors... »
Et tenez, le voici.
M. D'ORLANGE.
Va, laisse-nous ensemble.
(Victor sort.)

SCÈNE VII

M. D'ORLANGE, M. DE FLORVILLE.

M. D'ORLANGE.
Ah ! vous voilà, monsieur ! c'est charmant.
M. DE FLORVILLE.
Il me semble
Que de mon prompt retour vous n'avez pu douter.
M. D'ORLANGE.
Non, je vous connaissais assez pour m'en flatter.
M. DE FLORVILLE.
Dites-moi donc, monsieur, par quelle fantaisie
Ce rendez-vous ici ? la place est mal choisie.
M. D'ORLANGE.
Eh ! je la trouve, moi, choisie on ne peut mieux ;
Notre affaire se doit terminer en ces lieux.
M. DE FLORVILLE.
Mais c'était dans le bois qu'il eût fallu nous rendre.
M. D'ORLANGE.
Dans le bois !
M. DE FLORVILLE.
Oui.
M. D'ORLANGE.
Ma foi, je ne puis vous comprendre,
Monsieur.
M. DE FLORVILLE.
Votre billet est assez clair, pourtant ;
Lisez.
(Il le lui remet.)

M. D'ORLANGE lit.

« Voulez-vous bien revenir à l'instant ?
Ne demandez que moi ; j'ai deux mots à vous dire ;
Gardez qu'on ne vous voie. » Ah!...

(Il rit.)

M. DE FLORVILLE.

Cela vous fait rire ?

M. D'ORLANGE.

Il est vrai ; je commence à comprendre à présent.
La méprise est piquante, et rien n'est plus plaisant.
(D'un ton martial.)
Attendez, je reviens.

(Il sort.)

SCÈNE VIII

M. DE FLORVILLE, seul.

Il faut que je l'attende !
Il me rappelle, il veut qu'en ces lieux je me rende ;
Je revole à l'instant, et monsieur n'est pas prêt !...
Si, par malheur, ici M. d'Orfeuil paraît...
Je crains, pour le futur, sa tendresse inquiète...
Hélas ! je crains surtout de revoir Henriette.
Quel prétexte donner pour ce retour soudain ?
Je suis bien malheureux ! J'ai des droits à sa main :
J'arrive ; mais je vois qu'un autre est aimé d'elle :
Je me tais, et je pars... Il faut qu'on me rappelle !
On vient... c'est elle ! Ah ! ciel !

SCÈNE IX

MADEMOISELLE D'ORFEUIL, M. DE FLORVILLE.

MADEMOISELLE D'ORFEUIL, de loin, sans voir Florville.

D'Orlange dans ces lieux
(Apercevant Florville.
M'avait dit que quelqu'un me demandait. Ah ! dieux !
(Haut.)
C'est vous, monsieur !

M. DE FLORVILLE.

Ma vue a droit de vous surprendre,
J'en conviens.

ACTE V, SCÈNE IX.

MADEMOISELLE D'ORFEUIL.
Il est vrai que je ne puis comprendre...
M. DE FLORVILLE.
Moi-même... assurément... j'ai peine à concevoir...
Je ne me flattais pas de jamais vous revoir.
MADEMOISELLE D'ORFEUIL.
Et... ne peut-on savoir quel sujet vous ramène?
M. DE FLORVILLE.
Quel sujet? c'est... pardon. Une affaire soudaine...
Cet autre voyageur votre futur époux...
Ici, pour un instant m'a donné rendez-vous.
Je me suis empressé de revenir.
MADEMOISELLE D'ORFEUIL.
Mon père
De cette occasion profitera, j'espère.
M. DE FLORVILLE.
Je ne sais : votre père a reçu mes adieux.
MADEMOISELLE D'ORFEUIL.
Je les avais reçus moi-même... Il serait mieux
De le revoir aussi.
M. DE FLORVILLE.
Je ne fais que paraître;
Ma visite, à présent, le troublerait peut-être :
Il est, je le présume, occupé du futur,
D'un hymen qui s'apprête...
MADEMOISELLE D'ORFEUIL.
Oh! cela n'est pas sûr.
M. DE FLORVILLE.
Il annonçait, ce semble, une union prochaine.
MADEMOISELLE D'ORFEUIL.
Oui, j'étais sur le point de serrer une chaîne
Qui me pesait d'avance ; et j'en aurais gémi.
Mon père, heureusement, est mon meilleur ami.
Je viens d'ouvrir mon cœur à cet excellent père :
Il consent, en un mot, que l'hymen se diffère.
M. DE FLORVILLE.
A ce futur époux, je faisais trop d'honneur:
Je le croyais aimé.
MADEMOISELLE D'ORFEUIL.
Vous étiez dans l'erreur.
M. DE FLORVILLE.
Un autre plus heureux, du moins, je le soupçonne
L'a prévenu...
MADEMOISELLE D'ORFEUIL.
Croyez que je n'aimais personne

Avant qu'il vînt.
M. DE FLORVILLE à part.
Personne? Ai-je bien entendu?
O Dieu! l'espoir enfin me serait-il rendu?
(Haut.)
Votre cœur serait libre encore, mademoiselle!
MADEMOISELLE D'ORFEUIL, à part.
Hélas!
M. DE FLORVILLE.
Si vous saviez combien cette nouvelle
A droit de me toucher! Heureux Florville!
MADEMOISELLE D'ORFEUIL.
Eh quoi!
Vous enviez son sort?
M. DE FLORVILLE, vivement.
Ah! je parle de moi.
MADEMOISELLE D'ORFEUIL.
De vous, monsieur?
M. DE FLORVILLE.
Eh! oui; la feinte est inutile:
Vous êtes libre encore, et moi, je suis Florville.
MADEMOISELLE D'ORFEUIL.
Vous, Florville?
M. DE FLORVILLE.
Moi-même. Ah! daignez m'excuser,
Si, pour observer mieux, j'ai pu me déguiser.
Je vous aimai, sans doute, à la première vue;
Pour un autre déjà je vous crois prévenue:
Dès lors, sacrifiant mes droits et mon amour,
Je pars. On me rappelle: ô trop heureux retour!
Un seul mot me rassure, et je puis donc encore
Vous dire qui je suis, et que je vous adore.
MADEMOISELLE D'ORFEUIL.
Qu'entends-je? eh quoi! c'est vous qui m'étiez destiné?
Se peut-il?
(A part.)
Ah! mon cœur l'avait bien deviné.
(Haut.)
Je puis donc espérer (mon bonheur est extrême!)
D'être enfin à celui que j'estime et que j'aime.
M. DE FLORVILLE.
J'étais aimé! qu'entends-je? et c'est l'autre étranger
Qui me rappelle ici. J'étais loin de songer...
MADEMOISELLE D'ORFEUIL.
Eh! c'est lui-même aussi qui dans ces lieux m'envoie.

M. DE FLORVILLE.
Son sort en ce moment empoisonne ma joie.
Du désespoir je passe au comble du bonheur,
Et mon ami perd tout en perdant son erreur.

SCÈNE X

M. D'ORFEUIL, M. D'ORLANGE, MADEMOISELLE D'ORFEUIL, M. DE FLORVILLE, VICTOR.

M. D'ORLANGE.
Avais-je donc, monsieur, si mal choisi la place ?
Et faut-il dans le bois...?
M. DE FLORVILLE.
Épargnez-moi, de grâce ;
Je sens assez, monsieur, combien je suis ingrat !
MADEMOISELLE D'ORFEUIL.
Moi, je sens tout le prix d'un trait si délicat !
(A M. d'Orlange.)
Vous n'aviez à ma main qu'un droit peu légitime,
Vous en avez, monsieur, de vrais à mon estime.
(A son père.)
Vous savez notre erreur, mon père ?
M. D'ORFEUIL.
Oui ; voilà donc
Monsieur Florville ? enfin, on le connaît !
M. DE FLORVILLE.
Pardon.
M. D'ORFEUIL.
Mais si ma fille, grâce à ce dessein étrange,
S'était trop prévenue en faveur de d'Orlange,
Comme, par parenthèse, il s'en est peu fallu,
C'eût été votre faute, et vous l'auriez voulu.
M. DE FLORVILLE.
Aussi je m'en allais sans accuser personne.
Me pardonnerez-vous ?
MADEMOISELLE D'ORFEUIL.
Pour moi, je vous pardonne ;
Mais à condition que vous ne feindrez plus.
M. DE FLORVILLE.
Non ; croyez que jamais...
MADEMOISELLE D'ORFEUIL.
Eh ! discours superflus !
Je vous crois sans peine.

M. DE FLORVILLE.
Ah! que je dois rendre grâce
A l'ami généreux qui fit suivre ma trace!
M. D'ORLANGE.
Moi! j'ai fait mon devoir. Ah! respirons... l'on sent
Qu'une bonne action nous rafraîchit le sang:
Et ce bien-là n'est pas un bien imaginaire;
Car je renonce à tout ce qu'on nomme chimère.
C'en est fait, pour jamais me voilà corrigé...
Tenez, que je vous dise un bon dessein que j'ai:
Assez d'autres sans moi serviront bien le prince,
Moi, je vivrai tranquille au fond d'une province...
Serait-il une terre à vendre en ce canton?
M. D'ORFEUIL.
Justement; j'en sais une assez près d'ici.
M. D'ORLANGE.
Bon.
Je l'achète. J'y prends une femme estimable,
D'une vertu solide et d'un esprit aimable,
Douce... une autre Henriette, en un mot, s'il en est.
J'aurai beaucoup d'enfants; le grand nombre m'en plaît.
Le ciel bénit toujours les nombreuses familles.
Ma femme, c'est tout simple, élèvera les filles :
Mais les garçons n'auront de précepteur que moi;
C'est le plus doux plaisir, c'est la première loi:
Je saurai démêler leur goût, leur caractère;
L'un sera dans la robe, et l'autre militaire.
Ils me feront honneur. Que je suis fortuné!
(A M. d'Orfeuil.)
Mon voisin, vous serez parrain de mon aîné.
Je n'irai pas bien loin lui chercher une femme;
Il pourrait épouser la fille de madame.
(Il montre mademoiselle d'Orfeuil.)
Trop heureux!
(A M. d'Orfeuil.)
Tous alors nous serons vos enfants;
Vous sourirez, mon père, à nos soins caressants.
A cent ans, vous direz: « Je n'avais qu'une fille,
Et tout ce qui m'entoure est pourtant ma famille. »
Voilà ce qui s'appelle un projet bien sensé!
VICTOR.
Mon maître, finissant comme il a commencé,
Tout en parlant raison, bat encor la campagne,
Ne veut plus faire et fait des châteaux en Espagne.

LE
VIEUX CÉLIBATAIRE

COMÉDIE EN CINQ ACTES ET EN VERS,

REPRÉSENTÉE POUR LA PREMIÈRE FOIS PAR LES COMÉDIENS FRANÇAIS,
EN 1792.

PERSONNAGES

M. DUBRIAGE, le Vieux Célibataire.
MADAME ÉVRARD, sa gouvernante.
ARMAND, neveu de M. Dubriage, sous le nom de Charle.
LAURE, femme d'Armand.
AMBROISE, intendant de M. Dubriage.
GEORGE, filleul et portier de M. Dubriage.
JULIEN et SUZON, enfants de George.
Cinq cousins de M. Dubriage.

La scène est à Paris, chez monsieur Dubriage.

LE
VIEUX CÉLIBATAIRE

ACTE PREMIER

La scène représente, pendant la pièce, un salon.

SCÈNE PREMIÈRE

CHARLE, seul.

Je viens de l'éveiller ; il va bientôt paraître.
Allons... il m'est si doux de servir un tel maître !...
Rangeons tout comme hier ; il faut placer ici
Sa table, son fauteuil, son livre favori.
Il aime l'ordre en tout ; et, certain de lui plaire,
Je me fais de ces riens une importante affaire.

SCÈNE II

CHARLE, GEORGE.

GEORGE.
Ah ! l'on peut donc enfin vous saisir un moment,
Monsieur Armand.
    CHARLE.
   Toujours tu me nommes Armand,
Et tu me trahiras.
    GEORGE.
   Pardon, je vous supplie.

CHARLE.
Charle est mon nom.
GEORGE.
Eh oui ! je le sais, mais j'oublie.
Je m'en ressouviendrai ; ne soyez plus fâché.
Pendant que tout le monde est encore couché,
Causons : dites-moi donc bien vite où vous en êtes,
Ce que vous devenez, les progrès que vous faites :
Votre sort en dépend ; j'y suis intéressé.
CHARLE.
Eh mais ! je ne suis pas encor très avancé.
Il faut qu'avec prudence ici je me conduise...
Puis, j'attends qu'en ces lieux ma femme s'introduise,
Pour agir de concert.
GEORGE.
Oui, vous avez raison ;
Mais vous voilà du moins entré dans la maison.
CHARLE.
Ah ! comment ! à quel titre ! et combien il m'en coûte !
Moi ! domestique ici !
GEORGE.
C'est un malheur sans doute :
Mais, pour servir son oncle, est-on déshonoré ?
Je le répète encore, c'est beaucoup d'être entré :
Et j'eus, lorsque j'y songe, une idée excellente ;
Ce fut de vous offrir à notre gouvernante,
Comme un parent.
CHARLE.
Jamais pourrai-je m'acquitter... ?
GEORGE.
Allons !... ce que j'en dis n'est point pour me vanter :
Je ne me prévaux point, mais je vous félicite.
C'est moi qui bien plutôt ne serai jamais quitte.
Votre bon père, hélas ! dont j'étais serviteur,
A pendant dix-huit ans été mon bienfaiteur.
Oui, cher Armand... pardon... mais je vous ai vu naître ;
J'ai vu mourir aussi ma maîtresse et mon maître :
Jugez si George doit aimer, servir leur fils !
CHARLE.
Pourquoi le ciel sitôt me les a-t-il ravis ?
Ah ! pour m'être engagé par pure étourderie...
GEORGE.
Eh, monsieur, laissez là le passé, je vous prie :
Oui, voyez le présent, et surtout l'avenir.
N'est-il pas fort heureux, il faut en convenir,

Que je sois le filleul de monsieur Dubriage ;
Qu'après deux ou trois mois tout au plus de veuvage,
La gouvernante m'ait, j'ignore encor pourquoi,
Fait venir tout exprès pour être portier, moi,
De sorte que je pusse ici vous être utile ;
Et que depuis trois mois, venu dans cette ville,
Vous me l'ayez fait dire, au lieu de vous montrer :
Que j'aie imaginé, moi, de vous faire entrer,
Et que madame Évrard, si subtile et si fine,
Vous ait reçu d'abord sur votre bonne mine !

CHARLE.

Il est vrai...

GEORGE.

C'est votre air de décence, et surtout
De jeunesse... que sais-je ? Oui, la dame a du goût.

CHARLE.

Souvent, et j'apprécie une faveur pareille,
On dirait qu'elle veut me parler à l'oreille.

GEORGE.

Ne voudrait-elle pas vous faire par hasard
Un tendre aveu ?... Mais non, j'ai tort ; madame Évrard !
Elle est d'une sagesse, oh ! mais, à toute épreuve.
Cet Ambroise, entre nous, qui, depuis qu'elle est veuve,
Remplace le défunt dans l'emploi d'intendant,
L'aime fort, et voudrait l'épouser : cependant
Avec lui, je le vois, elle est d'une réserve... !

CHARLE.

Je l'observe en effet.

GEORGE.

A propos, moi, j'observe
Qu'Ambroise vous hait fort.

CHARLE.

Rien n'est moins surprenant ;
Avec mon oncle même il est impertinent ;
Puis il craint, entre nous, que je ne le supplante.

GEORGE.

Écoutez donc, monsieur ! sa place est excellente ;
Et vraiment mon parrain vous aime tout à fait,
Sans vous connaître encor.

CHARLE.

Je le crois en effet,
George, et c'est un grand point : oui, ce seul avantage
Me flatte beaucoup plus que tout son héritage.
Pourvu que je lui plaise, il m'importe fort peu
Que ce soit le valet, que ce soit le neveu :

Si je ne touche un oncle, au moins j'égaie un maître.
GEORGE.
A de tels sentiments j'aime à vous reconnaître.
CHARLE.
Au fait, depuis trois mois que j'habite en ces lieux,
D'abord, sous un faux nom j'ai trouvé grâce aux yeux
D'un oncle qui me hait sous mon nom véritable.
Ajoute que j'ai su rendre douce et traitable
Madame Évrard, qui, grâce à mon déguisement,
Semble sourire à Charle, en détestant Armand.
Voilà trois mois fort bien employés.
GEORGE.
      Oui, courage,
Madame votre épouse achèvera l'ouvrage.

SCÈNE III

CHARLE, GEORGE, LE PETIT JULIEN.

GEORGE.
Eh ! que veux-tu, Julien ?
JULIEN, regardant autour de lui.
Moi, papa ?
GEORGE.
      Qu'as-tu, là ?
JULIEN, remettant une lettre.
C'est mon cousin Pascal qui m'a remis cela,
Sans me rien dire, et puis, d'une vitesse extrême,
Crac, il s'en est allé : moi, je m'en vais de même...
Car si monsieur Ambroise arrivait... ah ! bon Dieu !...
Au revoir, monsieur Charle.
CHARLE, affectueusement.
    Oui, Julien... sans adieu.
(Julien sort.)

SCÈNE IV

CHARLE, GEORGE.

CHARLE.
Il est gentil !... Eh bien, quelle est donc cette lettre ?
GEORGE.
(Ouvrant la lettre.)

Je me doute que c'est... Vous voulez bien permettre ?
CHARLE.
Eh ! lis.
GEORGE.
C'est le billet que j'attendais.
CHARLE.
Lequel ?
Oui, le certificat de ce maître d'hôtel,
Du vieux ami d'Ambroise.
CHARLE.
Ah ! de monsieur Lagrange.
Eh bien !
GEORGE.
Eh bien, monsieur, grâce au ciel, tout s'arrange,
Comme vous allez voir.
(Il donne la lettre à Charle.)
CHARLE, lisant.
« Mon cher Ambroise... » Eh quoi ?
GEORGE.
La lettre est pour Ambroise, et vous verrez pourquoi.
CHARLE, continuant de lire.
« J'ai su que vous cherchiez une jeune servante,
Qui tînt lieu de second à votre gouvernante.
J'ai trouvé votre affaire, un excellent sujet ;
C'est celle qui vous doit remettre ce billet :
Vous en serez content ; elle est bien née, et sage,
Et docile : peut-être à son apprentissage...
Mais sous madame Évrard elle se formera ;
Je vous la garantis, mon cher... » *et cætera.*
GEORGE.
Sous l'habit de servante, il fait entrer la nièce.
CHARLE.
Voilà, mon ami George, une excellente pièce.
GEORGE.
Vous pensez bien qu'avec un pareil passeport
Madame votre épouse est admise d'abord.
CHARLE.
Oui, j'ose l'espérer. Tu me combles de joie.
Pour l'aimer, il suffit que mon oncle la voie,
Qu'il l'entende un moment. Tu ne la connais pas.
GEORGE.
Si fait.
CHARLE.
Eh! oui, tu sais qu'elle a quelques appas ;
Mais tu ne connais point cet esprit, cette grâce,

Qui m'ont d'abord touché. Je la vis en Alsace,
A Colmar. J'y servais ; car je n'ai jamais pu
Achever un récit souvent interrompu.
J'avais eu le bonheur d'être utile à son père :
Cela seul me rendit agréable à la mère.
Sans savoir qui j'étais, on m'estimait déjà ;
Je me nommai ; le père alors me dégagea,
Me fit son gendre. Eh bien, j'ai toujours chez ma femme
Trouvé même douceur et même bonté d'âme.
Je regrettais mon oncle ; elle me suit d'abord :
Ici, comme à Colmar, elle bénit son sort.
Que lui faut-il de plus? elle travaille et m'aime.
Si mon oncle la voit, il l'aimera lui-même ;
J'oserais en répondre. Encor quelques instants,
Et nos maux sont finis : je me tais et j'attends.

GEORGE.

Je fais la même chose aussi, je dissimule.
Dans le commencement je m'en faisais scrupule ;
Mais, en fermant les yeux, je vous ai mieux servi.
J'ai donc feint d'ignorer que chacun à l'envi,
Dans la maison, volait, pillait à sa manière :
Sans parler des envois de notre cuisinière,
Qui ne fait que glaner ; madame Evrard tout bas
Moissonne, et chaque jour amasse argent, contrats.
Ambroise est possesseur d'une maison fort grande,
Achetée aux dépens de qui? je le demande :
Chaque jour il y met un nouveau meuble ; aussi
Je vois que chaque jour il en manque un ici :
De façon que bientôt, si cela continue,
L'une sera garnie et l'autre toute nue.

CHARLE.

Je leur pardonnerais tout cela de bon cœur,
S'ils avaient de mon oncle au moins fait le bonheur ;
Mais ce qui me désole est de voir que les traîtres
Le volent, et chez lui font encore les maîtres !
Pauvre oncle ! il sent son mal ; et je vois à regret
Que, s'il n'ose se plaindre, il gémit en secret.

SCÈNE V

CHARLE, GEORGE, MADAME ÉVRARD.

GEORGE, bas à Charle.

Voici madame Evrard : oh ! comme à votre vue

Elle se radoucit!

CHARLE, bas.   (Haut.)
Paix donc!... Je vous salue,
Madame.

GEORGE, avec force révérences.
J'ai l'honneur...

MADAME ÉVRARD à Charle.
Ah! bonjour, mon ami.
(A George.)
Que fais-tu là?

GEORGE.
Pendant qu'on était endormi,
Nous causions.

MADAME ÉVRARD.
Va causer en bas.

GEORGE.
C'est moi qu'on blâme,
Et c'est lui qui toujours me parle de madame.

MADAME ÉVRARD.
De moi? que disait-il?

GEORGE.
Que vous embellissiez,
Qu'il semblait chaque jour que vous rajeunissiez.

MADAME ÉVRARD.
Oui, Charle dit toujours des choses délicates;
Mais il est trop galant, ou c'est toi qui me flattes :
Descends, et garde bien ta porte.

GEORGE.
Oh! Dieu merci,
L'on sait un peu...

MADAME ÉVRARD.
Ne laisse entrer personne ici
Sans m'avertir.

GEORGE.
Non, non.

MADAME ÉVRARD.
Surtout pas une lettre,
Qu'à moi seule d'abord tu ne viennes remettre.

GEORGE.
Oh non! je ne crois pas qu'on écrive à présent.

MADAME ÉVRARD.
Il n'importe. Va donc.

(George sort.)

SCÈNE VI

MADAME ÉVRARD, CHARLE.

MADAME ÉVRARD, à part, pendant que Charle range dans la chambre.
                          George est un bon enfant :
Mais sur de telles gens quel fond pourrait-on faire ?
Pour Ambroise, sa marche à la mienne est contraire ;
Et c'est le dernier homme à qui je me fîrais...
Si j'intéressais Charle à mes desseins secrets ?
Il me plaît ; monsieur l'aime ; il a de la prudence,
De l'esprit : mettons-le dans notre confidence...
    (Haut.)
Comment vous trouvez-vous ici ?
                CHARLE.
                                Fort bien, ma foi,
Et je serais tenté de me croire chez moi.
            MADAME ÉVRARD.
Allez, soyez toujours honnête et raisonnable :
Cette maison pour vous sera très agréable.
Monsieur semble déjà vous voir d'assez bon œil.
                CHARLE.
C'est à vous que je dois ce favorable accueil.
            MADAME ÉVRARD.
Je possède, il est vrai, toute sa confiance.
                CHARLE.
C'est le fruit du talent et de l'expérience,
Madame.
            MADAME ÉVRARD.
        Ce fruit-là, je l'ai bien acheté :
Hélas ! si vous saviez ce qu'il m'en a coûté,
Depuis dix ans entiers que j'habite ici !...
    (Se recueillant un moment, et regardant autour d'elle.)
                                        Charle,
Il faut à cœur ouvert enfin que je vous parle ;
Car vous m'intéressez : vous êtes doux, prudent,
Discret ; et comme on a besoin d'un confident
Qui vous ouvre son cœur, et lise au fond du vôtre,
Et que vous n'êtes point un laquais comme un autre...
                CHARLE.
Non, j'espère qu'un jour vous le reconnaîtrez.
            MADAME ÉVRARD.
Écoutez donc, mon cher ; et bientôt vous verrez

Tout ce qu'il m'a fallu de courage et d'adresse
Pour être en ce logis souveraine maîtresse.
Nous avons fait tous deux jouer plus de ressorts,
Mon pauvre Evrard et moi...! (car il vivait alors ;
Depuis bientôt deux ans, cher monsieur, je suis veuve.
(Essuyant ses yeux.)
Et c'est avoir passé par une rude épreuve!...)
Nous avons de concert banni tous les voisins,
Les amis, les parents, jusqu'aux derniers cousins.

CHARLE.
A la fin, vous voici maîtresse de la place.

MADAME ÉVRARD.
Reste encore un neveu, mais un neveu tenace...

CHARLE.
Monsieur, comme je vois, n'a point d'enfants?

MADAME ÉVRARD.
Aucun.

CHARLE.
Il a donc des neveux, madame?

MADAME ÉVRARD.
Il n'en a qu'un ;
Mais ce neveu tout seul me donne plus de peine...!
C'est que je vois de loin où tout ceci nous mène.
S'il rentre, c'est à moi de sortir.

CHARLE.
En effet.

MADAME ÉVRARD.
Aussi, pour l'écarter, Dieu sait ce que j'ai fait !
Mon intrigue et mes soins remontent jusqu'au père.
Monsieur n'eut qu'un beau-frère : il l'aimait!...

CHARLE.
Comme un frère.

MADAME ÉVRARD.
Les brouiller tout à fait eût été trop hardi ;
Mais pour le frère au moins je l'ai bien refroidi.

CHARLE.
J'entends.

MADAME ÉVRARD.
Contre un absent on a tant d'avantage !
Le sort à celui-ci ravit son héritage.
Je traitai ses revers d'inconduite : on me crut.

CHARLE.
Ah! fort bien.

MADAME ÉVRARD.
Jeune encor, grâce au ciel, il mourut.

CHARLE, à part.

Hélas!

MADAME ÉVRARD.

Qu'avez-vous?

CHARLE.

Rien.

MADAME ÉVRARD.

Laissant un fils unique,
Ce neveu que je crains.

CHARLE.

Que vous...? Terreur panique!
C'est à lui de vous craindre.

MADAME ÉVRARD.

Oui, peut-être aujourd'hui :
Mais l'oncle alors sans moi l'eût rapproché de lui.
« Son entretien sera moins coûteux en province,
Lui dis-je; chargez-m'en. » L'entretien fut très mince,
Comme vous pouvez croire. Il se découragea ;
Il jeta les hauts cris ; enfin il s'engagea.
C'est où je l'attendais. Je sus avec finesse
Exagérer ce tort, ce vrai tour de jeunesse :
Et monsieur l'excusait encore.

CHARLE.

Il est si bon!

MADAME ÉVRARD.

Mon jeune homme écrivit pour demander pardon :
Je supprimai la lettre, et vingt autres messages...
J'en ai mon coffre plein.

CHARLE.

Précautions fort sages!

MADAME ÉVRARD.

J'en ai lu deux ou trois ; mais exprès, entre nous,
Avec un commentaire.

CHARLE.

Oh! je m'en fie à vous!

MADAME ÉVRARD.

Il se perdit lui-même.

CHARLE.

Et comment, je vous prie?

MADAME ÉVRARD.

Par inclination enfin il se marie,
L'an dernier, à l'insu de son oncle.

CHARLE.

A l'insu?
Il n'avait point écrit?

ACTE I, SCÈNE VI.

MADAME ÉVRARD.
Monsieur n'en a rien vu.
Moi j'ai peint tout cela d'une couleur affreuse,
Et la femme, entre nous, comme une malheureuse,
Sans état, sans aveu. L'oncle enfin éclata,
Et l'indignation à son comble monta ;
De malédictions il chargea le jeune homme,
Et même il ne veut plus désormais qu'on le nomme.

CHARLE, se contenant à peine.
Tout cela me paraît on ne peut mieux conduit.
Ainsi de vos travaux vous recueillez le fruit.

MADAME ÉVRARD.
(Regardant encore si personne n'écoute.)
Pas tout à fait : je vais vous confier encore
Un secret délicat, qu'Ambroise même ignore.
Le dessein est hardi : j'ose me proposer,
Pour tenir mieux mon maître...

CHARLE.
Eh bien ?

MADAME ÉVRARD.
De l'épouser.

CHARLE.
D'épouser !... En effet, j'admire la hardiesse...

MADAME ÉVRARD.
Jusque-là je craindrai le neveu, quelque nièce...

CHARLE.
J'entends. Vous avez donc un peu d'espoir ?

MADAME ÉVRARD.
Un peu.
Depuis un an je cache adroitement mon jeu.
D'abord, parler d'hymen à qui ne voit personne,
C'est assez me nommer.

CHARLE.
La conséquence est bonne.

MADAME ÉVRARD.
Je lui fais de l'hymen des portraits enchanteurs ;
Je lis, comme au hasard, des endroits séducteurs ;
Là je fais une pause, afin qu'il les savoure.

CHARLE.
A merveille !

MADAME ÉVRARD.
D'enfants à dessein je l'entoure.
J'ai fait venir exprès son filleul, le portier.
Pour lui cette maison était le monde entier,
De ces joyeux époux les touchantes tendresses,

Les jeux de leurs enfans, leurs naïves caresses,
Tout cela, par degrés, l'attache, l'attendrit,
Pénètre dans son cœur, ébranle son esprit :
Et, quand il est tout seul, ces images chéries
Lui doivent inspirer de tendres rêveries.
J'en suis là, mon ami.

CHARLE.
Mais c'est déjà beaucoup.

MADAME ÉVRARD.
Ce n'est pas tout : il faut frapper le dernier coup.
Charle, seul avec vous quand monsieur s'ouvre, cause,
S'il soupire et paraît regretter quelque chose,
Alors insinuez qu'il est bien isolé,
Que par une compagne il serait consolé ;
Peignez-moi, j'y consens, sous des couleurs riantes :
Dites que j'ai des traits, des façons attrayantes,
Du maintien, de l'esprit, des talents variés
Que je suis fraîche encore... enfin vous me voyez.
Dites, si vous voulez, que j'ai l'air d'une dame ;
Qu'en entrant, de monsieur vous me crûtes la femme...

CHARLE.
Volontiers.

MADAME ÉVRARD.
En un mot, vous avez de l'esprit,
Et je compte sur vous.

CHARLE.
Oui, madame, il suffit.

MADAME ÉVRARD.
Vous m'entendez donc bien ?

CHARLE.
Rassurez-vous, de grâce.
Je dirai... ce qu'enfin vous diriez à ma place.

MADAME ÉVRARD.
Je ne suis point ingrate, au reste ; et soyez sûr
Qu'un salaire...

CHARLE.
Croyez qu'un motif bien plus pur...

MADAME ÉVRARD.
Paix !... j'aperçois monsieur.

SCÈNE VII

M. DUBRIAGE, MADAME ÉVRARD, CHARLE.

M. DUBRIAGE.
C'est vous ? bonjour, madame !
MADAME ÉVRARD, très-tendrement.
Monsieur, je vous salue, et de toute mon âme.
CHARLE.
Votre humble serviteur.
M. DUBRIAGE.
Vous voilà, mon ami ?
MADAME ÉVRARD.
Vous paraissez rêveur... Auriez-vous mal dormi ?
M. DUBRIAGE.
Moi ? très bien.
MADAME ÉVRARD.
Je ne sais... mais je suis clairvoyante,
Et vous aviez hier la mine plus riante.
M. DUBRIAGE.
Croyez-vous ? Cependant j'ai toujours ri fort peu.
MADAME ÉVRARD.
Je m'en vais parier que c'est votre neveu
Qui cause en ce moment votre sombre tristesse.
Avouez-le.
M. DUBRIAGE.
Il est vrai qu'il m'occupe sans cesse ;
Et même cette nuit, mes amis, j'y songeais.
MADAME ÉVRARD.
Il vous aura donné quelques nouveaux sujets... !
M. DUBRIAGE.
Non.
MADAME ÉVRARD.
Pourquoi, dans ce cas, y songez-vous encore ?
Depuis plus de huit ans l'ingrat vous déshonore :
Oubliez-le, monsieur ; sachez vous égayer.
M. DUBRIAGE.
Ah ! je puis le haïr, mais jamais l'oublier.
MADAME ÉVRARD.
Laissez, encore un coup, ces plaintes éternelles.
Ne voyez plus que nous, vos serviteurs fidèles ;
Ambroise, Charle et moi, dévoués et soumis,
Vous tiendrons lieu tous trois de parents et d'amis.

(Prenant la main de M. Dubriage.)
Mais de tous mes emplois il faut que je m'acquitte :
C'est pour songer encore à vous que je vous quitte.

M. DUBRIAGE.

Fort bien !

MADAME ÉVRARD.

Charle vous reste, il saura converser.

CHARLE.

Heureux, si je pouvais jamais vous remplacer !

MADAME ÉVRARD, bas à Charle.

Songez à notre plan.

CHARLE, bas à madame Évrard.

Oui, j'y songe, madame.
(Madame Évrard sort.)

SCÈNE VIII

M. DUBRIAGE, CHARLE.

M. DUBRIAGE.

Cette madame Évrard est une digne femme ;
Elle a bien soin de moi.

CHARLE.

Monsieur... certainement...
Mais qui n'aurait pour vous le même empressement ?

M. DUBRIAGE.

Oh ! je ne suis pas moins content de ton service,
Charle.

CHARLE.

Monsieur, je suis peut-être un peu novice ?

M. DUBRIAGE.

Non.

CHARLE.

Le désir de plaire est si propre à former !
Et l'on sert toujours bien ceux que l'on sait aimer.

M. DUBRIAGE.

Chaque mot que tu dis me touche, m'intéresse.

CHARLE.

Puissé-je quelque jour gagner votre tendresse !

M. DUBRIAGE.

Elle t'est bien acquise ; oui... je ne sais pourquoi
J'ai vraiment du plaisir à causer avec toi :
Ce n'est qu'avec toi seul que je suis à mon aise.

ACTE I, SCÈNE VIII.

CHARLE.
Heureux qu'en moi, monsieur, quelque chose vous plaise !
M. DUBRIAGE.
Mon cœur est plein ; il a besoin de s'épancher.
Autour de moi j'ai beau jeter les yeux, chercher ;
Je n'ai pas un ami dans toute la nature,
Pour verser dans son sein les peines que j'endure.
CHARLE.
Les peines !... quoi, monsieur ! vous en auriez ?
M. DUBRIAGE.
Hélas !
Je te parais heureux, et je ne le suis pas.
CHARLE.
Cependant...
M. DUBRIAGE,
Tu le vois, je suis seul sur la terre,
Triste...
CHARLE.
Seul, dites-vous ?
M. DUBRIAGE.
Oui : je suis solitaire.
Ah ! pourquoi, jeune encore, au moins dans l'âge mûr,
Ne faisais-je pas choix d'une femme !
CHARLE.
Il est sûr
Que, pour se préparer une heureuse vieillesse,
Il faut à ces doux nœuds consacrer sa jeunesse.
M. DUBRIAGE.
Je le vois à présent. Je voudrais... vœux tardifs !
CHARLE.
(A part.)   (Haut.)
Hélas !... Vous eûtes donc, monsieur, quelques motifs
Pour vous soustraire au joug de l'hymen ?
M. DUBRIAGE.
Oui, sans doute.
J'en eus que je croyais très solides. Écoute :
J'avais dans mon commerce un jeune associé ;
Par inclination il s'était marié :
Sa femme fit dix ans le tourment de sa vie.
Ce tableau, vu de près, me donnait peu d'envie
D'en faire autant.
CHARLE.
Sans doute, il pouvait faire peur.
M. DUBRIAGE.
Quand j'aurais eu l'espoir de faire un choix meilleur,

Sous les yeux d'un ami, cette union heureuse
Aurait rendu la sienne encore plus affreuse.
Il mourut. D'un commerce entre nous partagé,
Chargé seul, à l'hymen dès lors j'ai peu songé :
Je quittai le commerce.

CHARLE.
Enfin vous étiez maître,
Libre...

M. DUBRIAGE.
En me mariant, j'aurais cessé de l'être.
L'hymen est un lien.

CHARLE.
Soit. Convenez aussi
Qu'il est doux quelquefois d'être liés ainsi :
Monsieur !... pour se soustraire à cette servitude,
Souvent on en rencontre encore une plus rude...

M. DUBRIAGE.
Puis, sur un autre point j'eus l'esprit combattu.
Les femmes... (sans parler ici de leur vertu,
J'aime à croire qu'à tort souvent on les décrie) ;
Mais conviens qu'elles sont d'une coquetterie,
D'un luxe... ! Telle femme est charmante, entre nous,
Dont on serait fâché de devenir l'époux ;
Tel mari semble heureux qui, dans le fond de l'âme,
Gémit...

CHARLE.
Mais, en revanche, il est plus d'une femme,
Modeste en ses désirs et simple dans ses goûts,
Qui met tout son bonheur à plaire à son époux.

M. DUBRIAGE.
Soit. En est-il beaucoup ?

CHARLE.
Plus qu'on ne croit peut-être :
Moi qui vous parle, j'ai le bonheur d'en connaître.

M. DUBRIAGE.
Du ménage, mon cher, j'ai craint les embarras,
Les tracas, les soucis...

CHARLE.
Mais où n'en a-t-on pas ?
Une famille au moins qui vous plaît, qui vous aime,
Vous fait presque chérir cet embarras-là même :
Au lieu qu'un alentour mercenaire, étranger,
Vous embarrasse aussi, sans vous dédommager ;
On a l'ennui en plus.

M. DUBRIAGE.
Voilà ce que j'éprouve ;
Et c'est précisément l'état où je me trouve :
Et, tiens, mes gens me sont fort attachés, je croi,
Mais je les vois tous prendre un ascendant sur moi...!

CHARLE.
En effet...

M. DUBRIAGE.
Jusqu'au vif, vois-tu, cela me blesse ;
Et parfois je voudrais, honteux de ma faiblesse,
Secouer un tel joug. A cet Ambroise j'ai,
Oui, j'ai cinq ou six fois déjà donné congé :
Je le reprends toujours ; car s'il a l'humeur vive,
Il est brave homme au fond. Parfois même il m'arrive
D'avoir des démêlés avec madame Évrard,
De lui faire sentir enfin que tôt ou tard
Elle pourrait... Mais quoi, j'ai si peu de courage!
Elle baisse d'un ton, laisse passer l'orage,
Et bientôt me gouverne encor plus sûrement.

CHARLE.
Je sens cela.

M. DUBRIAGE.
Mets-toi dans ma place un moment.
Un garçon, un vieillard isolé dans le monde...
Car tu ne conçois pas ma retraite profonde.
Je n'avais qu'un neveu, qui m'eût pu consoler
Dans mes maux... et c'est lui qui vient les redoubler !

CHARLE.
Ce neveu... pardonnez... il est donc bien coupable ?

M. DUBRIAGE.
Lui, coupable ? il n'est rien dont il ne soit capable.
Si tu savais...! Mais non, laissons ce malheureux.

CHARLE.
Ah! s'il vous a déplu, son sort doit être affreux.

M. DUBRIAGE.
Il rit de mes chagrins.

CHARLE.
Il rirait de vos peines?
Il se ferait un jeu de prolonger les siennes?
Ce jeune homme à ce point n'est pas dénaturé :
J'en puis juger par moi, dont le cœur est navré...

M. DUBRIAGE.
C'est que vous êtes bon, vous, délicat, sensible ;
Mais Armand n'a point d'âme.

CHARLE.
O ciel ! est-il possible !
Quoi ?... cet Armand, monsieur, le connaissez-vous
bien ?
M. DUBRIAGE.
Trop, par ses actions. D'abord, comme un vaurien,
Il s'engage.
CHARLE.
Il eut tort ; mais ce n'est pas un crime
Qui le doive à jamais priver de votre estime.
M. DUBRIAGE.
Et dans sa garnison, comment s'est-il conduit ?
CHARLE.
En êtes-vous certain ?
M. DUBRIAGE.
Je suis trop bien instruit ;
Et ses lettres !...
CHARLE.
Eh bien ?
M. DUBRIAGE.
Étaient d'une insolence !...
Il m'écrivait un jour, j'en frémis quand j'y pense,
Qu'il viendrait, qu'il mettrait le feu dans la maison...
CHARLE.
Ah ! mon Dieu ! quelle horreur et quelle trahison !
M. DUBRIAGE.
Toi-même es indigné. .
CHARLE, faisant un effort pour se contenir.
Voulez-vous bien permettre,
Monsieur...! Avez-vous lu vous-même cette lettre ?
M. DUBRIAGE.
Non. C'est madame Évrard : encore, par pitié,
Elle me faisait grâce au moins de la moitié.
Puis, sans parler du reste, un mariage infâme...
CHARLE.
(Se reprenant et à part.)
Infâme, dites-vous ? Laissons venir ma femme.
(Haut.)
Ah ! si l'on vous trompait !...
M. DUBRIAGE.
Et qui donc ?
CHARLE.
Je ne sais...
Mais quoi ! je ne puis croire à de pareils excès :
Non, Armand...

M. DUBRIAGE.
Paix. Jamais ne m'en ouvrez la bouche.
(Se radoucissant.)
Entendez-vous ? Au fond, ton zèle ardent me touche,
Mon ami, je l'avoue ; il annonce un bon cœur ;
On ne saurait plaider avec plus de chaleur.
CHARLE.
Je parle pour vous-même : oui, bon comme vous êtes,
Cette colère ajoute à vos peines secrètes.
M. DUBRIAGE.
Bon Charle !
CHARLE.
Permettez que je sorte un moment,
Pour une affaire.
M. DUBRIAGE.
Oui, sors ; mais reviens promptement
(M. Dubriage rentre chez lui.)

SCÈNE XI

CHARLE, seul.

Allons chercher ma femme : il est temps, l'heure presse ;
Et plus tôt que plus tard il faut qu'elle paraisse.
(Il sort.)

FIN DU PREMIER ACTE.

ACTE DEUXIÈME

SCÈNE PREMIÈRE

M. DUBRIAGE, seul, un livre à la main.

Que ce mot est bien dit ! consolant écrivain,
D'adoucir mes ennuis tu t'efforces en vain.
« On commence à jouir, dis-tu, dès qu'on espère : »
Je jouirais aussi déjà, si j'étais père ;
Mais pour un vieux garçon il n'est point d'avenir.
(Fermant le livre.)
Rien ne m'amuse plus. Il faut en convenir,
Je ne me suis jamais amusé de ma vie ;
Mais, aujourd'hui surtout, je sens que je m'ennuie.
C'est qu'il est des momens où je me trouve seul,
Et porterais, je crois, envie à mon filleul.
Cette réflexion est un peu trop tardive :
Dans l'état où je suis il faut bien que je vive...
Ils m'abandonnent tous... je ne sais ce qu'ils font. .
(Appelant.)
Madame Évrard !... Ambroise ! Aucun d'eux ne répond.
Pour Charle, il est sorti sûrement pour affaires :
(Il s'assied.)
Je ne saurais me plaindre, il ne me quitte guères.

SCÈNE II

M. DUBRIAGE, GEORGE.

GEORGE, de loin, à part.

Ils sont sortis, entrons.

M. DUBRIAGE, se croyant seul encore.

Oui, j'ai moins de chagrin
Quand Charle est avec moi ; nous causons.

GEORGE, toujours de loin et à part.

Bon parrain !
Il parle, et n'a personne, hélas ! qui lui réponde :
Approchons.

M. DUBRIAGE.

C'est toi, George ? où donc est tout le monde ?

ACTE II, SCÈNE II.

GEORGE.

Tout le monde est dehors.

M. DUBRIAGE.

Madame Évrard aussi?

GEORGE.

Elle aussi : chacun a ses affaires, ici.
Et moi, de leur absence, entre nous, je profite,
Pour vous faire, monsieur, ma petite visite :
Je ne vous ai point vu depuis hier au soir.

M. DUBRIAGE.

Moi, j'ai de mon côté, grand plaisir à te voir.

GEORGE.

Vous êtes tout pensif.

M. DUBRIAGE.

C'est cette solitude.

GEORGE.

Vous devez en avoir contracté l'habitude.

M. DUBRIAGE.

On a peine à s'y faire,... et le temps aujourd'hui
Est sombre : tout cela me donne un peu d'ennui.

GEORGE.

Vous êtes malheureux; jamais je ne m'ennuie :
Qu'il fasse froid ou chaud, du soleil, de la pluie,
Tout cela m'est égal, je suis toujours content.

M. DUBRIAGE.

Je le vois.

GEORGE.

Je bénis mon sort à chaque instant :
Car, si je suis joyeux, j'ai bien sujet de l'être :
D'abord, j'ai le bonheur de servir un bon maître,
Un cher parrain : ensuite, à l'emploi de portier
J'ai, comme de raison, joint un petit métier :
Une loge ne peut occuper seule un homme ;
Et puis, écoutez donc, cela double la somme.
Je fais tout doucement ma petite maison,
Et j'amasse en été pour l'arrière-saison.

M. DUBRIAGE.

C'est bien fait. D'être heureux ce George fait envie.

GEORGE.

Ajoutez à cela le charme de la vie,
Une femme : la mienne est un petit trésor ;
Elle a trente ans ; je crois qu'elle embellit encor. [franche: t
Point d'humeur; elle est gaie, elle est bonne, elle es
Elle aime son cher George!... Oh! j'ai bien ma revanche
Dame, c'est qu'elle a soin du père, des enfants!...

Aussi, sans nous vanter, les marmots sont charmants.
Sans cesse autour de moi l'on pesse, l'on repasse ;
C'est un mot, un coup d'œil ; et cela me délasse.
M. DUBRIAGE.
Mais cela te dérange.
GEORGE.
      Un peu ; mais le plaisir !...
Il faut bien se donner un moment de loisir :
Cela n'empêche pas que la besogne n'aille ;
Car moi, tout en riant, en causant, je travaille [1].
Mais, quand le soir, bien tard, les travaux sont finis,
Et qu'autour de la table on est tous réunis
(Car la petite bande, à présent, soupe à table),
Si vous saviez, monsieur, quel plaisir délectable !
Je me dis quelquefois : « Je ne suis qu'un portier :
Mais souvent dans la loge on rit plus qu'au premier. »
M. DUBRIAGE.
Chacun est dans ce monde heureux à sa manière.
GEORGE.
Ah ! la nôtre est la vraie, et vous ne l'êtes guère,
Heureux ! C'est votre faute aussi ; car, entre nous,
Pourquoi rester garçon ? Il ne tenait qu'à vous,
Dans votre état, avec une grosse fortune,
De trouver une femme, et dix mille pour une.
M. DUBRIAGE.
Que veux-tu ?... j'ai toujours aimé le célibat.
GEORGE.
Célibat, dites-vous ! c'est donc là votre état ?
Triste état, si par là, comme je le soupçonne,
On entend n'aimer rien, ne tenir à personne !
Vive le mariage ! Il faut se marier,
Riche ou non : et tenez, je m'en vais parier
Que si quelqu'un offrait au plus pauvre des hommes
Un hôtel, un carrosse, avec de grosses sommes,
Pour qu'il vécût garçon, il dirait : « Grand merci !
Plutôt que d'être riche, et que de l'être ainsi,
J'aime cent fois mieux vivre au fond de la campagne,
Pauvre, grattant la terre, auprès d'une compagne. »
M. DUBRIAGE.
Assez.
GEORGE.
  Ce que j'en dis, c'est par pure amitié ;
C'est que, vraiment, monsieur, vous me faites pitié ;

---

1. Il indique par son geste le métier de tailleur.

M. DUBRIAGE.

Pitié, dis-tu ?

GEORGE.

Pardon : c'est qu'il est incroyable
Que moi, qui près de vous ne suis qu'un pauvre diable,
Sois plus heureux pourtant : c'est un chagrin que j'ai.

M. DUBRIAGE.

De ta compassion je te suis obligé ;
Mais changeons de sujet.

(Il se lève.)

GEORGE.

Très volontiers. Encore,
Si, pour charmer, monsieur, l'ennui qui vous dévore,
Vous aviez près de vous quelque proche parent !...

M. DUBRIAGE.

Oui ! tu vois mon neveu !...

GEORGE.

Mais cela me surprend ;
Et, vraiment, je ne puis du tout le reconnaître.

M. DUBRIAGE.

A propos, tu l'as vu longtemps ?

GEORGE.

Je l'ai vu naître.
Depuis, pendant dix ans, j'ai vécu près de lui.

M. DUBRIAGE.

Mais dis, George, d'après ce qu'il est aujourd'hui,
Il devait donc avoir un bouillant caractère ?

GEORGE.

Eh ! non, il était doux.

M. DUBRIAGE.

Bon !

GEORGE.

A ne vous rien taire,
Moi, je ne saurais croire à ce grand changement :
Il faut qu'on l'ait...

M. DUBRIAGE.

Tu dis qu'il était doux ?

GEORGE.

Charmant !
Sa mère ne pouvait se passer de sa vue.
Hélas ! son plus grand tort est de l'avoir perdue.
Un oncle lui restait ; mais il ne l'a point vu.

M. DUBRIAGE, à part.

Hélas !

GEORGE.
Abandonné dès lors au dépourvu...
M. DUBRIAGE, voyant venir Ambroise.
Chut !

SCÈNE III

M. DUBRIAGE, GEORGE, AMBROISE.

M. DUBRIAGE.
Qu'est-ce ?
AMBROISE, toujours d'un ton rude.
De l'argent, monsieur, qu'on vous apporte.
Cent bons louis : tenez.
M. DUBRIAGE.
La somme n'est pas forte :
Mais enfin cet argent va me faire du bien ;
Car, depuis très longtemps, je ne touchais plus rien.
AMBROISE.
Est-ce ma faute, à moi ? croyez-vous que je touche ?
Aucun fermier ne paie : ils ont tous à la bouche
Le mot *grêle*.
M. DUBRIAGE.
Hélas ! oui.
AMBROISE.
Vous-même le premier,
Si je laisse monter, par hasard, un fermier,
Vous lui remettez tout.
M. DUBRIAGE.
C'est naturel, je pense.
AMBROISE.
Mais il faut cependant fournir à la dépense.
Saint-Brice avait besoin de réparations ;
J'ai fait à Montigny des augmentations :
Aussi, de plus d'un an, vous ne toucherez guères.
Peut-être croyez-vous que je fais mes affaires ;
La vérité pourtant est que j'y mets du mien.
GEORGE.
Bon apôtre !
AMBROISE à George.
Plaît-il ?
GEORGE.
Qui, moi ? je ne dis rien.

ACTE II, SCÈNE III.

AMBROISE.
Encore ici ! c'est donc au premier que tu loges ?
Ton assiduité mérite des éloges.

GEORGE.
J'entretenais monsieur, et voulais l'amuser :
En faveur du motif, on doit bien m'excuser.

AMBROISE.
Et ton poste ?

GEORGE.
Ma femme est en bas.

AMBROISE.
Il n'importe.
Je veux t'y voir aussi ; va, retourne à ta porte.

M. DUBRIAGE à Ambroise.
Vous lui parlez, je crois, un peu durement.

AMBROISE.
(A George.)
Chacun a sa manière. Allons, vite.

M. DUBRIAGE.
Un moment.

GEORGE.
Si monsieur me retient, je puis rester, je pense.

AMBROISE.
Tu fais le raisonneur !

GEORGE.
Est-ce vous faire offense
Que de venir un peu causer ?

AMBROISE.
Offense ou non,
Descends.

M. DUBRIAGE.
Vous le prenez, Ambroise, sur un ton... !

AMBROISE.
Fort bien ! Ce cher filleul, toujours on le protège !
Il a beau me manquer...

GEORGE.
En quoi donc vous manqué-je ?

AMBROISE.
En désobéissant.

GEORGE.
Mais, à qui, s'il vous plaît ?
Vous n'êtes point mon maître ; et c'est monsieur qui l'est.

M. DUBRIAGE.
Eh oui, moi seul !

AMBROISE.
Comment?

SCÈNE IV.

M. DUBRIAGE, GEORGE, AMBROISE, MADAME ÉVRARD.

MADAME ÉVRARD.
Ambroise encor s'emporte,
Je gage?
M. DUBRIAGE.
Oui, beaucoup trop.
AMBROISE.
Je veux que George sorte,
Descende : il me résiste, et monsieur le soutient.
Voilà, tout uniment, d'où notre débat vient.
MADAME ÉVRARD.
D'un tapage si grand, comment, c'est là la cause !
M. DUBRIAGE.
Ah! je suis plus choqué du ton que de la chose.
MADAME ÉVRARD à M. Dubriage.
Vous avez bien raison ; mais vous le connaissez,
Ce cher homme... Il est vif.
AMBROISE.
Eh! morbleu!...
MADAME ÉVRARD à Ambroise.
Finissez.
George est un bon enfant, et va, je le parie,
(A George, d'un ton d'amitié.)
Se rendre le premier. Là, descends, je te prie.
GEORGE.
Eh! oui, je descends.
MADAME ÉVRARD.
Bon.
GEORGE, à part, en s'en allant.
Oh! que j'ai de chagrin
De voir ces deux fripons maîtriser mon parrain !
(Il sort.)

LE VIEUX CÉLIBATAIRE.

M. DUBRIAGE.

Je vais au Luxembourg me promener un peu.

SCÈNE V

M. DUBRIAGE, MADAME ÉVRARD, AMBROISE.

MADAME ÉVRARD.
Vous avez tort, Ambroise, il faut que je le dise ;
Et vous êtes brutal, à force de franchise.
M. DUBRIAGE, encore ému.
Je suis bon ; mais aussi c'est trop en abuser.
MADAME ÉVRARD à Ambroise.
Sur ce point, je ne puis vraiment vous excuser.
Vous êtes droit, loyal ; mais jamais, je le pense,
D'être doux et soumis cela ne nous dispense.
AMBROISE.
Eh ! qui vous dit, madame...?
M. DUBRIAGE.
           Il s'emporte d'abord ;
Il me tient des propos... et devant George encor !
MADAME ÉVRARD.
Cela n'est pas croyable... Ambroise !...
AMBROISE.
                      Je vous jure
Que c'est dans la chaleur...
MADAME ÉVRARD.
                    Oh! oui, je vous assure...!
AMBROISE.
Eh ! monsieur sait combien je lui suis attaché.
M. DUBRIAGE.
Je le sais ; sans quoi...
MADAME ÉVRARD.
             Bon, vous n'êtes plus fâché...
Monsieur se plaît chez lui, parmi nous : il me semble
Qu'il faut le rendre heureux ; vivre tous bien ensemble.
M. DUBRIAGE.
N'en parlons plus.
MADAME ÉVRARD.
        Non, non, plus du tout.
(Elle lui donne affectueusement ses gants et son chapeau.)
M. DUBRIAGE.
                        Sans adieu.
Je vais au Luxembourg me promener un peu.
MADAME ÉVRARD, de loin.
Revenez donc bientôt, cher monsieur: il me tarde...

M. DUBRIAGE.

Oui, bientôt.

(Il sort.)

SCÈNE VI

MADAME ÉVRARD, AMBROISE.

AMBROISE.
　　　　Savez-vous que, si l'on n'y prend garde,
Il nous fera la loi !
　　　　　　MADAME ÉVRARD.
　　　　　　Nous sommes sans témoin,
Ambroise, songez-y, vous allez un peu loin,
Et je crains que monsieur ne perde patience.
　　　　　　AMBROISE.
Je voudrais voir cela !
　　　　　　MADAME ÉVRARD.
　　　　　　Ce ton de confiance
Pourrait vous attirer quelques fâcheux éclats :
Je vous en avertis, ne vous exposez pas.
　　　　　　AMBROISE.
Eh ! je n'ai pas du tout besoin qu'on m'avertisse.
La maison sauterait plutôt que j'en sortisse.
Un autre soin m'occupe, à ne vous rien celer,
Et je vais cette fois nettement vous parler.
Dès long-temps je vous aime, et vous presse, madame,
De recevoir ma main, de devenir ma femme :
C'est trop long-temps, aussi, me jouer, m'amuser ;
Il faut m'admettre, enfin, ou bien me refuser.
　　　　　　MADAME ÉVRARD.
Mais vous pressez les gens d'une manière étrange,
Il le faut avouer.
　　　　　　AMBROISE.
　　　　　　Je ne prends plus le change.
Tenez, madame Evrard, je vais au fait d'abord :
Je ne suis point galant ; mais vous me plaisez fort.
　　　　　　MADAME ÉVRARD.
Monsieur Ambroise !
　　　　　　AMBROISE.
　　　　　　Eh ! oui, votre air, votre figure,
Que vous dirai-je, enfin ? toute votre tournure
M'enchante, me ravit. Allez, j'ai de bons yeux :
Vous êtes fraîche, et moi, je ne suis pas très vieux ;

Par ma foi, nous serons le mieux du monde ensemble :
Et puis, notre intérêt l'exige, ce me semble.
Ma fortune est assez ronde, vous le savez.
Je ne m'informe point de ce que vous avez :
Vous ne vous êtes pas sûrement oubliée...
Allons, madame Évrard...
    MADAME ÉVRARD.
     Je crains d'être liée...
    AMBROISE.
Eh! plutôt, craignez tout si nous nous divisons ;
Oui ; je n'ai pas besoin d'en dire les raisons.
L'un de l'autre, entre nous, nous savons des nouvelles,
Et tous deux nous pourrions en raconter de belles ;
Au lieu qu'à l'avenir, si nous ne faisons qu'un,
Nous ne craindrons plus rien de l'ennemi commun...
A propos, j'oubliais de vous dire, madame,
Que j'ai trouvé, je crois, cette seconde femme...
    MADAME ÉVRARD.
Vous revenez toujours sur ce chapitre-là !
Je ne suis point d'accord avec vous sur cela.
    AMBROISE.
Vous n'avez pas besoin de quelqu'un qui vous aide ?
    MADAME ÉVRARD.
Moi ! point du tout.
    AMBROISE.
   Si fait, et puis qui vous succède ?...
    MADAME ÉVRARD.
Qui... ?
    AMBROISE.
   Voulons-nous servir jusques à nos vieux jours ?
Notre service est doux ; mais nous servons toujours.
    MADAME ÉVRARD.
Vous voyez mal, Ambroise ; il vaudrait mieux, peut-être
Attendre... enfin, fermer les yeux de notre maître.
    AMBROISE.
Mais cela peut durer encore très long-temps.
Monsieur n'a, voyez-vous, que soixante-cinq ans ;
Il est temps, croyez-moi, de faire une retraite :
Et pour la faire sûre, honorable et discrète,
Il faut laisser ici des gens honnêtes, doux,
Par nous-mêmes choisis, qui dépendent de nous,
Qui soient à nous, de nous qui lui parlent sans cesse.
    MADAME ÉVRARD.
S'ils allaient de monsieur captiver la tendresse ?...
Enfin, nous verrons...

AMBROISE.
Bon! vous remettez toujours!
MADAME EVRARD.
Eh! moins d'impatience!
AMBROISE.
Et vous moins de détours;
Plus de délais : demain je veux une réponse.
MADAME ÉVRARD.
(A part en s'en allant.)
Demain, soit. Si monsieur sur mon sort ne prononce,
Que faire? Allons, il faut le presser au plus tôt.
(Elle sort.)
AMBROISE.
A demain donc.

SCÈNE VII

AMBROISE, seul.

Voilà la femme qu'il me faut.
D'abord, réunissant les deux sommes en une,
C'est un total, et puis, à quoi bon la fortune,
Quand on la mange seul? Monsieur sert de leçon :
C'est une triste chose, au fait, qu'un vieux garçon !
On se marie, on a des enfants ; on amasse :
Et, si l'on meurt, du moins on sait où le bien passe...
Mais que veut cette fille? A propos, c'est, je croi...
Déjà?

SCÈNE VIII

AMBROISE, LAURE.

AMBROISE, d'un ton rude.
Qu'est-ce?
LAURE, tremblante.
Monsieur... Ambroise?...
AMBROISE.
Eh bien! c'est moi.
LAURE.
Peut-être en ce moment, monsieur, je vous dérange...
C'est moi dont vous a pu parler monsieur La Grange.

AMBROISE.
C'est différent. J'entends ; c'est vous qui souhaitez
Entrer ici ?
LAURE.
Du moins, si vous le permettez.
Voulez-vous bien jeter les yeux sur cette lettre ?
AMBROISE, s'asseyant.
Vous tremblez !
LAURE.
Moi... pardon.
AMBROISE.
Tâchez de vous remettre...
Voyons... « Sage, bien née et docile... » Il suffit.
(Regardant Laure très fixement.)
Votre air s'accorde assez avec ce qu'on m'écrit.
LAURE.
Vous êtes trop honnête.
AMBROISE.
On vous appelle ?
LAURE.
Laure.
AMBROISE.
Et votre âge... vingt ans ?
LAURE.
Pas tout à fait encore.
AMBROISE.
Bon. Avez-vous servi déjà ?
LAURE.
Qui, moi ?... jamais.
Je ne servirai point ailleurs, je vous promets.
AMBROISE.
Vous n'êtes pas, je crois, mariée ?
LAURE.
A mon âge,
Sans fortune, peut-on songer au mariage ?
AMBROISE.
Plus je vous interroge, et plus je m'aperçois
(Se levant.)
Que vous me convenez... Allons, je vous reçois.
LAURE.
Monsieur, c'est trop d'honneur que vous daignez me faire.
AMBROISE.
Oh ! non ; je vois cela, vous ferez mon affaire.
J'en préviendrai monsieur ; car il est à propos
Qu'ensemble ce matin nous en disions deux mots :

Mais j'en réponds. Au reste, il est bon de vous dire
Où vous êtes, comment vous devez vous conduire.
LAURE.
J'écoute.
AMBROISE.
  Vous saurez que vous avez ici
Plus d'un maître à servir.
LAURE.
    On me l'a dit aussi.
AMBROISE.
Moi, le premier.
LAURE.
  Oh ! oui.
AMBROISE.
     Puis, pour la gouvernante,
Madame Évrard, soyez docile et prévenante.
Monsieur la considère, et moi, j'en fais grand cas :
Servez-la bien.
LAURE.
  Monsieur, je n'y manquerai pas.
AMBROISE.
Enfin, il faut avoir pour monsieur Dubriage
Les égards et les soins que l'on doit à son âge :
C'est un homme de bien, respectable d'abord,
Riche d'ailleurs, qui peut faire un jour votre sort.
LAURE.
Par un motif plus pur déjà je le révère.
AMBROISE.
C'est tout simple : surtout souvenez-vous, ma chère,
Que c'est Ambroise seul qui vous a fait entrer.
LAURE.
Je n'oublîrai jamais, j'ose vous l'assurer,
Que, si dans la maison j'occupe cette place,
C'est à vos soins, monsieur, que j'en dois rendre grâce.
AMBROISE.
Pas mal. Allons, je crois que je serai content.

SCÈNE IX

LAURE, AMBROISE, CHARLE.

CHARLE, de loin, à part.
L'aura-t-il agréée ?

AMBROISE.
Ah! Charle, dans l'instant
J'arrête, je reçois cette jeune servante ;
Elle va soulager, servir la gouvernante,
Et dans l'occasion pourra vous seconder :
Avec elle tâchez de vous bien accorder.
CHARLE.
Oui, je l'espère.
AMBROISE, à Laure.
Bon. Allez payer votre hôte,
Et revenez ici dans deux heures sans faute.
Ne demandez que moi.
LAURE.
Non.
AMBROISE.
Pour quelques instans,
Je vais sortir. Allez, ne perdez point de temps ;
(A Charle.)
Ni vous non plus.
CHARLE.
Oh, non! Croyez, je vous supplie,
Que toute ma journée est assez bien remplie.
(Ambroise sort.)

SCÈNE X

CHARLE, LAURE.

CHARLE.
Te voilà donc entrée ! Ah !... nous verrons un peu
S'ils feront déguerpir la nièce et le neveu !
LAURE.
Je suis tremblante encor.
CHARLE.
Rassure-toi, ma chère.
Mon oncle va te voir; il suffit, et j'espère.
Il entendra bientôt le son de cette voix
Qui sut toucher mon cœur dès la première fois...
Ah ! je voudrais déjà qu'à loisir il t'eût vue !
LAURE.
Je désire à la fois et crains cette entrevue ;
Cette madame Évrard, ô Dieu, que je la crains !
CHARLE.
Qu'elle est fausse et méchante !

LAURE.
En ce cas, je la plains.
CHARLE.
Chère épouse ! faut-il qu'à feindre de la sorte
Le destin nous réduise !
LAURE.
Eh ! Charle, que m'importe ?
Je serai près de toi : toi seul fais tout mon bien ;
Tu me tiens lieu de tout ; le reste ne m'est rien.
Mon ami, sans compter ce pénible voyage,
J'ai bien eu du chagrin depuis mon mariage ;
Mais tu me consolais ; nous mêlions nos douleurs :
Et ces deux ans, passés ensemble dans les pleurs,
Sont encor les momens les plus doux de ma vie.
CHARLE.
Va, mon sort, quel qu'il soit, est trop digne d'envie...
LAURE.
Mais adieu ; car je crains...
CHARLE.
A peine pouvons-nous
Peindre nos sentimens.
LAURE.
Ils n'en sont que plus doux ;
Adieu, Charle.
CHARLE.
Au revoir.
LAURE, en sortant.
Au revoir.

SCÈNE XI

CHARLE, seul.

Quelle femme !
De l'esprit, de la grâce, avec une belle âme !
Trop heureux ! Mon pauvre oncle a ses peines aussi,
Et n'a personne, hélas ! qui le console ainsi.
Je craignais son courroux : ah ! bien loin de le craindre,
C'est lui qui de nous trois est bien le plus à plaindre...
Mais que veut George ?

SCÈNE XII

CHARLE, GEORGE.

CHARLE.
Eh bien ?
GEORGE.
Elle vient de partir,
Sans qu'on l'ait, grâce au ciel, vue entrer ni sortir...
Mais vous ne savez pas !...
CHARLE.
Qu'as-tu donc à me dire ?
GEORGE.
Quelque chose, entre nous, qui vous fera peu rire.
J'ai là-bas cinq cousins, tous issus de germains,
Dont l'un même a déjà ses papiers dans les mains,
Ils viennent par monsieur se faire reconnaître.
« Il est sorti, » leur dis-je. « Il rentrera peut-être, »
Dit l'orateur. Enfin ils ont voulu rester.
Qu'en ferai-je, monsieur ?
CHARLE.
Eh mais, fais-les monter.
GEORGE.
Songez donc que de près à mon parrain ils tiennent,
Et qu'ils pourraient fort bien...
CHARLE.
Il n'importe ; qu'ils viennent.
GEORGE.
Allons.

(Il sort.)

SCÈNE XIII

CHARLE, seul.

Ces chers cousins, je crois, se doutent peu
Qu'ils vont être reçus ici par un neveu.
Ils approchent, fort bien ; sachons encore feindre.
Ils ne sont pas heureux : c'est à moi de les plaindre.

SCÈNE XIV

CHARLE, LES CINQ COUSINS, vêtus assez modestement.
(N. B. Il ne faut pas que leur habillement tienne de la caricature.)

LE GRAND COUSIN, bas aux autres, de loin.
Laissez-moi parler seul.
(Haut à Charle, avec maintes révérences, que les autres imitent.)
Nous avons bien l'honneur,
Monsieur...
CHARLE.
C'est moi qui suis votre humble serviteur.
Vous venez pour parler à monsieur Dubriage ?
LE GRAND COUSIN.
Oui, monsieur ; c'est l'objet de notre long voyage ;
Car nous venons d'Arras pour le voir seulement.
CHARLE.
En vérité, j'admire un tel empressement ;
Et je ne doute pas qu'à monsieur il ne plaise.
LE TROISIÈME COUSIN.
Le cousin de nous voir sera, je crois, bien aise.
CHARLE.
Le connaissez-vous ?
LES QUATRE COUSINS.
Non.
LE GRAND COUSIN, d'un air important.
Ils ne l'ont jamais vu ;
Mais mon air au cousin pourrait être connu.
Je l'allai voir, alors qu'il faisait son commerce,
En.... n'importe : il vendait des étoffes de Perse !...
Dame aussi, le cousin est riche à millions ;
Et nous sommes encor gueux comme nous étions.
CHARLE.
Êtes-vous frères, tous ?
LE GRAND COUSIN.
Il ne s'en faut de guères.
Voici mon frère, à moi : les trois autres sont frères.
Mais nous sommes cousins, tous issus de germains,
Comme il est constaté par ces titres certains,
(Déployant des papiers.)
Surtout par ce tableau... Mon frère est géographe.
LE DEUXIÈME COUSIN, avec force révérences.
Pour vous servir : voici mon nom et mon paraphe.

(Déroulant l'arbre généalogique, et le faisant voir à Charle.)
Roch-Nicodème Armand (c'est notre aïeul commun,
La souche)
(Ils ôtent tous leurs chapeaux.)
Eut trois garçons ; mon grand-père en est un.
Sa fille, Jeanne Armand, contracta mariage,
Comme vous pouvez voir, avec Paul Dubriage,
Le père du cousin.
CHARLE, suivant des yeux sur l'arbre généalogique.
Arrêtez donc un peu.
Je vois plus près, tout seul, Pierre Armand, un neveu :
Il exclut les cousins ; la chose paraît claire.
LE DEUXIÈME COUSIN, embarrassé.
Oui ; mais... frère, dis donc.
LE GRAND COUSIN.
Nous ne le craignons guère.
CHARLE.
Pourquoi ?
LE GRAND COUSIN.
Par le cousin il est fort détesté,
Et vraisemblablement sera déshérité.
CHARLE.
Fort bien !
LE TROISIÈME COUSIN.
Nous n'avons pas l'honneur de le connaître ;
Mais il nous gêne fort.
CHARLE.
Il aurait droit peut-être
De vous dire à son tour : « C'est vous qui me gênez,
Et c'est ma place, enfin, messieurs, que vous prenez. »
LE GRAND COUSIN.
Bah ! bah !
LE TROISIÈME COUSIN.
Cette maison, comme elle est belle et grande !
(A Charle.)
Est-elle à lui, monsieur ?
LE GRAND COUSIN.
Parbleu, belle demande !
Je gage qu'il en a bien plus d'une autre encor.
LE QUATRIÈME COUSIN.
Quels meubles !
LE TROISIÈME COUSIN.
Les dedans, vous verrez, sont pleins d'or.
LE CINQUIÈME COUSIN.
De bijoux.

LE DEUXIÈME COUSIN, d'un ton grave.
De contrats.
LE GRAND COUSIN.
Et quand on peut se dire :
« Nous aurons tout cela, » ma foi, cela fait rire.
TOUS LES COUSINS, riant aux éclats.
Oh! oui, rien n'est plus drôle.
CHARLE.
En effet, à présent
Je trouve que la chose a son côté plaisant.
LE GRAND COUSIN.
Morbleu !...
CHARLE.
Paix, car on vient.
LE GRAND COUSIN.
Quelle est donc cette dame?
CHARLE, bas aux cousins.
C'est une gouvernante... Entre nous, cette femme
Sur l'esprit de monsieur a beaucoup d'ascendant ;
Il faut la ménager.
LE GRAND COUSIN, bas à Charle.
Allez, je suis prudent,
Et sais ce qu'il faut dire à notre gouvernante.

SCÈNE XV

CHARLE, LES CINQ COUSINS, MADAME ÉVRARD.

LE GRAND COUSIN.
Madame, nous avons...
MADAME ÉVRARD, d'un air très-inquiet.
Je suis votre servante :
Messieurs, peut-on savoir ce que vous désirez?
LE GRAND COUSIN.
Nous désirerions voir le cousin. Vous saurez...
LES QUATRE AUTRES COUSINS, tous ensemble.
Nous sommes les cousins de monsieur Dubriage.
LE GRAND COUSIN, bas aux autres.
Paix !
(Haut à madame Évrard.)
Nous venons d'Arras, tout exprès...
MADAME ÉVRARD.
C'est dommage.
Monsieur vient de sortir.

ACTE II, SCÈNE XV.

LE GRAND COUSIN.
C'est ce qu'on nous a dit.
Mais quoi, nous l'attendrons fort bien, sans contredit.
Le cousin va rentrer avant peu, je l'espère.
MADAME ÉVRARD.
Non : il ne rentrera que très tard, au contraire.
LE GRAND COUSIN.
Demain nous reviendrons.
MADAME ÉVRARD.
Ne venez pas demain :
Il part pour la campagne, et de très grand matin.
LES TROISIÈME ET QUATRIÈME COUSINS.
Après-demain ?
MADAME ÉVRARD.
Sans doute... enfin dans la semaine.
Mais, je vous en préviens, souvent il se promène.
D'ailleurs, monsieur saura que vous êtes venus ;
C'est comme si par lui vous étiez reconnus.
TOUS LES COUSINS.
Oh, nous voulons le voir !
MADAME ÉVRARD.
Très volontiers; lui-même
Sera ravi de voir de bons parents qu'il aime.
Au revoir donc, messieurs; car dans ce moment-ci...
LE GRAND COUSIN.
Madame...
LE TROISIÈME COUSIN, bas au grand cousin.
Je croyais qu'on dînerait ici.
LE GRAND COUSIN.
(Bas au troisième cousin.)
Paix donc !...
(Haut à madame Évrard.)
Nous reviendrons.
MADAME ÉVRARD.
Pardon, je vous supplie,
Si je vous laisse aller.
LE GRAND COUSIN.
Vous êtes trop polie.
CHARLE, les reconduisant avec politesse.
C'est à moi de fermer la porte à ces messieurs.
(Il sort avec eux.)

SCÈNE XVI

MADAME ÉVRARD, seule.

Qu'ils aillent présenter leur cousinage ailleurs...
Quel malheur, si monsieur eût vu cette recrue!
(Prêtant l'oreille.)
On ferme... Ah! Dieu merci, les voilà dans la rue...
Au surplus, ces parents m'épouvantent fort peu,
Et je crains beaucoup moins dix cousins qu'un neveu.
Mais quoi, je perds le temps en de vaines paroles.
Les enfants du portier doivent savoir leurs rôles :
Faisons-les répéter ; oui, sachons avec art
Employer des enfants pour toucher un vieillard.

FIN DU SECOND ACTE.

ACTE TROISIÈME

SCÈNE PREMIÈRE

MADAME ÉVRARD, LES DEUX ENFANS DE GEORGE.

MADAME ÉVRARD.
Bon, mes petits amis, je suis très satisfaite.
JULIEN.
Aussi, depuis au moins deux heures je répète.
MADAME ÉVRARD.
Fort bien ! Çà, mes enfans, je m'en vais vous laisser.
Vous, dès qu'il paraîtra, vous irez l'embrasser.
LES DEUX ENFANS.
Oui, oui.
MADAME ÉVRARD.
Comme papa, maman.
LES DEUX ENFANS.
Ah ! tout de même.
MADAME ÉVRARD.
Appelez-le du nom de papa ; car il l'aime.
JULIEN.
C'est bien vrai ; moi, toujours je l'appelle *papa*.
LA SŒUR.
Moi, *bon ami*.
MADAME ÉVRARD.
Sans doute il vous demandera
Si vous avez appris ce matin quelque chose.
Alors vous lui direz votre scène.
LA SŒUR.
Je n'ose.
MADAME ÉVRARD.
Tu n'oses ?... pauvre enfant !
LE FRÈRE.
Oh, moi, je ne crains rien.
Je sais par cœur mon rôle, et je le dirai bien.
MADAME ÉVRARD.
Bon, Julien. Soyez donc tous les deux bien aimables ;

Et, si jusqu'à demain vous êtes raisonnables,
Vous aurez... quelque chose.
LE FRÈRE.
Oui, moi, mais pas ma sœur ;
Elle a peur, elle n'ose...
LA SŒUR.
Oh, non, je n'ai plus peur.
MADAME ÉVRARD.
J'entends monsieur venir ; adieu donc, bon courage !
(A part on s'en allant.)
Après je reviendrai pour achever l'ouvrage.

SCÈNE II

LES ENFANS, M. DUBRIAGE, qui s'avance en rêvant, sans les voir.

LA SŒUR.
Je ne pourrai jamais réciter tout cela.
LE FRÈRE.
(Bas.)
Je te soufflerai, moi. Chut, ma sœur, le voilà !
LA SŒUR, bas.
Il ne nous voit pas.
LE FRÈRE, bas.
Non, il rêve.
LA SŒUR, bas.
Ah ! que c'est drôle !
LE FRÈRE, bas.
Eh, paix donc !
LA SŒUR, bas.
On dirait qu'il répète son rôle.
(Ils rient tous deux et se font des mines.)
M. DUBRIAGE.
Qu'est-ce ?
LE FRÈRE, courant à lui.
C'est nous, papa.
M. DUBRIAGE, l'embrassant.
C'est toi, petit Julien ?
LA SŒUR, allant aussi à M. Dubriage.
Oui, bon ami.
M. DUBRIAGE, l'embrassant aussi.
Bonjour.
(M. Dubriage s'assied.)

LA SŒUR.
Comment ça va-t-il?
M. DUBRIAGE.
Bien.
Et vous?
LE FRÈRE.
Tu vois.
M. DUBRIAGE.
Cela se lit sur vos visages.
Dites-moi, mes enfans, êtes-vous toujours sages?
LE FRÈRE.
Oh! toujours! Ce matin maman nous le disait.
M. DUBRIAGE, *se tournant tour à tour vers chacun d'eux.*
Vraiment?
LA SŒUR.
Si tu savais comme elle nous baisait!
LE FRÈRE.
Et papa! Tout exprès il quitte son ouvrage.
LA SŒUR.
Il prétend que cela lui donne du courage.
M. DUBRIAGE.
Et vous les aimez bien?
LA SŒUR.
Oui, comme nous t'aimons.
LE FRÈRE.
Papa cause la nuit, croyant que nous dormons.
Hier encor ma sœur était bien endormie,
Moi pas; je l'entendais qui disait: « Mon amie,
Conviens que nous devons être tous deux contens,
Et que nous avons là de bien jolis enfans?... »
Et maman répondait: « C'est vrai, qu'ils sont aimables. »
« Dame, c'est qu'à leur mère ils sont tous deux semblables, »
Disait papa. « Julien, soit, répondait maman;
Mais Suson te ressemble, à toi; là, conviens-en. »
M. DUBRIAGE.
Fort bien, mes bons amis; comment va la mémoire?
Savez-vous ce matin une fable, une histoire?
LE FRÈRE.
Tiens, papa, ce matin encor nous répétions
Un petit dialogue, à nous deux.
M. DUBRIAGE.
Ah! voyons!
LE FRÈRE.
Ça, commence, ma sœur.
(Les enfans récitent chacun leur couplet comme une leçon.)

LA SŒUR.
              « Quel est le patriarche
Qui prévit le déluge et construisit une arche?
              LE FRERE.
Noé, fils de Lamech, qui, comme vous savez,
S'est échappé lui-même et nous a tous sauvés.
              LA SŒUR.
On me l'avait bien dit. Quoi, tous tant que nous sommes,
Comment! un homme seul a sauvé tous les hommes?
              LE FRÈRE.
Oui, sans doute, et voici comment cela s'est fait :
Noé n'eut que trois fils, Sem, Cham et puis Japhet.
Sem en eut cinq : chacun eut au moins une épouse,
Dont il eut maint enfant; Jacob seul en eut douze.
Ces enfants se sont vus pères d'enfants nombreux :
C'est de là qu'est venu le peuple des Hébreux.
              LA SŒUR.
Ah! ah!
              LE FRÈRE.
              Je n'ai parlé que de Sem : ses deux frères
Du reste des humains ont été les grands-pères.
Dieu dit : *Multipliez et croissez à l'envi.*
Nul précepte jamais n'a mieux été suivi;
Et l'on continuera sûrement de le suivre. »
              M. DUBRIAGE.
Où donc avez-vous lu cela?
              LE FRÈRE.
                            Dans un beau livre
Dont on a fait présent à maman.
              M. DUBRIAGE.
                            C'est assez.
              LA SŒUR.
J'ai quelque chose encore à dire.
              M. DUBRIAGE.
                            Finissez.
(Il rêve ; et pendant ce temps-là les enfans se font des mines, et s'excitent l'un l'autre à parler à M. Dubriage.)
              LA SŒUR, *allant tout doucement à lui.*
Tiens, quelquefois à nous papa ne prend pas garde...
       (Elle lui caresse la joue.)
Je fais comme cela... Puis alors il regarde,
Me voit, rit, et m'embrasse enfin comme cela.
                     (Elle témoigne vouloir l'embrasser.)
       M. DUBRIAGE, *lui tendant les bras.*
Chère petite, viens.

ACTE III, SCÈNE IV.

LE FRÈRE.
Et moi, mon bon papa?
M. DUBRIAGE.
Viens aussi.
(Il les tient tous deux serrés dans ses bras.)

SCÈNE III

M. DUBRIAGE, LES ENFANS, MADAME ÉVRARD.

MADAME ÉVRARD, de loin, sans être vue.
Mes enfans s'en tirent à miracle :
Il est temps de parler, à mon tour.
(Haut, toujours d'un peu loin.)
Doux spectacle !
Il m'enchante, d'honneur !
M. DUBRIAGE.
C'est vous, madame Évrard !
MADAME ÉVRARD.
Oui, monsieur ; du tableau je prends aussi ma part ;
On croirait voir un père au sein de sa famille.
LA SŒUR à madame Évrard.
J'ai fort bien dit ma scène...
MADAME ÉVRARD, l'arrêtant.
A merveille, ma fille !
Vous égayez monsieur : c'est bien fait, mes enfans.
Allez jouer tous deux : en restant plus long-temps,
Vous importuneriez ce bon papa, peut-être.
Allez.
LES ENFANS, en sortant.
Adieu, papa.

SCÈNE IV

M. DUBRIAGE, assis ; MADAME ÉVRARD.

MADAME ÉVRARD, à part.
Si je puis m'y connaître,
(Haut.)
Il est ému. Vraiment, ces enfans sont gentils.
M. DUBRIAGE.
Oui, tout-à-fait : pour moi j'aime fort leurs babils.

MADAME ÉVRARD.
Et leurs caresses donc, naïves, enfantines!
Et puis ils ont tous deux les plus charmantes mines!...
Une grâce, un sourire ; enfin je ne sais quoi...
Qui me plaît, m'attendrit.
           M. DUBRIAGE.
                    Il me touche, aussi, moi.
Qui ne les aimerait ? cela n'est pas possible.
           MADAME ÉVRARD.
Je me dis quelquefois : « Monsieur est bon, sensible :
S'il a tant d'amitié pour les enfans d'autrui,
Qu'il aurait donc d'amour pour des enfans à lui ! »
           M. DUBRIAGE, à demi-voix.
Hélas !
           MADAME ÉVRARD.
       Cette petite est le portrait du père.
           M. DUBRIAGE.
Oui, vraiment! et Julien, il ressemble à sa mère!...
           MADAME ÉVRARD.
A s'y tromper. Ces gens sont-ils assez heureux,
De voir ainsi courir et sauter autour d'eux
Leurs portraits, en un mot, comme d'autres eux-mêmes ?
           M. DUBRIAGE.
J'y pensais : ce doit être une douceur extrême.
           MADAME ÉVRARD.
Je ressemblais aussi beaucoup, je m'en souvien,
A mon père... digne homme ! il était assez bien...
Ayant moins de richesse, hélas ! que de naissance...
On le félicitait sur notre ressemblance :
Aussi m'aimait-il plus que ses autres enfans...
       (Finement.)
Et puis il m'avait eue à plus de soixante ans.
Je flattais son orgueil autant que sa tendresse :
Il m'appelait souvent l'enfant de sa vieillesse.
           M. DUBRIAGE.
A plus de soixante ans !
           MADAME ÉVRARD.
                    Oui, c'est qu'il était frais !
Et même il a vécu vingt ans encore après.
Allons ! vous retombez dans votre rêverie.
           M. DUBRIAGE.
Il est vrai.
           MADAME ÉVRARD.
       Je ne sais... excusez, je vous prie...
Mais vous semblez avoir quelque chose.

M. DUBRIAGE.
                    Non, rien.
    MADAME ÉVRARD.
Si fait : vous êtes triste : oh ! je le vois fort bien...
Au surplus, chacun a ses embarras, ses peines...
Moi qui vous parle, eh bien, j'ai moi-même les miennes.
            M. DUBRIAGE.
Qui? vous, madame Évrard !
            MADAME ÉVRARD.
                Sans doute.
    M. DUBRIAGE.
                        A quel propos ?
    MADAME ÉVRARD.
Ambroise me tourmente : il désire, en deux mots,
Qu'avant peu, que demain, je devienne sa femme.
            M. DUBRIAGE.
            (La faisant asseoir à côté de lui.)
Ambroise, dites-vous... ? Répétez donc, madame.
            MADAME ÉVRARD.
Je dis qu'Ambroise m'aime et me veut épouser.
Depuis plus de deux ans je sais le refuser.
J'élude chaque jour une nouvelle instance,
Croyant que mes délais lasseront sa constance :
Non ; loin de s'attiédir, son ardeur va croissant.
Mais aujourd'hui surtout il devient plus pressant ;
Il insiste ; et vraiment je ne sais plus que faire :
Je viens vous demander conseil sur cette affaire.
            M. DUBRIAGE.
Eh ! mais, je ne sais trop quel conseil vous donner.
Car enfin ce parti n'est pas à dédaigner :
Ambroise est, après tout, un parfait honnête homme,
Homme d'honneur, de sens, excellent économe.
            MADAME ÉVRARD.
Oui, vous avez raison ; et, pour la probité,
Ambroise assurément sera toujours cité :
Mais il parle d'hymen : la chose est sérieuse.
Je crains, je l'avoûrai, de n'être pas heureuse.
            M. DUBRIAGE.
Et pourquoi?
        MADAME ÉVRARD.
        Je ne sais... tenez, c'est qu'entre nous,
On peut être honnête homme et fort mauvais époux.
Ambroise est quelquefois d'une rudesse extrême,
Vous le savez : souvent il vous parle à vous-même
D'un ton... !

M. DUBRIAGE.
Un peu dur, oui ; mais vous l'adoucirez :
Vous avez pour cela des moyens assurés.
MADAME ÉVRARD.
Quelle tâche ! j'en suis d'avance intimidée...
Puis... j'avais de l'hymen une toute autre idée :
Car j'étais faite, moi, pour un lien si doux ;
Et... sans l'attachement, monsieur, que j'ai pour vous,
A coup sûr je serais déjà remariée.
Dans mon premier hymen je fus contrariée ;
Et, lorsque l'on m'unit au bon monsieur Évrard,
A mon penchant peut-être on eut trop peu d'égard.
A prendre un tel époux bien qu'on m'eût su contraindre,
Vous savez cependant s'il eut lieu de se plaindre,
Si je manquai pour lui de soins, d'attention !
M. DUBRIAGE.
On vous eût crus unis par inclination.
MADAME ÉVRARD.
Eh bien, en pareil cas si je fus complaisante,
Jugez, monsieur, combien je serais douce, aimante,
Si j'avais un mari qui fût... là... de mon choix,
Dont l'humeur me convînt, en un mot.
M. DUBRIAGE.
Je le crois.
MADAME ÉVRARD.
Et je ne parle pas d'un mari vain, volage...
Je n'aurais point voulu d'un jeune homme ; à cet âge
On ne sait pas aimer.
M. DUBRIAGE.
Je l'ai toujours pensé :
Ce que vous dites là, madame, est très sensé.
MADAME ÉVRARD.
Pour mieux dire, tenez, monsieur, je le confesse,
Pourvu qu'il eût passé la première jeunesse,
Peu m'importe quel âge aurait eu mon époux :
Je parle sans détour : car enfin, entre nous,
En me remariant, moi, s'il faut vous le dire,
Un, deux enfans, voilà tout ce que je désire...
Il me semble déjà que j'ai là, sous les yeux,
Que je vois mes enfants, le père au milieu d'eux,
Souriant à nous trois, allant de l'un à l'autre...
Oh ! quel ravissement serait alors le nôtre !...
(Se reprenant.)
J'entends le mien, celui du mari que j'aurais ;
Je parle en général, je n'ai point de regrets :

Auprès de vous mon sort est trop digne d'envie ;
Le ciel m'en est témoin : j'y veux passer ma vie :
Nul motif, nul pouvoir, ne peut m'en arracher.
                    M. DUBRIAGE.
Qu'un tel attachement est fait pour me toucher !
                    MADAME ÉVRARD.
Vous devez voir pour vous jusqu'où va ma tendresse,
Comme au moindre signal, je vole, je m'empresse ;
Comme je mets au rang des plaisirs les plus doux
Celui de vous servir, d'avoir bien soin de vous.
Ce n'est point l'intérêt, le devoir qui me mène ;
C'est l'amitié, le cœur : cela se voit sans peine...
Enfin sur le motif qui me faisait agir
On s'est mépris... au point de me faire rougir.
Oui, monsieur, pour jamais, s'il faut que je le dise,
La médisance ici peut m'avoir compromise :
Je ne suis pas encor d'âge à la désarmer.
On me soupçonne enfin...
                    M. DUBRIAGE.
                        De quoi ?
                    MADAME ÉVRARD.
                                De vous aimer,
De vous plaire... je dis d'avoir touché votre âme.
Charle, en entrant, a cru que j'étais votre femme.
Mon amitié pour vous me fait tout supporter :
C'est un plaisir de plus, et j'aime à le goûter...
Mais, je vous le demande, avec un cœur sensible,
Puis-je épouser... ?
                    M. DUBRIAGE.
                    Non, non ! cela n'est pas possible ;
Ambroise, je le sens, est indigne de vous ;
Le ciel ne l'a point fait pour être votre époux.
                    MADAME ÉVRARD.
Le croyez-vous ?
                    M. DUBRIAGE.
            Oh ! oui.
                    MADAME ÉVRARD.
                        Peut-être je me flatte,
Et peut-être ai-je l'âme un peu trop délicate :
Lorsqu'en moi je descends, je ne sais... je me crois
Digne d'un meilleur sort. L'état où je me vois
M'humilie... Ah ! j'ai tort... mais malgré moi j'en pleure.
                    M. DUBRIAGE, plus ému.
Chère madame Évrard !... chaque jour, à toute heure,
Oui, je découvre en vous, et je m'en sens frappé,

Mille dons enchanteurs qui m'avaient échappé.
Votre aimable entretien me touche, m'intéresse,
    MADAME ÉVRARD.
Qu'est-ce qu'un entretien, de grâce?... Ah! que serait-ce,
Si je pouvais un jour donner à mes transports
Un libre cours, monsieur! J'ose le dire : alors
Combien de qualités vous pourriez reconnaître,
Que ma position empêche de paraître!
    M. DUBRIAGE.
Ah! je les entrevois, et je devine assez
Tout ce que j'ai perdu... Mais vous me ravissez...
Ai-je pu jusqu'ici négliger tant de charmes?
    MADAME ÉVRARD.
Si vous saviez combien j'ai dévoré de larmes!
Combien j'ai soupiré, combattu cette ardeur
Qui me tourmente! Hélas! la crainte, la pudeur...
    M. DUBRIAGE, se levant et hors de lui.
Je n'y puis plus tenir : toute votre personne
Me charme... C'en est fait...
       (On sonne.)
  MADAME ÉVRARD, laissant échapper un cri.
    Ah, ciel!
    M. DUBRIAGE.
       Je crois qu'on sonne.
    MADAME ÉVRARD.
Eh bien donc, vous disiez...? Achevez en deux mots.
    M. DUBRIAGE.
C'est Ambroise.
    MADAME ÉVRARD, à part.
  Bon Dieu! qu'il vient mal à propos!

SCÈNE V

M. DUBRIAGE, MADAME ÉVRARD, AMBROISE, LAURE.

    M. DUBRIAGE à Ambroise.
Eh bien, qu'est-ce?
    AMBROISE.
    Monsieur, c'est une jeune fille,
Sage, laborieuse et d'honnête famille,
Qu'en ce moment je viens vous présenter...
    MADAME ÉVRARD.
       Pourquoi?

AMBROISE.
Mais... pour vous soulager, madame Évrard.
MADAME ÉVRARD.
Qui, moi?
Oh! je n'ai point du tout besoin qu'on me soulage;
On ne craint point encor le travail à mon âge.
M. DUBRIAGE.
Oui, sans doute... je crois qu'on peut se dispenser
De prendre cette fille.
AMBROISE.
On ne peut s'en passer;
Et dans cette maison, quoi qu'en dise madame,
Il faut absolument une seconde femme,
Pour plus d'une raison. Sans être fort âgés,
Tous deux avons besoin d'être un peu ménagés.
Madame Évrard, qui parle, en était prévenue.
MADAME ÉVRARD.
Moi! jamais de ce point je ne suis convenue :
Je vous ai toujours dit : « Attendons, il faut voir. »
Savais-je, par hasard, qu'elle viendrait ce soir?
AMBROISE.
Comment l'aurais-je dit? je l'ignorais moi-même.
La Grange m'a servi d'une vitesse extrême...
Mais qu'elle soit venue un peu plus tôt, plus tard,
(A M. Dubriage.)
La voici. Vous aurez j'espère, quelque égard,
Monsieur, pour un sujet qu'en ce logis j'arrête.
Quant à madame Évrard, je la crois trop honnête,
(En regardant fixement madame Évrard.)
Pour me contrarier en cette occasion.
Si d'avance elle eût fait un peu réflexion...
MADAME ÉVRARD.
Allons, puisqu'à vos vœux il faut toujours souscrire,
Pour l'amour de la paix, j'aime mieux ne rien dire.
(A M. Dubriage.)
Ainsi, monsieur, voyez...
M. DUBRIAGE.
En effet, je ne vois
Nul inconvénient... Allons, je la reçois.
(A part.)
Je dois quelques égards à l'un ainsi qu'à l'autre.
(Haut.)
C'est mon affaire, au fond, beaucoup moins que la vôtre.
Elle est pour vous aider plus que pour me servir.
Je crois qu'elle vous peut seconder à ravir.

AMBROISE à Laure.
Remerciez monsieur.
LAURE.
Ah! de toute mon âme.
AMBROISE.
Remerciez aussi madame Évrard.
LAURE.
Madame...
MADAME ÉVRARD.
Je vous dispense, moi, de tout remercîment.
M. DUBRIAGE.
Cette fille paraît assez bien.
MADAME ÉVRARD.
Ah! vraiment,
Dès qu'Ambroise la donne...!
M. DUBRIAGE.
Allons, allons, ma chère...
Instruisez-la tous deux de ce qu'elle doit faire ;
(A part, à lui-même.)
Et vivons en repos. Je suis tout hors de moi...
Cette madame Évrard!... en vérité, je croi...
(Il sort en regardant avec intérêt madame Évrard, qui feint de n'y pas prendre garde.)

SCÈNE VI

AMBROISE, MADAME ÉVRARD, LAURE.

AMBROISE.
Eh mais, vit-on jamais refus aussi bizarre!
Je suis fort mécontent, et je vous le déclare.
MADAME ÉVRARD.
(A Ambroise.) (A Laure.)
Paix donc! Un peu plus loin.
LAURE, à part, en s'éloignant.
Allons, résignons-nous.
MADAME ÉVRARD à Ambroise.
Eh! j'ai bien plus de droit de me plaindre de vous?
Quelle obstination!

SCÈNE VII

CHARLE, AMBROISE, MADAME ÉVRARD, LAURE.

CHARLE, de loin, à part.
Je veux savoir l'issue...
AMBROISE à Charle.
Que voulez-vous ?
CHARLE, embarrassé.
Je viens... je viens...
LAURE, bas à Charle.
Je suis reçue.
CHARLE, bas.
Bon.
AMBROISE.
Vous venez... pourquoi ?
CHARLE.
J'ai cru qu'on m'appelait.
AMBROISE.
Vous vous êtes trompé.
CHARLE.
Pardonnez, s'il vous plaît :
Je me retire.
MADAME ÉVRARD.
Au fond, ceci prouve son zèle.
(A Charle.)
Retournez vers monsieur en serviteur fidèle.
CHARLE.
J'y vais.
MADAME ÉVRARD, de loin.
N'oubliez pas ce que je vous ai dit.
CHARLE.
Non, madame.
(Bas à Laure, au fond du théâtre.)
Courage !

(Il sort.)

SCÈNE VIII

MADAME ÉVRARD, AMBROISE; LAURE,
toujours au fond.

MADAME ÉVRARD.
Il est tout interdit.
AMBROISE.
Refuser un sujet que j'offre!
MADAME ÉVRARD.
Belle excuse!
Proposer à monsieur des gens que je refuse!
Je vous avais prié d'attendre.
AMBROISE.
Quel discours?
En cela, comme en tout, vous remettez toujours.
Je ne veux plus attendre.
LAURE, de loin, à part.
O ciel, est-il possible!
Ma situation est-elle assez pénible!
MADAME ÉVRARD.
Par trop d'empressement vous allez tout gâter.
AMBROISE.
Vous allez réussir à m'impatienter.
MADAME ÉVRARD.
N'en parlons plus.
AMBROISE.
Je sors; j'ai mainte chose à faire.
Il faut que j'aille voir des marchands, le notaire,
Demander de l'argent... Que sais-je?... Oh! quel ennui!
Quoi! s'occuper toujours des affaires d'autrui!
MADAME ÉVRARD.
Eh! vous vous occupez en même temps des vôtres.
AMBROISE.
Rien n'est plus naturel... Mais dites donc *des nôtres*.
MADAME ÉVRARD.
Des nôtres, soit.
AMBROISE à Laure.
(A part.)
Je sors. Allons, j'ai réussi;
J'ai si bien fait, qu'enfin cette fille est ici.

(Il sort.)

SCÈNE IX

MADAME ÉVRARD, LAURE.

MADAME ÉVRARD, à part.
Oh, qu'elle me déplaît ! Jeune et jolie encore !...
(Haut, d'un ton sec.)
Eh bien ! vous dites donc que vous vous nommez... ?
LAURE.
Laure.
MADAME ÉVRARD.
Ah ! quel âge avez-vous ?
LAURE.
Pas encor vingt ans.
MADAME ÉVRARD.
Non ?
C'est dommage ! Eh, trop jeune... oui, beaucoup trop !
LAURE.
Pardon.
Ce n'est pas ma faute.
MADAME ÉVRARD.
Ah, c'est la mienne !
LAURE.
Madame,
Je ne dis pas cela.
MADAME ÉVRARD.
Qu'êtes-vous ? fille, femme ?
Dites.
LAURE.
Qui ? moi ! jamais je ne me marîrai.
MADAME ÉVRARD.
Et vous ferez fort bien. Je dois savoir bon gré
A cet Ambroise ! Il vient, sans m'avoir prévenue,
Nous amener ici d'emblée une inconnue !
LAURE.
Je me ferai connaître.
MADAME ÉVRARD.
Il sera temps alors !
Vous pourriez bien avant être mise dehors.
LAURE.
J'ose espérer que non.
MADAME ÉVRARD.
Tenez, c'est que peut-être

18.

Ambroise avec vous seule a pu faire le maître :
Mais il vous a trompée à coup sûr en ceci,
S'il ne vous a pas dit que je commande ici.

LAURE.

Je sais trop qu'en ces lieux vous êtes la maîtresse.

MADAME ÉVRARD.

Pourquoi n'est-ce donc pas à moi qu'on vous adresse ?
Mais je verrai bientôt si vous me convenez :
Car enfin c'est à moi que vous appartenez,
Et vous êtes vraiment entrée à mon service.

LAURE.

Soit.

MADAME ÉVRARD.

Jamais au premier; tenez-vous à l'office.

LAURE.

J'entends.

MADAME ÉVRARD.

Ne faites rien sans ma permission.

LAURE.

Jamais.

MADAME ÉVRARD.

Si l'on vous donne une commission,
Instruisez-m'en toujours avant que de la faire.

LAURE.

Toujours.

MADAME ÉVRARD.

Que m'obéir soit votre unique affaire.
Allez m'attendre en bas.

LAURE.

Hélas !

MADAME ÉVRARD.

Que dites-vous ?

LAURE.

J'y vais.

MADAME ÉVRARD.

Vous raisonnez !... Sortez.

(Laure sort.)

SCÈNE X

MADAME ÉVRARD, seule.

Elle a l'air doux,
Et semble assez docile... Eh! qui peut s'y connaître ?

La peste soit d'Ambroise? Il fait ici le maître ;
Et cependant il faut encor le ménager.
Patience! avant peu tout cela va changer.
Si j'épouse une fois monsieur, me voilà forte :
Une heure après l'hymen, ils sont tous à la porte.

FIN DU TROISIÈME ACTE.

ACTE QUATRIÈME

SCÈNE PREMIÈRE
M. DUBRIAGE, seul, s'avance en rêvant.

Cet entretien toujours me revient à l'esprit :
Je ferais bien, je crois... oui, cet hymen me rit.
Cette madame Évrard est tout à fait aimable ;
Elle est très fraîche encor ; sa taille est agréable :
Elle a les yeux fort beaux ; et ses soins caressans,
Tendres, réchaufferaient l'hiver de mes vieux ans.
Elle est d'ailleurs honnête et douce comme un ange...
Mais mon neveu ?... Ma foi, que mon neveu s'arrange !
Faudra-t-il consulter ses neveux ? Après tout,
Je puis l'abandonner, quand il me pousse à bout.
            (Rêvant de nouveau.)
C'est qu'il est marié ; bientôt il sera père ;
Et ses nombreux enfans seront dans la misère...
C'est sa faute : pourquoi s'être ainsi marié ?
D'ailleurs, par mon hymen sera-t-il dépouillé ?
Je puis faire à ma femme un honnête avantage...
Mais, à l'âge que j'ai, songer au mariage !
Dieu sait comme chacun va rire à mes dépens !
Que résoudre ? Je suis indécis, en suspens...
Voici Charle ; à propos le hasard me l'amène.

SCÈNE II
M. DUBRIAGE, CHARLE.

M. DUBRIAGE.
Un mot, Charle.
CHARLE.
J'accours.
M. DUBRIAGE.
Tu me vois dans la peine.
CHARLE.
Vous, monsieur !

ACTE IV, SCÈNE II.

M. DUBRIAGE.
Oui, je suis dans un grand embarras
Sur un point... qu'à coup sûr tu ne devines pas.

CHARLE.
Lequel ?

M. DUBRIAGE.
Moi qui jamais n'ai voulu prendre femme,
Croirais-tu qu'à présent, dans le fond de mon âme,
J'aurais quelque penchant à former ce lien ?

CHARLE.
Pourquoi pas ? je crois, moi, que vous ferez fort bien.

M. DUBRIAGE.
Vraiment ?

CHARLE.
Oui. Quoi de plus naturel, je vous prie,
Que de vous attacher une femme chérie,
Qui partage vos goûts, vos plaisirs, vos secrets ?
Si cet hymen était l'objet de vos regrets,
Monsieur, que votre cœur enfin se satisfasse.

M. DUBRIAGE.
Tu ne me blâmes point !

CHARLE.
Et pourquoi donc, de grâce ?
Je ne désire rien que de vous voir heureux.

M. DUBRIAGE.
Bon Charle !... En vérité, je suis presque amoureux ;
Non d'une jeune enfant, mais d'une femme faite,
Aimable encor pourtant, à mille égards parfaite,
Une compagne enfin, avec qui de mes jours
Tranquillement, vois-tu, j'achèverai le cours ;
Madame Évrard. .

CHARLE.
Eh quoi, madame Év... !

M. DUBRIAGE.
Elle-même.
Eh, d'où vient donc, mon cher, cette surprise extrême ?

CHARLE.
Ma surprise ?

M. DUBRIAGE.
Oui ; j'ai vu ton soudain mouvement :
Tu m'as paru saisi d'un grand étonnement.
A ton avis, j'ai tort de l'épouser, peut-être ?

CHARLE.
Monsieur... assurément... vous en êtes le maître.

M. DUBRIAGE.
Non ; tu viens de piquer ma curiosité :
Explique-toi.

CHARLE.
Qui, moi ?

M. DUBRIAGE.
Toi-même.

CHARLE.
En vérité,
Monsieur, tant de bonté ne sert qu'à me confondre :
Dans la place où je suis, je ne puis vous répondre.

M. DUBRIAGE.
Tu blâmes cet hymen ; oh ! oui, je le vois bien :
Tu veux dire par là...

CHARLE.
Monsieur, je ne dis rien.

M. DUBRIAGE.
On en dit quelquefois beaucoup plus qu'on ne pense :
Ainsi de t'expliquer, Charle, je te dispense ;
Car moi-même aussi bien je m'étais déjà dit
Ce que tu me voudrais faire entendre. Il suffit :
N'en parlons plus. Tu peux me rendre un bon office.

CHARLE.
Trop heureux, monsieur ! Charle est à votre service ;
Vous n'avez qu'à parler.

M. DUBRIAGE.
Je songe à ce neveu,
Ou plutôt à sa femme ; et, je t'en fais l'aveu,
Son sort me touche : elle est peut-être sans ressource.
Je n'ai que cent louis comptés dans cette bourse :
Je voudrais, s'il se peut, les lui faire passer.
Ils habitent Colmar. Comment les adresser ?
Car en tout ceci, moi, je ne veux point paraître.
Toi, Charle, par hasard, si tu pouvais connaître
A Colmar...

CHARLE.
J'y connais quelqu'un précisément.

M. DUBRIAGE.
Cet ami pourra-t-il trouver la femme Armand ?
Elle est si peu connue !

CHARLE.
Il le pourra, je pense.

M. DUBRIAGE.
Tiens, prends.

CHARLE.
Mais non : plutôt que de prendre d'avance,
Il vaut mieux m'informer de tout ceci, je croi :
Alors...
M. DUBRIAGE.
Soit. J'ai bien fait de m'adresser à toi.
CHARLE.
Oui.
M. DUBRIAGE.
Du fils de ma sœur après tout c'est la femme.
Lui-même je l'ai plaint dans le fond de mon âme :
Je le traite encor mieux qu'il ne l'eût mérité.
Je l'aurais mille fois déjà déshérité,
Si j'eusse voulu croire à certaines personnes...
Que, sans te les nommer, peut-être tu soupçonnes.
CHARLE.
Oui, je crois...
M. DUBRIAGE.
Mais, malgré mes griefs contre Armand,
Je répugnai toujours à faire un testament :
Que l'on donne ses biens, soit ; alors on s'en prive :
Mais être généreux, lorsque la mort arrive...
On ouvre un testament, ces premiers mots sont lus :
« Je veux... » On dit encor *je veux*, quand on n'est plus.
Ma fortune, dit-on, est le fruit de mes peines...
Mais ces peines... que sais-je ?... eussent été bien vaines
Si mon oncle, en mourant, ne m'eût laissé ses biens.
A mon neveu de même il faut laisser les miens :
Qu'il les recueille donc ; et puis, s'il en abuse,
Tant pis pour lui ; mais moi, je serais sans excuse,
Si j'allais l'en priver. Vivant, je l'ai puni ;
C'en est assez : je meurs ; mon courroux est fini.
N'est-ce pas ?

CHARLE.
Moi, monsieur, sur une telle affaire,
Je ne puis, je le sens, qu'écouter et me taire.
M. DUBRIAGE.
Ah ! çà, tu promets donc de faire comme il faut
Cette commission ?
CHARLE.
Oui, monsieur, et plus tôt
Que vous ne pouvez croire : et même je vous quitte,
Afin de m'en aller occuper tout de suite.
M. DUBRIAGE.
Bon enfant !

(Charle sort.)

SCÈNE III

M. DUBRIAGE, LAURE.

M. DUBRIAGE, seul.
Ce garçon soulage mes ennuis :
C'est un besoin pour moi dans l'état où je suis.
LAURE, de loin, à part, amenée par Charle qui se retire.
Je tremble à son aspect... Dieu! fais que je lui plaise.
(Haut, en s'avançant.)
Monsieur...
M. DUBRIAGE.
Ah, mon enfant, c'est vous ! j'en suis bien aise...
Je ne suis pas fâché de causer avec vous.
LAURE.
Moi même j'épiais un moment aussi doux.
Il est bien naturel que l'on cherche son maître,
Pour le voir, lui parler, se faire enfin connaître.
M. DUBRIAGE.
Vous ne pouvez, je crois, qu'y gagner.
LAURE.
Ah, monsieur !...
M. DUBRIAGE.
Non, c'est que vous avez le ton de la candeur,
L'air sage.
LAURE.
Ce n'est pas vertu chez une femme :
C'est devoir.
M. DUBRIAGE.
Il est vrai : j'aime à vous voir dans l'âme
Ces principes d'honneur, cette élévation.
LAURE.
C'est l'heureux fruit, monsieur, de l'éducation :
Je le garde avec soin ; c'est mon seul héritage.
M. DUBRIAGE.
Oui, c'est un vrai trésor qu'un pareil avantage.
Vous devez donc le jour à d'honnêtes parens?
LAURE.
Honnêtes, oui, monsieur ; mais non pas dans le sens
Que lui donnait l'orgueil ; dans le sens véritable.
Mes père et mère étaient un couple respectable,
Placé dans cette classe où l'homme dédaigné
Mange à peine un pain noir, de ses sueurs baigné :

Où, privé trop souvent d'un bien mince salaire,
Un ouvrier utile est nommé *mercenaire*,
Quand on devrait bénir ses travaux bienfaisants :
Mes parents, en un mot, étaient des artisans.
M. DUBRIAGE.
Artisans ! croyez-vous qu'un riche oisif les vaille ?
Le plus homme de bien est celui qui travaille.
Poursuivez.
LAURE.
Chaque soir, aux heures de loisirs,
A me former le cœur ils mettaient leurs plaisirs.
Leurs préceptes étaient simples comme leur âme.
« Crains Dieu, sers ton prochain, et sois honnête femme. »
C'étaient là leurs seuls mots, qu'ils répétaient toujours.
Leur exemple parlait bien mieux que leurs discours.
Ils semblaient pressentir, hélas ! leur fin prochaine.
Depuis qu'ils ne sont plus, j'ai bien eu de la peine ;
Mais j'ai toujours trouvé dans l'occupation
Subsistance à la fois et consolation.
M. DUBRIAGE.
Je vois que vos parents vous ont bien élevée.
Quoi ! de tous deux déjà vous êtes donc privée ?
LAURE.
Un cruel accident tout à coup m'a ravi
Mon père ; et de bien près ma mère l'a suivi.
M. DUBRIAGE.
Perdre ainsi ses parents, de tels parents encore !...
Car, sans les avoir vus, tous deux je les honore...
Ma fille, je vous plains.
LAURE.
Quel excès de bonté,
Monsieur ! Le ciel pourtant ne m'a pas tout ôté :
Il me reste un ami, mais un ami solide,
Qui m'a jusqu'à Paris daigné servir de guide.
M. DUBRIAGE.
Vous êtes de province ?
LAURE.
Oui, de bien loin : aussi
J'ai mis dix jours entiers pour venir jusqu'ici.
(On entend une voix du dehors, appelant.)
« Laure ! Laure ! »
LAURE.
Je crois qu'on m'appelle.
M. DUBRIAGE.
N'importe.

Pour vous expatrier, mon enfant, de la sorte,
Sans doute vous aviez un motif, un objet ?
     LAURE.
Oh, oui, monsieur ! voici quel en est le sujet :
L'ami dont je parlais, le seul que j'aie au monde,
Et sur qui désormais tout mon bonheur se fonde,
A dans la capitale un très proche parent :
Il m'en parlait sans cesse, et toujours en pleurant,
« Oui, me dit-il un jour, vous êtes vertueuse,
Jeune, douce, surtout vous êtes malheureuse ;
Il doit vous secourir, et je vous le promets. »
Je le crus : mon ami ne me trompa jamais.
Je partis avec lui, croyant suivre mon frère,
Regrettant peu des lieux où n'était plus ma mère.
Après dix jours de marche, enfin nous arrivons.
     M. DUBRIAGE.
Eh bien ?...
     LAURE.
  Mais quel accueil, ô ciel, nous éprouvons !
     M. DUBRIAGE.
Il vous aurait reçue avec indifférence ?
     LAURE.
Ah, monsieur, nous aurions encor quelque espérance,
S'il avait voulu seulement voulu nous recevoir.
     M. DUBRIAGE.
Quoi ! ce proche parent... ?
     LAURE.
    N'a pas daigné nous voir.
     M. DUBRIAGE.
Que dites-vous ? cet homme a donc un cœur de roche ?...
     LAURE.
Ce n'est pas le moment de lui faire un reproche.
Non, il n'est point cruel ; il est humain et bon ;
Et sans des étrangers, maîtres de la maison...
     M. DUBRIAGE.
Il est bon, dites-vous ? Eh, c'est faiblesse pure !
Rien doit-il, rien peut-il étouffer la nature ?
Je veux voir ce parent ; ensemble nous irons :
Cet homme est inflexible, ou nous l'attendrirons.
     LAURE.
Ah ! monsieur, je commence à le croire possible :
Je me flatte, en effet, qu'il n'est point accessible ;
Et fût-il contre nous encore plus aigri,
Oui, nous l'attendrirons : je vous vois attendri !

M. DUBRIAGE, voyant venir madame Évrard.

Chut!

SCÈNE IV

M. DUBRIAGE, LAURE, MADAME ÉVRARD.

MADAME ÉVRARD, de loin, à part.
Encor là!
M. DUBRIAGE, un peu embarrassé, à madame Évrard.
C'est vous, quel sujet vous amène,
Madame?...
MADAME ÉVRARD.
Je le vois, ma présence vous gêne.
M. DUBRIAGE.
Comment?...
MADAME ÉVRARD.
Que sais-je enfin?... Mais c'est moi qui pourrais
Vous demander quels sont les importants secrets
Que vous confie encore ici mademoiselle.
Depuis une heure, au moins, vous causez avec elle;
Et ces mystères-là me surprennent un peu.
M. DUBRIAGE, d'un ton faible.
Pourquoi, madame Évrard? Eh! oui, j'en fais l'aveu,
J'aime à l'entretenir : ne suis-je pas le maître?
Et puis, j'étais bien aise enfin de la connaître :
Je ne m'en repens pas.
MADAME ÉVRARD.
Oui, je vois que d'abord
Sa conversation vous intéresse fort.
M. DUBRIAGE.
J'en conviens ; et vraiment vous en seriez surprise.
MADAME ÉVRARD.
Fort bien ; mais ce n'est pas pour causer qu'on l'a prise
M. DUBRIAGE.
Soit. Elle me parlait de l'éducation...
MADAME ÉVRARD.
Allons! c'est bien cela dont il est question!
(A Laure.)
Descendez à l'instant.
LAURE.
Que faut-il que je fasse?
MADAME ÉVRARD.
Marthe va vous le dire. Allez donc.
(Laure sort.)

SCÈNE V

M. DUBRIAGE, MADAME ÉVRARD.

M. DUBRIAGE.

Ah ! de grâce,
Parlez-lui doucement : elle est timide.

MADAME ÉVRARD.

Bon !

M. DUBRIAGE.

Elle paraît sensible.

MADAME ÉVRARD.

Eh ! qui vous dit que non ?...
(Se radoucissant.)
D'ailleurs, à votre avis, suis-je donc si méchante !

M. DUBRIAGE.

Non... mais c'est que vraiment elle est intéressante ;
Elle a...

MADAME ÉVRARD.

De la douceur peut-être j'en conviens.
Mais rappelons, monsieur, cet aimable entretien.
Ces mots charmants qu'allait exprimer votre bouche...

M. DUBRIAGE.

Ce n'est pas seulement sa douceur qui me touche ;
C'est qu'elle a de la grâce, un choix de termes purs,
Surtout de la sagesse et des principes sûrs.

MADAME ÉVRARD.

Oui, je le crois... Tantôt, ou je me suis trompée,
Ou d'un grand mouvement votre âme était frappée.

M. DUBRIAGE.

Cette fille a vraiment un mérite accompli.

MADAME ÉVRARD.

Vous ne parlez que d'elle, et semblez tout rempli...
Un moment vous a-t-il fait perdre la mémoire
Des discours de tantôt ?

M. DUBRIAGE.

Non : pourriez-vous le croire ?...
Je vous suis attaché... Mais quoi ! les mots touchants
De cette enfant...

MADAME ÉVRARD.

Encor ! c'est se moquer des gens.

M. DUBRIAGE.

Vous avez de l'humeur.

ACTE IV, SCÈNE V.

MADAME ÉVRARD.
        Oui, je m'impatiente
De voir que vous parlez toujours d'une servante.
            M. DUBRIAGE.
C'est qu'elle est au-dessus vraiment de son état;
Elle a je ne sais quoi de doux, de délicat...
            MADAME ÉVRARD.
Oh, c'en est trop ! S'il faut dire ce que j'en pense,
Cette fille me blesse, et me déplaît d'avance.
            M. DUBRIAGE.
Eh ! pourquoi ?
            MADAME ÉVRARD.
    Je ne sais... mais elle me déplaît :
Je vous dis nettement la chose comme elle est.
Elle n'est bonne à rien d'ailleurs, à rien qui vaille ;
Et je crois qu'il vaut mieux d'abord qu'elle s'en aille.
            M. DUBRIAGE
Qu'elle s'en aille ! Qui, Laure ?
            MADAME ÉVRARD.
            Oui.
            M DUBRIAGE.
            Vous plaisantez !
            MADAME ÉVRARD.
Moi, point du tout.
            M. DUBRIAGE.
    Comment !
            MADAME ÉVRARD.
            Ainsi vous hésitez,
Et vous me préférez la première venue,
Qu'à peine en ce moment vous connaissez de vue !
            M. DUBRIAGE.
Non. Mais quoi ! je ne puis chasser ainsi...
            MADAME ÉVRARD.
            Fort bien.
C'est votre dernier mot ? Et moi, voici le mien :
Il faut que sur-le-champ l'une de nous deux sorte.
            M. DUBRIAGE.
Eh ! quoi ? pouvez-vous bien me parler de la sorte ?
            MADAME ÉVRARD.
Vous-même, entre nous deux, pouvez-vous balancer ?
            M. DUBRIAGE.
Mais je puis vous chérir, et ne point la chasser.
            MADAME ÉVRARD.
Non, monsieur : chassez Laure, ou bien...

M DUBRIAGE.
Quelle rudesse !
MADAME ÉVRARD.
Qu'elle sorte, ou je sors.
M. DUBRIAGE. en colère.
Vous êtes la maîtresse ;
Mais elle restera.
MADAME ÉVRARD.
Plaît-il ?
M. DUBRIAGE.
Oui, sur ce ton
Puisque vous le prenez, je la garde.
MADAME ÉVRARD.
Pardon,
Monsieur ! mais...
M. DUBRIAGE.
Non. J'entends qu'ici Laure demeure.
Si cela vous déplaît, sortez... à la bonne heure :
Voilà mon dernier mot.
(Il sort très en colère.)

SCÈNE VI

MADAME ÉVRARD, seule.

L'ai-je bien entendu ?
Est-ce donc là monsieur !... Comment, j'aurais perdu,
En ce fatal instant, le fruit de dix années...
Quand je touche au moment de les voir couronnées ?
(Après un moment de repos.)
Il m'a dit tout cela dans un premier transport
Qui pourra se calmer... N'importe, j'ai grand tort.
Menacer, m'emporter, quelle imprudence extrême !
J'en avertis Ambroise, et j'y tombe moi-même !
S'il en est temps encor, revenons sur nos pas.

SCÈNE VII

MADAME ÉVRARD, CHARLE.

MADAME ÉVRARD.
Mon ami Charle !

CHARLE.
Eh bien ?
MADAME ÉVRARD.
Ah, vous ne savez pas !...
Avec monsieur je viens d'avoir une querelle...
CHARLE.
Quoi, vous ! A quel propos, madame ?
MADAME ÉVRARD.
A propos d'elle,
De Laure.
CHARLE.
Est-il possible !
MADAME ÉVRARD.
Eh, sans doute : j'ai dit
Qu'il fallait qu'à l'instant l'une de nous sortît.
Mais point du tout ; monsieur, qui la protège et l'aime,
M'a dit... (le croiriez-vous ?) « Eh bien, sortez vous-même. »
Et là-dessus, il est rentré fort en courroux.
CHARLE.
Vous m'étonnez ! Aussi, comment le fâchez-vous ?
Monsieur est bon maître, oui ; mais enfin c'est un maître.
MADAME ÉVRARD.
J'en conviens, mon ami, j'ai quelque tort peut-être :
Mais cette fille-là me choque et me déplaît.
CHARLE.
Quel est son crime, au fond ? Que vous a-t-elle fait ?
Monsieur accepte Laure ; il paraît content d'elle :
Et vous le tourmentez pour une bagatelle !
MADAME ÉVRARD.
Le mal est fait : voyons, comment le réparer ?
CHARLE.
Aisément de ce pas vous saurez vous tirer.
Une fois de monsieur quand vous serez l'épouse,
De Laure assurément vous serez peu jalouse.
MADAME ÉVRARD.
A cet hymen, tantôt, j'ai cru le disposer :
Mais voici que tout change. Avant de l'épouser,
Il faut bien qu'avec lui je me réconcilie.
CHARLE.
Oui, j'entends.
MADAME ÉVRARD.
Aidez-moi, mon cher, je vous supplie.
CHARLE.
Vous n'avez pas besoin du tout de mon secours ;
Et vous seule bientôt...

MADAME ÉVRARD.
Secondez-moi toujours...
Il revient déjà ! Bon.
CHARLE.
Il rêve, ce me semble.
MADAME ÉVRAD.
Tant mieux. J'espère encor..... Laissez-nous donc
[ensemble.
(Seule.) (Charle sort.)
Voyons.
(Elle se tient à l'écart, et s'assied accoudée sur une table.)

SCÈNE VIII

M. DUBRIAGE, MADAME ÉVRARD,

M. DUBRIAGE, se croyant seul.
Personne ici... ! Je suis bien malheureux !
Je suis bon à mes gens, et je fais tout pour eux ;
Je suis leur père... eh bien, voyez la récompense !
Madame Évrard aussi... ! Cependant, quand j'y pense,
Moi, j'ai pris feu peut-être un peu légèrement.
(Madame Évrard tire son mouchoir et s'en couvre le visage, comme pour essuyer ses larmes.)
Cette femme est sensible ; et véritablement,
C'est la première fois qu'elle s'est emportée...
Je le confesse, oh oui, je l'ai trop maltraitée.
MADAME ÉVRARD, éclatant en sanglots.
Oui, sans doute.
M. DUBRIAGE.
Ah ! c'est vous, bonne madame Évrard !
MADAME ÉVRARD, levée, sanglotant toujours.
Moi-même, dont, hélas ! sans pitié, sans égard,
Vous avez déchiré l'âme sensible et tendre.
A ce traitement-là j'étais loin de m'attendre,
Après dix ans de soins, de tendresse...
M. DUBRIAGE.
En effet,
Moi-même je ne sais comment cela s'est fait...
MADAME ÉVRARD.
Après ce coup, je puis supporter tout au monde
Et dans une retraite ignorée et profonde...
M. DUBRIAGE.
Quoi, vous songez encore à ce qui s'est passé ?

MADAME ÉVRARD.
Jamais le souvenir n'en peut être effacé.
M. DUBRIAGE.
Que dites-vous, madame? Oublions, je vous prie,
Cette petite scène, et plus de brouillerie.
MADAME ÉVRARD.
Ah, monsieur, je vois bien que vous ne m'aimez plus :
Je ferais désormais des efforts superflus...
M. DUBRIAGE.
Eh, non, madame Évrard! Je suis toujours le même ;
Toujours, plus que jamais, croyez que je vous aime.
MADAME ÉVRARD.
Si vous m'aimiez un peu, pourriez-vous me chasser ?
M. DUBRIAGE.
Avez-vous pu vous-même ainsi me menacer ?
Nous sommes vifs tous deux... Allons, point de rancune
De part et d'autre : moi, je n'en conserve aucune :
Vous non plus n'est-ce pas ?
MADAME ÉVRARD.
Tenez, monsieur, je crains
Que Laure ne nous donne ici quelques chagrins.
M. DUBRIAGE.
Ah, pouvez-vous le craindre ? Elle en est incapable :
Tout annonce qu'elle est et douce et raisonnable.
Vous en serez contente, allez, je vous promets.
MADAME ÉVRARD.
Vous tenez donc beaucoup à cette fille ?
M. DUBRIAGE.
Eh mais...
Ambroise l'a donnée ; et c'est lui faire injure
Que de la renvoyer ; ainsi, je vous conjure,
N'en parlons plus ; cessez d'insister sur ce point :
Surtout, madame Évrard, ne m'abandonnez point.
MADAME ÉVRARD.
J'en avais fait le vœu ; mais, depuis cette affaire,
Je ne sais trop...
M. DUBRIAGE.
Comment, vous balancez, ma chère !
Je vous en prie.
MADAME ÉVRARD.
Allons ! c'en est fait ; je me rends.
M. DUBRIAGE.
Charmante femme !

19.

SCÈNE IX

M. DUBRIAGE, MADAME ÉVRARD, AMBROISE, LAURE.

AMBROISE.
Eh bien, qu'est-ce donc que j'apprends ?
Madame Évrard menace, et veut que Laure sorte !
Oh ! je déclare...
M. DUBRIAGE.
Allons, le voilà qui s'emporte
Comme à son ordinaire !
MADAME ÉVRARD.
Oui, nous sommes d'accord ;
Vous serez satisfait, et personne ne sort.
(Elle sort.)

SCÈNE X

M. DUBRIAGE, AMBROISE, LAURE.

AMBROISE.
Elle rit : par hasard, serait-ce moi qu'on joue ?
M. DUBRIAGE.
Eh ! non, nous avons eu tous deux, je te l'avoue,
Même au sujet de Laure, un petit démêlé.
(Il appuie sur ce mot.)
Mais il n'y paraît plus. En maître j'ai parlé :
Laure nous reste.
AMBROISE.
Ah ! bon.
M. DUBRIAGE.
Moi, j'aime cette fille :
Je la garde.
LAURE.
Monsieur !...
AMBROISE.
Elle est douce et gentille,
N'est-ce pas ?
M. DUBRIAGE.
Mais elle est bien mieux que tout cela ;
On n'a pas plus d'esprit, de raison qu'elle en a.

AMBROISE.
Oh! j'en étais bien sûr, quand je vous l'ai donnée ;
Sans quoi, je n'aurais pas...
M. DUBRIAGE.
C'est qu'elle est très bien née.
J'entends bien élevée. Il ne tiendra qu'à vous,
Laure, d'être longtemps... mais toujours avec nous.
LAURE.
Ah! mon... monsieur, croyez que ma plus chère envie
Est de pouvoir ici passer toute ma vie.
AMBROISE.
Oh! vous y resterez, en dépit qu'on en ait :
(Il se reprend.)
C'est moi qui vous... je dis, monsieur vous le promet.
(Il sort.)

SCÈNE XI

M. DUBRIAGE, LAURE.

M. DUBRIAGE.
Oui, je vous le promets. Ne craignez rien, ma chère ;
Mais à madame Évrard tâchez pourtant de plaire...
Je songe à ce parent ; je voudrais voir aussi
Cet ami de province avec lequel ici
Vous êtes arrivée.
LAURE.
Ah! qu'il aura de joie,
Si vous daignez, monsieur, permettre qu'il vous voie !
M. DUBRIAGE.
J'en augure très bien, puisque vous l'estimez.
Est-il jeune ?
LAURE.
Oui, monsieur.
M. DUBRIAGE.
Ah, jeune... ! Vous l'aimez !
LAURE, simplement.
Oui, monsieur ; en l'aimant j'obéis à ma mère.
« Aime-la, lui dit-elle en mourant ; sois son frère. »
Il le promit : depuis il a tenu sa foi ;
Père, ami, protecteur, guide, il est tout pour moi.
M. DUBRIAGE.
Ce jeune homme à mes yeux est vraiment respectable ;
Et son cruel parent... ?

LAURE.

.Peut-être est excusable ;
Car il ne connaît point mon ami : mais enfin
Il se fera connaître, et ce n'est pas en vain
Que nous serons venus du fond de notre Alsace...

M. DUBRIAGE.

D'Alsace ! dites-vous... De quel endroit, de grâce ?

LAURE.

De Colmar.

M. DUBRIAGE.

De Colmar !

LAURE.

Oui, monsieur...

M DUBRIAGE.

Dites-moi,
Vous avez à Colmar garnison, que je croi ?

LAURE.

Oui, monsieur...

M. DUBRIAGE.

Je connais quelqu'un dans cette ville,
Un soldat : mais comment démêler entre mille ?
Après tout, que sait-on...? il se nommait Armand...

LAURE.

Je le... connais.

M. DUBRIAGE.

Ah ! ah ! par quel hasard ? comment ?

LAURE.

Par un hasard, monsieur, qui jamais ne s'oublie.
Ce jeune homme à mon père avait sauvé la vie.
Jugez si le sauveur d'un père, d'un époux
Devait avec transport être accueilli de nous !
L'estime se joignit à la reconnaissance.
Nous vîmes qu'il était d'une honnête naissance,
Plein de cœur et d'esprit, brave et zélé soldat,
Comme s'il eût par goût embrassé cet état ;
Et pourtant doux, honnête...

M. DUBRIAGE à lui-même.

Oh ! oui... le bon apôtre !

(A Laure.)
C'est assez ; je vois bien que vous parlez d'un autre.

LAURE.

Cet Armand-là, monsieur, n'est pas le même ?

M. DUBRIAGE.

Oh ! non.
Le mien, qui ne ressemble au vôtre que de nom,

Est un mauvais sujet, sans raison, sans conduite.
Il s'enfuit un beau jour, et s'engage par suite,
Puis se marie, épouse une fille de rien,
Dont le moindre défaut fut de naître sans bien,
Qui menait une vie avant son mariage...!
LAURE, très vivement.
Monsieur, rien n'est plus faux; je réponds qu'elle est sage.
Elle s'est, je l'avoue, éprise d'un soldat,
Mais estimable, honnête, ainsi que son état :
Elle le vit, l'aima du vivant de son père ;
Il lui fut accordé par sa mourante mère :
Elle l'aime ; il l'adore, et jusques aujourd'hui
Elle a toujours vécu sagement avec lui.
Ce qu'on a pu vous dire est un mensonge infâme :
Oui, l'épouse d'Armand est une honnête femme.
M. DUBRIAGE.
Mais vous la défendez...!
LAURE.
C'est moi que je défend !
M. DUBRIAGE.
C'est vous!...
LAURE, toujours en-colère.
Eh ! oui, je suis cette femme d'Armand.
M. DUBRIAGE.
Quoi ! vous seriez...?
LAURE, à part, et revenant à elle.
O ciel! je me trahis moi-même.
M. DUBRIAGE.
Vous, ma nièce, bon Dieu!... Ma surprise est extrême.
LAURE, aux genoux de M. Dubriage.
Oui, monsieur, vous voyez cette triste moitié
D'un neveu malheureux, trop digne de pitié.
Moi-même à vos genoux je suis toute tremblante,
Et votre seul aspect me glace d'épouvante.
M. DUBRIAGE.
Relevez-vous, madame, et calmez vos esprits.
Tantôt, de votre air doux, de vos grâces épris,
Je vous trouvais aimable, et vous l'êtes encore.
Repousser une nièce, ayant accueilli Laure !
Ce serait à la fois être injuste et cruel.
Votre époux à mes yeux n'est pas moins criminel.
Mais quoi! s'il m'a manqué, vous n'êtes point coupable,
Et votre sort déjà n'est que trop déplorable,
D'être la femme d'un...

LAURE.

Ah ! soyez généreux :
C'est mon époux ; il est absent et malheureux.

SCÈNE XII

M. DUBRIAGE, LAURE, CHARLE.

M. DUBRIAGE.

Ah ! Charle, conçois-tu les transports de mon âme ?
Voilà ma nièce.

CHARLE.

O ciel ! se pourrait-il ? Madame
Serait... ?

M. DUBRIAGE.

C'est au hasard que je dois cet aveu.
Ma nièce, te dis-je, oui, femme de ce neveu
Dont je parlais tantôt, qui m'a fait tant de peine !
Mais pour elle, après tout, je ne sens nulle haine ;
Et d'abord sur ce point j'ai su la rassurer.

CHARLE, se ranimant.

Ah ! monsieur, est-il vrai ? je n'osais l'espérer...
Si vous saviez quelle est est en ce moment ma joie !
Eh quoi ! le ciel enfin permet donc que je voie
A vos côtés... quelqu'un qui vous touche de près !...
Presque un enfant !... voilà ce que je désirais.

M. DUBRIAGE.

Charle, je suis sensible à ces marques de zèle.
(A Laure.)
C'est un digne garçon, un serviteur fidèle,
Qui m'aime tout à fait, qui me sert d'amitié.

CHARLE.

Dans vos chagrins, monsieur, si je fus de moitié,
J'ai droit de partager aussi votre allégresse ;
Car vous avez, sans doute, en voyant une nièce,
Dû sentir une vive et douce émotion.

M. DUBRIAGE.

Je ne m'en défends point ; mais cette impression
Par d'amers souvenirs est bien empoisonnée.
Cette nièce, par qui m'a-t-elle été donnée ?
Par un ingrat, qui m'a mille fois outragé...
(A Laure.)
Je vous fais de la peine, et j'en suis affligé ;
Mais mon cœur ne se peut contenir davantage.

LAURE.
Hélas! continuez, si cela vous soulage.
CHARLE.
Moi, je ne puis juger que par ce que je vois ;
Et je vois que du moins il a fait un bon choix.
M. DUBRIAGE.
De sa part, en effet, un tel choix est étrange.
LAURE.
Épargnez mon époux, ou trêve à la louange.
CHARLE.
Oui, ce discernement, monsieur, lui fait honneur,
Prouve qu'il est honnête, et qu'il a dans le cœur
Le goût de la vertu : c'est un grand point, sans doute.
M. DUBRIAGE.
C'est assez.
CHARLE.
Un seul mot encore.
M. DUBRIAGE.
Eh bien, j'écoute.
CHARLE.
Il ne m'appartient pas de le justifier ;
Mais, au moins, des rapports il faut se défier.
De ce pauvre neveu l'on vous peignait la femme
Sous d'affreuses couleurs ; et vous voyez madame !
M. DUBRIAGE.
Oui, parlons de la nièce, et laissons le neveu.
(Se reprenant.)
Mais j'ai fait devant Charle un indiscret aveu :
Du premier mouvement je n'ai point été maître ;
Mon ami, gardez-vous de rien faire paraître...
CHARLE.
Ah ! monsieur... cependant il faudra tôt ou tard...
M. DUBRIAGE.
Il m'importe, mon cher ; avec madame Évrard
J'ai des ménagemens à garder ; et vous, Laure,
Rejoignez-la, sachez dissimuler encore.
LAURE.
Oui, mon oncle.
M. DUBRIAGE.
Fort bien !
(Avec tendresse, après une petite pause.)
D'un malheureux neveu
Je vois, ma chère enfant, que vous me tiendrez lieu.
LAURE.
Cher oncle ! ce neveu que votre haine accable...

Pardonnez... à vos yeux il est donc bien coupable ?
M. DUBRIAGE.
S'il l'est, l'ingrat !... Tenez... de grâce... sur ce point
Expliquons-nous d'avance, et ne nous trompons point.
Une fois reconnue, et même avec tendresse,
Peut-être espérez-vous, par vos soins, votre adresse,
Pour votre époux bientôt obtenir le pardon ;
Vous vous trompez : je puis être juste, être bon
Pour vous, aimable, douce, en un mot innocente,
Sans qu'à revoir Armand de mes jours je consente.
Vous m'entendez, ma nièce : ainsi donc voulez-vous
Rester ici? jamais un mot de votre époux ;
Pas un.
LAURE.
J'obéirai, monsieur, quoi qu'il m'en coûte.
M. DUBRIAGE.
Il en coûte à mon cœur pour vous blesser sans doute ;
Mais il le faut : je veux vivre et mourir en paix.
Me le promettez-vous ?
LAURE.
Oui, je vous le promets,
Mon cher oncle.
M. DUBRIAGE.
Fort bien, mais descendez, vous dis-je.
LAURE.
J'y vais.
M. DUBRIAGE, à part.
C'est à regret, hélas ! que je l'afflige.
(Haut.)
Suis-moi, Charle.
(Il sort.)

SCÈNE XIII

LAURE, CHARLE.

CHARLE, bas à Laure.
Courage ! espérons tout du ciel :
Te voilà reconnue, et c'est l'essentiel.
(Ils sortent chacun de son côté.)

FIN DU QUATRIÈME ACTE.

ACTE CINQUIÈME

SCÈNE PREMIÈRE.
CHARLE, GEORGE.

GEORGE.
Non, vous avez beau dire, et plus tôt que plus tard
Il faut brouiller Ambroise avec madame Évrard :
Je vais donc le trouver, et lui faire connaître
Que sa future aspire à la main de son maître.
CHARLE.
C'est trahir un secret.
GEORGE.
Bon ! il est bien permis
De chercher à brouiller entre eux ses ennemis.
Ambroise, à ce seul mot, va s'emporter contre elle.
Il en doit résulter une bonne querelle ;
Et tant mieux ? j'aime à voir quereller les méchants :
C'est un repos du moins pour les honnêtes gens.
Laissez faire.

(Il sort.)

SCÈNE II
CHARLE, seul.

Quel zèle à me rendre service !
Quel ami ! Le méchant peut trouver un complice ;
Mais il n'est ici-bas, et le ciel l'a permis,
Que les honnêtes gens qui puissent être amis.

SCÈNE III
MADAME ÉVRARD, CHARLE.

MADAME ÉVRARD.
Ah ! Charle, ah ! mon ami, savez-vous la nouvelle,

La découverte affreuse...?
CHARLE.
Affreuse! eh! quelle est-elle,
Madame?
MADAME ÉVRARD.
Cette Laure est femme du neveu.
CHARLE.
Comment?
MADAME ÉVRARD.
Eh! oui, l'on vient de m'en faire l'aveu
A l'instant.
CHARLE.
Bon! qui donc a pu...?
MADAME ÉVRARD.
Monsieur lui-même ;
Et ce n'a pas été sans une peine extrême.
Je l'ai vu tout à coup distrait, embarrassé ;
Car j'ai le coup d'œil sûr ; et je l'ai tant pressé
(A cet âge on n'a pas la force de se taire),
Qu'enfin j'ai pénétré cet horrible mystère.
CHARLE.
C'est la nièce !
MADAME ÉVRARD.
Ah! l'instinct ne saurait nous trahir;
Vous voyez si j'avais sujet de la haïr !
Quand je touche au moment d'être ici la maîtresse,
Quand je vais épouser, il faut qu'elle paraisse !
Car j'aurai fait en vain jouer mille ressorts ;
Si Laure reste ici, mon ami, moi j'en sors.
CHARLE.
Eh, mais!...
MADAME ÉVRARD.
Vous-même aussi ; nous sortons l'un et l'autre.
CHARLE.
Vous croyez?
MADAME ÉVRARD.
Oui, ma chute entraînera la vôtre :
La protectrice à bas, adieu le protégé.
CHARLE.
Je voudrais bien pourtant n'avoir pas mon congé.
MADAME ÉVRARD.
Il n'en est qu'un moyen : arrangeons-nous de sorte
Qu'au lieu de nous, mon cher, ce soit elle qui sorte.
CHARLE.
Elle qui sorte?

MADAME ÉVRARD.
Eh! oui.
CHARLE.
Mais vous n'y pensez pas.
MADAME ÉVRARD.
C'est l'unique moyen de sortir d'embarras.
Il faudra soutenir qu'elle n'est pas la nièce,
Et même le prouver.
CHARLE.
Dieu, quelle hardiesse!
Mais quels sont pour cela vos moyens?
MADAME ÉVRARD.
Tout est prêt.
Armand va nous servir.
CHARLE.
Et comment, s'il vous plaît?
MADAME ÉVRARD.
Armand va, de Colmar, écrire que sa femme
Est là-bas, près de lui.
CHARLE.
Qu'entends-je? ah ciel! madame!...
Contrefaire une lettre!
MADAME ÉVRARD.
Oh, que non pas : d'abord
Ce faux serait, je pense, un trait un peu trop fort;
Ce serait une vaine et grossière imposture;
Car monsieur du neveu connaît bien l'écriture :
Mais comme vous savez, j'ai des lettres d'Armand,
Et j'en montre une.
CHARLE.
Bon!
MADAME ÉVRARD.
Oui, Julien à l'instant
Va l'apporter.
CHARLE.
Eh! mais, la date?...
MADAME ÉVRARD.
Je la change.
Ambroise, en paraissant venir de chez La Grange,
Va, par un faux récit, porter les premiers coups.
J'affecterai d'abord l'air incrédule et doux;
Mais j'appuie en effet, et je montre la lettre :
La nièce partira, j'ose bien le promettre.
CHARLE.
Soit. Mais à des papiers, car elle en peut avoir,

Que répliquerez-vous ? je voudrais le savoir.
MADAME ÉVRARD.
Il ne la verra point.
CHARLE.
En êtes-vous bien sûre ?
MADAME ÉVRARD.
Oui, si vous nous aidez. Sachez, je vous conjure,
La retenir là-bas, tandis qu'Ambroise et moi
Nous nous chargeons ici de monsieur.
CHARLE.
Bien, ma foi !
Madame, j'aurai soin de ne pas quitter Laure.
MADAME ÉVRARD.
Voici monsieur : je dois dissimuler encore ;
Allez.
CHARLE, à part.
Je vais... parer à ce coup imprévu.
(Il sort.)

SCÈNE IV

MADAME ÉVRARD, M. DUBRIAGE.

MADAME ÉVRARD.
(A part.) (Haut.)
Ne désespérons pas... Vous semblez bien ému.
M. DUBRIAGE.
Mais mon émotion est assez naturelle.
MADAME ÉVRARD.
Très naturelle, oh ! oui !... Madame, où donc est-elle ?
M. DUBRIAGE.
Dans ma chambre ; elle écrit. Elle est bien, entre nous,
Très bien.
MADAME ÉVRARD.
Pour en juger, je m'en rapporte à vous.
M. DUBRIAGE.
Comme vous aviez pris le change sur son compte !
Convenez-en.
MADAME ÉVRARD.
D'accord ; oui, vraiment : j'en ai honte
Pour ceux qui m'ont trompée. On se prévient d'abord
Pour ou contre les gens, et souvent on a tort.
M. DUBRIAGE.
Si sur Armand lui-même, et pendant son absence,

Nous étions abusés !
MADAME ÉVRARD.
Ah ! quelle différence !
Nous ne sommes que trop instruits de ses excès.
Eh ! n'avons-nous pas vu ses lettres ?
M. DUBRIAGE.
Je le sais...
Des torts d'Armand, au reste, elle n'est pas coupable.
La pauvre enfant !
MADAME ÉVRARD.
Oh ! non. Vous êtes équitable,
Et ne confondez point le bon et le méchant.
M. DUBRIAGE.
Elle est bonne, en effet ; elle a l'air si touchant !...
MADAME ÉVRARD.
Oui, qui prévient pour elle ; il faut que j'en convienne :
Et d'ailleurs, il suffit qu'elle vous appartienne
Pour m'être chère, à moi.
M. DUBRIAGE.
Voilà bien votre cœur !
MADAME ÉVRARD.
Hélas ! je ne veux rien, rien que votre bonheur.
M. DUBRIAGE.
Chère madame Évrard !... Mais Ambroise s'avance
Fort agité...
MADAME ÉVRARD.
C'est là sa manière, je pense.

SCÈNE V

M. DUBRIAGE, MADAME ÉVRARD, AMBROISE.

M. DUBRIAGE.
Qu'avez-vous, Ambroise ?
AMBROISE.
Ah !... j'étouffe de courroux !
On m'a trompé... que dis-je ? on nous a trompés tous.
Cette Laure, qu'ici l'on me fait introduire...
MADAME ÉVRARD.
Eh ! mon Dieu, nous savons ce que vous voulez dire.
AMBROISE.
Vous sauriez déjà...?
MADAME ÉVRARD.
Tout; et ce n'est pas, je crois,

De quoi tant se fâcher, Ambroise.
AMBROISE.
Pas de quoi !
Comment ! lorsque j'apprends... !
MADAME ÉVRARD.
Oui, que madame Laure
Est nièce de monsieur..
AMBROISE.
Vous vous trompez encore ;
Elle n'est point sa nièce.
M. DUBRIAGE.
Elle n'est pas...
AMBROISE.
Eh ! non.
Je sors de chez La Grange ; il m'a tout dit.
MADAME ÉVRARD.
Quoi donc ?
AMBROISE.
Il m'a dit que d'Armand Laure n'est point la femme,
Mais une aventurière.
MADAME ÉVRARD.
Allons !
AMBROISE.
Paix donc, madame !
MADAME ÉVRARD.
Mais comment écouter des contes ?
AMBROISE.
Un moment.
Elle est bien de Colmar : elle connaît Armand.
Sans peine elle aura su qu'à Paris ce jeune homme
Avait un oncle riche ; elle entend qu'on le nomme :
Elle écoute, s'informe, et recueille avec soin
Tous les renseignements dont elle aura besoin :
Elle part ; de Paris elle fait le voyage,
Et s'offre comme nièce à monsieur Dubriage.
M. DUBRIAGE.
O ciel ! qu'entends-je ? Eh ! mais...
MADAME ÉVRARD.
Il se pourrait, monsieur...?
M. DUBRIAGE.
Non, Ambroise se trompe, et l'air seul de candeur...
AMBROISE.
De candeur ! c'est encor ce que m'a dit La Grange...
Elle connaît son monde, et là-dessus s'arrange :
Elle sait que monsieur est un homme de bien,

Un sage ; elle a dès lors composé son maintien,
Et vient jouer ici la vertu, l'innocence.
MADAME ÉVRARD.
Quoi ! ce serait un jeu que cet air de décence ?
Il est vrai que d'Armand elle parle fort peu.
M. DUBRIAGE.
J'ai défendu qu'on dît un seul mot de mon neveu.
AMBROISE.
Si c'était son époux, vous obéirait-elle ?
MADAME ÉVRARD.
A semblable promesse on n'est pas très fidèle.
Où donc est ce neveu ?
AMBROISE.
Preuve encor que cela.
Si Laure était sa femme, il serait bientôt là.
MADAME ÉVRARD.
En effet, il devrait...
M. DUBRIAGE.
Il n'oserait, madame.
AMBROISE.
Il eût osé déjà si Laure était sa femme.
M. DUBRIAGE.
Mais quel fut son espoir ? car pour moi je m'y perd...
Ce secret tôt ou tard se serait découvert.
AMBROISE.
Elle eût, en attendant, su vous tirer, peut-être,
Quelques louis, et puis un beau jour disparaître.
MADAME ÉVRARD.
Ce ne sont encor là que des présomptions.
M. DUBRIAGE.
C'est un point qu'il est bon que nous éclaircissions :
Il faudrait...
AMBROISE.
La chasser.
MADAME ÉVRARD.
Oh non ; il faut attendre :
On ne condamne point les gens sans les entendre :
(A M. Dubriage.)
N'est-il pas vrai, monsieur ?
M. DUBRIAGE.
Sans doute... appelons-la :
Nous allons voir du moins ce qu'elle répondra.
MADAME ÉVRARD.
Fort bien ! j'entends quelqu'un... Que viens-tu me re-
Petit Julien ?   [mettre,]

JULIEN.
Madame, eh mais, c'est une lettre.
MADAME ÉVRAD.
(Il sort.)
Donne donc... Ah ! je vois le timbre de Colmar.
M. DUBRIAGE.
De Colmar, dites-vous ?... Serait-ce, par hasard,
Une lettre d'Armand ?... Enfin il s'en avise !...
Eh ! que peut-il m'écrire ?
MADAME ÉVRARD.
Encor quelque sottise !
A votre place, moi, je ne la lirais pas.
M. DUBRIAGE.
Cette lettre pourra me tirer d'embarras,
Lisez.
MADAME ÉVRARD.
Lisez vous-même.
M. DUBRIAGE lit.
Ah ! j'ai peine à comprendre...
MADAME ÉVRARD.
Quoi ?
M. DUBRIAGE.
Cette lettre va vous-même vous surprendre.
Tenez, vous allez voir : écoutez un moment.
(Lisant) [vraiment !]
« Mon cher oncle, » Ah ! cher oncle ! il est bien temps
« Pour la vingtième fois j'ose encor vous écrire... »
(S'interrompant.)
Madame, que dit-il ? pour la vingtième fois !
Vingt lettres !
MADAME ÉVRARD.
Je ne sais : je n'en ai vu que trois...
Mais quoi ! voulez-vous bien continuer de lire,
Monsieur ?
M. DUBRIAGE, continuant de lire.
« En ce moment Laure est à mes côtés ;
« Elle veut que j'implore encore vos bontés.
Aisément, je l'avoue, elle me persuade...
Trop chère épouse ! hélas ! Elle est un peu malade ;
Mais quoi ! c'est le chagrin d'être ainsi loin de vous !
Quand pourrons-nous tous deux embrasser vos genoux,
Mon oncle ? quels transports seraient alors les nôtres !...
(Fermant la lettre.)
Mais cette lettre-là n'est pas du ton des autres.

ACTE V. SCÈNE VI, 349

MADAME ÉVRARD.
Qu'importe? je ne vois qu'une chose en ceci :
Si Laure est à Colmar, elle n'est pas ici.
AMBROISE.
Parbleu! je disais bien que ce n'était pas elle.
Vous voyez si j'ai fait un rapport infidèle !
M. DUBRIAGE.
Je ne le vois que trop. Je demeure frappé
Comme d'un coup de foudre... Elle m'aurait trompé !
MADAME ÉVRARD.
Rien ne paraît plus clair... Mais, ô ciel! quelle trame !
AMBROISE.
Affreuse! Allons, je vais renvoyer cette femme.
M. DUBRIAGE.
Non, non ; je veux la voir, moi-même la chasser...
MADAME ÉVRARD.
Comment! vous ?
M. DUBRIAGE.
Oui, je veux lui faire confesser...
MADAME ÉVRARD.
Vous ne la verrez pas, monsieur, c'est impossible ;
Non, cela vous tuerait : vous êtes trop sensible :
Eh! j'ai moi-même ici peine à me contenir.
J'étais d'abord pour elle, il faut en convenir,
Mais cet horrible trait me révolte et m'indigne...
Et vous la verriez ! Non. Que cette fourbe insigne
Sans retour disparaisse. Ambroise, avant la nuit,
Faites-la déloger sans scandale et sans bruit.
AMBROISE.
A l'instant je m'en charge, et de la bonne sorte.
M. DUBRIAGE.
Ne la maltraitez pas.
MADAME ÉVRARD.
Il suffit qu'elle sorte.
AMBROISE.
Oui, Laure va sortir.... tout à l'heure...

SCÈNE VI

CHARLE, M. DUBRIAGE, MADAME ÉVRARD, AMBROISE.

CHARLE.
Arrêtez :
Ne renvoyons personne.

20

MADAME ÉVRARD.
Eh quoi donc?...
CHARLE.
Écoutez...
(A M. Dubriage.)
De madame je sais le fond de ce mystère :
Il faut que je me mêle un peu de cette affaire.
MADAME ÉVRARD.
Que veut dire ceci ? Charle est-il contre nous ?
CHARLE.
Si Charle avait lui-même à se plaindre de vous !
MADAME ÉVRARD.
Ah! je vois ce que c'est: Laure est jeune et gentille :
Charle l'aime, et dès lors il soutient cette fille.
AMBROISE.
Oui, sans doute ; en deux mots, voilà tout le secret.
M. DUBRIAGE.
Non ; Charle est honnête homme.
CHARLE.
(A madame Évrard.)
Ah ! je le suis. Au fait :
Répondez...
MADAME ÉVRARD.
De quel droit... ?
CHARLE.
Voulez-vous bien permettre... ?
Vous dites donc qu'Armand vient d'écrire une lettre ?
MADAME ÉVRARD.
Eh! oui.
CHARLE.
J'en suis fâché pour vous, madame Évrard ;
Mais cet Armand, qu'on fait écrire de Colmar,
Est ici, chez son oncle ; et c'est lui qui vous parle :
Je suis Armand.
MADAME ÉVRARD.
Ah ciel!
AMBROISE.
Se peut-il?...
M. DUBRIAGE.
Eh quoi! Charle
Serait...!
CHARLE.
Ils m'ont réduit à ce déguisement;
Mais, sous le nom de Charle, enfin je suis Armand.

AMBROISE.

Allons donc!

CHARLE.

Un seul mot va leur fermer la bouche :
J'ai servi, mon cher oncle, et voici ma cartouche.
Par là jugez du reste. Auprès de vous ainsi
Ils m'ont, pendant dix ans, calomnié, noirci.
Mais de mon père, hélas! cet extrait mortuaire,
(Présentant successivement à M. Dubriage toutes les pièces qu'il annonce.)
Mon extrait de baptême, et celui de ma mère,
Qui, mourant, de mon sort sur vous se reposa,
(Montrant madame Évrard.)
Et dix lettres... que sais-je?... où cette femme osa
Me défendre d'écrire, et surtout de paraître ;
Toute parle en ma faveur, tout me fait reconnaître :
Tout vous dit que je suis Armand, votre neveu,
Le fils de votre sœur, votre sang.

M. DUBRIAGE.

Juste Dieu!
Tu serais...?

SCÈNE VII

GEORGE, CHARLE, M. DUBRIAGE, MADAME ÉVRARD,
AMBROISE.

GEORGE.

Armand, oui ; croyez mon témoignage ;
La vérité n'est qu'une, et n'a qu'un seul langage ;
La vérité se peint dans mes simples discours...
(Voyant arriver Laure.)
Ah! madame, venez, venez à mon secours.
Armand est reconnu.

SCÈNE VIII

LAURE, GEORGE, AMBROISE, CHARLE, M. DUBRIAGE,
MADAME ÉVRARD.

LAURE se jetant aux pieds de son oncle.

Monsieur, faites-lui grâce!
Qu'il reste auprès de vous, ou bien que l'on me chasse!

M. DUBRIAGE.

Non, non ; tous vos discours, et je le sens trop bien,
Partent du fond du cœur, et vont jusques au mien.
Ah ! je vous crois, amis : j'ai besoin de vous croire ;
Et je perce à la fois plus d'une trame noire.
(Se tournant vers madame Évrard et Ambroise.)
Vous sentez bien qu'ici vous ne pouvez rester.

MADAME ÉVRARD.

Je n'en ai pas envie... Eh ! qui peut m'arrêter ?
J'ai voulu, j'en conviens, devenir votre épouse :
De les servir tous deux me croyez-vous jalouse ?
Allez, au fond du cœur vous me regretterez,
Et peut-être, avant peu, vous me rappellerez :
Il n'en sera plus temps. Adieu.
(Elle sort avec Ambroise.)

SCÈNE IX

M. DUBRIAGE, CHARLE, LAURE, GEORGE.

GEORGE.

Les bons l'emportent .
C'est nous qui demeurons, et les voilà qui sortent.

M. DUBRIAGE.

Eh ! voilà donc les gens que j'ai crus si longtemps :
Ce sont eux qui m'ont fait bannir, pendant dix ans,
Un neveu plein pour moi de respect, de tendresse.
(A Armand.)
Me pardonneras-tu cette longue détresse ?

CHARLE.

Ah ! ne rappelons point tous mes chagrins passés ;
Par cet instant de joie ils sont tous effacés.

M. DUBRIAGE.

Est-il vrai ?

LAURE.

Je le sens, qu'aisément tout s'oublie,
Quand avec son cher oncle on se réconcilie.

M. DUBRIAGE.

De l'effort que j'ai fait je suis tout étonné.
(A Charle.)
Il faut que ta présence ici m'ait redonné
Un peu de l'énergie, oui, de ce caractère
Que j'avais autrefois : car, je ne puis le taire,
En m'isolant ainsi, je sens que j'ai perdu

ACTE V, SCÈNE IX.

Plus d'une jouissance, et plus d'une vertu.
Trop juste châtiment! Quiconque fut rebelle
Aux lois de la nature, en est puni par elle.

CHARLE.

Mais, à propos, d'Arras cinq cousins sont venus.

M. DUBRIAGE.

Les Armand? Eh! pourquoi ne les ai-je pas vus!

CHARLE.

Madame Évrard les a congédiés sur l'heure;
Mais j'irai les chercher : ils m'ont dit leur demeure.
Mon oncle, vous ferez un sort à chacun d'eux,
N'est-ce pas?

M. DUBRIAGE.

Sûrement, mon ami : trop heureux
D'assister des parents restés dans la misère!
Ah! cela vaut bien mieux que ce que j'allais faire.
Me mariant si tard, comme tant d'autres font,
Pour réparer un tort, j'en avais un second.
Cela ne sied qu'à vous, jeunes gens que vous êtes!
C'est toi, mon cher Armand, qui vas payer mes dettes.

CHARLE.

Oui, mon oncle.

M. DUBRIAGE.

Plus d'oncle; oui, je vous le défends :
Dites *mon père*, moi, je dis bien mes enfants.

CHARLE.

Oui, mon père!

LAURE.

Mon père!

M. DUBRIAGE.

Allons donc! cette image
De la réalité console et dédommage.

LAURE ET CHARLE.

Mon père!

GEORGE.

Cher parrain!

M. DUBRIAGE.

Douce et touchante erreur!

(Soupirant.)

Si quelque chose manque encore à mon bonheur,
C'est ma faute : du moins, mes regrets salutaires
Seront une leçon pour les célibataires.

FIN DU CINQUIÈME ACTE.

LES
MŒURS DU JOUR,

ou

LE BON FRÈRE,

COMÉDIE EN CINQ ACTES ET EN VERS,

REPRÉSENTÉE POUR LA PREMIÈRE FOIS PAR LES COMÉDIENS FRANÇAIS
EN 1800.

PERSONNAGES

M. FORMONT, le bon frère.
MADAME DIRVAL, sa sœur.
M. DIRVAL, officier.
M. MORAND, leur oncle.
MADAME EULER, amie de madame Dirval.
D'HÉRICOURT, amant de madame Dirval.
FLORVEL, cousin de madame Dirval.
MADAME VERSEUIL.
MESDAMES DEVERDIE et DERBIN.
M. BASSET.
FRANÇOIS, vieux domestique de M. Morand.

La scène est à Paris, chez M. Morand.

LES MŒURS DU JOUR,

OU

LE BON FRÈRE.

ACTE PREMIER

La scène, pendant toute la pièce, se passe dans le même salon.

SCÈNE PREMIÈRE.

D'HÉRICOURT, FLORVEL.

(Tous deux sont en bottes, et de la parure la plus moderne ; Florvel, plus jeune, a une nuance de plus d'affectation.)

FLORVEL, parlant vite, et prononçant à peine.

C'est toi, d'Héricourt?

D'HÉRICOURT, avec aplomb et suffisance.

Oui.

FLORVEL.

Si matin !

D'HÉRICOURT.

Si matin ?

FLORVEL.

A peine est-il midi.

D'HÉRICOURT.

Qu'importe ?

FLORVEL.

Mais enfin...
Ma cousine, à coup sûr, n'est pas encore visible.

D'HÉRICOURT, souriant.

Non ? je l'ai vue.

FLORVEL.

Ah, ah !

D'HÉRICOURT.

Ta surprise est risible.

FLORVEL.

Serait-il jour chez elle ?

D'HÉRICOURT.

Il est jour... à demi.

FLORVEL.

Elle est levée ?

D'HÉRICOURT.

Eh ! oui, pour moi, mon cher ami.

FLORVEL.

Ah ! pour toi ?

D'HÉRICOURT.

C'est tout simple.

FLORVEL, à part.

Il se peut bien qu'il mente.

(Haut.)
Mais cependant...

D'HÉRICOURT, d'un air mystérieux.

Florvel ! ta cousine est charmante.

FLORVEL.

Penses-tu me l'apprendre ?

D'HÉRICOURT.

Elle a, parbleu ! bien fait
De venir s'installer chez ton père.

FLORVEL.

En effet.
Le cher Dirval croyait que sa jeune compagne
L'attendrait tristement au fond d'une campagne,
Chez ce frère bourru : mais Sophie, un beau jour,
Changea contre Paris cet ennuyeux séjour ;
Et d'honneur ! en six mois (Il rit.), au retour de l'armée,
Dirval la trouvera, je pense, un peu formée.

D'HÉRICOURT.

Eh bien ! de ses progrès si Dirval est surpris,
Il devra savoir gré du soin qu'on aura pris
D'égayer, de former sa femme, en son absence.

FLORVEL.

Je compte fort peu, moi, sur sa reconnaissance.

D'HÉRICOURT.

L'essentiel, vois-tu ? c'est que la femme en ait.

FLORVEL.

J'entends : elle en aura. Ce qui surtout me plaît,
C'est que Sophie étant chez son oncle, mon père,
Qui de banque, d'argent, fait son unique affaire,
Où l'on n'entend parler... intéressants discours !
Que de *hausse* et de *baisse*, et de *change* et de *cours*;
Elle, de tout ce train nullement ne s'occupe.

D'HÉRICOURT.

Elle a, ma foi, raison ; elle serait bien dupe.

FLORVEL.

Et vive, et gaie, et tendre, elle est toute aux plaisirs ;
Aussi nous la servons au gré de ses désirs.

D'HÉRICOURT.

Quel babil ! sais-tu bien que tu te passionnes ?

FLORVEL.

Eh ! pourquoi pas, mon cher ?

D'HÉRICOURT.

      Mais, vraiment, tu m'étonnes !
Aurais-tu par hasard, quelques prétentions ?

FLORVEL.

Tu m'étonnes toi-même avec tes questions.

D'HÉRICOURT.

Tu n'es pas, je suppose, amoureux de Sophie ?

FLORVEL.

Et... quand il serait vrai que j'en aurais envie ?

D'HÉRICOURT.

Cela serait plaisant, d'honneur !

FLORVEL.

      Plaisant ! en quoi ?

D'HÉRICOURT.

Ne vas pas t'oublier, mon cher ami, crois-moi.

FLORVEL.

Bon... ! tes airs méprisants me mettraient en colère,
Si, pour mieux me venger, je n'étais sûr de plaire.

D'HÉRICOURT.

Il est gai.

FLORVEL.

  D'Héricourt ! veux-tu faire un pari,
A qui des deux plus tôt la souffle à son mari ?
Là, tiens, gageons.

D'HÉRICOURT.

    Jamais à coup sûr je ne gage.

FLORVEL.

Tu recules, je vois.

D'HÉRICOURT.
Cessons un vain langage :
Babille, berce-toi d'espérances en l'air,
Si cela te suffit.
FLORVEL.
Soit. Nous verrons, mon cher.
D'HÉRICOURT.
Tu parles du mari : c'est bien plutôt le frère
Qui nous la soufflera.
FLORVEL.
Formont ?
D'HÉRICOURT.
Eh ! oui.
FLORVEL.
Chimère !
D'HÉRICOURT.
En emmenant Sophie, il nous mettra d'accord.
FLORVEL.
J'espère que, sans elle, il partira d'abord.
D'HÉRICOURT.
Fort bien ! moi, de si tôt je ne crois pas qu'il parte,
Ni seul. Vois, de son but jamais il ne s'écarte.
Depuis quinze grands jours qu'il est ici, j'entend
Que des champs, du *Vallon*, il parle à chaque instant.
C'est sa sœur, après tout : il n'aura point de trêve,
Qu'il ne la persuade, et qu'il ne nous l'enlève.
FLORVEL.
Je n'ai pas cette crainte ; ou, pour mieux dire, moi,
Je ne crains le mari, ni le frère, ni toi,
D'HÉRICOURT, d'un air méprisant.
Moi, je te crains beaucoup ; voilà la différence.
FLORVEL.
Hai... hai...

SCÈNE II

D'HÉRICOURT, FLORVEL, MADAME EULER.

MADAME EULER, de loin, à part.
Déjà tous deux ? j'avais eu l'espérance
D'être ici la première.
FLORVEL.
Ah, ah ! par quel hasard,
Madame Euler ? si tôt !

MADAME EULER, les saluant.
                J'arrive encore trop tard.
            FLORVEL.
Je le vois ; vous venez donner, belle voisine,
La leçon de dessin à ma jeune cousine ?
            MADAME EULER.
Mais oui ; c'est un emploi trop doux pour l'oublier.
            FLORVEL.
Dites donc : voulez-vous de moi pour écolier ?
            D'HÉRICOURT.
Étourdi ! Vous avez une élève charmante,
Madame Euler.
            FLORVEL.
    Charmante !
            MADAME EULER.
                Elle est intéressante.
            D'HÉRICOURT.
On n'a pas plus d'esprit, de grâce...
            FLORVEL.
                    Et d'enjoûment.
        MADAME EULER, avec douceur.
Vous en parlez peut-être un peu légèrement,
Messieurs ; pardon : souvent, qui juge la surface,
Ne voit que la gaîté, la finesse, la grâce,
Mille dons enchanteurs qu'à l'envi vous citez :
Sophie a, croyez-moi, bien d'autres qualités,
Un cœur sensible et pur, un esprit raisonnable
D'excellents procédés je la connais capable ;
Elle mérite enfin le respect, les égards...
            D'HÉRICOURT.
Vous avez bien raison, madame ; aussi...
        (Il se dispose à sortir.)
            FLORVEL.
                    Tu pars ?
            D'HÉRICOURT.
Je vais courir.
    (Il s'approche de madame Euler, et lui parlant bas.)
            Un mot : voulez-vous donc, madame,
Oublier le portrait d'une charmante femme ?
            MADAME EULER.
Plaît-il, monsieur ?
            FLORVEL.
        Ah ! çà, tu nous prendras, mon cher ?
            D'HÉRICOURT.
Non, tu mèneras bien ta cousine.

FLORVEL.

C'est clair.

D'HÉRICOURT.

Voilà ce que j'appelle un de tes privilèges :
Mais je vous rejoindrai.

(Il salue madame Euler, et parlant bas à Florvel.)

MADAME EULER, à part.

Pauvre enfant ! que de pièges !

SCÈNE III

MADAME EULER, FLORVEL.

FLORVEL.

Qu'est-ce que d'Héricourt vous disait donc tout bas,
Madame Euler ?

MADAME EULER, souriant.

Eh ! mais... je ne m'en souviens pas.

FLORVEL.

Quelques douceurs ? j'entends : en affaire pareille...

MADAME EULER.

N'a-t-on que des douceurs à nous dire à l'oreille ?

FLORVEL.

Quand on est si jolie !...

MADAME EULER.

Adieu.

FLORVEL.

Vous me quittez ?

Déjà !...

MADAME EULER.

Mais il est tard : mes instants sont comptés,
Votre aimable cousine est sans doute levée.
Je cours...

FLORVEL.

Bah ! sa toilette est à peine achevée.
Puis, nous allons partir pour *Bagatelle*.

MADAME EULER.

Alors,
Je reviendrai plus tard ! j'ai moi-même au dehors
Plus d'une course.

FLORVEL.

Ainsi travailler sans relâche !
Mais quelle tâche !...

MADAME EULER.
Il est une plus rude tâche !
Et c'est de ne rien faire.
FLORVEL.
Eh ! madame Verseuil
A-t-elle tant de mal ? Je vois du coin de l'œil
Qu'à mille doux penchants elle livre son âme.
Et qu'en résulte-t-il ? c'est que la belle dame
N'a rien, et ne fait rien, et ne manque de rien.
Il est, comme cela, mille femmes de bien,
Qui mènent en ce monde une assez douce vie.
MADAME EULER.
Tout cela fait bien plus de pitié que d'envie.
Notre meilleur ami, c'est encor le travail.
FLORVEL.
Je ne saurais entrer ici dans le détail...
Mais si madame Euler veut un jour me permettre
De lui faire ma cour, j'oserai me promettre...
MADAME EULER.
Monsieur... assurément...
FLORVEL.
Je veux aller vous voir ;
Oui, l'un de ces matins...
MADAME EULER.
Venez plutôt le soir :
Car ma famille entière alors est réunie ;
Et j'aime à m'entourer de cette compagnie.
Vous verrez mon mari.
FLORVEL.
Madame... j'ai l'honneur...
MADAME EULER, avec un accent très prononcé.
Vous connaîtrez s'il m'aime et s'il fait mon bonheur
FLORVEL.
J'en suis persuadé ; mais j'aperçois mon père.
(A part.)
Cette femme vraiment est extraordinaire.

SCÈNE IV

Les mêmes, M. MORAND.

(M. Morand a des papiers à la main ; et, dans toute la pièce,
il paraît soucieux et préoccupé.)

FLORVEL, d'un ton assez leste.
Bonjour, mon père.

M. MORAND.
Ah, ah! c'est toi! bonjour mon cher.
FLORVEL.
Je vous cherchais...
M. MORAND.
Eh bien, qu'est-ce, madame Euler?
Votre jeune écolière est-elle un peu savante?
FLORVEL.
Ma foi, savante ou non, ma cousine est charmante.
M. MORAND.
Laissez-nous donc!
(A madame Euler.)
Enfin...?(
MADAME EULER.
Elle aura du talent :
Elle commence...
M. MORAND, avec un gros rire.
Ah, ah! commence, est excellent.
MADAME EULER.
En quoi?
M. MORAND.
Me croyez-vous en beaux-arts si novice ?
Commencer! avant peu j'entends qu'elle finisse.
Voilà six mois entiers : il est bien temps, je crois...
MADAME EULER, souriant.
Mais.. le dessin n'est pas l'ouvrage de six mois:
Il me semble...
M. MORAND.
J'entends : vous parlez en maîtresse ;
C'est tout simple ; mais moi...! vous sentez que ma nièce
Madame Euler, jamais ne sera dans le cas
De s'en faire un état.
MADAME EULER.
Non, je ne prévois pas
Que ce soit là le sort de ma jeune écolière.
(D'un ton concentré.)
Elle ne serait pas cependant la première
Qui, de talents acquis dans le sein des plaisirs,
Riche, se promettait de charmer ses loisirs,
Et que plus d'un revers, que telle circonstance,
Ont réduite à s'en faire un moyen d'existence.
M. MORAND.
Bah! propos de romans! je ne vois point cela;
Sophie, assurément, n'en sera jamais là.

MADAME EULER.
Je l'espère.
M. MORAND.
D'ailleurs, tenez, soyons sincères ;
Toutes ces leçons-là me semblent un peu chères.
MADAME EULER, avec fierté.
Dès ce moment, monsieur, je n'accepte plus rien.
Mon talent, je l'avoue, est mon unique bien :
Je vis de mon travail, et je m'en glorifie.
Mais ma tendre amitié pour la jeune Sophie,
Près d'elle un logement, la satisfaction,
De concourir peut-être à son instruction,
Surtout sa confiance et l'espoir de lui plaire ;
Il suffit : je n'ai pas besoin d'autre salaire.
(Elle sort avec une sorte de dignité exempte d'affectation..)

SCÈNE V

M. MORAND, FLORVEL.

M. MORAND.
Cette femme a du bon.
FLORVEL, à part.
Oui, de ne coûter rien.
M. MORAND.
Oh ! je la garderai.
FLORVEL, haut.
Parbleu ! je le crois bien.
Mais elle est un peu prude, et vraiment singulière ;
On n'en voit plus : ma foi, ce sera la dernière.
M. MORAND.
Des mœurs, mon fils.
FLORVEL.
Des mœurs ? eh ! mais, sans vanité,
Moi, je suis le Caton de ma société.
M. MORAND.
Beau Caton !
FLORVEL.
Oui, d'honneur !... Mais, à propos, j'espère
Que vous m'allez donner un peu d'argent, mon père.
M. MORAND.
De l'argent, dites-vous ?
FLORVEL.
Eh ! oui.

M. MORAND.

Vous badinez :
Et ces douze cents francs que je vous ai donnés
L'autre jour... ?

FLORVEL.

L'autre jour ? c'était l'autre semaine.

M. MORAND.

Soit. Qu'en avez-vous fait ?

FLORVEL.

Je m'en souviens à peine :
Ils sont déjà bien loin.

M. MORAND.

Tant pis pour vous alors ;
Car je n'ai plus d'argent. Il faudrait des trésors
Pour fournir, chaque jour, à ces folles dépenses.

FLORVEL.

Vous en avez.

M. MORAND.

Non pas pour vos extravagances.
Eh! qui pourrait vous suivre, au train dont vous allez ?

FLORVEL.

Qui, vous, mon père : eh! oui : ce train dont vous parlez,
Vous m'en donnez l'exemple, et je le suis.

M. MORAND.

Hein! qu'est-ce ?

FLORVEL.

Vous vous enrichissez avec une vitesse... !
A nous faire plaisir : moi, qui suis prompt aussi,
Je dépense, à mon tour, très vite, Dieu merci.

M. MORAND.

Va, jeune fou ! dissipe et consume et prodigue
Le fruit de tant de soins et de tant de fatigue !
Ruine enfin ton père !

FLORVEL.

Allons ! vous ruiner !

(En caressant son père.)

Pourquoi ? pour cent louis... que vous m'allez donner !

M. MORAND, souriant, et mettant sa main à sa poche.

Que le fripon sait bien le chemin de ma bourse !
Eh ! tiens, prends.

FLORVEL.

Allons donc... Voici pour notre course.

SCÈNE VI

Les mêmes, MADAME DIRVAL.

MADAME DIRVAL.
Bonjour. Vous avez l'air bien satisfait, messieurs ?
FLORVEL.
Oui, nous venons de faire un travail... ; et, d'ailleurs,
Eût-on quelque nuage, adorable cousine,
Ces yeux tendres et doux, cette charmante mine,
Suffiraient sûrement...
MADAME DIRVAL.
    Pour vous mettre d'accord,
N'est-ce pas ? je devine un compliment, d'abord.
La gaîté, j'en conviens, sule a droit de me plaire.
Je ne sais pas comment on se met en colère.
Disputer, quereller !... en a-t-on le loisir ?
C'est autant de larcins que l'on fait au plaisir.
FLORVEL.
Voilà ce que j'appelle une philosophie... !
MADAME DIRVAL.
Fort simple, n'est-ce pas, mon cher oncle ?
M. MORAND, assis, et écrivant.
        Oui, Sophie.
MADAME DIRVAL à Florvel.
A propos, j'aurais pu me faire attendre un peu.
FLORVEL.
Oui, l'on vous voit toujours trop tard, j'en fais l'aveu.
MADAME DIRVAL.
Toujours galant, aimable !
FLORVEL.
    Eh ! mais, j'ai dans l'idée
Que c'est le d'Héricourt qui vous a retardée.
MADAME DIRVAL, avec un peu d'embarras.
Nous n'avons pas ensemble eu bien long entretien.
Je sortais de chez moi comme il venait.
FLORVEL.
      Fort bien !
Lui seul...
MADAME DIRVAL.
  Madame Euler serait-elle venue ?
FLORVEL.
Mais, oui.

MADAME DIRVAL.
J'ai bien regret de ne l'avoir point vue.
FLORVEL.
Bon ! elle reviendra : le malheur n'est pas grand.
MADAME DIRVAL.
Moi, je suis très sensible aux peines qu'elle prend.
FLORVEL.
A la bonne heure : ah ! çà, partirons-nous, ma chère ?
MADAME DIRVAL.
J'aurais auparavant désiré voir mon frère.
FLORVEL.
Bah ! dès le point du jour il est, dit-on, dehors.
M. MORAND, toujours écrivant.
Ton cher frère, ma nièce, est un drôle de corps.
(Il rit, ainsi que Florvel.)
FLORVEL.
Oui.
MADAME DIRVAL.
Quand vous en parlez, vous haussez les épaules :
N'est-ce pas lui plutôt qui doit nous trouver drôles ?
FLORVEL.
Aussi, Dieu sait s'il aime à reprendre, à fronder !
Il rentrera, cousine, assez tôt pour gronder.
MADAME DIRVAL.
Il est donc bien terrible ?
FLORVEL.
Eh ! mais je crois l'entendre.

SCÈNE VII

Les mêmes, FORMONT.

(Formont est vêtu fort simplement, sans bottes.)

FLORVEL à Formont.
Nous parlions de toi.
FORMONT, d'un ton toujours un peu brusque, mais naturel et sans impolitesse.
Bon ! il valait mieux m'attendre ;
Je répondrais, du moins. Votre humble serviteur,
Mon cher oncle.
M. MORAND, toujours assis.
Bonjour.

FORMONT.
Embrassons-nous, ma sœur.
MADAME DIRVAL.
De tout mon cœur, mon frère.
FORMONT, en l'embrassant.
Ah ! oui, comme je t'aime !
FLORVEL, d'un air un peu moqueur.
Enfin, c'est toi, cousin !
FORMONT.
Oui, cousin, c'est moi-même.
FLORVEL.
Déjà ?
FORMONT.
De quoi, Florvel, es-tu donc étonné ?
M. MORAND, se levant.
Ah ! çà, mon cher neveu, s'est-on bien promené ?
Tu cours, à ce qu'on dit, depuis six ou sept heures !
FORMONT.
Les courses du matin sont toujours les meilleures,
Mon cher oncle ; on respire alors en liberté.
On voit, on jouit mieux ; et quand la volupté,
Quand l'intérêt sommeille encor de lassitude,
On se fait dans Paris comme une solitude.
FLORVEL.
Ah ! bon début !
FORMONT.
Aussi, j'ai fait un beau chemin !
Tout marcheur que je suis, je me sens las enfin.
MADAME DIRVAL, avançant un siège.
Mon frère, asseyez-vous.
FORMONT.
Très volontiers, ma chère.
(Il s'assied.)
A ce maudit pavé je ne saurais me faire.
FLORVEL.
A chaque pas, je gage, il a juré, pesté.
FORMONT.
Vous vous trompez, monsieur ; car j'étais enchanté.
FLORVEL.
Miracle ! nous aurons une bonne journée.
FORMONT.
Qui sait ? Ce que j'ai vu dans cette matinée
Pourrait bien enlaidir ce qui me reste à voir ;
Car je suis plus content le matin que le soir,
Excepté cependant quand je vais voir *Molière*,

21.

Racine ;... on passerait ainsi la nuit entière.
Moi, je jouis de tout, sans art, par sentiment :
J'aime le beau, le bon : et véritablement,
Il est dans ce Paris des choses excellentes.

M. MORAND.

Il en convient !

FORMONT.

J'ai vu ce beau Jardin des Plantes.

FLORVEL.

Miséricorde ! eh ! quoi ? tu viens...? mais c'est, d'honneur !
A l'autre bout du monde.

FORMONT.

Est-ce un si grand malheur ?
Quand me retrouverai-je au pied de ma montagne ?
(En disant ces mots, il regarde sa sœur avec intérêt.)
Je me suis, ce matin, cru presqu'à la campagne.
Au printemps, c'est un charme : oh ! quel air pur et frais !
Le riche cabinet ! quel coup d'œil ! j'admirais ;
Car, pour en bien juger, j'ai trop peu de science ;
Mais qu'il faut avoir eu de soin, de patience,
Pour ranger ces métaux, ces animaux divers !
Il semble qu'on ait là rassemblé l'univers.
Et ce vaste jardin ! des plantes apportées
De tous les coins du monde, en ordre, étiquetées !
Je dévorais des yeux ces arbrisseaux, ces fleurs,
Dont même avec plaisir j'ai reconnu plusieurs.
Je goûtais un délice, une volupté pure,
Savourant à longs traits cette belle nature,
Sans pouvoir m'en distraire et m'en rassasier.

MADAME DIRVAL.

Oui, je sens...

M. MORAND.

Je le vois d'ici s'extasier.

FLORVEL.

Ton spectacle est superbe.

FORMONT.

Il vaut bien *Bagatelle* :
Car je me souviendrai de cette heure mortelle
Que tu m'y fis passer. Essuyer poudre et vent,
Galoper ou trotter sur un sable mouvant ;
Aller et revenir entre deux tristes files
De piétons harassés et de chars immobiles ;
Saisir à la volée, ou jeter au hasard
Des demi-mots sans suite ; affronter le regard
De jeunes gens, souvent d'un ridicule extrême,

ACTE I, SCÈNE VII.

Qui songent moins à voir qu'à se montrer eux-même :
Voilà ce qu'on appelle une course !

FLORVEL.

Et le soir !
Lasses d'avoir couru, nos belles vont s'asseoir...

FORMONT.

Oui, sans doute, en un coin de vos Champs-Élysées,
Aux boulevards ; alors, vos dames plus posées,
Se promènent gaîment, sans espace et sans air.

FLORVEL.

Elles n'ont pas le don de te plaire, mon cher :
Je te plains ; quant à moi, je les adore.

FORMONT.

Adore !
Les femmes, viens-tu dire? Ah ! s'il en est encore
Qui chérissent le goût, les mœurs et le bon sens,
Que d'autres je retrouve, après cinq ou six ans,
Oui, que j'avais pu voir, modestes, ingénues,
Qui, lestes maintenant, et presque demi-nues...

M. MORAND.

Ah !

FORMONT, vivement.

Quand la chose existe, on peut dire le mot.

FLORVEL.

Enfin, c'est le bon ton.

FORMONT.

Je ne suis donc qu'un sot ;
Car ce bon ton, à moi, ne me conviendrait guères.

M. MORAND.

Formont ne se fera jamais à nos manières.

FORMONT.

Oh ! non, jamais.

MADAME DIRVAL.

Mon frère, il ne faut rien outrer ;
Et surtout, ce matin, n'allez point altérer
La satisfaction que vous avez goûtée.

FORMONT.

Il est vrai ; chère sœur, je t'ai bien regrettée.
De ce jardin sais-tu seulement le chemin?

MADAME DIRVAL.

Hélas ! non.

FORMONT.

Si tu veux, je t'y mène demain.

MADAME DIRVAL.

Je vous suis obligée.

FLORVEL.
Ah! bon! à la même heure!
FORMONT.
Pourquoi non?
FLORVEL.
Juste ciel! tu veux donc qu'elle en meure?
FORMONT.
Eh! vous faites bien pis, et vous n'en mourez pas.
M. MORAND.
Il a, ma foi, raison ; mais on m'attend là-bas.
Adieu : jasez, courez ; moi, je vais à la Bourse.
(Il sort.)

SCÈNE VIII

MADAME DIRVAL, FORMONT, FLORVEL.

FLORVEL.
(De loin.)
Allez, mon père ; et nous, songeons à notre course.
MADAME DIRVAL.
Je suis prête.
FORMONT.
Ah! tu pars déjà?
MADAME DIRVAL.
L'on nous attend.
FORMONT.
Tant pis ; j'aurais voulu te parler un instant ;
J'avais à te conter mille choses.
MADAME DIRVAL.
Lesquelles?
Auriez-vous donc enfin reçu quelques nouvelles
De mon mari, cher frère?
FORMONT.
Hélas! non, par malheur :
Mais n'a-t-on, mon enfant, rien à dire à sa sœur?
FLORVEL.
Pas possible.
MADAME DIRVAL.
Au retour, nous causerons, mon frère.
FORMONT.
Au retour, autre objet qui saura te distraire,
Ma sœur.

MADAME DIRVAL à son frère.
Non, je serai toute à vous, oh! bien vrai.
Je voudrais seulement vous retrouver plus gai.
FORMONT.
M'égayer, chère sœur, est bien en ta puissance :
Tu n'as qu'à ne pas trop prolonger ton absence.
FLORVEL.
Au revoir donc, cousin.
FORMONT à sa sœur.
Adieu, puisqu il le faut.
MADAME DIRVAL, affectueusement.
Du moins, je vous promets de revenir bientôt.
(Elle sort avec Florvel, en regardant son frère avec amitié.)

SCÈNE IX

FORMONT, seul.

De la part d'une sœur, un rien nous intéresse.
Ce peu de mots, surtout ce regard de tendresse,
M'ont ému, je l'avoue : oui, je la toucherai ;
A ma chère campagne enfin je la rendrai.
J'arracherai ma sœur à ce monde frivole,
Qui séduit un moment, dont l'aspect me désole.
Que d'écueils, de périls ! quel air pour la vertu !
(Il regarde par la fenêtre)
Les voilà donc sortis !... Ma Sophie, où vas-tu ?

SCÈNE X

FORMONT, FRANÇOIS.

FRANÇOIS.
Mais elle va, monsieur, partout où l'on s'amuse.
FORMONT.
Ah, ah ! c'est vous, François !
FRANÇOIS.
Je vous fais bien excuse,
D'entrer...
FORMONT.
Madame Euler est-elle de retour ?
FRANÇOIS.
Pas encore.

FORMONT.
Tant pis.
FRANÇOIS.
Elle va faire un tour,
Et rentrera bientôt ; car elle vient sans cesse,
Le tout par amitié pour ma jeune maîtresse.
FORMONT.
Ah! oui : je suis charmé qu'elle demeure ici.
FRANÇOIS.
Mais madame Verseuil y vient souvent aussi,
Par malheur.
FORMONT.
Oui, sans doute.
FRANÇOIS.
Et quelle différence !...
FORMONT.
Au moins, madame Euler a bien la préférence :
Sophie, assurément, sait distinguer...
FRANÇOIS.
C'est vrai ;
Mais, dès qu'elle voit l'autre, elle a le cœur tout gai ;
Car l'utile est souvent quitté pour l'agréable.
C'est comme d'Héricourt, qui paraît plus aimable...
FORMONT.
Aimable ? lui.
FRANÇOIS.
Ma foi, je ne sais pas s'il l'est;
Mais ce que je sais bien, voyez-vous ? c'est qu'il plaît,
Et que si, par hasard, une seule journée
Il s'absente, madame en est tout étonnée.
FORMONT.
Se peut-il ?
FRANÇOIS.
Il n'est pas jusqu'à monsieur Florvel,
Qui ne lui plaise aussi.
FORMONT.
Rien n'est plus naturel ;
Un cousin...
FRANÇOIS.
Le cousin aime fort sa cousine.
Il s'empresse autour d'elle, il folâtre, il badine :
Ils sont ainsi, monsieur, un tas de jeunes fous,
Qui semblent à leur aise, ici, tout comme vous.
FORMONT.
Qu'entends-je ? est-il possible ?

ACTE I, SCÈNE X.

FRANÇOIS.
Eh ! oui ; Dieu me pardonne !
Je crois voir un essaim de frelons, qui bourdonne
Pour tâcher d'attraper quelques rayons de miel ;
Et vraiment, il faudrait une grâce du ciel...

FORMONT.
Fort bien !...

FRANÇOIS.
J'ai toujours dit dans le fond de mon âme :
« Ce Paris ne vaut rien pour une jeune dame. »

FORMONT, à part.
Le bonhomme a raison.

FRANÇOIS.
Il est fâcheux, ma foi,
Qu'elle ait quitté vos champs.

FORMONT.
Oui ; mais bientôt, je croi,
Nous allons tous les deux en reprendre la route.

FRANÇOIS.
Vous croyez ?

FORMONT.
Je l'espère.

FRANÇOIS.
Et moi, monsieur, j'en doute :
Elle aime tant Paris !

FORMONT.
Elle a de la raison.

FRANÇOIS.
La raison est un fruit de l'arrière-saison.

FORMONT.
Allez, on le recueille à tout âge ; Sophie...,
C'est le meilleur garant sur lequel je me fie,
Aime bien son mari, j'en fus toujours témoin.

FRANÇOIS.
D'accord. Mais ce mari, monsieur, il est si loin !

FORMONT.
François !

FRANÇOIS.
Monsieur ?

FORMONT.
Parlez de cette sœur chérie
Avec ménagement, respect, je vous en prie.

FRANÇOIS.
Pardon, si quelque mot m'est échappé, monsieur ..
J'honore, je chéris madame votre sœur ;

(Avec intention.)
Et plus que moi personne ici ne la respecte.
(Il sort en secouant la tête.)

SCÈNE XI

FORMONT, seul.

Sa franchise, après tout, ne peut m'être suspecte ;
Elle me rend service : oui, j'ouvre enfin les yeux.
Il faut plus que jamais l'arracher de ces lieux :
Hâtons-nous ; le danger n'est que trop véritable.
D'Héricourt à ma sœur peut bien paraître aimable ;
Et madame Verseuil encor lui sert d'appui.
Mais n'importe : j'aurai contre elle et contre lui
L'excellent naturel de Sophie elle-même,
La sage et douce Euler, qui la protège et l'aime,
L'amitié, la nature, et l'intérêt puissant
D'une sœur qui m'est chère, et d'un époux absent.

FIN DU PREMIER ACTE.

ACTE DEUXIÈME

—

SCÈNE PREMIÈRE

FORMONT, un livre à la main.

(Il va, vient, et a l'air fort agité.)
J'ouvre et ferme ce livre, et je ne saurais lire.
Pas de retour !... l'attente est un cruel martyre.
Encor si son amie...! O Dieu! madame Euler,
Vous ne savez donc pas combien le temps est cher !...
Que dis-je?... elle est bien loin de ces plaisirs futiles,
Et n'use point sa vie en courses inutiles.
Je voudrais cependant qu'elle pût revenir.

SCÈNE II

FORMONT, M. MORAND, fort agité aussi.

MORAND, sans voir son neveu.
Basset ne paraît point ! qui peut le retenir ?
Il va faire manquer l'affaire la meilleure !...
Voyez ! je perds ici mille francs par quart d'heure.
Ah ! ah ! c'est toi, Formont !...
    FORMONT.
        Oui, mon oncle, j'attends...
   M. MORAND.
Eh bien ! j'attends aussi ; causons...
    FORMONT souriant.
         Bon, si j'entends
La langue du pays.
    M. MORAND.
   Toujours plaisant !
    FORMONT.
         Sans doute :
Car c'est mon fort, à moi.
    M. MORAND, à part.
       Ce retard me déroute.

(Il regarde à sa montre).
Deux heures demi-quart ! j'enrage.
FORMONT.
Avec douceur,
Il faut que je l'engage à me rendre ma sœur.
(Haut.)
Ils ne rentrent point.
M. MORAND.
Non. Ils sont inconcevables.
Je ne vois que nous deux qui soyons raisonnables.
FORMONT, souriant.
Nous deux ? c'est trop d'honneur.... Mais des yeux pénétrants
Pourraient trouver nos goûts tant soit peu différents.
M. MORAND.
En apparence ; au fond, notre but est le même :
Tu chéris le repos, et comme toi je l'aime.
FORMONT.
Le repos ? je vous vois toujours en mouvement.
M. MORAND.
C'est pour pouvoir un jour me reposer.
FORMONT.
Vraiment ?
La route, comme on dit, est un peu détournée.
Vous attendrez, je vois, la fin de la journée.
M. MORAND.
Oui, j'arriverai tard ; et c'est là mon chagrin :
Je me hâte pourtant.
FORMONT.
Oh ! vous allez grand train.
Voilà donc à Paris ma pauvre sœur restée,
Et qui de ce séjour maintenant enchantée... !
M. MORAND.
Tant mieux ; car à son tour elle en est l'ornement.
Elle me fait honneur.
Mon oncle, assurément...
FORMONT.
Je suis touché... je crois votre amitié sincère :
Mais, je vous le demande, est-il bien nécessaire,
Est-il même à propos qu'elle prolonge ainsi... ?
M. MORAND.
Eh ! pourquoi non ? ta sœur s'ennuîrait-elle ici ?
FORMONT.
Au contraire, mon oncle.

M. MORAND.
         Alors, j'en suis fort aise :
Elle est fort bien chez moi, pourvu qu'elle s'y plaise.
Tout le monde est de même enchanté de l'y voir.
Depuis qu'elle est ici, j'ai du matin au soir
La moitié de Paris; tout renaît, tout respire
Le plaisir, la gaîté, qu'elle aime et qu'elle inspire.
                FORMONT.
Que trop !
              M. MORAND.
         Le grand malheur !
                FORMONT.
                    Hélas ! oui, c'en est un,
Un très grand.
             M. MORAND.
         Ton chagrin n'a pas le sens commun.
                FORMONT.
Croyez-vous que ma sœur à ce flatteur hommage
Soit insensible ?
              M. MORAND.
         Eh ! non, ce serait bien dommage.
                FORMONT.
Dût-on me trouver rude et brusque en mes humeurs,
De ma campagne encor je préfère les mœurs.
                M. MORAND.
Garde tes mœurs, bon Dieu ! qui songe à les corrompre,
Mon pauvre ami ?... Mais quoi ? l'on vient nous inter-
                                      [rompre.

SCÈNE III

Les mêmes, FRANÇOIS.

         M. MORAND à François.
Qu'est-ce ?
          FORMONT, vivement.
   Madame Euler ?
            FRANÇOIS à Formont.
                Non, monsieur, pas encor.
    (A M. Morand.)
C'est ce gros court monsieur, qui parle toujours d'or.
                M. MORAND.
Ah ! c'est Basset ! adieu ; mais laisse-nous Sophie,

Campagnard !
(Il sort en ricanant.)
FORMONT, de loin à M. Morand.
Campagnard ? eh ! je m'en glorifie.

SCÈNE IV

FORMONT, FRANÇOIS.

FRANÇOIS.
Comment le trouvez-vous ce cher monsieur Basset ?
FORMONT.
Mais...
FRANÇOIS.
C'est l'intime ami de votre oncle : Dieu sait
Que d'affaires ils font !
FORMONT.
Tant mieux !
FRANÇOIS.
Quel air grotesque !
Comme il parle, surtout ! son nom le peindrait presque :
Basset !... je n'y suis point encore accoutumé,
Il faut en convenir, on n'est pas mieux nommé.
FORMONT, prêtant l'oreille.
Paix !
FRANÇOIS.
C'est madame Euler.
FORMONT.
Ah ! bon.
FRANÇOIS.
Je me retire.
(En s'en allant, et haussant les épaules.)
Basset !...
FORMONT, seul.
Ce vieux François est enclin à médire ;
C'est dommage : ah ! je vois qu'il nous aime, du moins.

SCÈNE V

FORMONT, MADAME EULER.

FORMONT à madame Euler, qui entre.
Chère madame Euler !... nous voilà sans témoins :

Il faut absolument que je vous entretienne
Sur cette jeune sœur, votre amie et la mienne.
MADAME EULER.
Mon amie, en effet : et je m'en fais honneur.
FORMONT.
Ah ! c'est pour ma Sophie un bien plus grand bonheur,
Pourvu qu'elle le sente, et qu'elle l'apprécie.
De tout mon cœur d'abord je vous en remercie.
MADAME EULER.
Je vous ai dit comment ce hasard, si fatal,
Qui nous fait tour à tour tant de bien, tant de mal,
Me fit voir votre sœur, et, par son entremise,
Obtenir de son oncle, en un moment de crise,
Un service, peut-être à rendre fort aisé,
Mais qu'à la pitié seule il avait refusé ;
Je vous laisse à penser combien elle m'est chère,
Et si je vois en elle une simple étrangère !
FORMONT.
Je l'en aime encor mieux pour ce bon procédé :
Mais vous l'exagérez, j'en suis persuadé,
Pour rabaisser les soins que vous avez pris d'elle.
MADAME EULER.
Non, ma reconnaissance est juste et naturelle.
Je n'avais qu'un moyen de la lui témoigner ;
Je l'offris, trop heureuse, au moins, de lui donner
Des leçons de dessin, seul trésor qui me reste !
Votre sœur accepta cette offre bien modeste,
Mais à condition qu'on y mettrait un prix ;
Je l'acceptai.
FORMONT.
Du moins, dans ce fatal Paris,
Vous êtes auprès d'elle, il suffit ; je respire.
MADAME EULER.
Quel alentour, d'ailleurs ! quelle crainte il m'inspire !
Sophie est si crédule !... et, par exemple, un trait
Que je ne puis vous taire...
FORMONT.
Eh ! quoi ?
MADAME EULER.
C'est son portrait,
Que votre aimable sœur me pria de lui faire :
Moi, pour qui c'est toujours un bonheur de lui plaire,
J'y consentis, croyant que ce gage si doux
Était tout simplement pour Dirval ou pour vous.

FORMONT.
Sans doute : eh bien ?
MADAME EULER.
Eh bien ! un beau jour, je soupçonne,
Qu'il était destiné... pour une autre personne.
FORMONT.
Pour d'Héricourt ?
MADAME EULER.
Eh ! mais... je crains, en général ;
Mais ce n'était, je crois, pour vous ni pour Dirval.
FORMONT.
O ciel ! eh quoi ! ma sœur...?
MADAME EULER.
Écoutez : je l'accuse ;
Mais je dois cependant dire ici, pour l'excuse
De votre jeune sœur, que son esprit léger
Ignore d'un tel don la valeur, le danger.
FORMONT.
Je hais ce d'Héricourt.
MADAME EULER.
Je crains plus pour Sophie
Cette Verseuil !
FORMONT.
Et moi, comme je m'en défie !
MADAME EULER.
L'exemple est le plus grand de tous les séducteurs.
Et quelle amie, alors, qu'une femme sans mœurs,
Jeune encor ! Nous devons, toutes tant que nous sommes,
Fuir ces femmes, bien plus que le pire des hommes.
Puis... cet époux, si loin...! car avouez ici
Que cette longue absence est bien fâcheuse aussi.
FORMONT.
Ah ! oui, ce cher Dirval ?... mais quoi ? bientôt, peut-être,
Nous allons le revoir.
MADAME EULER.
Oh ! s'il peut reparaître,
Quel bonheur pour nous tous !
FORMONT.
Au moins qu'à son retour
De sa femme il retrouve et le cœur et l'amour.
MADAME EULER.
Je l'espère : Sophie a l'âme honnête et pure ;
Elle aime son mari.
FORMONT.
J'en accepte l'augure.

Qu'elle entende la voix, l'accent de l'amitié ;
Tout nous en presse, honneur, attachement, pitié.
Quand des femmes sans mœurs et sans délicatesse,
Quand des amants sans foi... que dis-je ? sans tendresse,
Ont conspiré sa perte, et marchent à leur but ;
Ligués, à notre tour, conspirons son salut.
MADAME EULER.

Sans doute.
FORMONT.

   Mais adieu : cette bruyante troupe
Va rentrer ; que ferais-je au milieu d'un tel groupe ?
Lorsque la foule enfin aura pu s'écouler,
Je reverrai ma sœur ; car je veux lui parler,
Mais lui parler en frère, en ami vrai, fidèle.
MADAME EULER.

Bien. Moi, je vais l'attendre, et fixer avec elle
L'heure de ce dessin si longtemps différé !
Je ne lui dis qu'un mot, et je vous rejoindrai ;
Car vous n'oubliez pas que nous dînons ensemble.
FORMONT.

Je n'ai garde, vraiment ! non ; j'aurai, ce me semble,
Deux grans plaisirs ; d'abord, de dîner avec vous,
Puis, de ne pas dîner avec ces jeunes fous.
(Il sort.)

SCÈNE VI

MADAME EULER, seule.

De ce repas aussi je me fais une fête.
Qu'Euler sera content ! Son âme douce, honnête,
Est digne de sentir tout ce que vaut Formont,
Digne d'aimer Dirval... ; comme ils en parleront !
(Elle dessine comme machinalement.)

SCÈNE VII

MADAME EULER, MADAME DIRVAL, D'HÉRICOURT, FLORVEL.

FLORVEL.

Voilà madame Euler ; et toujours à l'étude !
MADAME EULER, se levant.

C'est mon bonheur, à moi.

MADAME DIRVAL.

Comme la solitude.

MADAME EULER.

Mais... j'aime à la quitter pour voler près de vous.

D'HÉRICOURT, bas à madame Dirval.

Elle se trouve ici fort à propos pour nous.

MADAME DIRVAL.

(Bas à d'Héricourt.)

Mais oui.

(Haut.)

Ma chère Euler, je vous fais bien excuse! Vous faire revenir deux fois! j'en suis confuse.

MADAME EULER.

Si vous vous amusez, je vous pardonne tout.

FLORVEL.

Excellente morale! elle est fort de mon goût.

MADAME EULER, à madame Dirval.

Parlons de votre course : a-t-elle été...?

MADAME DIRVAL.

Charmante.

FLORVEL.

Que de beautés! je crois que le nombre en augmente.

D'HÉRICOURT.

Moi, je n'en ai vu qu'une.

FLORVEL.

Une...? ah! bon! je comprend.

D'HÉRICOURT.

Quoi? tu comprends déjà! c'est être pénétrant.

MADAME DIRVAL, à d'Héricourt.

Toujours galant!

FLORVEL.

J'ai vu d'autres femmes jolies.

D'HÉRICOURT.

Et tes chevaux, Florvel! ainsi tu les oublies!

FLORVEL.

Ah! tu m'y fais songer; j'y cours.

D'HÉRICOURT aux dames.

Mais, c'est qu'il a...

Des soins, un tact...!

FLORVEL.

Parbleu! je ne fais que cela.

sort.)

SCÈNE VIII

MADAME DIRVAL, MADAME EULER, D'HÉRICOURT.

D'HÉRICOURT.
Ses chevaux m'ont sauvé : parfois cela m'arrive.
(A madame Dirval.)
Çà, dussiez-vous trouver mon instance un peu vive,
Il faut que je vous gronde.
MADAME DIRVAL.
Ah! ah! monsieur! pourquoi
D'HÉRICOURT.
Mais ce charmant portrait, vous l'oubliez, je voi.
MADAME DIRVAL.
C'est que madame Euler... m'a paru refroidie.
MADAME EULER.
Il est vrai ; j'aime mieux, pour moi, qu'on étudie.
La leçon de dessin presse plus qu'un portrait.
D'HÉRICOURT.
Soit ; mais, pour l'achever, un moment suffirait.
Même, il n'y manque rien ; car moi, je suis sincère.
MADAME EULER.
Une séance, au moins, est encor nécessaire.
MADAME DIRVAL.
Une? raison de plus, pour que dès ce matin
Nous la prenions.
MADAME EULER.
Eh quoi?
MADAME DIRVAL.
Sans doute.
D'HÉRICOURT.
Il est certain
Que cette occasion est une des meilleures :
On ne dînera pas, je pense, de trois heures.
MADAME EULER.
Chez vous ; je vais dîner, moi.
D'HÉRICOURT.
Ne pourrait-on pas
Saisir cet intervalle entre les deux repas ?
MADAME DIRVAL.
Bien dit ; l'on peut encore y placer la séance.
C'est sans doute abuser de votre complaisance :
J'y suis accoutumée ; oui, mais je n'en aurai

A mon aimable Euler jamais su meilleur gré.
MADAME EULER.
Allons, je le vois bien, je ne puis m'en défendre.
D'HÉRICOURT à madame Euler.
Charmante!
MADAME EULER.
A tout ceci, monsieur, vous semblez prendre
Un intérêt bien vif!
D'HÉRICOURT.
Eh! mais...
MADAME DIRVAL.
Madame Euler,
Ainsi je vous attends : votre temps est trop cher
Pour qu'ici j'en abuse.
MADAME EULER.
Ah! croyez, jeune amie,
Que le temps et le cœur sont à vous pour la vie.
(A part, en s'en allant.)
Je la laisse à regret; mais quoi? dans un instant
Son frère va venir.

SCÈNE IX

MADAME DIRVAL, D'HÉRICOURT.

D'HÉRICOURT, suivant des yeux madame Euler.
Allons, je suis content.
Bonne madame Euler! en cette circonstance,
Je m'attendais vraiment à plus de résistance,
Pour ce portrait si cher, et qui m'est destiné.
MADAME DIRVAL.
Doucement : ce portrait n'est pas encor donné.
D'HÉRICOURT.
Voulez-vous rétracter la parole charmante?
Se peut-il que déjà votre cœur se démente?
Cela m'affligerait, et ne serait pas bien.
Vous me l'avez promis, ce portrait.
MADAME DIRVAL.
J'en convien.
Mais quoi? cette promesse, assurément sincère,
Est de ma part, monsieur, peut-être un peu légère.
D'HÉRICOURT.
En quoi donc?

MADAME DIRVAL.
    Mon portrait...! si j'ai suivi d'abord
Un premier mouvement, je crains d'avoir eu tort.
            D'HÉRICOURT.
Comment?... cette faveur est bien intéressante,
Oui; mais il n'en est point qui soit plus innocente.
Seriez-vous donc pour moi généreuse à moitié?
            MADAME DIRVAL.
En effet... c'est un don de la simple amitié;
Mais vous...?
            D'HÉRICOURT.
            C'est l'amitié qui le reçoit, sans doute.
Ah! croyez...
            MADAME DIRVAL.
        Je vous crois lorsque je vous écoute:
Mais... votre attachement est-il bien vrai, bien pur?
            D'HÉRICOURT.
L'objet qui l'a fait naître en est un garant sûr.
Je n'ai jamais aimé comme en ce moment j'aime.
            MADAME DIRVAL.
Comme... en ce moment...?
            D'HÉRICOURT.
            Non... je ne suis plus le même.
Je ne prends goût à rien, je ne vais nulle part:
Si dans quelque maison je parais, par hasard,
J'y suis distrait, rêveur: chacun me fait la guerre,
Et les femmes surtout...; il ne m'importe guère.
Mes amis même ont fait des efforts superflus
Pour dissiper... Enfin je ne me connais plus;
Je ne sais... qu'est-ce donc que cela signifie?
Me l'expliquerez-vous, trop aimable Sophie?
            MADAME DIRVAL.
Un pareil examen est souvent dangereux:
Je n'ose...

SCÈNE X

Les mêmes, FORMONT.

FORMONT, de loin, à part.
Encore lui! je suis bien malheureux.
(Madame Dirval aperçoit son frère, et s'arrête.)
            D'HÉRICOURT.
Formont!

(A voix basse à madame Dirval.)
Nous renoûrons cet entretien, j'espère.
(A part.)
Toujours entre elle et moi!

FORMONT.
Bonjour.

MADAME DIRVAL, avec embarras.
C'est vous, mon frère?

FORMONT, cachant à peine son chagrin.
Eh! oui, ma sœur, c'est moi.

D'HÉRICOURT.
Votre humble serviteur,
Monsieur Formont.

FORMONT.
Je suis le vôtre aussi, monsieur.

MADAME DIRVAL.
Qu'avez-vous donc?

FORMONT.
Moi?... rien.

D'HÉRICOURT.
Votre sœur, sur mon âme,
Est un ange.

FORMONT.
Monsieur, cet ange est une femme
Quoique... quoique frère, oui, je puis l'avouer,
Mais qu'il est dangereux, indiscret de louer.

D'HÉRICOURT.
Je ne lui rends aussi qu'un imparfait hommage :
Convenez-en, mon cher, c'eût été bien dommage
Que vous eussiez tout seul possédé ce trésor.

FORMONT.
Ah! monsieur, ce serait bien plus dommage encore
Que Paris altérât ce trésor.

D'HÉRICOURT.
Ah!

FORMONT.
De grâce,
Cessez un entretien qui même l'embarrasse.
Je me ressouviens, moi, de ce mot d'un ancien :
« Peux-tu médire ainsi d'une femme de bien? »
On la louait partout. Mais la plus sage est celle
Dont on ne parle point.

SCÈNE XI

Les mêmes, MADAME VERSEUIL.

(Elle est mise dans le dernier goût; et, comme sa parure, son maintien et son ton sont un peu libres.)

MADAME VERSEUIL.

Eh! bonjour donc, ma belle.

MADAME DIRVAL.

Ah! ah!...

MADAME VERSEUIL.

Savez-vous bien qu'on vous cite partout
Pour la beauté, l'esprit, l'élégance et le goût?
C'est à mourir d'envie, ou de plaisir, ma chère.

FORMONT, à part.

Allons!...

MADAME DIRVAL.

Vous me flattez.

MADAME VERSEUIL.

Ah! d'Héricourt... le frère!
Vous voilà réunis : eh bien? qu'est-ce? comment?
Quels projets pour ce soir?

FORMONT à part.

Bon début!

D'HÉRICOURT.

Mais vraiment,
Vous-même qui parlez, qu'êtes-vous devenue?

MADAME DIRVAL.

Eh oui ; voilà deux jours que l'on ne vous a vue ;
Et j'étais inquiète...

MADAME VERSEUIL.

Ah! bon! ces deux jours-ci!
Je ne les ai pas mal employés, Dieu merci!
De Mouy, pour signaler sa nouvelle conquête,
A voulu nous donner une fête... une fête...!
Cherchez dans votre esprit, imaginez, rêvez ;
Et puis, devinez-en le quart si vous pouvez.

FORMONT.

Dit-on ce qu'elle coûte?

MADAME VERSEUIL.

Elle n'est pas très chère :
Vingt mille francs, au plus.

FORMONT.
Vingt mille?
MADAME DIRVAL.
On exagère.
D'HÉRICOURT.
Non, il en serait quitte encore à bon marché.
FORMONT.
Pour vingt mille francs?
D'HÉRICOURT.
Oui.
MADAME VERSEUIL, regardant Formont.
Le voilà tout fâché !
MADAME DIRVAL à son frère, qui rêve.
Qu'avez-vous donc, mon frère? encore quelques nuages?
FORMONT, fort tranquillement.
Non. Je voulais compter à combien de ménages
L'argent de cette fête assurait le bonheur :
Elle aurait à de Mouy fait encore plus d'honneur.
D'HÉRICOURT.
Mais si l'on s'arrêtait aux calculs que vous faites,
On ne se permettrait...
FORMONT.
Que des plaisirs honnêtes.
MADAME VERSEUIL, à madame Dirval.
Toujours du romanesque?
MADAME DIRVAL.
Il a du naturel.
(A son frère.)
Mais qu'importe, après tout, puisque l'usage est tel?
Voulez-vous réformer ces abus, ces contrastes,
Nos mœurs enfin?
FORMONT.
Oh ! non, j'ai des desseins moins vastes ;
(Avec beaucoup d'expression.)
O mon aimable sœur ! va, le ciel m'est témoin
Que mon tendre intérêt ne s'étend pas si loin.
MADAME VERSEUIL.
A propos, savez-vous que je suis en colère
Contre de Mouy ?
MADAME DIRVAL.
Pourquoi?
MADAME VERSEUIL.
Pour vous-même, ma chère,
Qu'il n'a point invitée.

D'HÉRICOURT.
En effet.
FORMONT.
Le grand mal !
Pouvait-elle accepter ?
D'HÉRICOURT.
Oui. Madame Dirval
Est mariée, est libre.
FORMONT.
Ah ! libre et mariée !
MADAME VERSEUIL.
Et peut aller partout, sitôt qu'elle est priée,
Et surtout avec moi.
FORMONT.
C'est différent, cela.
MADAME VERSEUIL à madame Dirval.
Du reste, excepté vous, tout Paris était là.
Dieu sait que de beautés !...
MADAME DIRVAL.
Oui ?
D'HÉRICOURT.
De superbes femmes.
FORMONT.
Des femmes, des beautés !... Expliquez-moi, mesdames...
MADAME DIRVAL.
Quoi ?
FORMONT.
Lorsque vous parlez des plaisirs de Paris,
Vous ne dites jamais un seul mot des maris :
Est-ce qu'en ce pays il n'est plus que des veuves ?
MADAME VERSEUIL, éclatant de rire.
Ah ! ah !
D'HÉRICOURT, riant aussi.
La question, d'honneur ! est des plus neuves.
MADAME DIRVAL.
Elle est plaisante, au fait.
MADAME VERSEUIL.
Ah ! çà, mon cher Formont,
Vous m'étonnez toujours ; mais d'où venez-vous donc ?
FORMONT.
D'où je viens, madame ?
MADAME VERSEUIL.
Oui.
FORMONT.
De mon pays, j'espère.

MADAME VERSEUIL.
Votre pays alors est extraordinaire.
FORMONT.
Oui, j'habite en effet un singulier séjour ;
Car on y dort la nuit, on y veille le jour :
Quelquefois du travail on s'y fait un délice,
Vraiment ; se promener est même un exercice.
Les fils, dans mon pays, respectent leurs parents :
On n'imagine pas tout savoir à vingt ans.
On ne prodigue point non plus le nom d'aimable,
Et pour le mériter il faut être estimable.
On ne dit pas toujours « ma parole d'honneur » :
Il est moins dans la bouche et plus au fond du cœur.
Aimer de bonne foi n'est point un ridicule :
De s'enrichir trop vite on se ferait scrupule.
Sans briller, il suffit que l'on ne doive rien :
On s'aime, on vit content, et l'on se porte bien ;
Et voilà mon pays, madame.
MADAME VERSEUIL.
Il est unique.
D'HÉRICOURT.
Je démêle, à travers ce détail ironique,
Que pour Paris monsieur a le plus grand mépris.
FORMONT.
Du mépris, moi ? d'abord, c'est selon le Paris.
Nous pourrions bien ici ne pas parler du même :
Cas il est un Paris que j'estime et que j'aime ;
Que souvent je visite, où je me plais à voir
Tout le monde attentif à remplir son devoir.
Peu connue au dehors, même du voisinage,
La femme vit, se plaît au sein de son ménage,
Soigne, instruit, et gaîment, l'enfant qu'elle a nourri,
Trouve tout naturel d'honorer son mari.
Tour à tour promenade, ou spectacle, ou lecture,
On n'est blasé sur rien ; c'est partout la nature.
Peut-être que pour vous c'est un monde inconnu ;
Vous ne me croirez pas, mais d'honneur ! je l'ai vu.
D'HÉRICOURT.
D'après cette peinture et ces antiques modes,
Formont, votre Paris doit être aux antipodes.
FORMONT.
Aux antipodes, soit.
MADAME VERSEUIL.
D'honneur ! il est charmant.
(A madame Dirval.)

Mais je cours chez votre oncle : au revoir, mon enfant.
(A Formont.)
Quant à Paris, mon cher, puisque vous aimez l'autre,
(A d'Héricourt.)
Je vous y laisse. Et nous, allons jouir du nôtre.
    MADAME DIRVAL à d'Héricourt.
Quoi? vous sortez?
    FORMONT, à part.
    Déjà!
    D'HÉRICOURT.
    J'oubliais qu'on m'attend.
Je vous quitte à regret, et reviens à l'instant.
    MADAME DIRVAL, bas à d'Héricourt.
Vous n'oublîrez donc pas...?
    D'HÉRICOURT, de même.
    Prière superflue !
(Haut à Formont, en souriant.)
Vous et votre Paris, monsieur, je vous salue.
    (Il sort.)

SCÈNE XII

MADAME DIRVAL, FORMONT.

    FORMONT.
Ils me font tous pitié.
    MADAME DIRVAL.
    Mon frère !...
    FORMONT.
    Va, ma sœur,
Ce monde est près de toi, mais bien loin de ton cœur.
Je n'accuse pas plus Sophie et ses semblables,
Que mille jeunes gens aimables, estimables,
Tels qu'Euler, étrangers à ces airs, ce jargon,
Et chez qui l'on retrouve encor le vrai bon ton.
Je ne censure point les plaisirs de ton âge.
Tu sais si je jouais ce fâcheux personnage
Pendant ces jours si doux, et trop vite écoulés... !
    MADAME DIRVAL.
Je me rappelle bien le temps dont vous parlez.
    FORMONT.
Tu m'as quitté pourtant ; mais je te le pardonne :
Nous passâmes ensemble un si charmant automne !
Comme, heureux et contents, nous vivions tous les trois !

Le troisième, ô ma sœur ! tu t'en souviens, je crois ?

MADAME DIRVAL.

Le troisième ? eh ! mais, oui, doutez-vous... ?

FORMONT.

Non, Sophie,
Tu ne peux, j'en suis sûr, l'oublier de ta vie.

MADAME DIRVAL.

Jamais. C'est lui plutôt qui semble m'oublier,
Depuis un an.

FORMONT.

Lui ? tiens ! je m'en vais parier
Que ses lettres, ma sœur, se seront égarées.
Sa tendresse, sa foi, j'en réponds, sont sacrées.
Dirval ! à ce seul nom mon cœur est attendri.
Personne ne te parle ici de ton mari :
Mais nous t'en parlons, nous.

MADAME DIRVAL.

Est-il donc nécessaire
De me le rappeler ?

FORMONT.

Non, non, je suis sincère,
Moi, je ne te veux point reprocher mes regrets,
Et je m'occupe ici de tes seuls intérêts.
Laisse là ce Paris et ses charmes factices ;
Arrache-toi bien vite à ces vaines délices :
Oui, ma chère Sophie, oui, reviens, parmi nous,
Goûter ces plaisirs purs....

MADAME DIRVAL.

Je les crois purs et doux.
Mais, franchement, j'ai peur que l'ennui ne m'y gagne.
J'aime bien mieux vous voir ici qu'à la campagne.

FORMONT.

Mais je ne puis rester à Paris, tu le sais.

MADAME DIRVAL.

Eh bien, vous reviendrez.

FORMONT.

Moi, revenir ? jamais.
Suis-moi plutôt : partons ; nos champs te redemandent.
Là mille amusements, mille doux jeux t'attendent.

MADAME DIRVAL.

Il est vrai que le nom de jeux, d'amusemens,
Convient assez, mon frère, à ces plaisirs d'enfants.
Mais on change de goût lorsqu'on avance en âge :
Et l'on a d'autres yeux à Paris qu'au village.

FORMONT.
Oui ; les tiens maintenant n'admirent que Paris,
Et tu ne parles plus des champs qu'avec mépris ;
Mais quoi ! c'est un village enfin qui t'a vu naître ;
Ma sœur, il te rappelle !
MADAME DIRVAL.
Oh ! sous le toit champêtre,
De mon absence on va, je crois se consoler ;
Mais, pour moi, de ces lieux je ne puis m'exiler.
J'ai goûté de Paris, et j'en suis satisfaite.
Il me plaît, me convient : pour Paris je suis faite,
Et j'y reste.
FORMONT.
J'entends. Et quand votre mari
Reviendra ?
MADAME DIRVAL.
Mais d'abord je vais l'attendre ici ;
Puis il trouvera bon que j'y passe ma vie.
FORMONT, d'un ton concentré.
Paris vous a déjà fait bien du mal, Sophie :
Puisse-t-il épargner du moins votre vertu !
(Il va pour sortir.)
MADAME DIRVAL, le retenant.
Mon frère, écoutez-moi.
FORMONT.
J'en ai trop entendu.
(Avec colère et abandon.)
Ensemble, je le vois, nous ne pouvons plus vivre.
Eh bien ! soit. Puisqu'aux champs on ne veut point me
J'y retournerai seul. C'en est fait ; dès demain, [suivre,
Oui, demain, du *Vallon* je reprends le chemin.
J'avais quitté pour vous mes enfants et ma femme,
Etres charmants que j'aime, et de toute mon âme,
Et que vous chérissiez dès vos plus jeunes ans ;
J'irai, je leur dirai : « Ma femme, mes enfants,
Nous n'avons plus de sœur, vous n'avez plus de tante :
Jadis avec nous tous elle vivait contente.
Mais son sort désormais à Paris est lié ;
Frère, sœur, neveux, nièce, elle a tout oublié,
Tout, jusqu'à son époux ; oublions-la de même... »
MADAME DIRVAL, courant à son frère, qui sortait.
O mon frère, mon frère !...
FORMONT, revenant à elle, et se jetant dans ses bras.
O ma sœur !... va, je t'aime,
Et jamais ne pourrais t'oublier, non, jamais.

MADAME DIRVAL.
Ni moi non plus, mon frère : ah ! je vous le promets.
Croyez que votre sœur vous chérit, vous révère.
FORMONT.
Je remplis un devoir et pénible et sévère :
Rends justice à mon cœur, ô ma Sophie ; et crois
Que tu n'as point d'ami plus fidèle que moi.
MADAME DIRVAL.
J'en suis persuadée et bien reconnaissante.
FORMONT.
Je te quitte à regret ; mais on s'impatiente,
On m'attend : je cours donc à mon joli dîner :
Que ne puis-je, en effet, avec moi t'y mener !
MADAME DIRVAL.
J'aurais un vrai plaisir...
FORMONT.
J'en ai bien davantage,
Quand ma petite sœur avec moi le partage.
(Il l'embrasse et sort.)

SCÈNE XIII

MADAME DIRVAL, seule.

Il m'aime tendrement ; et moi, je le chéris.
Mais vouloir m'arracher à ce charmant Paris,
Ce Paris qui me plaît, qui fait tout mon délice !
Dans ce triste *Vallon* que je m'ensevelisse,
A vingt-deux ans ! qui ? moi ? non, c'est trop exiger.
(Elle rêve un moment ; puis d'un air léger.)
Mais pour notre séance allons nous arranger,
(Se tournant du côté par où Formont est sorti.)
Car il faut faire un peu de toilette, mon frère ;
Et puis j'en ai besoin vraiment pour me distraire.

FIN DU SECOND ACTE.

ACTE TROISIÈME

SCÈNE PREMIÈRE

MADAME EULER, seule.

A regret, au dessert, j'ai laissé mes amis.
Mais quatre heures bientôt vont sonner ; j'ai promis ;
Et madame Dirval en ce lieu va se rendre :
Plutôt que d'y manquer, j'aime encor mieux attendre.
(Elle s'assied, et ouvre son pupitre.)
Allons, préparons tout. — Le voilà, ce portrait,
Si cher !... qui m'eût pourtant causé bien du regret...
Jeune et belle Sophie ! Ah ! ce serait dommage
Qu'au sortir de mes mains, cette fidèle image
Passât...

SCÈNE II

MADAME EULER ; MADAME DIRVAL, habillée pour la séance.

MADAME DIRVAL.
Eh bien ! voyez, madame Euler ! j'accours,
Et vous voilà ; vos soins me préviennent toujours.
MADAME EULER.
Il est tout naturel qu'ainsi l'on se prévienne :
Votre vie est bien plus active que la mienne.
MADAME DIRVAL.
Et bien plus fatigante : hélas ! oui : tout me rit ;
Chacun flatte mes vœux, me fête, m'applaudit.
Eh bien ! en mille instants, je sens que je m'ennuie.
MADAME EULER.
En avez-vous le temps ? Eh ! quoi, ma jeune amie,
Est-ce à moi de vous plaindre ?
MADAME DIRVAL.
En ce moment surtout,
J'éprouve une langueur, je ne sais quel dégoût...

MADAME EULER.
Qui va se dissiper : vous vivez dans un monde
Où le chagrin n'a pas de trace bien profonde.
MADAME DIRVAL.
Il revient par accès.
MADAME EULER.
Ah ! ma chère Dirval !
Et pour vous égayer, n'allez-vous pas au bal ?
MADAME DIRVAL.
Eh ! oui, pour essuyer un monde, une cohue !
La moitié m'en sera, je parie, inconnue.
Vous êtes dispensée, au moins, de tout cela :
Vous êtes bien heureuse.
MADAME EULER.
Eh ! mais, ce bonheur-là,
Sophie, on peut l'avoir quand on veut, ce me semble.
Restez, nous passerons cette soirée ensemble.
Tous quatre, Euler, Formont...
MADAME DIRVAL.
Eh ! le puis-je ?
MADAME EULER.
En ce cas.
Allez à votre bal, et ne vous plaignez pas.
Vous connaissez pourtant madame de Melzance ;
Sa réputation, soit dit sans médisance...
Un bal chez elle !
MADAME DIRVAL.
Eh ! mais tout Paris y sera.
MADAME EULER.
Quel mélange alors ! puis, qui vous y conduira ?
Je vous vois sans mari, sans frère, sans amie.
MADAME DIRVAL.
Mais madame Verseuil m'accompagne.
MADAME EULER.
Ah ! Sophie !
Quel guide ! Non, tenez, je n'aime point ce bal.
MADAME DIRVAL.
Pourquoi ? dans tout ceci je ne vois point de mal.

SCÈNE III

Les mêmes, UN DOMESTIQUE.

MADAME DIRVAL au domestique.
Qu'est-ce donc ?

LES MŒURS DU JOUR.

MADAME EULER.

Et pour vous égayer, n'allez-vous pas au bal?

MADAME DIRVAL.

Eh! oui, pour essuyer un monde, une cohue!

Acte III, sc III

LE DOMESTIQUE.
Un billet pour madame.
MADAME DIRVAL.
Ah ! la Brie,
Donnez. — Bon, il suffit.
(Le domestique sort.)

SCÈNE IV

MADAME EULER, MADAME DIRVAL.

MADAME EULER à madame Dirval, qui hésite si elle ouvrira le billet.
Lisez donc, je vous prie.
MADAME DIRVAL.
Vous permettez ?
MADAME EULER.
Eh ! oui : quelque tendre poulet ?
MADAME DIRVAL lit et sourit.
Vous... croyez ?
(A part.)
Ah ! charmant !
MADAME EULER, qui l'observe.
Cette lettre vous plaît.
MADAME DIRVAL.
Je ne m'en défends pas ; elle est intéressante.
MADAME EULER.
Vous allez me trouver curieuse, pressante,
Même indiscrète.
MADAME DIRVAL.
Vous ? jamais.
MADAME EULER.
J'ai cru d'abord...
Si le billet n'est pas de d'Héricourt, j'ai tort.
MADAME DIRVAL.
Vous devinez fort bien ; je n'en fais point mystère :
C'est, en effet, de lui.
MADAME EULER.
De votre caractère
J'adore la franchise et la naïveté :
Mais je me pique aussi moi, de sincérité,
Et vous demanderai, tout bas, si la prudence
Ne désavoûrait point cette correspondance
Entre un jeune homme et vous ?

MADAME DIRVAL.
                        Ah ! ce commerce-là
Est doux, mais innocent ; et lisez : car voilà
De vos sévérités comme ici je me venge.
Voyez si d'Héricourt n'écrit pas comme un ange !
Quel style ! il a vraiment un tour particulier,
Un air aisé, piquant.
            MADAME EULER, en lui rendant sa lettre.
                Surtout très familier.
            MADAME DIRVAL.
D'accord ; mais un ami peut fort bien se permettre...
            MADAME EULER.
Un ami !... c'est le nom qu'il prend dans cette lettre.
Mais parlons franchement, l'aimeriez-vous ?
            MADAME DIRVAL.
                            Eh ! mais...
La question, madame, est vive : et, si j'aimais,
Je...
            MADAME EULER.
    Vous me le diriez, j'en suis sûre : qu'on craigne
Une maman sévère, une farouche duègne ;
Soit : mais madame Euler ! une amie, une sœur,
Qui toujours eut pour vous et tendresse et douceur...?
L'aimez-vous, en un mot ?
            MADAME DIRVAL.
                    Franchement, je l'ignore.
            MADAME EULER.
Bon !
            MADAME DIRVAL.
    Ou plutôt, je crois ne pas l'aimer encore :
Mais j'éprouve pour lui... je ne sais quel penchant...
Je lui trouve une grâce, un air noble et touchant ;...
Vous-même, convenez qu'on n'est pas plus aimable.
            MADAME EULER.
Sans doute, il a le ton, le maintien agréable ;
Mais... sans parler ici de ce que vous devez
A l'estimable époux... non, non, vous le savez,
Et n'oublirez jamais ses droits ni sa tendresse :
Mais votre bonheur seul m'occupe, m'intéresse.
Ce charmant d'Héricourt n'est pas même amoureux ;
Il cherche le plaisir : de ses succès nombreux
Il vous croit digne enfin de couronner la liste ;
Et ce n'est qu'un aimable et brillant égoïste.
            MADAME DIRVAL.
Madame Euler !...

MADAME EULER.
Pardon, si je vous fais souffrir.
Je vous blesse, il est vrai ; mais c'est pour vous guérir.
Je ne suis point, Sophie, un censeur inflexible :
Je plaindrais, je l'avoue, un amant vrai, sensible,
Et même alors pour vous tout mon cœur saignerait.
Mais aimer un ingrat, peut-être un indiscret !
Pour prix d'une faiblesse être encore malheureuse,
Et n'oser se plaindre !... ah ! cette idée est affreuse.
MADAME DIRVAL.
Vous peignez tout vraiment sous de noires couleurs.
MADAME EULER.
Et vous ne voyez, vous, ma chère, que les fleurs,
Chemin doux et riant qui mène au précipice :
Je veux vous en sauver.
MADAME DIRVAL.
Mon cœur vous rend justice.
(Voyant d'Héricourt.)
Ah ! je le vois.
MADAME EULER, à part.
Adieu le fruit de mes discours.

SCÈNE V

Les mêmes, D'HÉRICOURT.

MADAME DIRVAL.
Vous voilà donc enfin, monsieur !
D'HÉRICOURT.
Eh ! oui, j'accours...
MADAME DIRVAL.
Vous accourez ?
D'HÉRICOURT.
Ici les premières, mesdames !...
MADAME DIRVAL.
Mais... vous voyez.
D'HÉRICOURT.
Pardon, j'ai couru chez vingt femmes,
Pour être libre enfin, Sophie, et tout à vous.
MADAME DIRVAL.
Ah ! vingt femmes !
MADAME EULER.
L'excuse est nouvelle.

D'HÉRICOURT.
                              Entre nous,
Mon excuse est ce bal, la plus belle des fêtes,
Qui fait, en ce moment, tourner toutes les têtes :
Je plains ces dames...
          MADAME DIRVAL.
                Bon ! pourquoi ?
          D'HÉRICOURT.
                              Vous y serez :
On ne les verra plus dès que vous paraîtrez.
Mais le bal ne fait point oublier la séance,
J'espère.
          MADAME DIRVAL.
          Il faut se rendre à tant d'impatience,
Ma chère.
          MADAME EULER.
            Allons, je vois qu'on ne peut différer.
          D'HÉRICOURT.
Oh ! non, madame Euler : il faut tout préparer ;
L'heure presse.
          MADAME DIRVAL.
    Oui.
          MADAME EULER.
                Pour moi, je serai bientôt prête.
          (Elle s'assied et met tout en état.)
          D'HÉRICOURT.
Douce réunion ! il n'est qu'un tête-à-tête
Qui fût plus séduisant : que ces moments sont chers !
          MADAME EULER, avec finesse.
Heureuse, entre vous deux, de me trouver en tiers !
          D'HÉRICOURT.
De grâce, asseyez-vous, trop aimable Sophie !
          MADAME DIRVAL, s'asseyant.
Je crains d'être maussade.
          D'HÉRICOURT.
                Ah ! je vous en défie.
          MADAME DIRVAL.
Cela dépend de vous.
          D'HÉRICOURT.
              De moi ? s'il était vrai !
          MADAME DIRVAL.
Sans doute. Contez-moi quelque chose de gai.
          D'HÉRICOURT.
De ma part est-ce là ce que l'on doit attendre ?
Je vous dirais plutôt quelque chose de tendre.

MADAME DIRVAL, *minaudant un peu.*
De... tendre ?...
D'HÉRICOURT.
Oui, madame, oui ; ce n'est qu'au sentiment...
MADAME EULER, *avec impatience, en dérangeant
d'Héricourt, qui était tout près de Sophie.*
Voulez-vous bien, monsieur, me permettre un moment...?
D'HÉRICOURT, *s'éloignant un peu, puis bientôt se
rapprochant.*
Le sentiment, vous dis-je ! il électrise l'âme,
Et l'âme embellit tout ; demandez à madame.
MADAME EULER, *s'interrompant.*
L'âme embellit tout, oui, tout, jusques au talent.
Mais l'âme se peint-elle en un propos galant?
Cela serait fort bon près d'une femmelette,
Pour charmer la longueur, l'ennui d'une toilette :
Mais, de grâce, est-ce ainsi qu'il faudrait nous traiter ?
N'avez-vous rien à dire, et rien à nous citer ?
Si vous avez un peu, comme j'aime à le croire,
Su former votre goût, orner votre mémoire,
Daignez, monsieur, daignez nous en faire jouir.
Vous pourrez voir alors son front s'épanouir :
Ses yeux s'animeront ; elle en sera plus belle,
Et tout y gagnera, le peintre et le modèle.
MADAME DIRVAL.
Vous me charmez : déjà, depuis que vous parlez,
Mes yeux.
D'HÉRICOURT.
Dans ce portrait, ils sont presque voilés ;
Ils n'ont point... cet air tendre, et ce regard céleste...
Ces yeux-là...
MADAME EULER.
Sont les yeux d'une femme modeste,
Ceux de madame : ici, j'aurais pu, j'en conviens,
Les retracer plus vifs ; mais seraient-ce les siens ?
MADAME DIRVAL.
Ah ! surtout, n'allez point me faire un beau visage,
Qui ne soit pas le mien.
MADAME EULER.
Ce serait bien dommage.
D'HÉRICOURT.
Cette bouche est charmante : eh bien... qu'en dites-vous ?
Je lui souhaiterais... un sourire plus doux :
(Il montre madame Dirval, qui sourit.)
Tenez, regardez.

MADAME EULER.
                Ah ! ce sont là de ces choses
Qu'on ne rend qu'à demi. L'on peint les lis, les roses;
Mais les pleurs, le sourire, et le touchant regard,
L'âme, en un mot...! voilà le désespoir de l'art.
Essayons cependant ; car, moi, je suis docile.
                MADAME DIRVAL.
Ce monsieur d'Héricourt est vraiment difficile.
                D'HÉRICOURT.
Il ne faut point ici de médiocrité :
Je vois l'original ; je suis un peu gâté.
                MADAME EULER, à part.
Trop dangereux flatteur !
                D'HÉRICOURT.
                    Mais cette œuvre est parfaite.
                MADAME DIRVAL.
Oh ! non : je ne suis pas encore satisfaite.
                MADAME EULER.
    (A part, et regardant toujours du côté par où Formont doit
                        entrer.)
Il ne vient point.
                D'HÉRICOURT.
                    L'ouvrage est charmant, tel qu'il est.
        MADAME DIRVAL, allant voir.
Charmant : ainsi, ma chère...
                (Elle veut prendre le portrait.)
                MADAME EULER.
                        Un moment, s'il vous plaît.
                MADAME DIRVAL.
L'essentiel, pourtant, est que je sois contente.
                MADAME EULER.
Et l'amour-propre !
                D'HÉRICOURT.
        Bah !
            MADAME EULER, à part.
                Quelle pénible attente !
                MADAME DIRVAL.
Allons, c'en est trop...
            (Elle avance la main.)
    MADAME EULER, qui voit entrer le frère.
            (A part.) (Haut.)
                Bon. Eh bien, tenez.
    MADAME DIRVAL.
                            Enfin...!
        (Regardant le portrait.)

Méchante ! votre ouvrage est achevé, divin.
D'HÉRICOURT.
Délicieux portrait !
MADAME DIRVAL, à d'Héricourt avec expression.
Il est donc... présentable ?
D'HÉRICOURT.
Présentable... Sophie ? ah ! qu'un trésor semblable... !

SCÈNE VI

Les mêmes, FORMONT.

FORMONT, qui regardait de loin.
Bon ! l'on travaille ici !
MADAME DIRVAL, avec embarras.
Mon frère...
FORMONT.
Eh bien, ma sœur !

Qu'as-tu ?
MADAME DIRVAL.
Moi ?
FORMONT.
Traite-moi de même que monsieur.
D'HÉRICOURT.
Plaît-il ?
FORMONT à sa sœur.
Quel embarras ! qu'as-tu là, je te prie ?
MADAME DIRVAL.
Ce que j'ai là, mon frère ?
FORMONT.
Un portrait, je parie !
Ah ! voyons.
MADAME DIRVAL.
Ce n'est rien : c'est un portrait... en l'air...
De fantaisie.
FORMONT.
Oui, mais c'est de madame Euler ;
Et je suis curieux de voir de son ouvrage.
MADAME EULER, avec une peur affectée.
Oh ! non, ne montrez pas...
FORMONT.
Modeste auteur... !
D'HÉRICOURT, à part.
J'enrage.

23.

FORMONT.
Laisse-moi voir, ma sœur.
MADAME DIRVAL.
Mon frère... !
FORMONT.
Eh bien !
MADAME DIRVAL.
Pardon ;
Mais...
FORMONT.
Des secrets, pour moi !
D'HÉRICOURT, à part.
Quel homme !
FORMONT prenant le portrait.
Eh ! donne donc.
MADAME EULER, à part.
L'y voilà.
FORMONT.
Ton portrait !
MADAME EULER.
Oui, voilà le mystère.
FORMONT.
Quoi ? tu te faisais peindre, en secret, pour ton frère ?
D'HÉRICOURT, à mi-voix, et avec dépit.
Précisément !
MADAME DIRVAL.
Eh ! mais...
FORMONT.
Que ce présent m'est cher !
Je vous rends grâce aussi, trop obligeante Euler !
MADAME EULER.
J'ai suivi mon penchant.
FORMONT.
Cette pauvre petite !
Je ne m'étonne pas qu'elle fût interdite...
(Finement, et regardant d'Héricourt du coin de l'œil.)
Je suis venu trop tôt.
MADAME DIRVAL.
Mais, mon frère...
FORMONT.
Eh ! ma sœur,
Ce portrait-là dit tout. — N'est-il pas vrai, monsieur ?
D'HÉRICOURT.
Oui... vous devez chérir ce gage de tendresse...
Du moins, si c'est à vous que le portrait s'adresse.

FORMONT.
Mais j'ai quelque sujet de le croire aujourd'hui :
Si Dirval était là, je dirais « c'est pour lui. »
Eh ! qui lui touche ici de plus près que son frère ?
D'HÉRICOURT, contenant à peine son dépit.
Ah ! madame est bien loin de penser le contraire :
Son frère est tout pour elle, et le reste n'est rien.
MADAME DIRVAL, à part.
Je souffre...!
D'HÉRICOURT.
Adieu, madame.
MADAME DIRVAL.
Eh ! mais... de grâce...
D'HÉRICOURT.
Eh bien ?
MADAME DIRVAL.
(A part.) (Haut.)
Que dire ? Vous sortez ?
D'HÉRICOURT.
Une affaire imprévue...
M'appelle en ce moment ; pardon.
(A madame Euler et à Formont, d'assez mauvaise humeur.)
Je vous salue.
(Il sort.)

SCÈNE VII

MADAME DIRVAL, MADAME EULER, FORMONT.

MADAME EULER, avec tendresse.
Sophie !
FORMONT, de même.
O chère sœur ! va, quoique inattendu,
Tout précieux qu'il est, ce présent m'est bien dû.
J'ose le dire enfin : ne suis-je pas ton frère,
Ton plus sincère ami ? tu sais si tu m'es chère !
Je ne vois que Dirval qui t'aime autant que moi.
MADAME DIRVAL, fort émue, et près de pleurer.
J'en suis persuadée...
FORMONT.
Eh ! bon Dieu ! remets-toi :
Allons...
MADAME EULER.
Oui, jouissez du bonheur qu'il éprouve :

C'est en de dignes mains que ce portrait se trouve.
MADAME DIRVAL, toujours avec embarras.
Bien dignes mains, oh oui!... mon cher frère est bien sûr
Que ce serait pour moi... le plaisir le plus pur...
FORMONT.
Eh ! je n'en doute pas : mais qu'as-tu, mon amie ?
MADAME DIRVAL.
Je sens... je suis souffrante : excusez...
FORMONT.
Va, Sophie.
MADAME DIRVAL, à part, en sortant.
Je ne sais point mentir.

SCÈNE VIII

MADAME EULER, FORMONT.

FORMONT.
Elle me fait pitié !
MADAME EULER.
Dans ses peines aussi je suis bien de moitié ;
Et, tout en la trompant, je la plains : l'artifice,
La fausseté doit être un détestable vice,
Puisqu'on en rougit, même avec un bon dessein.
FORMONT.
Oui, sans doute : après tout, ceci n'est qu'un larcin,
Madame Euler ; et, bien qu'un tel portrait me flatte...
MADAME EULER.
Ah! n'ayez pas non plus l'âme trop délicate.
Notre larcin est même une bonne action ;
Il sauve à votre sœur une indiscrétion.

SCÈNE IX

LES MÊMES, FRANÇOIS.
FORMONT.
Ah ! qu'est-ce donc, François ?
FRANÇOIS.
Mais, c'est la compagnie.
Voici l'heure où chez vous on la voit réunie :
C'est l'heure du dîner ; et quel dîner !...
FORMONT.
Ah ! oui.

Vous avez donc beaucoup de dîneurs aujourd'hui?
FRANÇOIS.
Mais, comme tous les jours ; et c'est une assemblée,
Comme vous pouvez croire, étrangement mêlée.
Toutes sortes de gens, jeunes, vieux, sages, fous,
Et des femmes !... ici se donnent rendez-vous.
Je me dis, en voyant ces ridicules êtres :
« Il est assez plaisant que ce soient là nos maîtres. »
MADAME EULER.
Je me sauve.
FORMONT.
Pour moi, bientôt je vous rejoins.
Mais ces gens-là, je veux les voir passer, du moins.
(Madame Euler sort.)
(N. B. On voit passer plusieurs personnes par une pièce voisine.)
FORMONT, regardant de loin.
Quelles gens ! quels heureux !
FRANÇOIS.
C'est une comédie.

SCÈNE X

FORMONT, FRANÇOIS, M. BASSET, MADAME DE VERDIE,
MADAME DERBIN.

M. BASSET, d'un ton brusque et avec l'air ignoble, à François.
Annoncez-nous : Basset, mesdames de Verdie,
Derbin.
FRANÇOIS, avec un petit air malin.
Je vous connais.
(Il sort.)

SCÈNE XI

FORMONT, M. BASSET, MADAME DE VERDIE,
MADAME DERBIN.

M. BASSET.
Eh ! c'est monsieur Formont !
FORMONT.
Mais, oui.
M. BASSET.
C'est différent.

MADAME DERBIN.

Ah! ah! monsieur est donc
Frère de Sophie!

FORMONT.

Oui, madame.

MADAME DE VERDIE, regardant Formont avec beaucoup d'assurance.

Créature
Charmante! vous avez beaucoup de sa figure,
Monsieur.

MADAME DERBIN, regardant Formont aussi fixement.

La ressemblance est frappante, en effet.

FORMONT.

Eh bien, tant mieux pour moi.

M. BASSET.

Sans doute; mais au fait;
Car, sûrement, mon cher, vous faites le commerce?

FORMONT.

Moi? non.

M. BASSET.

C'est différent. La banque?

FORMONT.

Oh! non; j'exerce
Un état où l'on fait moins vite son chemin:
Car je cultive en paix mon champ et mon jardin.

M. BASSET.

C'est différent.

FORMONT.

Très fort.

MADAME DE VERDIE.

C'est donc à la campagne
Qu'est monsieur?

FORMONT.

Oui, madame.

MADAME DERBIN.

Où cela?

FORMONT.

Près Mortagne.

M. BASSET.

Votre domaine est-il conséquent?

FORMONT.

Conséquent?

M. BASSET.

Considérable, eh! oui, c'est clair...

FORMONT.
En l'expliquant,
Sans doute. Cent arpents, environ.
M. BASSET.
Ce n'est guères.
FORMONT.
Mais c'est assez pour moi : c'est le bien de mes pères.
MADAME DE VERDIE.
Il est intéressant : ses pères !...
M. BASSET.
Et pourquoi
Ne pas vous arrondir, acheter ?
FORMONT.
Avec quoi ?
Pour les honnêtes gens l'argent est assez rare.
M. BASSET.
Je vous en prêterai.
FORMONT.
(A part.)
Monsieur...! L'offre est bizarre :
J'en ai ce qu'il m'en faut.
M. BASSET.
Voulez-vous m'en prêter ?
FORMONT.
Ah ! ah ! c'est différent : vous voulez m'emprunter ?
M. BASSET.
Suivant l'occasion, moi, j'emprunte ou je prête.
MADAME DERBIN.
Mais rien n'est plus commode.
FORMONT.
Et surtout plus honnête.
M. BASSET.
Il se faut entr'aider.
FORMONT.
Vous êtes obligeant.
MADAME DE VERDIE.
Laissez donc là, Basset, vos prêts et votre argent :
(A Formont.)
Monsieur, je le suppose, est garçon ?
FORMONT.
Non, madame.
MADAME DERBIN.
Ah ! monsieur est, je vois, séparé de sa femme ?
FORMONT.
Je ne suis, par le fait, hélas ! que trop forcé

De vivre loin...

MADAME DE VERDIC.

J'entends : vous avez divorcé?

FORMONT.

Divorcé?

M. BASSET.

C'est tout simple.

FORMONT.

Et comment, je vous prie?

M. BASSET.

Est-ce éternellement, monsieur, qu'on se marie?

FORMONT.

Moi, du moins : pour changer je n'ai point de raisons.

MADAME DE VERDIE.

Fort bien ; mais autrement ici nous en usons.

MADAME DERBIN, jetant un coup d'œil malin sur madame de Verdie.

Nous avons le divorce.

M. BASSET.

Et rien n'est plus commode.

MADAME DE VERDIE.

Aussi, Dieu sait s'il est à la mode !

FORMONT.

A la mode?

M. BASSET.

Et madame eût suffi pour le mettre en crédit ;
Elle divorce, au fait, tout comme elle le dit.

MADAME DERBIN.

Voilà déjà deux fois.

FORMONT.

Deux fois? plaisant caprice !
Il n'est pas de raisons pour que cela finisse.

MADAME DE VERDIE.

Il est naïf.

SCÈNE XII

Les mêmes, M. MORAND.

M. MORAND.

Eh bien ! vous demeurez donc là?

M. BASSET.

Oui ; monsieur nous retient.

ACTE III, SCÈNE XII.

FORMONT à son oncle.
Auriez-vous cru cela?

MADAME DERBIN.
Sa conversation est tout intéressante.

MADAME DE VERDIE.
On n'est pas plus galant.

FORMONT.
Madame est indulgente.

M. BASSET à M. Morand.
Et Dorival? hier, s'est-il pu relever?

M. MORAND.
Il commençait; d'un coup, moi, j'ai su l'achever.
Cinq cents louis...

FORMONT.
Cinq cents?

M. MORAND.
J'en avais perdu mille
(A M. Basset.)
La surveille : il vendra sa terre de Fréville.

M. BASSET.
Sa terre?

(Il rêve.)

M. MORAND.
Il perd cela, tout comme il l'a gagné.

FORMONT.
Encor, si le joueur était seul ruiné !

M. MORAND.
Basset, que je vous dise :
(A mi-voix.)
En ce moment j'achète...

M. BASSET, de même.
Ah! quoi donc?

(Ils se parlent à l'écart, et bas.)

MADAME DERBIN, à mi-voix aussi, à Formont.
Les voilà qui causent en cachette.
Vous croiriez qu'il s'agit de plaisir : point du tout ;
C'est d'affaires, d'argent.

FORMONT, assez froidement.
Eh ! chacun a son goût.

MADAME DE VERDIE, plus bas encore, à Formont.
Mais il n'est qu'un secret pourtant, le doux mystère.
N'est-il pas vrai?

FORMONT, de même.
Cela dépend du caractère.

M. BASSET, élevant la voix.

Il vend Fréville ?

M. MORAND, de même.

Eh ! oui.

M. BASSET.

Diable ! je suis touché...

(A part.)

Allons vite ; j'aurai sa terre à bon marché.

(Haut.)

Adieu.

M. MORAND.

Quoi ? vous sortez ?

M. BASSET.

Pour affaire soudaine.

(A mesdames de Verdie et Derbin, en montrant Formont.)

Je n'irai point au bal : que monsieur vous y mène.

(Il sort.)

FORMONT lui crie de loin.

Je vous suis obligé.

M. MORAND.

Ah ! Basset ! à propos,
Il faut que sur ces bons je vous dise deux mots.

(Il court sur les pas de M. Basset.)

SCÈNE XIII

MADAME DE VERDIE, FORMONT, MADAME DERBIN.

MADAME DE VERDIE, à part.

Bon.

MADAME DERBIN.

Ce monsieur Basset est quelquefois étrange.

MADAME DE VERDIE.

Je lui pardonne ; ici, je ne perds point au change.
Avant l'heure du bal...

FORMONT.

De mes jours je n'y vais.

MADAME DE VERDIE.

Je vous donne à souper.

FORMONT.

Je ne soupe jamais.

MADAME DERBIN.

Un thé, du moins.

ACTE III, SCÈNE XIII.

FORMONT.
Un thé ?...

MADAME DERBIN.
Mais oui.

FORMONT.
C'est trop de peine.

MADAME DE VERDIE.
Que veut dire ceci ? c'est moi que monsieur mène.

MADAME DERBIN.
Vous, madame ?... en honneur ! rien n'étonne à présent.

MADAME DE VERDIE.
Vous le pouvez vous-même.

MADAME DERBIN.
Oh ! mais, c'est trop plaisant.
(Elle offre la main à Formont.)
Çà, monsieur...

MADAME DE VERDIE.
Voulez-vous me l'enlever de force ?

MADAME DERBIN.
Ah ! je vois ce que c'est : un troisième divorce.
Mais monsieur a des yeux ; qu'il décide entre nous.

FORMONT.
Il n'est pas trop aisé de choisir parmi vous,
Mesdames ; et d'ailleurs, toutes deux, ce me semble,
Vous pouvez à ce bal fort bien aller ensemble.

MADAME DERBIN.
(A madame de Verdie.)
Venez donc : ce refus est-il original ?
Quel homme !

MADAME DE VERDIE, à mi-voix.
Avec l'air brusque, au fait, il n'est pas mal.

MESDAMES DE VERDIE ET DERBIN.
Adieu, mon cher Formont.
(Elles sortent en riant aux éclats.)

FORMONT, de loin.
Adieu, mes belles dames ;
Riez tout à votre aise.
(A lui-même.)
Et ce sont-là des femmes !
D'une part, la folie et l'immoralité ;
De l'autre, la bassesse et la rapacité ;
Et de tous les côtés scandale et ridicule !
De proche en proche ainsi le mal gagne, circule :
Il menace nos champs, l'avenir même, hélas !

Mais à quoi bon ma plainte, et tous ces vains éclats?
Irai-je m'attrister et m'échauffer la bile ?...
Non, non ; je ne viens pas réformer une ville ;
Je ne m'érige point en austère censeur :
Tout ce que je désire est de sauver ma sœur.

FIN DU TROISIÈME ACTE.

ACTE QUATRIÈME

SCÈNE PREMIÈRE
MADAME VERSEUIL, D'HÉRICOURT.

MADAME VERSEUIL.
Bon Dieu! quel désespoir! tout est perdu.
D'HÉRICOURT.
                              Sans doute.
J'ai perdu mon trésor; je sais ce qu'il m'en coûte.
MADAME VERSEUIL.
Son trésor! un portrait! voyez donc le grand mal!
Mais si vous obtenez bientôt l'original,
Vous vous consolerez de manquer la copie.
D'HÉRICOURT.
La copie a son prix : le portrait de Sophie!
N'est-ce rien? ce cadeau ne pouvait qu'honorer;
Et dans l'occasion j'aurais su le montrer.
MADAME VERSEUIL.
J'entends; de ce ce revers je suis vraiment touchée.
Mais plus que vous et moi Sophie en est fâchée.
D'HÉRICOURT.
Puis je n'avance point, je perds mon temps.
MADAME VERSEUIL.
                              C'est vrai.
On vous croirait encore à votre coup d'essai.
Voilà deux mois bientôt...
D'HÉRICOURT.
          Je ne sais... je soupçonne...
MADAME VERSEUIL.
Quoi donc?
D'HÉRICOURT.
    Qu'au fond du cœur la petite personne
A des principes, tient encore...
MADAME VERSEUIL.
              A son mari,
  (Ironiquement.)

Peut-être !... Oh ! oui, Dirval est regretté, chéri !
Sophie y pense, en parle avec une tendresse !
D'HÉRICOURT.
Eh ! ce maudit Formont l'en entretient sans cesse.
MADAME VERSEUIL.
Laissez-le faire ; en tout cet homme est singulier :
Qu'il parle du mari ; vous, faites-le oublier.
Elle vous aime, au fond, j'en suis persuadée.
D'HÉRICOURT.
Croyez-vous ?
MADAME VERSEUIL.
    C'est beaucoup de l'avoir décidée
A ce bal... un peu leste ; elle a bien hésité.
D'HÉRICOURT.
Oui, sur madame Euler nous l'avons emporté.
MADAME VERSEUIL.
Je fonde sur ce bal une grande espérance.
Il sera très nombreux, selon toute apparence.
D'HÉRICOURT.
Oh ! oui.
MADAME VERSEUIL.
   Dans cette foule on est peu remarqué,
J'en réponds ; aussi peu que dans un bal masqué.
D'HÉRICOURT.
Oh ! cette occasion est on ne peut meilleure :
Dorsan a commandé ses chevaux ?
MADAME VERSEUIL.
      Pour une heure.
D'HÉRICOURT.
Il est exact ; ce plan est d'un effet certain.
Au bal, puis à Surenne ; et puis demain matin...
Allons, que le Formont tout à son aise gronde ;
Elle est à moi, malgré tous les frères du monde.

SCÈNE II

MADAME VERSEUIL, D'HÉRICOURT, FLORVEL.

FLORVEL.

Encore un tête-à-tête !
MADAME VERSEUIL.
Il est tout naturel.
FLORVEL.
Très naturel, sans doute.

D'HÉRICOURT.
                    Oh ! voilà bien Florvel :
Il parle pour parler.
            FLORVEL à madame Verseuil.
                    Eh ! non, sans médisance,
Mon père s'aperçoit fort bien de votre absence ;
Et nous avons pourtant une société...
Céleste, d'un brillant, d'une variété !
            D'HÉRICOURT.
Savez-vous que Florvel devient enthousiaste !...
            FLORVEL.
Et tous ces entretiens font le plus beau contraste... !
            MADAME VERSEUIL.
Bon !
            FLORVEL.
    Une question sur le change interrompt
Une galanterie ; on vous mène de front
Plaisir, affaire, allez, on ne perd pas la tête,
On suit une entreprise au milieu d'une fête.
Enfin, dans ce salon, qui respire, mon cher,
La volupté, l'amour... on joue un jeu d'enfer.
            MADAME VERSEUIL.
Ah, ah !
            FLORVEL.
        Monsieur Frémin saura ce qu'il en coûte.
            D'HÉRICOURT.
Il s'en relèvera par une banqueroute.
            MADAME VERSEUIL.
Et la belle cousine ?
            FLORVEL.
                Elle me fait pitié !...
Tout à l'heure elle était ruinée à moitié...
A propos, d'Héricourt, veux-tu que je te mène... ?
            D'HÉRICOURT.
Mais... où donc ?
            FLORVEL.
            Des Français nous verrons une scène,
Un peu du Vaudeville, et la fin de *Psyché*.
            MADAME VERSEUIL.
Que cela ?
            FLORVEL.
        Moi, jamais je ne me suis couché
Sans avoir à peu près couru tous les spectacles.
Et les glaces : Garchi fait toujours des miracles :
Partons, madame...

D'HÉRICOURT.
Allons.
(Bas à madame Verseuil.)
Dans peu je reviendrai ;
Quelque étourdi bientôt m'en aura délivré.
(D'Héricourt et Florvel sortent.)

SCÈNE III

MADAME VERSEUIL, seule.

Ce d'Héricourt, un rien l'arrête, l'embarrasse :
Point d'énergie : il a de l'esprit, de la grâce ;
Mais il mérite peu sa réputation.
Voici Morand ; changeons de conversation :
J'ai mon sujet en tête ; il faut que je l'amène :
Essuyons son humeur ; la chose en vaut la peine.

SCÈNE IV

MADAME VERSEUIL, M. MORAND.

M. MORAND.
Comment ! seule, madame !
MADAME VERSEUIL.
Eh ! mais, en vérité...
Qu'a donc de surprenant... ?
M. MORAND.
C'est une rareté :
Ce monsieur d'Héricourt, ce Dorsan... et que sais-je ?...
Jusqu'à mon fils, oui, tous vous font un beau cortège.
MADAME VERSEUIL.
En seriez-vous jaloux ?
M. MORAND.
Je ne dis pas cela ;
Mais enfin je remarque...
MADAME VERSEUIL.
Allez, ces messieurs-là,
Mon cher, auraient encor de plus rares mérites ;
Je vous préfère à tous.
M. MORAND.
Fort bien : vous me le dites,
Mais vous prêtez l'oreille à leur doux entretien,

Et vous semblez à peine apprécier le mien.
MADAME VERSEUIL.
Que vous êtes injuste!...
M. MORAND.
Eh! non, je suis sincère.
MADAME VERSEUIL.
Ingrat! eh bien, je vais vous prouver, au contraire,
Combien votre entretien m'est cher; car, entre nous,
J'épiais le moment de causer avec vous.
M. MORAND.
Est-il vrai?
MADAME VERSEUIL.
Vous croyez, monsieur, que je plaisante :
Mais non : sur une affaire assez intéressante
Je veux vous consulter; en un sujet pareil,
Vous pourrez me donner un excellent conseil.
M. MORAND.
Qui? moi, madame?
MADAME VERSEUIL.
Eh oui: tenez, on me propose,
Ou plutôt on me presse...
M. MORAND.
Et de quoi?
MADAME VERSEUIL.
D'une chose...
Qui pourra vous surprendre, et qui m'a su tenter.
M. MORAND.
Qu'est-ce donc, par hasard?
MADAME VERSEUIL.
Eh! mais... c'est d'acheter
Une petite terre, ah! tout à fait jolie,
Et que je connais bien ; mais c'est une folie :
Oh! oui.
M. MORAND.
Bon! qui pourrait vous empêcher?...
MADAME VERSEUIL.
Le prix.
C'est dommage : un bijou, surtout près de Paris,
A Meudon.
M. MORAND.
A Meudon? position heureuse.
MADAME VERSEUIL.
Charmante! une maison vraiment délicieuse!
Et des jardins, des eaux...!

M. MORAND.
Eh bien donc, en ce cas,
Pourquoi refuser?...
MADAME VERSEUIL.
Non, je ne l'achète pas :
Je peux bien, après tout, me passer d'une terre.
M. MORAND.
Mais puisqu'elle vous plaît...
MADAME VERSEUIL.
Oui, mais elle est trop chère :
On parle de...
M. MORAND.
Combien... ?
MADAME VERSEUIL.
Cinquante mille francs :
J'en ai bien la moitié... j'y renonce et j'attends.
M. MORAND.
Comment! vous devenez bien sage, belle dame !
MADAME VERSEUIL.
Soit. Je n'ai qu'un regret, mon cher, au fond de l'âme
M. MORAND.
Un regret... ?
MADAME VERSEUIL.
Oui, j'avais un séduisant espoir.
M. MORAND.
Ah! ah! lequel...?
MADAME VERSEUIL.
Celui de vous y recevoir.
M. MORAND.
Madame... assurément...
MADAME VERSEUIL.
Voilà ce qui m'afflige ;
Il faut y renoncer. N'en parlons plus, vous dis-je.
M. MORAND.
Et pourquoi donc faut-il que vous y renonciez ?
MADAME VERSEUIL.
Pourquoi ?
M. MORAND.
Si j'exigeais que vous l'achetassiez ?
MADAME VERSEUIL.
Oh! non, je vous connais : vraiment ! vous seriez homme...
M. MORAND.
Au fait... si vous avez la moitié de la somme,
J'ai l'autre : dès demain on vous la prêtera ;
Et madame à Meudon bientôt me recevra,

M'entendez-vous ?
MADAME VERSEUIL.
J'entends : un procédé semblable
Est bien de vous sans doute : on n'est pas plus aimable ;
Mais ma délicatesse a peine à se prêter...
M. MORAND.
Quoi, vous refuseriez...?
MADAME VERSEUIL, très faiblement.
Je ne puis accepter...
Eh ! non, mon cher Morand, il ne m'est pas possible...
A ce trait-là je suis on ne peut plus sensible ;
Mais, en honneur...!
M. MORAND.
Allons...!
MADAME VERSEUIL, de même.
N'insistez pas...vraiment...
M. MORAND.
C'est m'affliger...

SCÈNE V

Les mêmes, MADAME DIRVAL.

MADAME VERSEUIL.
Bon Dieu ! qu'avez-vous, belle enfant ?
MADAME DIRVAL.
Je suis au désespoir : vous voyez une folle,
Oui, qui perd cent louis, encore sur parole ;
Car je n'ai pas un sou.
MADAME VERSEUIL.
Quoi ? cent louis ? bon Dieu !
MADAME DIRVAL.
Oui, tout autant.
MADAME VERSEUIL.
Sophie est malheureuse au jeu.
M. MORAND.
Elle n'est pas la seule.
(A part.)
Elle a dessein, je gage,
De m'emprunter ; sachons détourner cet orage.
(Haut.)
Je conçois ton chagrin ; car j'en éprouve autant.
MADAME VERSEUIL.
Comment donc ?

M. MORAND.
　　　　　Oui, je perds moi-même, dans l'instant,
Et non pas cent louis seulement, mais deux mille.
　　　　　　　MADAME DIRVAL.
Mon oncle...
　　　　　　　M. MORAND.
　　　Les trouver ne sera pas facile ;
Car il faut que j'emprunte...
　　　　　　MADAME VERSEUIL, gaiement.
　　　　　　　　　　En ce cas, vous pourriez
Emprunter cent louis de plus.
　　　　　　M. MORAND à madame Verseuil.
　　　　　　　　　　　Oh ! oui, riez...!
Ma nièce, en vérité, j'ai regret... vois ton frère ;
Il sera plus heureux : moi, je ne puis tout faire ;
Car, vois-tu ? mille soins me tourmentent l'esprit.
Adieu.
　　　　(A madame Verseuil.)
　　N'oubliez pas ce que je vous ai dit.
　　　　　　MADAME VERSEUIL, en minaudant.
Encore...? oh ! non.

SCÈNE VI

MADAME DIRVAL, MADAME VERSEUIL.

　　　　　MADAME VERSEUIL.
　　　Vraiment, un tel refus m'afflige.
　　　　　MADAME DIRVAL.
Eh ! c'est moi qui plutôt jamais ne me corrige.
Je ne me comprends pas. Voyez ! je hais le jeu,
Et chaque jour je joue, et je perds... Ah ! grand Dieu !
Cent louis !... en un soir ! me voilà ruinée :
Et par mon oncle encor je suis abandonnée !
Que devenir ?
　　　　　MADAME VERSEUIL.
　　　　　Au moins, si j'avais épargné
Ce malheureux argent qu'hier je vous gagnai !
Je pourrais...
　　　　　MADAME DIRVAL.
　　　　Je sais bien que j'ai le meilleur frère. .!
Mais comment avouer...?
　　　　　MADAME VERSEUIL, vivement.
　　　　　　　Oh ! non, jamais, ma chère ;

Car c'est le dernier homme à qui j'emprunterais.
      MADAME DIRVAL.
Mon frère ! ah ! c'est à lui surtout que j'aimerais...
Mais je crains...
      MADAME VERSEUIL.
   En ce cas, Sophie, à votre place...
J'irais.
      MADAME DIRVAL.
  Oui, dites-moi ce qu'il faut que je fasse.
      MADAME VERSEUIL.
Moi, je m'adresserais... à quelque honnête ami.
      MADAME DIRVAL.
Des amis...!
    MADAME VERSEUIL, d'un air détaché.
  A propos, d'Héricourt sort d'ici.
      MADAME DIRVAL.
Monsieur d'Héricourt ?
      MADAME VERSEUIL.
    Oui.
      MADAME DIRVAL.
     Sans m'avoir demandée ?
      MADAME VERSEUIL.
D'importuns, de joueurs, vous étiez obsédée...
      MADAME DIRVAL.
Ah ! que n'est-il venu m'interrompre plutôt !
      MADAME VERSEUIL.
En effet : mais croyez qu'il reviendra bientôt.
     (Avec attention.)
C'est un ami...! Je vois s'avancer la sagesse ;
Eh ! oui, madame Euler vient, dans votre détresse,
Vous offrir... des conseils ; mais, ma chère Dirval,
Au sortir du sermon, moi, je vous mène au bal.
     (Elle sort, en saluant madame Euler.)

SCÈNE VII

MADAME DIRVAL, MADAME EULER.

   MADAME DIRVAL, seule, un moment.
Au bal ! hélas ! que sais-je ?...
   MADAME EULER, plus vivement qu'à l'ordinaire.
      O ma chère Sophie !
J'apprends votre malheur.

       24.

MADAME DIRVAL.
....Et comment, je vous prie ?
MADAME EULER.
Par votre oncle, en passant.
MADAME DIRVAL.
....Il vous a dit...? ô Dieu !
MADAME EULER.
Et trop heureuse encor qu'il m'en ait fait l'aveu !
Mais quel chagrin pour vous! combien j'en suis touchée !
MADAME DIRVAL.
Et contre moi, Dieu sait si vous êtes fâchée !
MADAME EULER.
Il est vrai, mon amie ; et je vous gronderai...
Quelque jour, quand le mal sera bien réparé :
En attendant, je viens vous faire une prière.
MADAME DIRVAL.
Et de quoi ?
MADAME EULER.
....D'accepter, mais de moi la première,
Ces douze vieux louis, qu'avec soin je gardais
Pour quelque grand besoin que toujours j'attendais.
MADAME DIRVAL.
Comment...?
MADAME EULER.
....L'occasion est enfin arrivée :
Pour un plaisir bien doux je me suis réservée.
MADAME DIRVAL.
Bonne madame Euler ! quoi, c'est vous qui m'offrez
Ce fruit de vos travaux ?
MADAME EULER.
....Et vous le recevrez.
MADAME DIRVAL.
Qui ? moi ! je souffrirais que vos économies
Servissent, chère Euler, à payer mes folies !
MADAME EULER.
Vous deviendrez plus sage ; et ma tendre amitié
Va dans cette leçon se trouver de moitié.
Moi, je n'ai qu'un chagrin, c'est de ne pas tout faire.
Mais quoi ! dois-je envier le reste à votre frère ?
MADAME DIRVAL.
Mon frère, dites-vous ? ah ! ne lui parlez pas
De tout ceci.
MADAME EULER.
....Comment ?... mais, ma chère, en ce cas,
Quel est donc votre espoir ? et dans quelle autre bourse

Pourriez-vous... ?
MADAME DIRVAL.
Je prévois, j'ai telle autre ressource,
Des moyens...
MADAME EULER.
Prenez garde au choix de ces moyens.
L'affaire est délicate, et je vous en préviens :
Mais sans crainte acceptez de l'amitié fidèle,
Ce que vous offre un frère, et cette bagatelle.
MADAME DIRVAL.
Vous me pressez en vain, je ne puis accepter.
MADAME EULER.
Allons, je le vois bien, j'aurais tort d'insister.
(Elle sortait, puis revient sur ses pas.)
Ma Sophie, écoutez : j'ai plus d'expérience.
On pourrait abuser de votre confiance ;
Car il est peu d'amis qui sachent obliger,
Bien peu de qui l'on puisse accepter sans danger.
(Elle sort.)

SCÈNE VIII

MADAME DIRVAL, seule.

Quel cœur ! et je refuse une offre aussi sincère !
Mais c'est de même en tout. Ce portrait, ô mon frère !
L'acceptant de mes mains, tu me fais trop d'honneur.
Il n'eût tenu qu'à moi de goûter ce bonheur ;
Et cette préférence, elle t'était bien due.
Une voix me l'a dit, je l'ai trop entendue.
Je vois, je sens le bien, et fais souvent le mal [1].
Ainsi, malgré moi-même, on m'entraîne à ce bal :
J'ai tort ; j'estime peu madame de Melzance ;
Et je ferais bien mieux, fût-ce par complaisance
Pour cet excellent frère...

SCÈNE IX

MADAME DIRVAL, D'HÉRICOURT.

D'HÉRICOURT.
Enfin, je vous revoi.
Sophie !

MADAME DIRVAL.
Et l'on n'est plus si fâché contre moi?
D'HÉRICOURT.
Je n'avais point le droit d'être fâché, madame :
Mais j'ai dû ressentir un vrai chagrin dans l'âme,
En me voyant privé d'un bien si précieux.
Mettez-vous à ma place, ayez mon cœur, mes yeux :
Vous jugerez alors que trop de patience
Eût annoncé peut-être un peu d'insouciance.
MADAME DIRVAL.
Je crois à vos regrets, monsieur ; mais pourriez-vous
M'en vouloir, et d'un frère être un moment jaloux?...
D'HÉRICOURT.
On est jaloux de tout, madame, quand on aime;
Et si de ce larcin vous souffrîtes vous-même,
Vous me devez un peu de consolation,
Et j'en vais, à l'instant, saisir l'occasion.
Je connais vos revers : mille, en cette occurrence,
Vont s'offrir ; je réclame ici la préférence :
Je ne suis oncle, époux ni frère ; eh bien, pour vous
Je serai plus fidèle et plus tendre qu'eux tous.
MADAME DIRVAL.
Sans doute à votre cœur je sais rendre justice ;
Mais pourrais-je accepter?
D'HÉRICOURT.
Un si faible service?
Ah!... quand les sentiments sont en communauté,
Un léger prêt d'argent n'est rien, en vérité.
Madame, allons... Comment? vous gardez le silence!
MADAME DIRVAL.
O monsieur ! je vous crois, et pourtant je balance.
Je ne sais quoi m'arrête...
D'HÉRICOURT, jouant le dépit.
Ah! c'est trop hésiter.
D'un chimérique espoir j'ai donc su me flatter !
Mon amitié vous semble importune, pressante :
Vous craignez, je le vois, d'être reconnaissante.
MADAME DIRVAL.
Ah! monsieur d'Héricourt!...
D'HÉRICOURT, de même.
Enfin j'ouvre les yeux :
Non, vous ne m'aimez point; je vous suis odieux.
Vous me préféreriez le dernier de vos proches.
MADAME DIRVAL.
Pouvez-vous m'adresser de semblables reproches?

D'HÉRICOURT.
Le cœur seul me les dicte.
MADAME DIRVAL.
Eh bien...
D'HÉRICOURT.
Quoi?
MADAME DIRVAL.
Si jamais...
D'HÉRICOURT.
Ah! de grâce, achevez.
MADAME DIRVAL.
Monsieur, je vous promets...
Voici mon frère.
D'HÉRICOURT.
Encore!...
(A part.)
Elle est à moi, n'importe.

SCÈNE X

Les mêmes, FORMONT.

FORMONT, un portefeuille à la main.
Ma chère sœur, voici de l'argent qu'on t'apporte,
Trois mille francs.
MADAME DIRVAL.
Trois mille?...
FORMONT.
Eh! oui.
MADAME DIRVAL.
Par quel hasard?
Comment?...
D'HÉRICOURT, à part.
Hasard cruel!
MADAME DIRVAL.
Enfin, de quelle part?
FORMONT.
Peux-tu le demander? de ton mari, sans doute.
L'argent est, par malheur, resté longtemps en route.
Voilà plus de six mois que Dirval en chargea
Un brave homme.
MADAME DIRVAL.
Et cet homme...?

FORMONT.
Est parti.
MADAME DIRVAL.
Quoi, déjà?
FORMONT.
Il était fort pressé ; moi, j'ai donné quittance,
Et voilà ton argent.
D'HÉRICOURT, à part.
Maudite circonstance !
FORMONT.
Tu vois si ton mari, quoique absent, t'oubliait !
MADAME DIRVAL.
Mais comment n'y pas joindre un seul petit billet?
D'HÉRICOURT.
Il est vrai.
FORMONT.
Si la somme en route est demeurée,
Plus d'une lettre aussi peut bien s'être égarée.
Tel autre aurait écrit sans envoyer d'argent.
(Avec intention.)
Mais tu n'en avais pas un besoin très urgent,
J'espère ; car sans doute, en personne sensée,
Ma sœur à moi d'abord se serait adressée.
D'HÉRICOURT.
Ou bien à quelque ami.
FORMONT.
Le frère est le plus sûr,
Monsieur; c'est des amis le meilleur, le plus pur.
D'HÉRICOURT.
Madame, jugez-en ; cette cause est la vôtre.
MADAME DIRVAL, avec embarras.
Et le frère et l'ami me sont chers l'un et l'autre.
FORMONT.
Au reste, il ne s'agit de frère ni d'ami,
Mais d'un qui de tous deux te tient lieu, d'un mari.
D'HÉRICOURT.
Ce qu'il a fait, chacun aurait voulu le faire.
FORMONT.
Mais s'il ne l'eût pas fait, c'était le droit du frère.
MADAME DIRVAL à son frère.
Mon cher Formont, je sens tout ce que je vous dois.
FORMONT.
Bon ! tu ne me dois rien.
MADAME DIRVAL.
Ah! je comprends, je vois...

(Elle serre avec expression la main de son frère, et, se disposant à sortir, elle salue d'Héricourt.)
Monsieur, au fond du cœur, croyez que j'apprécie...
D'HÉRICOURT.
Madame !...
FORMONT.
C'est bien nous qu'il faut qu'on remercie !
Eh ! non, c'est Dirval seul.
MADAME DIRVAL.
O mon frère !...
(Elle sort.)

SCÈNE XI

FORMONT, D'HÉRICOURT.

FORMONT à d'Héricourt qui sortait.
Un moment.
Il faut que je m'explique avec vous librement,
Monsieur.
D'HÉRICOURT.
Vous expliquer ? mais sur quoi, je vous prie ?
FORMONT.
Et sur qui, si ce n'est sur une sœur chérie ?
Mon cœur est plein, il a besoin de s'épancher.
Près de Sophie enfin que venez-vous chercher ?
Que lui voulez-vous ?
D'HÉRICOURT.
Moi ? la demande est nouvelle
Ce que l'on veut auprès de femme jeune et belle,
La voir, faire ma cour, le plus souvent...
FORMONT.
Oh ! oui.
Très souvent, je le vois ; car voici d'aujourd'hui
Cinq visites, monsieur, seulement...
D'HÉRICOURT.
Cinq visites ?
FORMONT.
Tout autant.
D'HÉRICOURT.
Je le crois, puisque vous me le dites.
Je ne les compte pas, et j'ose me flatter
Que votre chère sœur est loin de les compter.
Partout je vais, je suis accueilli de la sorte :

Si toute femme aimable allait fermer sa porte
Aux jeunes gens, près d'elle empressés d'accourir,
Ce monde, en vérité, serait triste à mourir.

FORMONT.

Ah! de grâce! laissez tout ce vain badinage.
Simple dans mes actions, et franc dans mon langage,
Je vous donne l'exemple, imitez-moi. — Monsieur!
Si je ne vous voyais prodiguer à ma sœur
Que ces hommages vains, et légers et futiles,
Je vous épargnerais des plaintes inutiles.
Mais est-ce bien cela dont il est question?
Et n'est-il pas certain qu'en toute occasion,
Comme si vous pouviez avoir quelque espérance,
Vous mettez à la suivre une persévérance
Qui frappe tous les yeux? Le nîrez-vous?

D'HÉRICOURT.

Pourquoi?
Un choix si beau n'a rien que de flatteur pour moi.
Si chérir, préférer un objet tout aimable,
Est un crime à vos yeux, alors je suis coupable.
Mais bon! tout autrement vous en pourriez juger,
Si vous étiez, mon cher, un peu moins étranger
Aux usages d'ici; moins sévère et plus sage,
Vous sauriez...

FORMONT.

Oui, je suis peu fait à maint usage.
Mais quoi? tout étranger, tout campagnard qu'on soit,
L'on a du sens, l'on a de bons yeux, et l'on voit...
L'on voit où, par degrés, vous voulez nous conduire.
Vous n'avez d'autre but ici que de séduire...
Séduire! tendre un piège à la crédulité!
Est-ce de la franchise et de la loyauté?

D'HÉRICOURT.

En quoi donc, par hasard, seraient-elles blessées?
Vous supposez aux gens des arrière-pensées,
Des calculs, des complots enfin d'une noirceur...!
Moi je cherche à distraire, égayer votre sœur;
J'y réussis.

FORMONT.

Eh! mais... quel espoir est le vôtre?
Dirval peut revenir, oui, d'un moment à l'autre.

D'HÉRICOURT.

Cela se peut : au fait, que m'importe un tel soin?
Je ne redoute pas les maris de si loin.

FORMONT.
Fort bien, en attendant que son mari revienne,
Qu'elle écoute sa voix, elle entendra la mienne.
Oui, je serai toujours entre Sophie et vous,
Et je lui parlerai toujours de son époux.
Mais contre qui, monsieur, faudra-t-il la défendre ?
Contre vous, son ami, si délicat, si tendre !
Vous, en tout autres cas, généreux, plein d'honneur,
Vous voudriez troubler, détruire son bonheur !
C'est le sort qui l'attend : pour avoir su vous plaire,
Trop crédule, elle aurait recueilli pour salaire
L'abandon, le mépris, des regrets éternels ;
Car ce sont là vos jeux, à vous tous ; jeux cruels !
Mais vous n'êtes point fait pour de pareilles trames.
Eh! monsieur d'Héricourt! il est tant d'autres femmes
Belles, et qui pourront disposer de leur foi !
Laissez en paix ma sœur, et son époux et moi.
Ce discours vif, mais franc, ne saurait vous déplaire,
Vous diriez tout cela si vous étiez son frère.
D'HÉRICOURT.
Oui, vous avez raison de défendre une sœur.
Quand vous y mettriez un peu trop de chaleur,
Rien n'est plus naturel, et tout vous justifie.
(Avec un ton sentimental.)
Mais jugez mieux de moi, jugez mieux de Sophie.
(Il sort.)

SCÈNE XII

FORMONT, seul.

De Sophie ! ah ! combien ce ton-là me déplaît !
Est-il de bonne foi, du moins ? il le paraît !
Puis, à la fausseté, j'ai tant de peine à croire !
D'Héricourt n'a point l'âme assez basse, assez noire...

SCÈNE XIII

FORMONT, MADAME EULER.

MADAME EULER.
Il sort ; je vous cherchais, Formont, pour vous parler
De ce bal, qui m'alarme, à ne vous rien celer.

Tout à l'heure, en passant, certains mots m'ont frappée :
Ils ont de grands projets, ou je suis bien trompée.
FORMONT.
Vous croyez?
MADAME EULER.
    D'Héricourt avait l'air trop heureux,
Pour n'avoir pas conçu quelque espoir dangereux.
Cette Verseuil cachait une maligne joie :
Ils semblent tous les deux enlever une proie.
FORMONT.
Vous m'effrayez.
MADAME EULER.
    Pourtant nous ne la suivons pas,
Nous qui parlions tantôt d'observer tous ses pas !
FORMONT.
J'y pensais, mon amie.
MADAME EULER.
    Oh ! s'il m'était possible,
Comme j'irais, malgré mon dégoût invincible ;
Telle que je suis même !...
FORMONT.
    Eh bien, ce sera moi.
Il m'en coûte beaucoup : n'importe, je le doi,
Et vous m'ouvrez les yeux ; oui, son ami sincère,
Son frère, ne lui fut jamais plus nécessaire.
Je cours donc sur ses pas et la ramènerai.
MADAME EULER.
Vous me rendez l'espoir ; car, je vous l'avoûrai,
J'avais bien du chagrin : mais vous serez près d'elle,
Il suffit.
FORMONT.
   Je vais faire une chose nouvelle,
Madame : aller au bal, m'habiller à minuit !
MADAME EULER.
De cet effort déjà vous recueillez le fruit.
Mon respectable ami ! sachons bien nous entendre :
Ramenez votre sœur, et moi je vais l'attendre.

FIN DU QUATRIÈME ACTE.

ACTE CINQUIÈME

—

SCÈNE PREMIÈRE

DIRVAL, en uniforme ; FRANÇOIS.

FRANÇOIS.
Mais quel bonheur ! c'est vous, mon cher monsieur Dirval ?
DIRVAL.
Oui, mon ami.
FRANÇOIS.
Comment ! à minuit, à cheval !
DIRVAL.
Jamais, pour voir sa femme, a-t-on couru trop vite ?
Il vaut mieux arriver à cet excellent gîte
Cette nuit que demain. Mais, sans tant de discours,
Mène-moi chez Sophie.
FRANÇOIS.
Eh ! mais...
DIRVAL.
Quoi ? viens donc, cours...
FRANÇOIS.
Cours !... Où courir ? au bal !
DIRVAL.
Bon ! au bal ! qu'est-ce à dire ?
FRANÇOIS.
Eh ! oui, monsieur, madame est au bal.
DIRVAL.
Tu veux rire.
FRANÇOIS.
Mais non, je ne ris point.
DIRVAL.
O contre-temps fatal !
Quoi ! cette nuit ?
FRANÇOIS.
Madame aime beaucoup le bal.
DIRVAL.
Allons, il faut l'attendre : au moins, mon cher beau-frère,

Sans doute il est ici, bien tranquille ?

FRANÇOIS.

Au contraire :
Il est au bal lui-même.

DIRVAL.

Eh ! quoi ? Formont aussi ?

FRANÇOIS.

Eh ! oui, monsieur ; vraiment, on ne dort plus ici.
Et puis, c'est qu'il était inquiet pour madame ;
Il l'est allé rejoindre.

DIRVAL.

Ah ! voilà bien son âme.
Ce bon Formont !

FRANÇOIS.

Oh ! oui ; comme il sera surpris !
Il est loin sûrement de vous croire à Paris ;
Et madame à son bal ne prévoit pas, je pense,
Ce prompt retour.

DIRVAL.

Ah ! prompt ! après deux ans d'absence !

FRANÇOIS.

Oui ; mais on ignorait... nous avions peur... pardon :
Puis la guerre...

DIRVAL.

J'entends. Ainsi me voilà donc
Seul ici.

FRANÇOIS.

Seul ? non pas ; car madame Sophie
A dans cette maison une fidèle amie :
Mais vous la connaissez ; oui, c'est madame Euler.

DIRVAL.

Madame Euler ! ah ! Dieu, son mari m'est bien cher.
Charmant couple ! de Tours quel bon vent les envoie ?
Je les embrasserai tous les deux avec joie.

FRANÇOIS.

Ils logent ici même.

DIRVAL.

Ah ! je pourrai les voir
Demain, de grand matin.

FRANÇOIS.

Peut-être dès ce soir ;
Car madame Euler veille en attendant madame.

DIRVAL.

Est-il possible ?

FRANÇOIS.
Eh ! oui ; pour votre chère femme,
Il faut en convenir, c'est un très grand bonheur.
DIRVAL.
Sophie ! un tel penchant te fait bien de l'honneur :
Je ne suis point surpris que tu l'estimes, l'aimes.
FRANÇOIS.
Leurs goûts sont différents.
DIRVAL.
Leurs âmes sont les mêmes.

SCÈNE II

Les mêmes, MADAME EULER.

(Dirval se tient à l'écart.)
MADAME EULER, se croyant seule.
Ah ! je croyais avoir distingué quelque bruit.
O Sophie !... attendons, s'il faut, toute la nuit.
DIRVAL, se montrant.
Je vous reconnais bien, rare et fidèle amie !
MADAME EULER.
Que vois-je ? ô ciel ! veillé-je ? ou serais-je endormie ?
Monsieur Dirval !
DIRVAL.
Lui même : oui, c'est moi, c'est bien moi,
Madame Euler, charmé de vous revoir.
MADAME EULER.
Eh ! quoi ?
Vous de retour, enfin !
DIRVAL, s'approchant.
Permettez-moi, de grâce...
C'est le meilleur ami d'Euler qui vous embrasse.
MADAME EULER.
De tout mon cœur, monsieur.
DIRVAL.
O combien je vous dois,
Chère madame Euler ! car j'apprends à la fois...
(Et jugez si mon âme est émue et ravie !)
Votre séjour ici, vos bontés pour Sophie.
MADAME EULER.
Vous mettez trop de prix...
DIRVAL.
Je ne rends qu'à demi

Ce que je sens bien mieux. Et notre bon ami,
Ce cher Euler, est-il bien portant ?
MADAME EULER.
A merveille.
Il repose à présent.
DIRVAL.
Oui ; mais l'amitié veille.
FRANÇOIS.
Heureusement pour nous.
MADAME EULER à François.
Vous-même, il en est temps,
Rentrez, mon bon François...
FRANÇOIS.
Eh ! je ne puis : j'attends.
D'aller au bal aussi monsieur a la manie ;
Et de tous ces bals, moi, je n'ai que l'insomnie.
(Il sort.)

SCÈNE III

MADAME EULER, DIRVAL.

MADAME EULER.
Vous voilà de retour, après un si long temps !
DIRVAL.
Jugez si j'ai dû, moi, trouver longs ces deux ans !
Séparé de ma femme, et d'un ami, d'un frère !
Mais j'étais prisonnier ; c'est le sort de la guerre.
Au désespoir, vingt fois, j'ai pensé me livrer.
Un échange à la fin vient de nous délivrer :
J'en profite ; j'accours, brûlant au fond de l'âme
De revoir mes amis et d'embrasser ma femme ;
Et ma femme est au bal !
MADAME EULER.
C'est dommage, en effet.
On l'a presque entraînée ; et, jeune comme elle est...
DIRVAL.
Il est tout naturel qu'on cherche à la distraire.
Et moi, qui la croyais là-bas, chez mon beau-frère !...
MADAME EULER, à part.
Plût au ciel !
DIRVAL.
J'en arrive.

MADAME EULER.
Oui ?
DIRVAL.
Dans l'instant ; j'ai cru
Les y trouver tous deux : c'est là que j'ai couru.
MADAME EULER.
Bon !
DIRVAL.
J'arrive au *Vallon*, cette chère campagne :
J'y trouve de Formont la fidèle compagne ;
Et par elle j'apprends... jugez qui fut surpris !
Que, depuis six grands mois, ma femme est à Paris,
Formont depuis vingt jours.
MADAME EULER.
Je conçois votre peine.
DIRVAL.
J'en eus un vrai dépit : aussi, sans prendre haleine,
Je repars à l'instant, j'accours, et me voici.
MADAME EULER.
Soyez le bienvenu.
(A part.)
Dieu ! n'être pas ici !
DIRVAL.
Deux ans loin d'une épouse, et jeune, et tendre et belle,
Quand je n'avais vécu que six mois auprès d'elle !
MADAME EULER.
Ah ! nous avons compté tout cela comme vous ;
Mais ce retour aussi, qu'il va nous charmer tous !
DIRVAL.
Oui, j'en juge par moi : dites-moi, je vous prie,
Ma Sophie est toujours bonne, aimable, jolie ?
MADAME EULER.
Charmante.
DIRVAL.
Elle pensait souvent à son ami ?
MADAME EULER.
Oh ! oui.
DIRVAL.
Loin d'elle, moi, que j'ai souffert, gémi !
Madame, je ne sais si vous allez m'en croire,
Je n'en ai pas perdu seulement la mémoire
Une minute ; enfin là-bas j'étais cité :
S'ils connaissaient ma femme ils m'auraient moins vanté.
MADAME EULER.
Que cet attachement pour l'aimable Sophie

Me touche ! elle en est digne.

DIRVAL.

Oui. Que je vous confie
Tous mes projets sur elle, et les beaux plans que j'ai.
Allez, j'emploîrai bien mes six mois de congé.
Je vais mettre ma joie et mon bonheur suprême
A combler tous ses vœux ; vous m'aiderez vous-même.

MADAME EULER.

Ah ! oui.

DIRVAL.

Je ne veux pas la laisser respirer ;
Je ne veux pas qu'elle ait le temps de désirer.
Dans ce que je fais, moi, je mets toute mon âme :
J'étais tout à la guerre, et suis tout à ma femme.

MADAME EULER.

O digne, excellent homme ! et que dans leurs foyers
Puissent nous revenir ainsi tous nos guerriers !

DIRVAL.

Je tombe de sommeil en attendant : je meure,
Si j'ai depuis dix jours fermé l'œil un quart d'heure !
Aussi, je l'avouerai, je suis las, harassé...

MADAME EULER.

Si Sophie était là, vous seriez délassé.
Allez vous reposer.

DIRVAL.

Oui ; mais j'aurais envie
D'écrire auparavant un mot à ma Sophie.

MADAME EULER.

En effet ; j'aime assez qu'au retour de ce bal
Elle trouve un billet de son ami Dirval :
Cela fera très bien.

DIRVAL.

Cette pauvre petite !
Sera-t-elle surprise !

MADAME EULER.

Et ravie !

DIRVAL.

Allons, vite.

(Il écrit debout, à demi penché sur la table.)
« Ma Sophie, eh bien ! me voilà... »
Il est doux, n'est-ce pas, de commencer par là ?

MADAME EULER.

Oui.

DIRVAL.

(Il écrit, et parle tout haut.)

« Je suis libre enfin, ô ma meilleure amie !
Depuis une année et demie,
Juge des maux que j'ai soufferts !
J'étais loin de ma femme, et j'étais dans les fers !
Mais en chemin bientôt je compte me remettre,
Et de près je suivrai ma lettre... »
(A madame Euler.)
Je la précède, et fais plus que je ne promets.
MADAME EULER.
On vous reconnaît là.
DIRVAL, achevant d'écrire.
« Ton ami pour jamais. »
Oh ! oui. Voilà ma lettre écrite et cachetée.
MADAME EULER.
Bonne lettre.
DIRVAL.
Le cœur, le cœur seul l'a dictée.
MADAME EULER.
Et celui de Sophie en sera pénétré.
DIRVAL.
Ah ! j'en suis sûr.
MADAME EULER.
C'est moi qui la lui remettrai.
DIRVAL, la lui donnant.
Elle en vaudra bien mieux ; j'ai l'âme plus contente,
Et je pourrai dormir pour charmer cette attente.
(Il allait sortir, puis s'arrêtant.)
Sous le toit de ma femme, il est, parbleu ! piquant
Qu'il faille que j'occupe encore un lit de camp.
(Il sort.)

SCÈNE IV

MADAME EULER, seule.

Gaîté, franchise aimable ! ô l'heureuse arrivée !
Dirval est de retour : mon amie est sauvée...
Que dis-je ? ah ! quoique seule et loin de son mari,
Elle l'a, j'en suis sûre, uniquement chéri.
Je connais bien Sophie, et je répondrais d'elle.
Légère en apparence, au fond du cœur fidèle...
Mais le frère et la sœur tardent bien à rentrer ?
Hélas ! ce bon Formont l'a-t-il pu rencontrer ?

Dans cette foule à peine on peut se reconnaître.
Je crains... j'entends du bruit; et ce sont eux peut-être.

SCÈNE V
MADAME EULER, M. MORAND.

MADAME EULER.
C'est vous, monsieur?
M. MORAND.
Eh! oui : mais vous, par quel hasard
Êtes-vous encor là, madame? il est si tard!
MADAME EULER.
J'attendais.
M. MORAND.
Qui? ma nièce?
MADAME EULER.
Oui.
M. MORAND.
Bon! quelle folie!
Allons donc!
MADAME EULER.
Dites-moi, monsieur, je vous supplie,
Venez-vous de ce bal?
M. MORAND.
Oui, j'en sors : pourquoi donc?
MADAME EULER.
Avez-vous vu... ?
M. MORAND.
Sophie? oui.
MADAME EULER.
Mais monsieur Formont?
M. MORAND.
Formont? eh bien?
MADAME EULER.
Au bal il n'était pas encore?
M. MORAND.
Au bal?
MADAME EULER.
Oui, sur les pas de sa sœur.
M. MORAND.
Je l'ignore.
Mais je ne l'ai pas vu. C'est dommage, parbleu!
Il doit être plaisant dans un bal, mon neveu.

MADAME EULER.
Il n'a pu la rejoindre !
M. MORAND.
Au reste, à ce cher frère
Ma nièce en ce moment, je crois, ne pensait guère.
Moi j'observais sa joie et son étonnement,
Bien naturels, au fait ; le bal était charmant :
Et ma nièce y brillait ; eh ! oui : quoique entourée
De cent belles, j'ai vu qu'elle était admirée.
Puis, au centre des jeux, des plaisirs et des ris,
On s'occupe fort peu des frères, des maris.
MADAME EULER.
Des maris ? ah ! pour moi, je connais mieux son âme
Mais il est de retour, son mari.
M. MORAND.
Quoi, madame ?...
Dirval... ?
MADAME EULER.
Est arrivé, monsieur ; il est ici.
M. MORAND.
Est-il possible ?
MADAME EULER.
Eh ! oui.
M. MORAND.
Quoi ! nous surprendre ainsi
Revenir en jaloux ? ce cher Dirval ! Je meure,
Si... ! Mais où donc est-il ?
MADAME EULER.
Il vient, et tout à l'heure,
D'aller se reposer : il est si fatigué !
Puis, ne trouvant personne...
M. MORAND.
Ah ! sans doute : il est gai !
Et femme et frère absents ; la nuit... ! pardon, de grâce
Ce cher neveu ! d'abord il faut que je l'embrasse.
Tous au bal, justement... !

(Il sort, en disant ces derniers mots.)

MADAME EULER, seule.
Ah ! oui ; j'aimerais mieux
Que Dirval eût trouvé tout le monde en ces lieux.
Mais n'importe.

SCÈNE VI

MADAME EULER, FLORVEL.

MADAME EULER à Florvel qui entre.
Quoi? seul, et sans votre cousine!
FLORVEL, de mauvaise humeur.
Ma cousine, madame? un autre, j'imagine,
L'a ramenée.
MADAME EULER.
Eh! non, elle n'est pas ici.
FLORVEL.
Elle n'est pas rentrée?
MADAME EULER.
Et vous avez ainsi
Pu la quitter, la perdre un seul instant de vue!
FLORVEL.
Je suis assez fâché qu'elle soit disparue :
Madame de Verseuil, et d'Héricourt, et moi,
Nous la suivions : Dorsan nous a rejoints, je voi
Que d'Héricourt et lui se parlent à l'oreille.
Au bal... je n'ai jamais vu de foule pareille.
MADAME EULER.
Sans doute ; eh bien?
FLORVEL.
A peine on pouvait respirer ;
Quelqu'un à tout moment venait nous séparer :
Mais je suivais toujours d'assez près ma cousine.
Madame de Verseuil dans la pièce voisine
M'envoie, et moi j'y vole, et reviens à l'instant.
Je ne les trouve plus.
MADAME EULER.
O Dieu!
FLORVEL.
D'abord, j'attend :
Bientôt, je vais, je cours ; mais je ne vois personne.
MADAME EULER.
Quoi! personne!
FLORVEL.
Du tout ; entre nous, je soupçonne,
Madame, qu'ils m'auront écarté tout exprès.
C'est un complot.

MADAME EULER.
Qu'entends-je ?
FLORVEL.
Oui, je le parirais,
Cette petite intrigue entre eux est combinée :
Ma cousine, je gage, ils l'auront emmenée...
MADAME EULER.
Ciel ! emmenée ! où donc ?
FLORVEL.
Eh ! je l'ignore, moi...
MADAME EULER.
Et, ne la trouvant pas, vous revenez... ?
FLORVEL avec dépit.
Ma foi... !
MADAME EULER.
O ma Sophie, hélas ! quels chagrins tu nous donnes !
Deux amis te restaient, et tu les abandonnes !
FLORVEL.
Mais, je le suis aussi.
MADAME EULER.
Vous, son ami ? bon Dieu !
Lorsque vous la quittez !
FLORVEL.
Moi ? la quitter ? parbleu !
C'est elle qui me quitte ; eh ! oui, la chose est claire.
C'est monsieur d'Héricourt enfin que l'on préfère :
D'Héricourt est aimé.
MADAME EULER.
Monsieur, rien n'est plus faux,
D'Héricourt peut former de criminels complots ;
Mais mon amie est loin d'en avoir la pensée :
C'est bien assez pour vous de l'avoir délaissée,
Sans la calomnier.
FLORVEL.
Tout ce qu'il vous plaira,
Madame Euler ; mais, moi, je suis, dans tout cela,
Trahi, sacrifié, pour qui ?
MADAME EULER.
Pauvre Sophie !
C'est toi que l'on trahit, et que l'on sacrifie.

SCÈNE VII

Les mêmes, MADAME DIRVAL, FORMONT.

FORMONT.
Non, non, madame Euler ; ils voulaient la tromper,
Les méchants ! mais ma sœur a su leur échapper.
MADAME EULER.
O ma Sophie ! enfin vous nous êtes rendue !
FLORVEL à Formont.
Où l'as-tu donc trouvée ?
FORMONT.
Où tu l'avais perdue.
MADAME EULER.
Mais, de grâce, comment, chère amie... ?
MADAME DIRVAL.
Ah ! toujours
Le ciel semble envoyer ce frère à mon secours.
FLORVEL.
C'est donc au bal, Formont, que tu l'as rencontrée ?
FORMONT.
Non, je n'ai de ton bal essuyé que l'entrée.
En deux mots, j'approchais ; et d'abord j'aperçois
Madame de Verseuil et ces messieurs ; tous trois
Entouraient, ou plutôt entraînaient ma Sophie
Avec un zèle extrême et dont je me défie,
Dans leur voiture enfin la pressaient de monter ;
Mais malgré tous leurs soins ma sœur semble hésiter.
Moi, je m'avance alors, et je lui dis : « Ma chère,
N'aimerais-tu pas mieux venir avec ton frère ?
Dis... » Pour toute réponse, elle saisit ma main,
Monte avec moi, je pars, et la ramène enfin.
MADAME DIRVAL.
Que je m'en applaudis ! je ne sais, leurs instances,
Ce souper, ce voyage, et mille circonstances,
Tout m'a paru suspect.
FLORVEL.
Ce n'est pas sans raison,
Cousine ; la prudence était fort de saison :
Car il se machinait contre vous quelque trame ;
C'est ce que je disais tout à l'heure à madame.
MADAME DIRVAL.
Se peut-il ?

FORMONT.
O ma sœur !
MADAME EULER.
Jugez de mon effroi !
Mais tout est oublié, puisque je vous revoi.
MADAME DIRVAL.
Les méchants ! ah ! je veux les fuir plus loin encore.
Ce Paris, que j'aimais, je le crains, je l'abhorre ;
Et je veux retourner à ce *Vallon* chéri ;
Je veux près de mon frère attendre mon mari.
FORMONT.
Bien, ma sœur.
MADAME EULER à madame Dirval.
Se peut-il ?
MADAME DIRVAL.
Oui, votre cœur m'approuve,
C'est là qu'il m'a laissée : il faut qu'il m'y retrouve.
FLORVEL.
Ah ! ma cousine !
MADAME EULER.
J'aime à vous voir mériter
Le bonheur imprévu que vous allez goûter.
MADAME DIRVAL.
Mais déjà je le goûte entre un frère, une amie.
MADAME EULER.
Il peut s'accroître encor.
MADAME DIRVAL,
Comment ?
MADAME EULER, lui remettant la lettre de Dirval.
Lisez, Sophie.
FORMONT.
De qui donc cette lettre ?
MADAME DIRVAL.
O ciel ! de mon mari !
FLORVEL.
Du cousin ?
FORMONT.
Quoi ! Dirval... ?
MADAME EULER.
Il est bien près d'ici.
FORMONT.
Bon ! il est arrivé, je gage.
MADAME EULER.
Eh ! mais, peut-être.

FORMONT.

Dirval ! ici ?

MADAME DIRVAL.

Pourquoi tarde-t-il à paraître ?

FLORVEL.

Ce cher cousin, je vais l'embrasser comme il faut ;
(A part.)
Mais je ne croyais pas qu'il reviendrait si tôt.
(Il sort, mais rentre l'instant d'après avec son père et Dirval.)

SCÈNE VIII

MADAME EULER, MADAME DIRVAL, FORMONT, M. MORAND, DIRVAL, FLORVEL.

MADAME DIRVAL lit.

« Me voilà ! » Tendre ami ! toujours, toujours le même.

MADAME EULER.

Ah ! voilà bien son âme.

FORMONT.

Oui, car celui-là t'aime.

MADAME DIRVAL, toujours lisant.

« Dix-huit mois dans les fers ! » Oh ! qu'il a dû souffrir !
Cher Dirval !

DIRVAL, qui écoute et regarde de loin, accourant.

Un regard de toi va me guérir.

MADAME DIRVAL.

Dirval ! est-il possible ?

DIRVAL.

O mon unique amie !

MADAME DIRVAL.

Tendre époux !

FORMONT.

Cher Dirval !

DIRVAL, l'embrassant.

O mon frère !

M. MORAND.

Sophie,
Je te fais compliment.

FORMONT.

Ils sont donc réunis !

MADAME EULER.

Et pour toujours.

ACTE V, SCÈNE VIII.

MADAME DIRVAL à son mari.
Tu vois de fidèles amis,
Dirval, à qui je dois une reconnaissance... !
Ils m'ont sauvée...

MADAME EULER, vivement.
Eh ! oui, des peines de l'absence.

MADAME DIRVAL.
Non, ils m'ont garantie, et de maux plus réels,
De dangereux écueils et de pièges cruels :
En un mot, ils ont su me sauver de moi-même.

FORMONT.
Ma sœur !...

MADAME DIRVAL.
Je puis tout dire à cet époux que j'aime.

DIRVAL.
Oui, ma chère Sophie, et toujours ta candeur
Te rend plus estimable et plus chère à mon cœur.

MADAME EULER.
Vous lui rendez justice.

MADAME DIRVAL à M. Morand.
Agréez d'une nièce
Tous les remercîments, pour les soins, la tendresse
Dont vous l'avez comblée.

DIRVAL.
Oui, cher oncle; et croyez
Que ma reconnaissance...

M. MORAND.
Allons donc ! vous riez.

MADAME DIRVAL.
Je vous fais dès ce soir mes adieux.

M. MORAND.
Bon !

FLORVEL.
Qu'entends-je ?
Quoi, vous partez, cousine ?

MADAME DIRVAL.
Oui.

M. MORAND.
Quel dessein étrange !
Il arrive, et tu pars.

DIRVAL.
Au fait, je suis surpris...
J'ai cru que tu m'allais faire un peu voir Paris.

M. MORAND.
Eh ! oui.

MADAME DIRVAL, à son frère.
Par complaisance il resterait peut-être ;
Mais il m'aimera mieux sous notre toit champêtre.
FORMONT.
J'en réponds ; et je pars dès demain si tu veux.
DIRVAL.
Moi je ne reste pas si vous partez tous deux.
FLORVEL.
Ainsi vous nous quittez, trop ingrate Sophie !
MADAME DIRVAL.
Ingrate ! eh ! mais, en quoi ?
M. MORAND.
Que je vous porte envie !
Vous allez vivre aux champs, trop heureux !
FORMONT.
Le *Vallon*
Vous est toujours ouvert, mon cher oncle ; mais bon !
Paris ne donne pas le bonheur, non sans doute ;
Il empêche, dit-on, qu'ailleurs on ne le goûte.
MADAME EULER.
Ah ! ce n'est pas Paris qui m'en empêcherait.
MADAME DIRVAL.
Ce n'est pas lui non plus qui cause mon regret.
DIRVAL à madame Euler.
Euler et vous, pourquoi ne pouvez-vous nous suivre ?
MADAME EULER.
A la campagne tous nous ne pouvons pas vivre ;
Les devoirs les plus chers m'arrêtent en ces lieux.
FORMONT.
Hélas ! tant pis pour nous, mais pour Paris tant mieux.
Moi je retourne enfin à ma chère campagne ;
J'y ramène ma sœur, Dirval nous accompagne ;
Et je vais retrouver ma femme et mes enfants :
Je suis heureux : adieu, Paris, et pour longtemps.

FIN DES MŒURS DU JOUR.

MALICE POUR MALICE

COMÉDIE EN TROIS ACTES ET EN VERS,

REPRÉSENTÉE POUR LA PREMIÈRE FOIS SUR LE THÉATRE LOUVOIS,
LE 18 PLUVIOSE AN XI (1803).

PERSONNAGES

M. SAINT-FIRMIN.
MADAME DOLBAN, sa sœur.
MADEMOISELLE DOLBAN,
M. FLORIMEL, frère et sœur, enfants de madame Dolban.
EUSÉBIE, orpheline.
RAIMOND.
GÉLON, voisin.
LUBIN, valet de Raimond.
LÉVEILLÉ, laquais de madame Dolban.
AUTRES DOMESTIQUES, personnages muets.

La scène est dans la maison de campagne de madame Dolban.

MALICE POUR MALICE,

COMÉDIE

EN TROIS ACTES ET EN VERS.

ACTE PREMIER

La scène, dans cet acte et dans le suivant, se passe
dans un salon.

SCÈNE PREMIÈRE

M. SAINT-FIRMIN (une lettre à la main).
(On entend, au dehors, de grands éclats de rire.)

Que de bruit ! quels éclats ! pour moi, l'ennui me gagne :
Voilà comme ma sœur s'amuse à la campagne !
Quoi ! du matin au soir, railler, se divertir,
Rire aux dépens d'autrui ! quel talent ! quel plaisir !
Mais, ce matin surtout, la joie est redoublée :
Nouveaux préparatifs dans la folle assemblée,
Parce que l'on attend, pour se moquer de lui,
Le fils de son ami !... Cependant, aujourd'hui,
Je me prête moi-même à ce faux badinage,
Et je prétends y faire aussi mon personnage :
J'ai mes raisons. Ceci peut produire un grand bien :
Puis, s'il en résultait un assez doux lien
Entre ce même ami, qu'à jouer on s'apprête,
Simple en effet et bon, mais franc, sensible, honnête,
Et la jeune orpheline, ici, tout à la fois,
Raillée et maltraitée ?... Aimable enfant !... Je crois

Que ces deux jeunes gens, d'avance, se conviennent,
Qu'ils s'aimeront... mais, chut, les voilà tous qui viennent;
Dissimulons.

SCÈNE II

M. SAINT-FIRMIN, MADAME DOLBAN, MADEMOISELLE DOLBAN, FLORIMEL, EUSÉBIE.

M. SAINT-FIRMIN.
Ma sœur, ma nièce, mon neveu,
Trêve à tous vos ébats, à vos rires.
FLORIMEL.
Bon Dieu !
Qu'est-ce ?
M. SAINT-FIRMIN.
Écoutez-moi tous.
MADAME DOLBAN.
Oh ! voilà bien mon frère,
Avec l'air affairé, comme à son ordinaire !
M. SAINT-FIRMIN.
Vous allez tous l'avoir ainsi que moi.
MADEMOISELLE DOLBAN.
Quoi donc ?
M. SAINT-FIRMIN.
Notre jeune homme arrive.
TOUS.
Ah ! ah !
FLORIMEL.
Monsieur Raimond ?
M. SAINT-FIRMIN.
Aujourd'hui ; cette lettre...
MADAME DOLBAN.
Enfin ! j'en suis ravie.
MADEMOISELLE DOLBAN.
Il va donc nous donner, à tous, la comédie.
FLORIMEL.
Il nous a fait languir, au moins, pendant huit jours :
C'est cruel.
M. SAINT-FIRMIN.
On lui garde, au fait, de si bons tours !
Il a tort de tarder.
EUSÉBIE.
Dites-moi, je vous prie :

Je ne suis pas au fait de la plaisanterie ;
Ce jeune voyageur, on veut donc, je le voi ?...
           FLORIMEL.
Oui, s'en moquer.
           EUSÉBIE.
       Ah, ah ! s'en moquer ? et pourquoi ?
      MADEMOISELLE DOLBAN.
Mais... pour nous amuser.
           EUSÉBIE.
           Quels motifs sont les vôtres ?
Que vous a-t-il fait ?
           FLORIMEL.
      Rien.
       M. SAINT-FIRMIN.
            Non, pas plus que les autres.
         MADAME DOLBAN.
Avec ses questions, elle sait me charmer.
          M. SAINT-FIRMIN.
Votre exemple et vos soins ne peuvent la former.
        MADEMOISELLE DOLBAN.
Puis, les beaux sentiments... ils sont d'un ridicule !
           FLORIMEL.
Çà, mon oncle, il est donc bien simple, bien crédule,
Le cher Raimond ?
           M. SAINT-FIRMIN.
       S'il l'est ? en pouvez-vous douter,
Après tous les bons tours que j'ai su vous conter ?
C'est un être vraiment curieux à connaître,
Qui, trompé mille fois, est toujours prêt à l'être.
Mais, vous en jugerez.
         MADEMOISELLE DOLBAN.
            Moi, je le sais par cœur.
           FLORIMEL.
Je vais le ballotter, ce cher petit monsieur...
           M. SAINT-FIRMIN.
Aussi, mes bons amis, vous connaissant avides
De ces tours gais, malins, joyeusement perfides,
J'ai, sachant qu'à Paris Raimond devait aller,
Voulu de son passage, au moins, vous régaler.
Que vous dirai-je, enfin ? j'eus cette fantaisie.
          MADAME DOLBAN.
C'est une attention dont je vous remercie.
           FLORIMEL.
Et nous, donc !

MADEMOISELLE DOLBAN.
　　　Oui, voici qui va nous réveiller.
FLORIMEL.
Nous n'avions, en effet, plus personne à railler.
EUSÉBIE.
Ce plaisir-là finit par s'user, c'est dommage.
M. SAINT-FIRMIN.
Vous aviez épuisé tout votre voisinage ;
Et la disette, enfin, allait nous obliger
A nous railler l'un l'autre ; au moins, cet étranger
Va nous fournir, lui seul, des scènes assez drôles.
MADAME DOLBAN.
Mais, il peut arriver : répétons bien nos rôles.
FLORIMEL (mettant le doigt sur son front).
Nos rôles ? ils sont là.
MADEMOISELLE DOLBAN.
　　　　　D'abord, moi, je serai
Soubrette, et je crois bien que je m'en tirerai.
FLORIMEL.
Eh ! parbleu, j'en suis sûr ; te voilà dans ta sphère :
Raillerie et babil.
MADEMOISELLE DOLBAN.
　　　Oui ? poli comme un frère.
FLORIMEL.
Et la coquetterie ira toujours son train,
Je gage ?
MADEMOISELLE DOLBAN.
　　　Pourquoi pas ? En raillant son prochain,
Il est gai de lui faire encor tourner la tête ;
Et soubrette, je veux tenter cette conquête.
M. SAINT-FIRMIN.
Courage.
MADAME DOLBAN.
　　　Moi, j'ai pris un petit rôle, exprès,
Celui de gouvernante, et ferai peu de frais :
Car je suis, comme on sait, d'une délicatesse !
Un rien me rend malade.
FLORIMEL.
　　　　　Eh mais, dans notre pièce,
Vous l'êtes, malade.
MADAME DOLBAN.
Oui ?
FLORIMEL.
　　　Malade, même au lit.

ACTE 1, SCÈNE II.

M. SAINT-FIRMIN.
Qui jouera donc ce rôle ?
FLORIMEL.
Eh ! ne l'a-t-on pas dit ?
Babet.
M. SAINT-FIRMIN.
Quoi ? cette grosse ?...
FLORIMEL.
On voile son visage.
EUSÉBIE.
Sa voix ?...
FLORIMEL.
De la parole elle a perdu l'usage.
MADAME DOLBAN.
Il a réponse à tout.
M. SAINT-FIRMIN.
A merveille : voilà
Gouvernante et soubrette : oui, mais en ce cas-là,
Qui fera donc ma nièce, enfin ?
MADAME D'OLBAN (en montrant Eusébie).
Mademoiselle :
J'espère qu'aujourd'hui, l'on peut compter sur elle.
MADEMOISELLE DOLBAN (à Eusébie).
Me ferez-vous l'honneur de me réprésenter ?
EUSÉBIE.
En vérité, je crains...
MADAME DOLBAN.
Ah ! c'est trop hésiter
Les rôles sont donnés, et vous êtes ma fille.
EUSÉBIE.
J'obéis.
M. SAINT-FIRMIN (à Eusébie).
Vous étiez déjà de la famille,
Trop aimable orpheline !...
MADAME DOLBAN.
Allons, point de fadeur.
MADEMOISELLE DOLBAN.
Au fait.
FLORIMEL (à Eusébie).
Souvenez-vous, ô ma nouvelle sœur !
Que vous allez jouer un rôle d'amoureuse.
EUSÉBIE.
D'amoureuse ?
FLORIMEL.
Sans doute.

M. SAINT-FIRMIN.
                    Oui, l'idée est heureuse.
            MADAME DOLBAN.
Mon fils est si plaisant !
                FLORIMEL.
                    Il faut que vous soyiez
D'une tendresse !...
                EUSÉBIE.
                    Ah, ah ! vous me le conseillez,
Monsieur ?
                FLORIMEL.
        Je fais bien plus, vraiment, je vous en prie.
                EUSÉBIE.
Eh ! mais, tout en suivant cette plaisanterie,
Si j'allais donc aimer, tout de bon ?
            M. SAINT-FIRMIN (vivement).
                        Oui ? tant mieux.
            FLORIMEL (d'un air suffisant).
Ma réponse à cela, je la lis dans vos yeux.
                EUSÉBIE.
Bon ! alors...
            MADEMOISELLE DOLBAN.
        Te voilà bien confiant, mon frère !
                FLORIMEL.
Un peu. Je vais pourtant paraître le contraire.
Oui, mon rôle est celui d'un frère altier, jaloux,
Ombrageux, ou plutôt, je les embrasse tous ;
Car tenez, il me vient déjà mille saillies ;
Puis je vais, à mesure, inventer des folies...
            M. SAINT-FIRMIN.
Oh ! je m'en fie à toi. Moi, je parlerai peu,
Comme disait ma sœur : j'observerai le jeu ;
De tout le monde, ici, je jugerai l'adresse ;
Mais c'est le dénoûment, surtout, qui m'intéresse.
                FLORIMEL.
Oui ; c'est l'ami Gélon qui va nous seconder !
            MADEMOISELLE DOLBAN.
Certes !... Il ne vient point.
                FLORIMEL.
                    Il ne saurait tarder.
            M. SAINT-FIRMIN.
C'est là le grand railleur.
            MADAME DOLBAN.
                    Ah ! oui, par excellence.

EUSÉBIE.
Il vous persiffle, même en gardant le silence.
FLORIMEL.
Ce Gélon, par malheur, raille indistinctement
Amis comme ennemis.
MADEMOISELLE DOLBAN.
Oui, mais si joliment !
Il est charmant.
M. SAINT-FIRMIN.
Sans doute : il te trouve charmante !
MADAME DOLBAN.
Moi, tenez, franchement, plutôt qu'il me tourmente,
J'aime encore mieux l'aider à tourmenter autrui.
M. SAINT-FIRMIN.
Voilà le mot. Eh ! mais...
MADEMOISELLE DOLBAN.
Oui, justement c'est lui.

SCÈNE III

Les mêmes, GÉLON.

MADAME DOLBAN, avec empressement.
Bonjour !
FLORIMEL.
Ce cher Gélon !
GÉLON.
Mesdames !...
FLORIMEL.
Il arrive.
GÉLON.
Raimond ?
M. SAINT-FIRMIN.
Lui-même : ici, l'on est sur le *qui vive !*...
MADEMOISELLE DOLBAN, à Gélon.
Vous seul ne ferez rien, et c'est fort mal.
GÉLON.
Pardon :
Vous m'annoncez quelqu'un si facile, si bon !
D'une ingénuité, d'une souplesse extrême,
Et qu'on pourrait nommer la crédulité même :
C'est conscience, à moi, de jouer un enfant.
FLORIMEL.
Fort bien !

GÉLON.
Irai-je ici, d'un air vain, triomphant,
Grossir contre Raimond le nombre des complices,
Fatiguer son sommeil à force de malices,
L'éveiller en sursaut au bruit des pistolets?...
Que sais-je? en plein midi, lui fermer les volets,
Pour qu'il se croie atteint d'une goutte sereine?
Ou, voulant supposer qu'une attaque soudaine
L'a rendu sourd, ouvrir la bouche sans parler;
En sa présence encor, quoiqu'absent l'appeler,
Le battre même, afin qu'il se croie invisible?...
Tout cela, qui jadis fut plaisant et risible,
Est usé, rebattu ; puis, c'est trop de moitié
Contre ce bon Raimond, qui vraiment fait pitié.
Tourmenter de la sorte un être aussi crédule,
Plus que le patient c'est être ridicule.

M. SAINT-FIRMIN.
Ainsi vous réservez vos intrigues, vos plans,
Pour des occasions dignes de vos talents.

MADEMOISELLE DOLBAN.
Mais, sans vous, cependant, point de bonne partie.

GÉLON.
Ah !

EUSÉBIE.
C'est trop de Monsieur blesser la modestie.

GÉLON, avec l'air de finesse.
Quoi qu'il en soit, sans moi, raillez cet innocent.
C'est tout ce que pourrait tenter un commençant,...
Florimel, par exemple.

FLORIMEL.
Hein?... me crois-tu novice?

GÉLON.
Mais... à peu près : il faut à tout de l'exercice.
Vous promettez, mon cher ; et quelque jour...

FLORIMEL.
Tenez,
Je n'aime point, Gélon, les airs que vous prenez.

M. SAINT-FIRMIN.
Rien n'est juste, pourtant, comme la représaille.

EUSÉBIE.
Nous voulons bien railler, mais non pas qu'on nous raille.

MADAME DOLBAN.
Allons donc : entre nous, au moins point de débats.

M. SAINT-FIRMIN.
Non ; en parlant plaisir, ne nous chagrinons pas.

SCÈNE IV

Les mêmes, LÉVEILLÉ.

LÉVEILLÉ, accourant d'un air familier.
Bonne nouvelle!
FLORIMEL.
Qu'est-ce?
LÉVEILLÉ.
Enfin, voici nos hommes,
Maître et valet.
MADAME DOLBAN.
Fort bien.
M. SAINT-FIRMIN.
Avec nos gens, nous sommes
Presqu'en société.
MADAME D'OLBAN.
Bon! qu'importe cela?
(Léveillé sort.)

SCÈNE V

Les mêmes, excepté LÉVEILLÉ.

MADEMOISELLE DOLBAN.
Allons nous costumer : eh! vite.
MADAME DOLBAN.
Le voilà ;
Et nous perdions le temps en disputes frivoles!
A nos rôles. Voici mes dernières paroles
De mère; désormais, je suis madame Armand.
(Elle sort gravement.)
MADEMOISELLE DOLBAN.
Et moi, Marton.
(Elle sort en courant.)
FLORIMEL.
Friponne!
GÉLON.
(A part.)
Adieu... pour un moment.
EUSÉBIE bas, à M. Saint-Firmin.
O combien il m'en coûte!

26.

M. SAINT-FIRMIN, bas, à Eusébie.
Allons, ma chère amie,
Du courage : il faut bien s'amuser dans la vie.
(Elle sort.)

SCÈNE VI

M. SAINT-FIRMIN, FLORIMEL.

FLORIMEL.
Que disait-elle ?
M. SAINT-FIRMIN.
Oh !... rien.
FLORIMEL.
Elle a peine, je crois,
A feindre ; chère enfant ! elle est folle de moi.
M. SAINT-FIRMIN.
Ah ! ah ! je l'ignorais.
FLORIMEL.
Oui, c'est un doux mystère.
M. SAINT-FIRMIN.
Pourquoi me le dis-tu ?
FLORIMEL.
Je ne veux rien vous taire.

SCÈNE VII

M. SAINT-FIRMIN, FLORIMEL, RAIMOND, LUBIN (celui-ci a une valise sur l'épaule).

M. SAINT-FIRMIN.
Eh ! c'est vous, cher Raimond !
RAIMOND.
Ah ! monsieur Saint-Firmin !
Je vous vois : me voilà délassé du chemin.
FLORIMEL.
Et nous, dédommagés de notre longue attente.
RAIMOND à Florimel.
Monsieur...
M. SAINT-FIRMIN.
Vous voulez bien qu'ici je vous présente
Mon neveu Florimel ?

ACTE I, SCÈNE VII.

RAIMOND.
Monsieur... j'ai bien l'honneur.
FLORIMEL.
L'honneur!... Je vous embrasse, et c'est de tout mon cœur.
M. SAINT-FIRMIN.
Parlez-moi donc un peu de la maman, du frère,
Et des sœurs : tout le monde est bien portant, j'espère ?
RAIMOND.
Ah ! vous êtes trop bon. A merveille : ils m'ont tous
Chargé de compliments et d'amitiés pour vous.
FLORIMEL.
Que je les trouve heureux d'avoir un fils semblable !
RAIMOND.
Ah ! Monsieur...
FLORIMEL.
Non, d'honneur, on n'est pas plus aimable !
RAIMOND.
Vous me jugez trop bien.
M. SAINT-FIRMIN.
Ah ! voilà Florimel !
Enthousiaste...
RAIMOND.
Il montre un heureux naturel.
FLORIMEL.
Nous sommes tous, ainsi, vraiment, de bonnes âmes.
M. SAINT-FIRMIN.
Tout à fait. Je vous vais annoncer à nos dames.
Mon cher Raimond, ici, soyez le bienvenu.
FLORIMEL.
Ah ! oui, depuis longtemps vous étiez attendu,
Mon cher : votre arrivée est un signal de fête ;
Si vous saviez aussi comme chacun s'apprête
A vous traiter !...
RAIMOND.
Messieurs... je suis confus, ravi...
M. SAINT-FIRMIN.
Bon ! vous ne voyez rien. Sans adieu, mon ami.
(Bas, à Florimel.)
Eh bien ?
FLORIMEL, bas, à M. Saint-Firmin.
Il est parfait.
M. SAINT-FIRMIN.
En tes mains je le laisse.
FLORIMEL.
Oui, je vous en réponds.

M. SAINT-FIRMIN, bas, à Florimel.
Surtout de la sagesse.
FLORIMEL de même.
Fort bien.

SCÈNE VIII

FLORIMEL, RAIMOND, LUBIN.

FLORIMEL.
Nous voilà seuls.
RAIMOND.
Monsieur !...
FLORIMEL.
C'est qu'entre nous,
Je me trouve d'abord à mon aise avec vous :
Vous m'avez tout de suite, il faut que je le dise,
Intéressé par l'air de candeur, de franchise.
RAIMOND.
Tout le monde, en effet, me trouve cet air-là :
Il faut que cela soit.
LUBIN.
Oh ! oui, c'est bien vrai, ça.
Pour moi, je ne sers pas depuis longtemps mon maître ;
Mais je le connais bien : l'enfant qui vient de naître
N'est pas plus innocent.
RAIMOND.
Lubin, en vérité !...
FLORIMEL.
Moi, j'aime son babil, son ingénuité.
RAIMOND.
Oui, mais...
LUBIN.
Puisque Monsieur est charmé quand je parle :
Hier même à Moulins, à l'auberge Saint-Charle,
Mon maître a pris... quelqu'un pour un prince étranger,
L'appelait *Monseigneur*, l'écoutait sans manger ;
Et ce prince, c'était de ces gens à prologues,
Qui vendent à cheval des chansons et des drogues.
Voilà quel est mon maître.
FLORIMEL.
Est-il bien vrai, mon cher ?
RAIMOND.
Très vrai. Que voulez-vous ? cet homme avait grand air :

Il ne parlait jamais que de seigneurs, de princes;
Il donnait à sa fille, en dot, quatre provinces :
Pouvais-je deviner qu'il entendait par-là
Ne plus chanter ni vendre en ces provinces-là?
FLORIMEL.
Eh! c'est tout simple.
RAIMOND.
     Moi, je commence par croire.
Sans être un grand sorcier, on peut faire une histoire :
Un sot peut, tous les jours, rire aux dépens d'autrui,
Rire même de tel... qui vaudra mieux que lui.
N'est-il pas vrai?
FLORIMEL.
   Voyez! ne pas croire qu'on mente!
RAIMOND.
Mais je désire fort qu'ici l'on me présente...
FLORIMEL.
A ma mère? Monsieur! hélas!
RAIMOND.
      Vous soupirez :
Quel malheur?...
FLORIMEL.
    Je le vois, Monsieur, vous ignorez...
Ma mère, en ce moment, ne saurait voir personne.
RAIMOND.
Ah! pardonnez... Je n'ose, ô Dieu! mais je soupçonne
Qu'elle est malade.
FLORIMEL.
   Oh! oui, bien dangereusement.
RAIMOND.
Mais, c'est donc tout à coup, Monsieur?
FLORIMEL.
       Subitement.
RAIMOND.
Se peut-il?
FLORIMEL.
  C'est l'effet d'un grand coup de tonnerre.
RAIMOND.
De tonnerre?
FLORIMEL.
   A minuit, il tombe chez ma mère;
Avec fracas déchire et brûle ses rideaux,
Dérange les fauteuils, dépend lustres, tableaux...
L'un d'eux tombe sur elle...

RAIMOND.
Ah!
FLORIMEL.
C'est ce qui la sauve :
Ma mère est là-dessous, mieux que dans son alcôve.
RAIMOND.
J'entends : c'est bien heureux.
LUBIN.
Un drôle de bonheur!
FLORIMEL.
Jugez de son état et de notre douleur!
RAIMOND.
Je le sens.
FLORIMEL.
Vous trouvez ce fait un peu bizarre?
LUBIN.
Il est certain...
RAIMOND.
Sans doute, un coup pareil est rare :
Mais qui peut du tonnerre expliquer les effets?
Impossible, est un mot que je ne dis jamais.
FLORIMEL.
Ce principe est d'un sage. Ici, l'on se lamente :
Ma pauvre sœur...
RAIMOND.
Hélas!... elle est, dit-on, charmante?
FLORIMEL.
Monsieur, je la loûrois, si ce n'était ma sœur.
Elle est intéressante ; entre nous, par malheur,
Elise s'est gâté l'esprit par sa lecture :
Elle en est aux romans pour toute nourriture.
RAIMOND.
Des romans ! eh! lit-on autre chose à présent?
LUBIN.
Chez nous, jusqu'au berger en lit chemin faisant.
FLORIMEL.
Ma pauvre sœur !... il est des moments où je tremble.
(Affectant de l'abandon.)
Mon ami ! nous allons quelques jours vivre ensemble ;
Et votre air, vos discours... Je serais, entre nous,
Désespéré d'avoir une affaire avec vous.
RAIMOND.
Une affaire?
FLORIMEL.
Oui, tenez, je ne puis vous le taire,

Monsieur ; j'ai le malheur d'avoir un caractère
Fier, terrible.
RAIMOND.
On croirait le contraire, à vous voir.
FLORIMEL.
Non, je ne passe rien. J'ai rendez-vous, ce soir,
Avec un officier, mon ancien camarade,
Qui, nous rencontrant hier, dans une promenade,
A regardé ma sœur d'un air... qui m'a déplu.
RAIMOND.
Quoi ! pour cela, se battre ?
FLORIMEL.
Oui, j'y suis résolu.
LUBIN.
Diable ! à ses yeux, alors, il faut bien prendre garde.
RAIMOND.
Vous permettrez pourtant, Monsieur, qu'on la regarde,
Et vous ferez fort bien. En me le défendant,
Vous rendriez par là mon désir plus ardent.
Je vous parle sans fard.
FLORIMEL.
Ce n'est pas que je craigne.
J'ai mis près de ma sœur une sévère duègne,
Un *argus*, au-dessus de son état, d'ailleurs ;
C'est une dame... elle a... vous saurez ses malheurs.
RAIMOND.
Ah !
LUBIN.
Puisque vous parlez ici de gouvernante,
Monsieur ; dans la maison, est-il une suivante ?
FLORIMEL.
Oui, Lubin ; car à tout je vois que vous pensez.
RAIMOND.
C'est un bavard.
LUBIN.
Est-elle un peu jolie ?
FLORIMEL.
Assez.
LUBIN.
Cela se trouve bien.
FLORIMEL à Raimond.
Même, par parenthèse,
Elle est espiègle, alerte, et va, ne vous déplaise,
Vous lutiner un peu.

LUBIN.
Nous le lui rendrons bien.
FLORIMEL, à Lubin.
Je parle à votre maître ; et vous, je vous prévien,
Lubin, qu'il faut avoir bien du respect pour elle.
LUBIN.
(D'un air fin.)
C'est différent. Je vois que cette demoiselle...
Les soubrettes, pourtant, sont notre lot, je crois.
RAIMOND.
Enfin, te tairas-tu ?
LUBIN.
Dame ! on défend ses droits.
FLORIMEL.
(A Raimond.) (Il appelle.)
Il est gai ; mais pardon. Léveillé !... Tout le monde.

SCÈNE IX

Les mêmes, LÉVEILLÉ, et trois autres domestiques.

FLORIMEL.
De ce brave garçon que chacun me réponde :
J'entends qu'il soit traité... comme son maître, ici.
LÉVEILLÉ, d'un air ricaneur.
Oui, Monsieur, tout de même.
LUBIN.
Oh ! je n'ai nul souci.
(Aux autres domestiques.)
Messieurs, nous serons bien... s'il ne fait point d'orage.
LÉVEILLÉ.
Bon ! l'orage est passé ; mon enfant, du courage.
(Lubin sort avec les autres valets.)

SCÈNE X

FLORIMEL, RAIMOND.

RAIMOND.
Tout le monde est ici d'une franche gaîté !...
FLORIMEL.
Oui ?... vous nous l'inspirez, mon cher, en vérité.

RAIMOND.
Vous me flattez, Monsieur.
FLORIMEL.
Point du tout.

SCÈNE XI

Les mêmes, MADEMOISELLE DOLBAN (en soubrette).

FLORIMEL, à mademoiselle Dolban.
Hé bien, qu'est-ce,
Marton? que nous veut-on?
MADEMOISELLE DOLBAN.
Rien. C'est moi, qui m'empresse
De venir à Monsieur, si vous le permettez,
Offrir mes soins, mon zèle.
RAIMOND.
Ah! c'est trop de bontés.
MADEMOISELLE DOLBAN, bas, à Florimel.
Ne venez pas encor; ma mère n'est pas prête.
FLORIMEL, bas, à mademoiselle Dolban.
(Haut.)
Non, non. Eh mais, Marton, cette offre est fort honnête.
MADEMOISELLE DOLBAN.
Elle est bien naturelle.
FLORIMEL.
Allez tout préparer
Là-dedans, et voyez si nous pouvons entrer.
MADEMOISELLE DOLBAN.
Pas encor. Nous avons des toilettes à faire
Pour ma jeune maîtresse... oh! mais, c'est une affaire!...
RAIMOND.
Inutile, sans doute, avec autant d'appas!
MADEMOISELLE DOLBAN.
Mais pas trop inutile, et j'avoûrai tout bas...

SCÈNE XII

Les mêmes, M. SAINT-FIRMIN.

M. SAINT-FIRMIN.
Que fais-tu là, Marton?

MADEMOISELLE DOLBAN.
          Eh! mais, Monsieur...
    M. SAINT-FIRMIN.
                              Tu causes,
Lorsqu'il faudrait là-bas arranger mille choses !
          MADEMOISELLE DOLBAN.
Tout est prêt.
          M. SAINT-FIRMIN.
          Prêt ou non, vois si, dans ce moment,
Ma sœur n'a pas besoin de toi.
          MADEMOISELLE DOLBAN.
                              Madame Armand ?
    M. SAINT-FIRMIN.
Mais non, ma sœur. Eh quoi! ma sœur se nomme-t-elle
     (A mi-voix.)   (Haut.)
Madame Arm...? étourdie! Allons, Mademoiselle...
          FLORIMEL.
Cher oncle!
          M. SAINT-FIRMIN, à sa nièce.
Sortez donc.
          MADEMOISELLE DOLBAN.
                    Je vous trouve, Monsieur,
L'air bien sévère.
          M. SAINT-FIRMIN.
          Et vous, le ton bien raisonneur
Pour une soubrette.
    MADEMOISELLE DOLBAN, regardant Raimond avec attention.
          Ah! dussé-je être indiscrète,
On oublîrait ici qu'on n'est qu'une soubrette.
                              (Elle sort.)
          FLORIMEL.
               (De loin.)
Je veux te dire un mot. Je vous laisse un moment,
Messieurs.
                              (Il sort.)

SCÈNE XIII

M. SAINT-FIRMIN, RAIMOND.

    M. SAINT-FIRMIN.
     Ah! çà, mon cher, causons donc librement.
          RAIMOND.
Je le désire fort.

M. SAINT-FIRMIN.
Mais... qui vous fait sourire ?
RAIMOND.
Ne devinez-vous pas ce que je veux vous dire ?
M. SAINT-FIRMIN.
Eh ! mais...
RAIMOND.
Vous devinez ; oui, je vois à votre air,
Qu'ici vous attendez...
M. SAINT-FIRMIN.
Expliquez-vous, mon cher.
RAIMOND.
Tout, dans cette maison, semble extraordinaire :
Cette mère malade, et d'un coup de tonnerre ;
Cette soubrette, un peu familière, entre nous ;
Le frère si bizarre, et bavard, et jaloux ;
Tout ce que l'on m'a dit de la sévère duègne ;...
Que vous dirai-je, enfin ? ce désordre qui règne
Dans toute la maison, et ces joyeux ébats
De valets ricaneurs qui se parlent tout bas ;
Tout cela, par degrés, augmente ma surprise,
Et je soupçonnerais, s'il faut que je le dise...
M. SAINT-FIRMIN.
Quoi donc ?
RAIMOND.
Qu'on est d'accord pour se moquer de moi.
M. SAINT-FIRMIN.
Quel conte ! vous croyez ?
RAIMOND.
J'en ai peur.
M. SAINT-FIRMIN.
Mais, pourquoi,
De grâce ? à quel propos ?
RAIMOND.
Oh ! pourquoi ? je l'ignore.
Je puis tout comme un autre, et mieux qu'un autre encore,
Offrir matière...
M. SAINT-FIRMIN.
Allons !...
RAIMOND.
Il est, dit-on, d'ailleurs,
Certaines gens qui font métier d'être railleurs,
Qui forgent chaque jour quelque scène nouvelle,
Pour tourmenter autrui : ce jeu, je crois, s'appelle...
Attendez donc... eh ! oui, *mystification*.

M. SAINT-FIRMIN.
Je n'entends pas trop bien semblable expression.
RAIMOND.
Je conviens avec vous que le mot est barbare ;
Mais bien moins que la chose il est faux et bizarre.
M. SAINT-FIRMIN.
Quoi? vous croiriez?...
RAIMOND.
Très fort. Certain air m'a frappé...
Parbleu! je voudrais bien ne m'être pas trompé.
M. SAINT-FIRMIN.
Pourquoi?
RAIMOND.
Je suis né doux, confiant, et peut-être
Un peu crédule, oui ; mais, quand je crois reconnaître
Que l'on veut abuser de ce secret penchant ;
Tout comme un autre, alors, je puis être méchant.
M. SAINT-FIRMIN.
Vraiment?
RAIMOND.
Oui, je suis homme à me faire un délice
De leur rendre, à mon tour, malice pour malice.
M. SAINT-FIRMIN.
Mais... c'est le droit des gens. Eh bien donc, observez,
Cherchez.
RAIMOND.
Ce que je cherche ici, vous le savez.
M. SAINT-FIRMIN.
Moi? quand je le saurais, dois-je vous en instruire ?
RAIMOND.
Mais, peut-être : en ces lieux qui daigna m'introduire,
Me doit protection.
M. SAINT-FIRMIN.
En avez-vous besoin,
Lorsque vos soupçons seuls vous ont mené si loin?
RAIMOND.
Eh! mais... je crois d'abord que cette bonne pièce,
Eh! oui, cette Marton...
M. SAINT-FIRMIN.
Hé bien?
RAIMOND.
Est votre nièce.
M. SAINT-FIRMIN.
Vous croyez?

RAIMOND.
J'en suis sûr. Si cette dame Armand,
Qu'elle a nommée, était.. sa mère, seulement?
M. SAINT-FIRMIN.
Encor? quel homme!
RAIMOND.
Et vous? oui, dans ce stratagème
Vous trempiez donc aussi?
M. SAINT-FIRMIN.
J'en suis l'auteur, moi-même.
RAIMOND.
Comment?
M. SAINT-FIRMIN.
Oui, cher Raimond, vous sachant simple et franc,
Mais doué d'un cœur droit, d'un esprit pénétrant,
Tel qu'il me le fallait, j'ai cru, vous l'avouerai-je?
Pouvoir, sans nul scrupule, ici vous tendre un piège,
Ou plutôt à nos gens, qui, n'ayant nul soupçon,
Recevraient de vous-même une bonne leçon.
Raimond, dans tous les cas, connaît mon caractère,
Et sent bien que je l'eusse averti du mystère.
RAIMOND.
J'entends : contre moi donc ils ont tous conspiré?
Eh bien! je les attends, et je me défendrai.
M. SAINT-FIRMIN.
Vous ferez bien; surtout, moi, je vous recommande
Certain monsieur Gélon, le pire de la bande.
Il va se costumer... je ne sais pas comment :
Vous le reconnaîtrez au travestissement.
Il fait le brave; au fond, je le crois un peu lâche.
RAIMOND.
Lâche ou non, je m'en charge.
M. SAINT-FIRMIN.
Oui! bon. Ce qui me fâche,
C'est qu'il ait de son fiel aigri ma pauvre sœur,
Tout naturellement portée à la douceur;
Dont l'esprit, entre nous, n'est pas très fort, qui même
Sur sa santé nous montre une faiblesse extrême.
RAIMOND.
Écoutez donc. En tête il me vient un dessein :
Pour la guérir, je vais me faire médecin.
M. SAINT-FIRMIN.
Bien. Corrigez aussi ma nièce, autre railleuse,
Railleuse impitoyable, et de plus envieuse,
Et Monsieur mon neveu, cet enfant gâté.

RAIMOND.
                        Bon.
Le frère aura son fait, et malheur à Marton !
            M. SAINT-FIRMIN.
A propos de Marton : et votre domestique,
Le préviendrez-vous ?
                RAIMOND.
                Non ; quoiqu'avec l'air rustique,
Il se défendra bien ; allez, son gros bon sens
Saura déconcerter tous ces mauvais plaisants.
            M. SAINT-FIRMIN.
A la bonne heure. Allons...
                (Il veut emmener Raimond.)
            RAIMOND, le retenant.
                Un mot, je vous supplie :
La jeune personne...
            M. SAINT-FIRMIN, souriant.
                Ah !
                RAIMOND.
                Si douce, si jolie !
            M. SAINT-FIRMIN.
Hé bien ?
                RAIMOND.
            Elle n'est pas de la famille ?
            M. SAINT-FIRMIN.
                            Non ;
Mais c'est une orpheline : Eusébie est son nom.
                RAIMOND.
Dites-moi, jouera-t-elle un rôle dans la pièce ?
            M. SAINT-FIRMIN.
Par pure complaisance, oui, celui de ma nièce,
D'Élise... un rôle, oh ! mais... tendre et sentimental !
Je vous préviens, de peur que vous n'en jugiez mal.
Mais rentrons, car je crains....
            RAIMOND, d'une voix forte.
                    Ah ! malins que vous êtes
Et voilà donc chez vous l'accueil que vous me faites !
Oh ! bien, dans ce jeu-là je puis vous défier ;
Et c'est moi qui prétends vous bien mystifier.
            (Il rentre avec M. Saint-Firmin.)

FIN DU PREMIER ACTE.

ACTE DEUXIÈME

SCÈNE PREMIÈRE

MADEMOISELLE DOLBAN.
Le singulier début ! est-ce ainsi qu'on me traite ?
« Marton, pour sa maîtresse on quitte la soubrette, »
Me dit Raimond ; et puis, vers Eusébie il court.
S'il continue ainsi, mon rôle sera court.
Ce jeune homme, après tout, a l'abord agréable ;
Plus que je ne croyais, il est bien fait, aimable.
S'il allait d'Eusébie ?... Elle aura le secret,
Avec son petit air langoureux et discret...
Mais elle aime mon frère... Eh ! bon ! elle est coquette
Comme une autre. A présent, son rôle m'inquiète :
Il vaut mieux que le mien. Je voudrais bien... Voici
Le valet ; eh bien ! moi, je suis soubrette aussi.
Faisons un peu jaser ce Lubin sur son maître.

SCÈNE II

MADEMOISELLE DOLBAN, LUBIN.

LUBIN.
Ah ! l'on vous trouve, enfin !...
MADEMOISELLE DOLBAN.
Vous me cherchiez peut-être
Monsieur Lubin ?
LUBIN.
Mais oui ; vous n'avez pas daigné,
Belle Marton, paraître à l'heure du dîné.
MADEMOISELLE DOLBAN.
Pardon, c'est que jamais je ne dîne à l'office.
LUBIN.
Bon ! où dînez-vous donc ?
MADEMOISELLE DOLBAN.
N'importe.

LUBIN.

Quel caprice !
Mais ça vous sied.

MADEMOISELLE DOLBAN.
Ah ! ah !

LUBIN.
Puis, c'est tout simple, il faut...
Quand on a pris son vol un peu plus haut...

MADEMOISELLE DOLBAN.
Plus haut ?

LUBIN.
Oui, ce Monsieur... Mais quoi ? je l'ai dit à lui-même :
Il nous fait tort, à nous.

MADEMOISELLE DOLBAN.
Bon !

LUBIN.
Que moi, je vous aime,
C'est tout simple ; mais lui, vouloir nous supplanter !...
C'est comme si mon maître allait vous en conter.

MADEMOISELLE DOLBAN.
Cela serait, vraiment, bien extraordinaire,
Monsieur Raimond m'aimer !

LUBIN.
Écoutez donc, ma chère :
Il serait un peu dupe ; et, tenez, je suis franc :
Vous êtes bien jolie, oui ; mais à part le rang,
Votre maîtresse encore aurait la préférence.

MADEMOISELLE DOLBAN.
Ah !

LUBIN.
Je vois d'elle à vous un peu de différence.

MADEMOISELLE DOLBAN.
Monsieur est connaisseur.

LUBIN.
Eh ! cela saute aux yeux.

MADEMOISELLE DOLBAN.
Fort bien !

LUBIN.
Mais tout ici s'arrangera bien mieux ;
Maître et valet auront chacun leur amourette,
Lui pour la demoiselle, et moi pour la soubrette.

MADEMOISELLE DOLBAN.
Bien arrangé ! Raimond, dites-vous, aimera
Mademoiselle ?

LUBIN.
Eh! oui, s'il ne l'aime déjà.
MADEMOISELLE DOLBAN.
Si vite?
LUBIN.
En un clin d'œil, Monsieur se passionne;
Et puis l'étonnement de voir une personne...
Tout autre...
MADEMOISELLE DOLBAN.
En quoi?
LUBIN.
Sans doute; il ne s'attendait pas
A la voir ce qu'elle est : on nous disait, là-bas,
Que cette demoiselle était capricieuse,
Babillarde, étourdie, et surtout très railleuse...
MADEMOISELLE DOLBAN, *cachant avec peine son dépit.*
Quoi! l'on vous avait dit?...
LUBIN.
Vraiment; aussi, Dieu sait
Comme, avant de la voir, Monsieur la haïssait!
MADEMOISELLE DOLBAN.
Me... la haïssait?
LUBIN.
Oui.
MADEMOISELLE DOLBAN.
Lubin juge, raisonne!
LUBIN.
C'est notre droit, à nous : par exemple, friponne!
Votre joli minois...
MADEMOISELLE DOLBAN.
Soyez moins familier.
Hé bien donc, votre maître?...
LUBIN.
Ah! j'allais l'oublier,
Mon maître; car Marton sait si bien me distraire!
MADEMOISELLE DOLBAN.
Ne vous dérangez pas.
LUBIN.
Ça m'arrange, au contraire.
Comme mon maître, ici, je suis tout près d'aimer.
MADEMOISELLE DOLBAN.
Soit; mais je ne suis pas si prompte à m'enflammer
Que ma maîtresse, moi.
LUBIN.
Bah! ton charmant visage

Dit...
MADEMOISELLE DOLBAN.
Déjà tutoyer !
LUBIN.
C'est assez mon usage :
Puis, cela va tout seul de Lubin à Marton.
MADEMOISELLE DOLBAN.
Finissez donc; car moi je n'aime pas ce ton.
LUBIN.
Quel œil sévère ! allons ! la paix, et je donne,
Moi, pour gage, un baiser.
(Il l'embrasse en effet.)
MADEMOISELLE DOLBAN.
Insolent !
LUBIN.
Ah ! pardonne;
Mais ton minois, Marton, semblait demander ça.
MADEMOISELLE DOLBAN, élevant la voix.
Comment ! ici, quelqu'un.

SCÈNE III

MADEMOISELLE DOLBAN, LUBIN, MADAME DOLBAN,
vêtue en duègne.

MADAME DOLBAN.
Eh ! mais, qu'entends-je là ?
MADEMOISELLE DOLBAN.
C'est cet impertinent, madame, qui m'embrasse.
MADAME DOLBAN.
Vous embrasse ? cet homme !... il aurait eu l'audace !...
LUBIN.
Eh ! oui, madame Armand, j'ai cette audace.
MADAME DOLBAN.
Oser
A ma.. mademoiselle, ainsi prendre un baiser !
MADEMOISELLE DOLBAN.
Malheureux !
LUBIN.
(A madame Dolban.)
Ah ! Marton ! Pardon, je vous supplie;
Mais c'est qu'en vérité, Marton est si jolie ! ..
MADAME DOLBAN.
(A sa fille.)
Belle excuse ! Mais, vous, pourquoi rester, aussi,

Seule avec un valet?
MADEMOISELLE DOLBAN.
Pouvais-je donc, ici,
M'attendre?...
MADAME DOLBAN.
Il faut s'attendre à tout, Mademoiselle.
LUBIN.
Oh! oui, surtout à ça.
MADAME DOLBAN.
C'est qu'il parle encor d'elle,
D'un ton!... Tu sortiras, coquin, de la maison.
(Voyant Raimond.)
Mais ton maître, avant tout, va me faire raison
De l'insolence...

SCÈNE IV

LES MÊMES, FLORIMEL, RAIMOND.

FLORIMEL.
Bon!
RAIMOND.
Eh! de quelle insolence?
Qu'a-t-il donc fait, Madame?
LUBIN.
Eh! Monsieur, j'ai...
RAIMOND.
Silence.
MADAME DOLBAN.
Ce qu'il a fait? il a... je ne saurais parler.
FLORIMEL.
Ah! Dieu!
RAIMOND.
Mais achevez: vous me faites trembler.
MADAME DOLBAN.
Hé bien, Monsieur, il vient d'embrasser, ici même,
Mademoiselle.
RAIMOND.
Ciel!
FLORIMEL, riant sous cape.
Ah! quelle audace extrême!
(A part.)
Le bon tour!
RAIMOND.
Se peut-il?

FLORIMEL.
Quoi ! Marton, est-il vrai ?
MADEMOISELLE DOLBAN, outrée.
Eh ! oui.
RAIMOND.
Qu'ai-je entendu ?
FLORIMEL.
(A part.)
C'est affreux. Il est gai.
RAIMOND, à madame Dolban, à demi-voix, de manière pourtant que mademoiselle Dolban puisse l'entendre.
Lubin est si timide ! oui, d'honneur ! quand j'y pense,
Il faut absolument que, par un peu d'avance,
Cette fille l'ait presque encouragé.
MADEMOISELLE DOLBAN.
Moi, j'ai ?...
Plaît-il ?
MADAME DOLBAN.
Qu'appelez-vous, Monsieur, encouragé ?
FLORIMEL.
Il est sûr que Marton a la mine égrillarde.
MADEMOISELLE DOLBAN, à Florimel.
C'en est trop...
LUBIN.
C'est bien vrai : quand elle vous regarde...
MADAME DOLBAN.
Paix.
MADEMOISELLE DOLBAN, hors d'elle.
Voyez donc un peu comme il parle de moi !
FLORIMEL, bas à sa sœur.
Bien, courage, ma sœur.
MADEMOISELLE DOLBAN, à demi-voix.
Eh ! laisse-moi donc, toi.
MADAME DOLBAN, toute déconcertée.
Là... voyez cependant où les choses en viennent !
RAIMOND, après avoir rêvé un moment, et du plus grand sérieux.
Mais... si les jeunes gens, après tout, se conviennent,
On les pourrait, un jour, marier...
MADAME DOLBAN, avec un rire mêlé de dépit.
Marier ?
MADEMOISELLE DOLBAN, de même.
Nous marier !
FLORIMEL, éclatant.
Ah ! bon !

RAIMOND.
Pourquoi se récrier ?
LUBIN.
Eh ! oui, pourquoi ?
RAIMOND.
Lubin est bon pour cette fille.
Il est brave homme ; il sort d'une honnête famille :
C'est le fils d'un fermier, pas très riche, d'accord ;
Mais à cet égard-là, je réponds de son sort.
MADEMOISELLE DOLBAN.
A merveille, Monsieur !
FLORIMEL.
Rien de plus raisonnable :
Ce mariage, à moi, me paraît très sortable.
N'est-ce pas ?
MADAME DOLBAN.
Superbe ! oui...
RAIMOND.
Quoi ! déjà vous sortez,
Marton ?
MADEMOISELLE DOLBAN, avec un air moitié de dédain,
moitié de dépit.
Oui, je bénis de si rares bontés,
Et vais y réfléchir.
FLORIMEL, bas à sa sœur.
C'est un début fort drôle :
Ne te dégoûte pas pour cela de ton rôle.
MADEMOISELLE DOLBAN.
Eh ! laissez-moi donc, vous.
(Elle sort outrée.)

SCÈNE V

Les mêmes, excepté MADEMOISELLE DOLBAN.

FLORIMEL.
Pauvre fille ! elle sort
Piquée, et jusqu'au vif.
MADAME DOLBAN.
Elle a vraiment grand tort !
RAIMOND, à Lubin.
Sors, toi ; ne reparais jamais devant ces Dames.
MADAME DOLBAN.
Jamais, certainement.

LUBIN, à part.
Les singulières femmes !

(A demi-voix.)
J'ai donné des baisers, en ma vie, au moins cent,
Qui n'ont pas fait moitié tant de bruit.

(Il sort.)

MADAME DOLBAN.
L'insolent !

SCÈNE VI

MADAME DOLBAN, FLORIMEL, RAIMOND.

RAIMOND, à madame Dolban.
Ah ! pardon.

MADAME DOLBAN.
C'est assez...

FLORIMEL.
Oui, l'on n'y peut que faire.
Parlons plutôt, parlons de cette tendre mère.

MADAME DOLBAN.
Ah ! oui.

RAIMOND.
C'est, en effet, un mal plus sérieux.

FLORIMEL, à Raimond.
Depuis votre visite, elle est mieux, beaucoup mieux.

MADAME DOLBAN.
Vraiment ?

RAIMOND.
J'en suis ravi : la pauvre chère dame !
Elle me fait pitié.

MADAME DOLBAN.
Cela déchire l'âme.

FLORIMEL, à sa mère.
Mais, n'admirez-vous pas... là... que, précisément,
Monsieur soit médecin ?

RAIMOND, avec modestie.
Ah !...

MADAME DOLBAN.
Quel bonheur !

FLORIMEL.
Comment
Ne m'en disiez-vous rien ?

ACTE II, SCÈNE VI.

RAIMOND.
Mais... la surprise extrême...
Le saisissement...

FLORIMEL.
Soit. Et mon oncle lui-même
N'en avait point parlé : quelle discrétion !

RAIMOND.
Moi, je n'en ai jamais fait ma profession.
Je traite mes amis et la classe indigente,
Ou, comme en ce moment, dans une affaire urgente ;
Je ne me pique point de guérir tous les maux ;
Deux ou trois, c'est assez : mais, voyez l'à propos !
Oui, je possède, à fond, l'article des Orages :
J'ai même, là-dessus, fait deux petits ouvrages.

MADAME DOLBAN.
Vous êtes donc auteur ?

RAIMOND.
Autant que médecin.

MADAME DOLBAN.
Vous croyez la sauver ?

RAIMOND.
J'en réponds ; un seul grain
D'émétique...

MADAME DOLBAN.
Ah ! ciel ! quoi ?...

RAIMOND.
C'est le remède unique.

FLORIMEL.
(A Raimond, à demi-voix.)
C'est tout simple. A propos, voici l'instant critique :
Je vais à mon duel.

RAIMOND, de même.
Vous faut-il un témoin ?

FLORIMEL, de même.
Non ; mais si, par malheur, de votre art j'ai besoin,
Puis-je compter sur vous ?

RAIMOND.
Oui, certes, où me rendre ?

FLORIMEL.
Où ? mon valet de chambre ici viendra vous prendre.
(Bas, à sa mère.)   (Haut, à Raimond.)
Je le ferai courir. Je prends votre cheval ;
Montez le mien, vous.

RAIMOND.
Soit.

FLORIMEL.
  Oh ! c'est un animal !...
Unique, vous verrez.
  (Il fait signe à sa mère.)
RAIMOND.
  Je rends le mien docile :
Cependant à monter il est fort difficile :
Prenez-y garde.
FLORIMEL.
  Bon ! n'ayez pas peur ; allez,
Je connais les chevaux.
RAIMOND.
  Puisque vous le voulez...
FLORIMEL.
Adieu donc.
  (Bas à Raimond, et du ton d'un homme pénétré.)
  Si je meurs...
RAIMOND, bas à Florimel.
  Écartons ce présage.
FLORIMEL, de même, serrant la main de Raimond.
Cher ami !
(A madame Dolban, à demi-voix, mais de manière que Raimond l'entende.)
  Vous, Madame, en gouvernante sage,
Veillez bien sur ma sœur.
MADAME DOLBAN, de même.
  Oui.
FLORIMEL.
  Vous la connaissez :
Vous savez bien, Madame...
MADAME DOLBAN, de même.
  Eh ! mon Dieu ! c'est assez.
  (Florimel sort en riant sous cape ; madame Dolban en fait autant, et Raimond aussi.)

SCÈNE VII

MADAME DOLBAN, RAIMOND.

RAIMOND, à part.
A vous, Madame.
MADAME DOLBAN, à part.
  Allons, jouons mon personnage.
RAIMOND.
Ce jeune homme est aimable.

MADAME DOLBAN.
Un peu vif.
RAIMOND.
A son âge,
C'est tout simple.
MADAME DOLBAN, à part.
Arrangeons notre petit roman.
(Haut.)
Ah! Monsieur...
RAIMOND, à part.
Essayons d'écarter la maman ;
Car l'aimable orpheline ici pourrait se rendre.
MADAME DOLBAN.
Combien vous gémirez, quand vous allez apprendre
Les revers, les malheurs !...
RAIMOND, à part.
J'imagine un moyen.
MADAME DOLBAN.
Vous paraissez distrait.
RAIMOND.
Moi? point du tout. Hé bien ?
De grâce, poursuivez ; ce récit m'intéresse.
(Il tâte le pouls de madame Dolban, comme machinalement.)
MADAME DOLBAN.
Que faites-vous ?
RAIMOND.
Pardon, Madame.
MADAME DOLBAN.
Eh! quoi, serait-ce ?...
RAIMOND.
Rien. Vous ne sentez pas, à présent, de douleur ?
MADAME DOLBAN.
Non.
RAIMOND.
Vous avez changé, tout à coup, de couleur...
MADAME DOLBAN.
Ah! bon Dieu ! d'où vous vient une telle pensée ?
RAIMOND.
Avez-vous quelquefois la tête embarrassée ?
MADAME DOLBAN.
La tête embarrassée ? ah! voilà du nouveau !
RAIMOND.
Mais rien n'est plus commun : les fibres du cerveau...
MADAME DOLBAN.
Eh! mais... à quel propos cet air d'inquiétude ?

RAIMOND.
D'inquiétude ? non. Avez-vous l'habitude,
Madame, de dormir après votre repas ?
MADAME DOLBAN.
Oui.
RAIMOND.
Je l'aurais gagé.
MADAME DOLBAN.
Mais...
RAIMOND.
Ne sentiez-vous pas
Un engourdissement ?
MADAME DOLBAN.
Quelquefois.
RAIMOND, se parlant à soi-même.
Asphyxie.
MADAME DOLBAN.
Plaît-il ?
RAIMOND.
Qui, par degrés, mène à l'apoplexie.
MADAME DOLBAN.
L'apoplexie ? ô ciel !
RAIMOND.
Hai... j'en ai vu...
MADAME DOLBAN.
Vraiment...
Je me sens toute... là... mais... je ne sais comment.
RAIMOND, lui tâtant le pouls.
Je le crois bien : le pouls, de seconde en seconde,
S'élève.
MADAME DOLBAN.
Vous croyez ?
RAIMOND.
Une bile âcre abonde.
MADAME DOLBAN.
Oh ! depuis quelques jours, je n'étais pas très bien.
RAIMOND.
Pas très bien ? mais... s'il faut ne vous déguiser rien...
MADAME DOLBAN.
Eh ! quoi, Monsieur ?
RAIMOND.
Tenez, la dame que j'ai vue
Tout à l'heure, là-haut, dans ce lit étendue...
MADAME DOLBAN.
Hé bien ?

RAIMOND.
Est moins malade, oui, beaucoup moins que vous.
MADAME DOLBAN.
Moins malade que moi ?
RAIMOND.
Convenez, entre nous,
Que j'arrive à propos.
MADAME DOLBAN.
Oui, je suis trop heureuse.
Mais cette maladie est-elle dangereuse ?
RAIMOND.
Non. Du repos, de rien ce soir ne s'occuper,
Boire de l'eau, surtout se coucher sans souper ;
Quinze ou vingt jours ainsi de calme, de régime,
Il n'y paraîtra plus.
MADAME DOLBAN.
Cet espoir me ranime.
RAIMOND.
Un peu de confiance et de docilité.
MADAME DOLBAN.
J'en aurai, j'en aurai ; mais c'est qu'en vérité...
RAIMOND.
(A part.)
Ne pleurez point. On vient ; ô ciel ! c'est Eusébie.
(Haut et vivement.)
Voulez-vous dans le vif couper la maladie ?
MADAME DOLBAN.
O Dieu ! si je le veux !
RAIMOND, de même.
Allez faire soudain
Un tour de promenade.
MADAME DOLBAN.
Où donc ?
RAIMOND.
Dans le jardin.
MADAME DOLBAN.
Mais enfin...
RAIMOND.
Eh ! courez.
MADAME DOLBAN.
Ne pouvez-vous me suivre ?
RAIMOND.
Non, il faut, à l'instant, que je consulte un livre.
MADAME DOLBAN.
Combien vais-je rester ?

RAIMOND.
Trois grands quarts d'heure, au moins.
Mais courez donc.
MADAME DOLBAN.
Et vous ?
RAIMOND.
Bientôt je vous rejoins.
Allez.
MADAME DOLBAN, de loin.
Mon cher docteur, sur vous je me repose.
RAIMOND, seul un moment, et riant.
Vivat ! la médecine est une bonne chose.
(A l'approche d'Eusébie.)
Chut.

SCÈNE VIII

RAIMOND, EUSÉBIE.

EUSÉBIE.
J'avais cru trouver ici madame Armand.
RAIMOND.
Elle vient de sortir ; mais, de grâce, un moment ;
Ne peut-on vous parler sans votre gouvernante ?
EUSÉBIE.
(A part.)
Eh ! mais, Monsieur... Mon rôle est d'être prévenante.
(Haut.)
Ici, depuis longtemps, vous étiez attendu.
RAIMOND.
On est trop bon ; mais, moi, que de temps j'ai perdu !
(A part.)
O ! quel air de candeur !
EUSÉBIE, à part.
Il est bien.
RAIMOND, à part.
Quel dommage,
Qu'on lui fasse jouer un autre personnage !
(Haut.)
Combien je désirais un entretien si doux,
Belle Élise !
EUSÉBIE.
Le bien qu'on nous a dit de vous,
Me faisait souhaiter aussi de vous connaître ;

ACTE II, SCÈNE VIII.

Ma franchise, Monsieur, vous surprendra peut-être.
RAIMOND.
Moi, je serais surpris ?... ah ! la sincérité
Semble embellir encore une jeune beauté.
Elle vous sied si bien !
EUSÉBIE.
Épargnez, je vous prie...
RAIMOND.
Ne prenez point ceci pour une flatterie.
Sans peine on reconnaît l'accent qui part du cœur,
Mademoiselle : il est tel regard enchanteur
Qui ne saurait tromper ; par exemple, le vôtre...
EUSÉBIE.
Oh ! mon regard, Monsieur, n'est pas plus sûr qu'un autre,
Croyez-moi.
RAIMOND.
Mon bonheur, pourtant, serait certain,
Si je pouvais, un jour, y lire mon destin.
EUSÉBIE.
Vous me jugez d'après votre candeur extrême :
Qui voudrait vous tromper, se tromperait soi-même,
(A part.)
En effet. Je le sens.
RAIMOND.
Hé ! bien, cette candeur
Réside, j'en suis sûr, au fond de votre cœur,
Charmante Élise.
EUSÉBIE.
Eh ! mais... vous me flattez, sans doute :
(A part.)
L'aimable confiance ! ô ! combien il m'en coûte !...
RAIMOND, à part.
Elle souffre ! vraiment, elle me fait pitié.
EUSÉBIE, à part.
Le tromper avec l'air, le ton de l'amitié !
RAIMOND.
Vous semblez hésiter à dire quelque chose.
EUSÉBIE.
Hésiter ?... mais, Monsieur, vous-même, je suppose,
Me regardez d'un air !...
RAIMOND.
Tel que vous l'inspirez,
Je ne m'en défends pas.
EUSÉBIE.
Hélas !

RAIMOND.
Vous soupirez?
EUSÉBIE.
(A part.)
Il est vrai. Je ne puis plus longtemps me contraindre;
(Haut.)
Non... C'en est trop, Monsieur, et je cesse de feindre.
Il faut...
RAIMOND.
Eh! quoi, de grâce?
EUSÉBIE.
Eh! bien je vais parler...
Dieu! c'est Marton; il faut encor dissimuler.
RAIMOND.
Eh! qu'importe?

SCÈNE IX

EUSÉBIE, RAIMOND, MADEMOISELLE DOLBAN.

MADEMOISELLE DOLBAN.
Je trouble un charmant tête-à-tête:
Fort bien, Mademoiselle, et rien n'est plus honnête.
EUSÉBIE.
De quel droit venez-vous? ne puis-je, s'il vous plaît,
A l'ami de mon oncle exprimer l'intérêt...
Qu'il inspire?
MADEMOISELLE DOLBAN.
Ah! fort bien, Monsieur vous intéresse!
RAIMOND.
Tant mieux pour moi; bien loin de gronder sa maîtresse,
Marton ferait bien mieux...
MADEMOISELLE DOLBAN.
Oui, de se retirer,
Pour vous laisser ainsi!
RAIMOND.
J'allais t'en conjurer.
Sache écarter d'ici l'oncle, la gouvernante,
Et celle-ci, surtout, qui n'est pas indulgente.
MADEMOISELLE DOLBAN.
Ah! que je les écarte?
RAIMOND.
Oui.

MADEMOISELLE DOLBAN.
Je vais, de ce pas,
Les avertir, plutôt.
EUSÉBIE.
Mais, vous n'y pensez pas.
Qui, dans cette maison, pourrait me faire un crime,
D'avouer à Monsieur à quel point je l'estime ?
RAIMOND.
Qu'entends-je ? ô doux aveu !
MADEMOISELLE DOLBAN.
Je crois bien qu'il est doux :
Vous l'estimez déjà ?
EUSÉBIE.
Pourquoi pas ? Laissez-nous,
Marton.
MADEMOISELLE DOLBAN.
Je conçois bien qu'ici je vous dérange.
RAIMOND.
Mais, Marton est, d'honneur ! une soubrette étrange.
Ne suis-je donc pas homme à te récompenser ?
Tu me connais bien mal ; et, tiens, pour commencer,
Prends ceci.
MADEMOISELLE DOLBAN.
De l'argent !
RAIMOND.
Ah ! je vois ta colère :
C'est trop peu qu'un louis ? en voilà deux, ma chère.
MADEMOISELLE DOLBAN.
Eh ! gardez tout votre or.
RAIMOND.
Ah ! ma belle, pardon :
Vous êtes un phénix.
EUSÉBIE.
En effet.
RAIMOND.
Eh ! bien donc,
Va, par amitié seule, en soubrette fidèle,
Te tenir à la porte, et faire sentinelle.
(Il la prend par la main et la place lui-même à ce poste.)
(Avec affectation.) (Bas, à Eusébie.)
Là, bien. Charmante Élise ! enfin... permettez-vous
Que, pour la tourmenter, je tombe à vos genoux ?
EUSÉBIE, bas.
Vous êtes donc malin ?

RAIMOND, bas.
Oui, quelquefois
MADEMOISELLE DOLBAN, de loin, avec dépit.
Courage !
Vous me faites jouer un joli personnage !
RAIMOND.
Ne bouge pas, Marton.
(Et toujours aux pieds d'Eusébie, il lui prend la main.)
(Bas, à Eusébie.)
Pardon...
MADEMOISELLE DOLBAN.
Oh ! c'est trop fort :
Je vous en avertis ; la sentinelle sort,
Et reviendra bientôt, mais avec bonne escorte.
(Elle sort.)

SCÈNE X

EUSÉBIE, RAIMOND.

EUSÉBIE.
Elle sort furieuse ; et Dieu sait !...
RAIMOND.
Bon ! qu'importe
Le courroux de Marton ?
EUSÉBIE.
Cette Marton n'est pas
Une... Mais, je l'entends qui revient sur ses pas.

SCÈNE XI

Les mêmes, MADEMOISELLE DOLBAN, FLORIMEL, le bras en écharpe.

MADEMOISELLE DOLBAN.
(Bas.)
Venez, Monsieur, venez. Je vous préviens, mon frère,
Qu'ils s'aiment tout de bon.
FLORIMEL.
Qu'entends-je ? un téméraire
Ose parler d'amour à ma sœur ! ah ! morbleu !
RAIMOND.
Monsieur !... en vérité...
EUSÉBIE, bas, à Florimel.
Tout ceci n'est qu'un jeu,

Vous savez bien...
FLORIMEL, bas, à Eusébie.
Eh ! oui, je sais très-bien, ma chère ;
Aussi, fais-je semblant d'être fort en colère.
MADEMOISELLE DOLBAN, à Florimel.
Eh ! ne l'écoutez pas : il était à ses pieds,
Ici même.
FLORIMEL, à Raimond et à Eusébie.
Tous deux, ainsi, vous me trompiez !
RAIMOND.
Moi ? qu'avais-je promis ?
FLORIMEL.
Un amoureux mystère !
(A Raimond.)
Et lorsque vous savez quel est mon caractère !
EUSÉBIE.
Oh ! oui, très violent.
FLORIMEL.
Quand l'honneur est blessé...
RAIMOND.
L'honneur ? eh ! mais, de grâce, en quoi l'ai-je offensé ?
FLORIMEL.
C'est me manquer, enfin.
RAIMOND.
En ce cas, je suis homme
A vous faire raison...
FLORIMEL.
Demain, je vous en somme.
EUSÉBIE.
Ciel ! ils vont s'égorger, pour un mot !
(A mademoiselle Dolban.)
Et voilà
Le fruit de vos rapports, fille injuste !
FLORIMEL, bas à Eusébie.
Bravo !
Vous jouez comme un ange.
MADEMOISELLE DOLBAN, bas, à Florimel.
Applaudissez ; courage !
Elle joue, en effet, très-bien.
FLORIMEL, bas.
Eh ! oui.
MADEMOISELLE DOLBAN.
J'enrage.
EUSÉBIE, affectant un grand sérieux.
Mon frère, c'est pousser l'emportement trop loin.

Monsieur n'a point de tort, aucun, j'en suis témoin ;
Et c'est vous seul ici, qui lui faites injure.
FLORIMEL.
Je suis trop vif, mon cher, pardon, je vous conjure.
RAIMOND.
Soit.
MADEMOISELLE DOLBAN.
 Vous ne voyez pas ?
FLORIMEL.
      Laisse-nous en repos,
Marton ; j'en ai besoin, moi ; je souffre !...
RAIMOND, à demi-voix.

            A propos,
Ce duel ?
FLORIMEL, de même.
 J'ai d'abord tué mon adversaire.
EUSÉBIE.
Ciel !
MADEMOISELLE DOLBAN.
 Vous êtes blessé ?
FLORIMEL.
  La blessure est légère.
RAIMOND.
Quoi ! sérieusement, blessé, Monsieur ?
FLORIMEL.
         Très-peu.
Oui, la balle a glissé.
RAIMOND.
  Voyons, de grâce.
(Il lui touche le bras.)
FLORIMEL.
        Ah ! Dieu !
Vous m'avez fait un mal !...
RAIMOND.
      Eh ! mais, cette blessure
N'est point un coup de feu, mon cher, je vous assure.
FLORIMEL.
Comment donc ?
RAIMOND.
    On ne peut tromper les gens de l'art
C'est un poignet foulé.
EUSÉBIE.
 Bon !
RAIMOND.
   Oui, si, par hasard,

Cette blessure-là ?...
FLORIMEL.
Quoi !
RAIMOND.
N'était qu'une chute ?
MADEMOISELLE DOLBAN, riant.
Ah ! ah !
FLORIMEL.
Je vous proteste...
RAIMOND.
Allons, point de dispute :
Si votre gros cheval fait souvent des faux pas,
Mon Normand, quelquefois, jette son homme à bas.

SCÈNE XII

Les mêmes, MADAME DOLBAN.

MADAME DOLBAN.
Voyez ! s'est-on jamais dispersés de la sorte ?
Personne ne vient voir, moi, comment je me porte !
FLORIMEL.
Quoi, Madame ?
RAIMOND.
En effet, Madame n'est pas bien.
EUSÉBIE.
Qu'est-ce donc ?
MADAME DOLBAN, montrant Raimond.
Demandez !
RAIMOND.
Cela ne sera rien ;
Un peu de fièvre.
MADEMOISELLE DOLBAN.
Quoi !
RAIMOND, tâtant le pouls de madame Dolban.
Déjà la peau meilleure.
MADEMOISELLE DOLBAN.
Mais...
RAIMOND, à madame Dolban.
Vous avez pris l'air ?
MADAME DOLBAN.
Hélas ! oui, trois quarts d'heure.
RAIMOND.
Bien.

MADAME DOLBAN.
Je vous attendais.
RAIMOND.
Je n'ai point oublié ;
Mais, Monsieur me retient.

SCÈNE XIII

Les mêmes, LÉVEILLÉ.

FLORIMEL.
Hé bien, quoi, Léveillé ?
LÉVEILLÉ.
Une grande visite, allez, je vous assure.
MADAME DOLBAN.
Comment ?
LÉVEILLÉ.
Un voyageur ! oh ! c'est une aventure !...
On parle de voleurs, d'hommes tués...
MADEMOISELLE DOLBAN.
Ah ! ciel !
FLORIMEL, à Raimond.
Oh ! ces bois sont remplis de voleurs.
RAIMOND, à Florimel.
C'est cruel.
MADEMOISELLE DOLBAN, bas, à Florimel.
C'est Gélon.
FLORIMEL, bas, à sa sœur.
Oui, je gage ; il n'a voulu rien dire.
LÉVEILLÉ.
Je cours...
(Il sort.)

SCÈNE XIV

Les mêmes, excepté LÉVEILLÉ.

FLORIMEL, bas, à madame Dolban.
Un nouveau tour.
MADAME DOLBAN, haut.
Chez moi, je me retire.
MADEMOISELLE DOLBAN.
Pourquoi ?

MADAME DOLBAN.
Suis-je en état, bon Dieu ! de recevoir,
Quand j'ai la fièvre ?
FLORIMEL.
Quoi ! vous ne voulez pas voir ?...
(Bas.)
Cela sera plaisant.
MADAME DOLBAN, à demi-voix.
Oui, la plaisanterie,
Toujours ! On est malade, et vous voulez qu'on rie !
(A Raimond.)
Cela me tue. Au moins ne m'abandonnez pas,
Cher docteur.
RAIMOND.
Non, Madame ; allez, et de ce pas,
Vous promener encor : toujours des promenades.
(Madame Dolban sort tristement.)
RAIMOND, à part.
Comme ils s'amusent bien ! les voilà tous malades.
FLORIMEL.
On vient.

SCÈNE XV

Les mêmes, M. SAINT-FIRMIN, GÉLON.

(Gélon est habillé en voyageur étranger : son costume est celui d'un militaire allemand ; mais cet uniforme est couvert d'une ample redingote.)

M. SAINT-FIRMIN.
Mes enfants, mes amis, j'amène un voyageur
Qu'il faut bien recevoir.
FLORIMEL, bas.
Il est parfait, ma sœur.
MADEMOISELLE DOLBAN, bas.
Parfait.
GÉLON, à M. Saint-Firmin, avec l'accent allemand.
Ah ! vous m'avez sauvé les jours.
FLORIMEL.
Qu'entends-je ?
M. SAINT-FIRMIN.
C'est un événement, en effet, fort étrange.
J'allais me promener dans la forêt ; j'entends
Des coups de pistolet.

MADEMOISELLE DOLBAN.
Ah !
M. SAINT-FIRMIN.
Je cours à l'instant,
Et je vois des voleurs, dont une troupe entoure
Monsieur, qui se défend avec une bravoure !...
GÉLON.
J'en avais tué six, déjà, de ce seul bras :
Ah ! s'ils n'avaient été que dix, les scélérats !...
EUSÉBIE.
N'êtes-vous point blessé ?
GÉLON.
J'étais, je vous assure,
Blessé dans quatre endroits ; j'ai guéri ma blessure
Moi-même, en un clin d'œil.
MADEMOISELLE DOLBAN.
Ah ! ah ! comment cela
GÉLON, montrant un petit flacon.
Deux gouttes seulement du baume que voilà.
MADEMOISELLE DOLBAN.
Je donnerais beaucoup pour en avoir deux gouttes.
GÉLON.
Un baiser, bel enfant ; je vous les donne toutes.
RAIMOND, à Florimel.
Voilà, pour votre chute, une merveilleuse eau,
M. SAINT-FIRMIN.
Monsieur est voyageur ?
GÉLON.
Presque dès mon berceau.
Mon père, en voyageant, a fait son mariage,
Et ma mère accoucha, de moi, dans un voyage ;
Ainsi, de père en fils, toujours nous voyageons,
Et toujours en campagne.
FLORIMEL.
A ce mot, nous jugeons
Que Monsieur est issu de parents militaires.
GÉLON, avec affectation.
Militaires ? oh ! non, certainement ; mes pères
Étaient de bons marchands.
M. SAINT-FIRMIN.
Ah ! ah ! c'est différent.
GÉLON.
Le commerce, Monsieur ; mais le commerce en grand.
RAIMOND.
C'est votre air martial qui nous avait fait croire...

GÉLON.
Martial ? ah ! Monsieur, à moi, pas tant de gloire.
Mais, vous savez, toujours voyageant et marchant,
On s'aguerrit.
M. SAINT-FIRMIN.
Sans doute.
RAIMOND.
Ah ! Monsieur le marchand.
Le beau sabre !...
GÉLON.
Assez beau.
RAIMOND.
Je ne saurais m'en taire,
Il est superbe.
GÉLON.
Eh ! mais...
FLORIMEL.
C'est un vrai cimeterre.
GÉLON.
Je l'ai pris d'un Cosaque.
MADEMOISELLE DOLBAN.
Ah ! ah ! pris ? et comment ?
GÉLON, affectant de se reprendre.
Pris... par échange ; eh ! oui, pour un gros diamant
Que me... céda Memmoud, un pacha de trois queues.
M. SAINT-FIRMIN.
Monsieur est las, peut-être ?
GÉLON.
Oh ! non ; cinq cents lieues,
Tout au plus, que je fis, et toujours à cheval.
FLORIMEL.
O Dieu !
GÉLON.
Je monte à crû ; le mien n'a pas d'égal.
MADEMOISELLE DOLBAN.
Monsieur n'est point encor marié ?
GÉLON.
Non, Madame :
Je n'eus jamais le temps d'épouser une femme ;
Toujours en course...
M. SAINT-FIRMIN.
Ici longtemps je vous retiens,
Comme mon prisonnier.
GÉLON.
Oui, je vous appartiens :

L'esclavage, en ces lieux, pour moi n'a rien de rude.
MADEMOISELLE DOLBAN, bas à Gélon.
A merveille.
GÉLON, bas aussi.
Bon ! bon ! ceci n'est qu'un prélude,
Et je lui garde un tour !...
M. SAINT-FIRMIN, à Gélon.
Venez-vous ?
GÉLON.
Dans l'instant.
(A demi-voix à Florimel et à mademoiselle Dolban, en regardant avec attention, à Raimond.)
Bon Dieu ! que ce jeune homme a l'air intéressant !
(Il sort avec M. Saint-Firmin, mademoiselle Dolban et Eusébie.)

SCÈNE XVI

FLORIMEL, RAIMOND.

FLORIMEL, à Raimond qui sortait.
Un mot : que dites-vous de notre nouvel hôte ?
RAIMOND.
Eh ! mais...
FLORIMEL.
Il a vraiment la mine fière et haute.
RAIMOND.
Haute ? moi, je lui trouve un maintien fort commun.
FLORIMEL.
Mais ne voyez-vous pas qu'il a l'air de quelqu'un ?...
RAIMOND.
Oui, l'air d'un voyageur, qui hâble, Dieu sait comme !
FLORIMEL.
Êtes-vous bien certain, mon ami, que cet homme
Soit un vrai voyageur ?
RAIMOND.
Certain ? non ; je le croi.
FLORIMEL.
Et moi j'en doute fort, et je soupçonne...
RAIMOND.
Quoi ?
FLORIMEL.
Que c'est un voleur.
RAIMOND.
Bon !

FLORIMEL.
Cet accent, ce mystère,
Cet air moitié marchand et moitié militaire...
RAIMOND.
Un voleur?
FLORIMEL.
C'en est un, et tout est expliqué.
RAIMOND.
Comment? par des voleurs lui-même est attaqué.
FLORIMEL.
Fausse attaque! il s'est fait, par d'autres camarades,
Tout exprès assaillir, près de nos promenades.
Mon oncle accourt, tout fuit; mais comme de raison,
Le chef se laisse enfin conduire à la maison,
Pour en ouvrir, la nuit, les portes à sa troupe.
RAIMOND.
Cela se peut; au fait, le voyageur se coupe :
Il m'a déplu d'abord, il faut en convenir.
FLORIMEL.
Sur nos gardes, mon cher, sachons bien nous tenir.
RAIMOND.
Oui, c'est ce que je fais.
FLORIMEL.
Heureusement, nos armes
Sont toujours en état, chez nous, en cas d'alarmes;
Les fusils sont chargés, et les sabres sont prêts.
RAIMOND.
Bien! Moi, j'ai mon épée et quatre pistolets.
Il faut que les méchants, dupes de leur manège,
Se trouvent, à la fin, pris dans leur propre piège.
(Il sort avec Florimel.)

FIN DU DEUXIÈME ACTE

ACTE TROISIÈME

La scène se passe dans le jardin.

―

SCÈNE PREMIÈRE.

FLORIMEL, MADEMOISELLE DOLBAN.

(Il est nuit.)
FLORIMEL.
Oui, ma sœur, aux voleurs il croit pieusement.
MADEMOISELLE DOLBAN.
C'est toi plutôt qui crois cela tout bonnement ;
Mais, moi, je t'avertis qu'il fait semblant de croire,
Et ne croit rien du tout.
FLORIMEL.
Fort bien ! plaisante histoire !
MADEMOISELLE DOLBAN.
Il a l'air ingénu ; mais je l'observe, moi,
Et je te réponds bien qu'il est plus fin que toi.
FLORIMEL.
Élise est amusante, il faut que j'en convienne.
MADEMOISELLE DOLBAN.
Il paraît votre dupe, et vous êtes la sienne.
FLORIMEL.
Nous, dupes de Raimond ? eh ! va, je te promets
Qu'il sera plus facile à tromper que jamais.
MADEMOISELLE DOLBAN.
Allons, tu ne veux pas...
FLORIMEL.
Entre nous, il te traite
Assez légèrement, c'est-à-dire, en soubrette ;
Voilà ce qui te fâche.
MADEMOISELLE DOLBAN.
Il m'intéresse peu :
Cette Eusébie aussi cache fort bien son jeu.
FLORIMEL.
Voilà ce qui te tient encor, la jalousie.

MADEMOISELLE DOLBAN (affectant de sourire).
La jalousie ? ah ! ah ! la bonne fantaisie !
FLORIMEL.
Oui, parce que Raimond lui fait des yeux très doux ;
Mais elle s'en amuse.
MADEMOISELLE DOLBAN.
Ou plutôt de vous tous.
La scène de tantôt...
FLORIMEL.
N'était qu'un badinage.
MADEMOISELLE DOLBAN.
Et son air langoureux ?
FLORIMEL.
Bon ! c'est son personnage.
Mais ce n'est pas cela dont il est question :
C'est ici que je vais le mettre en faction.
MADEMOISELLE DOLBAN.
Courage !
FLORIMEL.
Il est déjà fatigué de sa route ;
Il va se reposer fort joliment.
MADEMOISELLE DOLBAN.
Sans doute ;
Mais tu verras...
FLORIMEL.
Ma mère, où donc est-elle ?
MADEMOISELLE DOLBAN.
Au lit.
Elle se croit malade.
FLORIMEL.
Oui ?
MADEMOISELLE DOLBAN.
Raimond le lui dit.
Il la met au régime.
FLORIMEL.
Ah ! ah !
MADEMOISELLE DOLBAN.
Preuve nouvelle :
Eh ! oui, comme de toi, Raimond se moque d'elle.
FLORIMEL.
La preuve est admirable ! Eh ! mais, il est certain
Que ce jeune Raimond est fort bon médecin.
Mon oncle en est très sûr ; et puis, ma pauvre mère,
Tu le sais, est un peu malade imaginaire.

MADEMOISELLE DOLBAN.

Tu ne veux pas m'en croire? hé bien, soit : avant peu,
Dès ce soir, tu verras.

FLORIMEL.

Oui, nous verrons beau jeu.

On vient : c'est lui.

MADEMOISELLE DOLBAN.

Je sors.

FLORIMEL.

Adieu, belle incrédule!

MADEMOISELLE DOLBAN.

(A part, en sortant.)

Adieu, railleur! Cher frère! il est bien ridicule.

FLORIMEL, seul.

Qu'elle est simple, ma sœur! Raimond malin, plaisant!
Ah! le pauvre garçon! il est bien innocent!

SCÈNE II

FLORIMEL, M. SAINT-FIRMIN, RAIMOND.

(Raimond a un sabre et quatre pistolets à sa ceinture.)

M. SAINT-FIRMIN.

Est-ce toi, Florimel?

FLORIMEL.

Oui, mon oncle, moi-même :
Et notre cher Raimond?

RAIMOND.

Le voici.

FLORIMEL.

Bon. Je l'aime
Armé de pied en cap.

RAIMOND.

Mais, c'est le cas, je crois.

M. SAINT-FIRMIN.

Assurément.

FLORIMEL.

Sur vous on peut compter, je vois.

RAIMOND.

Oui, certes.

FLORIMEL.

Et notre homme, est-il un capitaine
De voleurs, hein?

RAIMOND.
D'accord ; la chose est trop certaine.
M. SAINT-FIRMIN.
Lui-même il se trahit.
FLORIMEL à Raimond.
Çà, Raimond, dites-moi,
Vos ordres sont donnés à Lubin?
RAIMOND.
Oui, ma foi,
Des ordres très précis ; puis, son cher camarade,
Léveillé, quelque part l'a mis en embuscade,
Et malheur au premier qui se présentera !
Lubin est fort, alerte, et d'abord il battra...
FLORIMEL.
Il m'a paru poltron, soit dit sans vous déplaire.
RAIMOND.
Oui, mais comme Sancho, brutal dans sa colère.
FLORIMEL.
Ah ! çà, partageons-nous : vous, dans l'intérieur,
Vous veillerez, mon oncle?
M. SAINT-FIRMIN.
Oui, tout près de ma sœur.
A propos, elle est mieux ; nous sortons de chez elle.
RAIMOND.
L'émétique a passé?
FLORIMEL.
Mille grâces du zèle...
M. SAINT-FIRMIN.
La bonne gouvernante est déjà mieux aussi.
RAIMOND.
Je réponds d'elle.
FLORIMEL.
Bon. Mais vous êtes ici,
Docteur universel.
RAIMOND.
Oui, la besogne abonde.
M. SAINT-FIRMIN.
J'espère que Raimond guérira tout le monde.
Mais, où seras-tu, toi?
FLORIMEL.
Là-bas, près du chemin,
Seul ; et j'y resterai, s'il faut, jusqu'à demain.
M. SAINT-FIRMIN.
Bon.

RAIMOND.
Et quel poste, à moi, m'assignez-vous, de grâce?
FLORIMEL.
Mais, restez ici même; oui, mon cher, cette place
Est fort essentielle à garder; car voici
La chambre de notre homme, et ma sœur loge ici.
RAIMOND.
Hé bien! soit. Votre sœur, Monsieur! à sa défense
Trop heureux de veiller! c'est là ma récompense.
FLORIMEL.
Il est charmant, d'honneur! Du reste, entendons-nous:
Au plus léger signal, nous volerons à vous.
RAIMOND.
Ne vous dérangez pas: Raimond, je vous assure,
Est homme à terminer tout seul une aventure.
M. SAINT-FIRMIN.
C'est un brave!
FLORIMEL.
Oui, je vois. Ainsi nous vous laissons.
RAIMOND.
Je vous en prie; allez, Messieurs, point de façons.
FLORIMEL.
Sans adieu.
M. SAINT-FIRMIN.
Veillez bien.
RAIMOND.
Comptez-y.
FLORIMEL.
Prenèz garde :
Ne vous endormez pas.
RAIMOND, les yeux tournés vers la fenêtre d'Eusébie.
Dort-on, quand on regarde?
FLORIMEL.
(Bas, à M. Saint-Firmin.)
Au revoir. Avouez que c'est un bon enfant.
M. SAINT-FIRMIN, bas.
Oui, je crois qu'on l'a fait exprès pour nous, vraiment.
(Il sort avec Florimel.)

SCÈNE III

RAIMOND, seul.

Me voilà seul enfin : l'aventure est plaisante;

Ma situation devient intéressante.
Ce Florimel qu'on dit si malin, mais il est
Bien bon enfant : voyez à quel poste il me met !
Près de celle que j'aime... Ô charmante Eusébie !
Qu'il m'est doux !... mais, hélas ! serait-elle endormie ?
Ne la réveillons pas... ô Dieu ! je l'entrevois.

SCÈNE IV

RAIMOND, EUSÉBIE.

EUSÉBIE à sa fenêtre.
Pauvre Raimond ! j'ai cru que j'entendais sa voix.
RAIMOND à part.
Écoutons.
EUSÉBIE.
C'est ici qu'ils l'ont placé, sans doute ;
Hélas ! ce bon jeune homme ! il est las de sa route :
On le fatigue encore ; voyez !
RAIMOND, à part.
Quelle bonté !
EUSÉBIE.
Si j'étais sûre, moi, qu'il fût de ce côté,
Je saurais l'avertir que c'est un stratagème.
RAIMOND à part.
Charmante !
EUSÉBIE.
Mais, peut-être, on m'observe moi-même.
Essayons : je pourrais, sans affectation,
Parler, comme en chantant.
RAIMOND à part.
Aimable attention !
Chut.
EUSÉBIE chante sur un air bien simple.
Cet étranger, simple et crédule,
Je voudrais l'avertir tout bas,
Et lui sauver un ridicule
Que son cœur ne mérite pas.
Jeune homme ! ici tout est tranquille,
Et point de voleurs, entre nous :
Quittez donc ce poste inutile,
Bon voyageur, reposez-vous.
RAIMOND, haut.
Qu'à ce trait de bonté j'aime à vous reconnaître !

EUSÉBIE.

Vous êtes là, dehors ?

RAIMOND.

Oui, sous votre fenêtre :
Je suis loin de me plaindre ; et trop heureux ici !
Mais vous-même, si tard, vous veilliez donc aussi ?

EUSÉBIE.

Je n'aurais pu dormir : je souffrais, je l'avoue...

RAIMOND.

Eh ! de quoi ?

EUSÉBIE.

Mais des tours, Monsieur, que l'on vous joue :
Ne le voyez-vous pas ?

RAIMOND.

Eh ! oui, j'entrevois bien
Que l'on s'égaie ici ; mais bon ! cela n'est rien ;
Et quand vous me plaignez, je ris de leur malice.

EUSÉBIE.

Je vous plains, et je fus un instant leur complice.

RAIMOND.

Vous, leur complice ? vous ! non, je ne le crois pas.

EUSÉBIE.

Rien n'est plus vrai, pourtant. Je le dirai tout bas :
Je ne suis point Elise.

RAIMOND.

Hé bien ?

EUSÉBIE.

Et point la fille
De madame Dolban.

RAIMOND.

Qu'importe la famille ?
Ah ! je m'estimerais le plus heureux mortel,
Si je pouvais me croire aimé de vous...

EUSÉBIE.

Ah ! ciel !
Puis-je ?

RAIMOND.

Dites un mot, ô charmante Eusébie !
Et Raimond vous consacre et son cœur et sa vie.

EUSÉBIE.

Non, Monsieur, non...

RAIMOND.

J'appelle encor de ce refus.
Votre cœur est-il libre ? Hé bien ?

EUSÉBIE, en soupirant.
Il ne l'est plus,
Depuis bien peu d'instants...
(On entend du bruit.)
O Dieu !
(Elle ferme sa fenêtre.)
RAIMOND, seul un moment.)
Douce réponse !
C'est un consentement, je crois, qu'elle m'annonce.
Mais qui vient me troubler ? si c'est Gélon... parbleu !
Je veux...

SCÈNE V

RAIMOND, GÉLON.

RAIMOND (d'une voix forte).
Qui vive ?
GÉLON (affecte l'accent allemand).
Ami.
RAIMOND (d'assez mauvaise humeur).
Qui donc, l'ami ?
GÉLON.
Bon Dieu !
C'est moi, le voyageur.
RAIMOND (à part).
Que le diable t'emporte !
GÉLON.
C'est vous, monsieur Raimond ?
RAIMOND.
Oui. Courir de la sorte,
La nuit !
GÉLON.
Il me suffit d'une heure de sommeil.
RAIMOND.
D'une heure ?
GÉLON.
Oui. Je vous vois dans un cas tout pareil.
Je vous cherchais.
RAIMOND.
Qui ? moi ?
GÉLON.
Cher Monsieur ! je désire
Vous confier tout bas un secret important.

RAIMOND.

Un secret? à moi? bon!

GÉLON.

A vous : voici l'instant.
Mon cher Raimond, il faut qu'enfin je vous apprenne...

RAIMOND.

Quoi donc?

GÉLON.

J'ai peur qu'ici quelqu'un ne nous surprenne.

RAIMOND.

Eh! tout le monde dort.

GÉLON.

Cher Monsieur! mon état
N'est pas d'être marchand, mais bien plutôt soldat.

RAIMOND.

Soit.

GÉLON.

Vous serez surpris, en apprenant quel homme
Est ici devant vous, et comment je me nomme.

RAIMOND.

Parlez donc.

GÉLON (d'un ton emphatique.)

Ce pacha qui naquit dans Widdin,
Qui prit, en un seul jour, Andrinople et Semlin ;
Qui, nouveau Mithridate, honorant ses retraites,
En victoires souvent a changé ses défaites,
A manqué renverser tout l'Empire Ottoman,
Et jusqu'en son harem, fait trembler le Sultan...

RAIMOND.

Après ces hauts exploits, quel grand nom dois-je attendre?

GÉLON.

Un nom plus grand qu'eux tous, et qui va vous suprendre,
Passwan-Oglou !

RAIMOND.

Grand Dieu!

GÉLON.

Vous êtes, je conçoi,
Étonné de me voir en France ; écoutez-moi.

RAIMOND.

J'écoute.

GÉLON.

Mon histoire est des plus singulières.
Les armes, vous savez, ami, sont journalières :
Un jour mon aile gauche, à l'aspect d'un Pacha,
Courut sous ses drapeaux, et contre moi marcha :

ACTE III, SCÈNE V.

Et c'était, voyez-vous, mes troupes les meilleures.
Je me battis encor pendant trente-six heures :
Enfin, je fuis, toujours disputant le terrain ;
De fleuve en fleuve, ainsi, j'arrive jusqu'au Rhin ;
J'y saute tout armé ; je viens dans l'espérance
De trouver un asile et des secours en France.

RAIMOND.
O ciel! est-il possible ? en croirai-je mes yeux ?

GÉLON.
Mais j'ai mis à profit des moments précieux :
J'ai choisi dans la France une centaine d'hommes,
Oh ! mais, de braves gens, comme vous et moi sommes :
Ils sont prêts à partir, et moi, je pars demain.
Je veux tenter encor, là-bas, un coup de main ;
Car je ne manque pas de soldats qui m'attendent :
Je manque... voyez-vous, de chefs qui les commandent.
Dix mille hommes, avec des officiers français,
Moi, je les mène au diable, et réponds du succès.
Mais, pour mon lieutenant, j'avais besoin d'un homme :
Je l'ai trouvé, Raimond, et c'est vous que je nomme.

RAIMOND.
Moi, Monsieur ?

GÉLON.
      Vous, mon cher. J'ai de bons yeux ; allez,
Je m'y connais, je sens tout ce que vous valez :
Ah! diable ! la valeur et la prudence unies !...

RAIMOND.
Mais...

GÉLON.
    Je puis même offrir à vous deux compagnies,
Pour deux de vos amis : disposez ; maintenant,
Vous voilà tout armé ; marchons, mon lieutenant.
   (A part, et sans accent.)
Il est tout étourdi de ce conte bizarre.

RAIMOND (à part).
La botte est vigoureuse, il faut que je la pare.

GÉLON.
Vous balancez, Raimond ?

RAIMOND.
      Oh! non. C'est lui, c'est lui!

GÉLON.
C'est moi, sans doute.

RAIMOND.
     Enfin ! je rencontre aujourd'hui
Passwan-Oglou !...

GÉLON.
Quel feu dans vos regards pétille !
RAIMOND.
Cet ennemi mortel de toute ma famille !
GÉLON.
Moi, l'ennemi ?...
RAIMOND.
Toi-même, oui, vainqueur inhumain !
Cinq frères que j'avais, ont péri de ta main ;
Un autre, échappé seul à cette boucherie,
M'est venu raconter ce trait de barbarie.
De douleur, en mes bras, mes yeux l'ont vu mourir ;
Et moi, dans ce moment, je jurai de périr,
Ou de venger sur toi mes six frères.
GÉLON.
Qu'entends-je ?
Dieu ! tu me fais frémir par ce récit étrange.
J'aurais eu le malheur, Raimond, de t'arracher ?...
RAIMOND.
Oui, cruel ! je partais, et je t'allais chercher,
Et fût-ce au bout du monde... Enfin, je te rencontre ;
Et, par le ciel vengeur !... vengeur, car il te montre,
Je ne te laisse pas échapper.
GÉLON.
Jeune ami !
RAIMOND.
Ton ami, monstre affreux ! toi, qui m'as tout ravi,
Bourreau de tous les miens !...
GÉLON.
Vous vous trompez, sans doute.
Écoutez-moi, de grâce ; il faut...
RAIMOND.
Toi-même ; écoute.
L'occasion ici s'offre, et je la saisis :
J'ai quatre pistolets : ils sont chargés ; choisis.
GÉLON.
Mais...
RAIMOND.
Viens à trente pas : la nuit est belle et claire ;
Viens, donne-moi la mort, ou reçois ton salaire.
Hé bien ?
GÉLON.
Moi, de sang-froid jamais je n'attaquai.
RAIMOND.
Défends-toi.

GÉLON.
L'on s'explique.
RAIMOND.
Eh! tout est expliqué :
N'es-tu pas, en deux mots, *Passwan-Oglou?*
GÉLON (reprend son accent naturel).
Non, certes :
C'est un déguisement.
RAIMOND.
Ah! tu te déconcertes.
GÉLON.
Eh! non, j'ai pris ma part d'un jeu fort innocent..
RAIMOND.
Oui! tu veux, je le vois, déguiser ton accent,
Afin de te soustraire à ma juste querelle.
GÉLON.
Je reviens, au contraire, à ma voix naturelle.
C'est un tour, je vous dis, qu'on voulait vous jouer,
Cher Raimond; et moi-même, il le faut avouer,...
RAIMOND.
Barbare! c'est en vain...
GÉLON.
Je ne suis point barbare,
Je suis un bon enfant, et je vous le déclare,
Habitant d'un castel voisin, dans le vallon,
Ami de la famille : on m'appelle Gélon.
RAIMOND.
Quoi! tu ne serais point *Passwan-Oglou?*
GÉLON.
Je meure,
Si je ne suis Gélon!
RAIMOND.
Eh bien! à la bonne heure :
Tu n'es point ce cruel, je le crois donc; mais vous,
Monsieur, c'est une affaire à vider entre nous.
GÉLON.
Quoi?
RAIMOND.
Vous vous permettez de me jouer, de rire
A mes dépens; ici, vous venez de le dire.
Cette plaisanterie est fort peu de saison,
Et sur l'heure, Monsieur, j'en demande raison.
GÉLON.
Plaît-il? quoi! vous voulez, pour un enfantillage?...

RAIMOND.
Enfantillage ou non, laissons ce verbiage,
Et suivez-moi.
GÉLON (affectant de sourire).
Vraiment, monsieur Raimond...
RAIMOND (avec aplomb).
Monsieur !
Quand on fait, comme vous, métier d'être railleur,
Et pour *Passwan-Oglou*, surtout, quand on se donne,
Il faudrait savoir mieux payer de sa personne.
(Lui offrant des pistolets.)
Il n'importe, venez, de grâce, et finissons.
GÉLON.
Mais encore une fois...
RAIMOND.
Ah ! c'est trop de façons :
Prenez, ou je vous coupe à l'instant le visage.
GÉLON (élevant la voix).
C'est un assassinat.
RAIMOND.
Ce n'est pas mon usage.
GÉLON (criant).
Amis, à moi !...
RAIMOND.
Comment, vous appelez ?
GÉLON.
Parbleu !

(Criant encore.)
Mesdames ! mes amis !

SCÈNE VI

LES MÊMES, MADEMOISELLE DOLBAN, EUSÉBIE,
M. SAINT-FIRMIN, FLORIMEL.

M. SAINT-FIRMIN.
Eh ! qu'entends-je ?
MADEMOISELLE DOLBAN.
Ah ! bon Dieu !
Quel bruit !
FLORIMEL.
Qu'avez-vous donc ?
GÉLON.
C'est Monsieur qui querelle,

Qui s'emporte ! et pourquoi ? pour une bagatelle.
M. SAINT-FIRMIN.
Bon ! se peut-il ?
RAIMOND (à Gélon).
Monsieur, venez à trente pas...
(A tous les autres.)
Et vous, rentrez, de grâce.
GÉLON (aux mêmes).
Ah ! ne nous quittez pas.
Dites, s'il n'est pas vrai, que *Gélon* je me nomme ?
FLORIMEL.
Eh ! oui.
GÉLON.
Votre voisin, un bon homme.
RAIMOND.
Un bon homme !
Un fort mauvais plaisant.
MADEMOISELLE DOLBAN.
Ah ! mauvais !
EUSÉBIE (à Raimond).
Eh ! Monsieur !
Est-ce de quoi tuer les gens ?
RAIMOND.
Le grand malheur !
GÉLON (à part).
Décampons, il est temps ; évitons sa furie :
Cet homme n'entend rien à la plaisanterie.
(Il sort.)

SCÈNE VII

Les mêmes, LUBIN et LÉVEILLÉ.

LÉVEILLÉ (de dehors).
Ahie ! ahie !
LUBIN (de même).
Ah ! drôle !...
M. SAINT-FIRMIN.
Eh ! mais, quels cris entends-je là ?
LÉVEILLÉ (entre en fuyant).
Au secours !
LUBIN (le poursuivant).
Au voleur !

M. SAINT-FIRMIN.
Qu'est-ce donc que cela?
FLORIMEL.
Eh! c'est toi, Léveillé? qu'as-tu?
LÉVEILLÉ.
Belle demande!
Je suis roué de coups.
LUBIN (à Léveillé).
Vous étiez de la bande?
FLORIMEL (riant sous cape ainsi que sa sœur).
De la bande? il est gai.
LÉVEILLÉ.
Fort gai!
M. SAINT-FIRMIN.
Qui t'a battu?
LÉVEILLÉ.
Mais... ce manant.
RAIMOND.
Encor quelque malentendu.
FLORIMEL.
C'est singulier, cela.
LÉVEILLÉ.
J'en suis pour une côte.
RAIMOND (à Lubin, en affectant de la colère).
Quoi! c'est toi, malheureux?...
LUBIN.
Voyez! est-ce ma faute?
Et pouvais-je mieux faire? On me dit d'avancer
Sur le premier... je vois un homme se glisser;
J'accours; il fuit; mais mot, je l'attrape et l'assomme...
Oh! cela, comme il faut.. Il se trouve que l'homme
Est monsieur Léveillé.
LÉVEILLÉ.
Mais oui.
LUBIN.
C'est un malheur;
Mais aussi pourquoi diable a-t-il l'air d'un voleur?
FLORIMEL (riant sous cape).
L'air d'un voleur! tandis qu'il venait, au contraire,
L'aider à repousser les voleurs, en bon frère;
N'est-ce pas?
LÉVEILLÉ.
Je venais, je venais...
(A Florimel et à mademoiselle Dolban.)
Oui, riez!

Et c'est toujours ainsi ; quand vous vous égayez
Aux dépens de quelqu'un, c'est toujours moi qui paye.
RAIMOND.
Qu'entends-je? à mes dépens, est-ce que l'on s'égaye ?
LÉVEILLÉ.
C'est bien facile à voir.
FLORIMEL.
Malheureux ! sors d'ici.
M. SAINT-FIRMIN.
Sors, bavard.
LÉVEILLÉ.
Eh ! je sors.
RAIMOND (A Lubin).
Toi, laisse-nous aussi,
Maladroit !
LUBIN.
Oui, voilà comme on vous récompense !
(Il sort avec Léveillé.)

SCÈNE VIII

LES MÊMES, EXCEPTÉ LÉVEILLÉ ET LUBIN.

RAIMOND.
Vous allez m'expliquer cette énigme, je pense.
FLORIMEL.
Eh ! ne voyez-vous pas qu'il ne sait ce qu'il dit?
MADEMOISELLE DOLBAN.
Les coups qu'il a reçus ont troublé son esprit.
M. SAINT-FIRMIN.
C'est probable.

SCÈNE IX

LES MÊMES, MADAME DOLBAN (en déshabillé de nuit, et en attirail de malade).

MADAME DOLBAN.
Comment? c'est ici que vous êtes ?
Au milieu de la nuit! Quel tapage vous faites !
FLORIMEL.
Mais il le fallait bien : vous savez, ce voleur...

MADAME DOLBAN.

Ce voleur!... gardez-vous d'y croire, cher docteur :
Monsieur est mon ami, mon ange tutélaire ;
Je trouve tort mauvais, moi, que pour son salaire,
On se moque de lui.

M. SAINT-FIRMIN (à demi-voix).

Ma sœur, de grâce...

RAIMOND.

Eh! quoi?
Je ne me trompais pas, on se moque de moi.

MADEMOISELLE DOLBAN.

Oui ; fort bien! affectez une ignorance extrême,
Lorsque vous savez tout dès longtemps.

RAIMOND.

C'est vous-même,
Qui tous, l'un après l'autre, ici me l'apprenez.
Monsieur Florimel seul hésite encor... tenez,
Il va parler enfin.

FLORIMEL (à Raimond).

Eh! oui, c'est trop me taire,
Puisqu'à présent pour vous ce n'est plus un mystère.
Il est trop vrai, mon cher, ceci n'était qu'un jeu.
A vos dépens, peut-être, on s'amusait un peu.
Nous pardonnerez-vous cette plaisanterie ?

RAIMOND.

De tout mon cœur ; d'abord, j'aime assez que l'on rie :
Dans la pièce, d'ailleurs, j'ai pris mon rôle aussi.

MADAME DOLBAN.

Vous! lequel donc ?

RAIMOND.

J'ai fait le médecin ici ;
(A madame Dolban.)
Mais je cesse de l'être ; et vous, d'être malade :
(A Florimel.)
Croyez-moi, reprenons nos chevaux, camarade :
(A mademoiselle Dolban.)
Le mien porte malheur : belle Élise, pardon
Des tours que j'ai joués à la fausse Marton ;
Lubin fut dans l'erreur : à la paralytique
J'ai fait boire de l'eau, voilà son émétique ;
Et pour l'ami Gélon, le grand *Passwan-Oglou*,
Il a plié bagage, et fui je ne sais où.

MADAME DOLBAN.

Oh! comme il me trompait, le traître!

RAIMOND.
                    Ah! mille excuses...
            FLORIMEL.
Comment, monsieur, tout seul, a démêlé nos ruses?
            M. SAINT-FIRMIN.
Tout seul; mais nous voilà bien quittes entre nous.
            RAIMOND.
Non; pourrai-je jamais m'acquitter envers vous,
Quand je vous dois, ici, le bonheur de ma vie?
            MADAME DOLBAN.
Comment?
            RAIMOND.
        Posté si près de l'aimable Eusébie...
Ici même...
            FLORIMEL.
        Eh bien! quoi?
        MADEMOISELLE DOLBAN à Florimel.
                Ce que je t'ai prédit:
Ils s'aiment.
            FLORIMEL.
        Oui, j'en juge à ton air de dépit.
            MADAME DOLBAN, à Eusébie.
Mademoiselle, eh! mais...
            M. SAINT-FIRMIN à sa sœur.
                    Je sais tout le mystère;
J'avais presque d'avance arrangé cette affaire,
Ma sœur; mais à demain remettons-en le soin.
De cette leçon-là vous aviez tous besoin.
Vous n'épargniez personne: amis, voisins et proches,
Chacun avait son tour... Mais trêve aux vains reproches.
C'est Gélon qui, surtout, les avait mérités:
C'est ce mauvais sujet qui nous avait gâtés.
Laissons-là, croyez-moi, ce pitoyable style,
Tous ces rires si faux, cet esprit si facile!
Oui, soyons désormais l'un pour l'autre indulgents;
Vivons entre nous tous comme de bonnes gens;
Et que notre gaîté, toujours naïve et franche,
Ne blesse plus, pas même en prenant sa revanche.

                    FIN.

TABLE DES MATIÈRES

Notice sur Collin d'Harleville..................... v
L'Inconstant....................................... 1
L'Optimiste.. 55
Monsieur de Crac dans son petit castel............. 139
Les Châteaux en Espagne............................ 185
Le Vieux Célibataire............................... 261
Les Mœurs du jour.................................. 355
Malice pour malice................................. 451

FIN DE LA TABLE.

COLLECTION DE BEAUX VOLUMES IN-12
FORMAT ANGLAIS

SUPÉRIEUREMENT IMPRIMÉS ET ORNÉS DE GRAVURES COLORIÉES

Chaque volume broché........................ 3 fr. 50
— — relié en demi-chagrin, doré sur tranche. 5 fr. »

Molière. Œuvres complètes. Nouvelle édition, la seule complète en 2 volumes.

P. Corneille. Théâtre complet, 3 volumes.

Pierre Corneille. Théâtre choisi, 1 volume.

Thomas Corneille. Théâtre choisi, 1 volume.

Racine. Théâtre complet, édition nouvelle, 1 volume.

Scarron. Théâtre complet, précédé d'une Introduction par M. Ed. Fournier, 1 volume.

Ph. Quinault. Théâtre choisi, précédé d'une Introduction par M. Victor Fournel, 1 volume.

Regnard. Œuvres, nouvelle édition, précédée d'une Introduction par M. Ed. Fournier, 2 volumes.

J. de la Fontaine. Théâtre et Fables, 1 volume.

Voltaire. Théâtre choisi, 1 volume.

Beaumarchais. Théâtre choisi, 1 volume.

Marivaux. Théâtre choisi, 1 volume.

L. B. Picard. Théâtre choisi, précédé d'une Introduction par M. Édouard Thierry, 1 volume.

Le Théâtre français au XVIe et au XVIIe siècle. Choix des Comédies les plus remarquables antérieures à Molière, avec une Introduction et une Notice sur chaque auteur, par Ed. Fournier, 2 volumes.

Chefs-d'œuvre dramatiques du XVIIIe siècle, 2 volumes.

Boileau. Œuvres, avec une Introduction et des Notes, par Ed. Fournier, 1 volume.

Caractères de La Bruyère (les), précédés d'une Notice de Sainte Beuve, 1 volume.

Souvenirs poétiques de l'École romantique. Recueil de morceaux de poésies parus de 1825 à 1840, recueillis, mis en ordre et précédés d'une Notice biographique, par M. Ed. Fournier, 1 volume.

www.ingramcontent.com/pod-product-compliance
Lightning Source LLC
Chambersburg PA
CBHW070836230426
43667CB00011B/1822